U0565396

国家社科基金后期资助项目
出版说明

后期资助项目是国家社科基金设立的一类重要项目,旨在鼓励广大社科研究者潜心治学,支持基础研究多出优秀成果。它是经过严格评审,从接近完成的科研成果中遴选立项的。为扩大后期资助项目的影响,更好地推动学术发展,促进成果转化,全国哲学社会科学工作办公室按照"统一设计、统一标识、统一版式、形成系列"的总体要求,组织出版国家社科基金后期资助项目成果。

全国哲学社会科学工作办公室

国家社科基金
GUOJIA SHEKE JIJIN HOUQI ZIZHU XIANGMU
后期资助项目

刑法教义学中体系思维的证成及其适用

Justification and Application of Systematic
Thinking in Criminal Law Dogmatics

潘星丞　著

上海三联书店

序

一个普遍的看法是，在借鉴德日刑法学的基础上，我国刑法学也开始"知识转型"，升级为教义刑法学，刑法面貌焕然一新。可以说，教义学化是我国刑法学未来发展的正确方向。

但何谓刑法教义学？或者说，发展刑法教义学的关键是什么？这本是一个前提性问题，但目前却缺乏深刻思考与清晰回答，这或在一定程度上使我国刑法教义学有步入歧途的危险。

不少人（不论刑法教义学的支持者还是反对者）都认为，刑法教义学就是德日刑法学，反对者实是反对德日刑法学；支持者实是支持德日刑法学，甚至产生德语崇拜，还将大量精力放在外语学习上，放在对生僻概念的理解上，无暇顾及概念背后的意义脉络，"知道西方学者说过什么，但无法理解西方学者何以如此言说"，概念误解、概念误用比比皆是。

实践上，为了实现"法律效果与社会效果的统一"，我们习惯于通过利弊权衡与后果考量来获得妥当结论，并为这种做法披上刑法教义学的外衣，跨越"李斯特鸿沟"成为时髦论调，各种本土化的"创新"也应运而生，德国人的"让刑事政策进入刑法体系"，在我国成了"让刑事政策进入个案裁判"；德国"功能主义刑法体系"概念传入我国，产生了"功能主义刑法解释"；英美法谚"法律的生命不在于逻辑，而在于经验"，在我国早已被理解为"司法的生命不在于逻辑，而在于经验"。相反，恪守教义、推崇逻辑成为"机械司法"的代名词与冤假错案的替罪羊。

这样的刑法教义学或许偏离了知识转型的初衷，在学术研究中是高高在上的概念炫耀与术语标榜，在司法实践中却毫无用处，其后果是价值判断在司法裁判中的作用被无限夸大。尤其是在"国法天理人情""常识常情常理"等中式概念的呼应下，不少舆论案件虽然最终均取得了令人满意的反转，但是民众并不认为这是法律的胜利，而是视其为司法对舆论的迎合。这表明，法官实际已拥有"法外裁量"的特权，它可以突破僵化的法律逻辑来实现正义。那么，它是否也可以服务于法官的私欲与恣意呢？裁判结论的正当性并不要求一个合乎逻辑的裁判说理,这使得司法公信力长期低迷,渴望合乎逻辑的判决的公众只能乞求"法官的良心"。即便同为法律人,在事实证据均知悉的情况下,仍然无法预测案件结果。更可怕的是,不但公众,而且法律人也普遍认为这是正常的,其理由或是"一千个人眼中有一千个哈姆雷特",或是"正义有着一张普洛透斯似的脸,变幻无常"。但这样一来,法的安定性和可预测性将不复存在。

这真的是刑法教义学吗?刑法教义学的本质是什么?

霍姆斯法官曾说:"当我试图理解现在、展望未来时,我首先要做的便是回顾过去。"历史表明,上述现象恰恰是刑法教义学所反对的,正是对这种"偶然"和"专断"的对抗才催生了刑法教义学。正因如此,德国学者李斯特才提出"刑法是刑事政策不可逾越的鸿沟"。70 年后,罗克辛提出"让刑事政策进入刑法体系"的同时,再三声明,法的安全性是尤其重要的,绝对不能退回到"偶然"和"专断"的状态,这将"使我们的(刑法)科学倒退几百年"!

为了实现法的安定性和可预测性,刑法教义学的唯一法宝就是体系思维。体系思维就是数学般的逻辑演绎思维,它从教义(法条或其他公认的原则)出发,通过层层的逻辑推演而得出个案结论。即便这个结论是不公正的,也只能接受它,而不能考虑体系之外的因素来改变个案结论,这才是刑法教义学。或许体系思维不能兼顾个案正义,但这就是刑法教义学! 它的首要功能并不在于合目的性,而在于法的安定性与可预测性。

刑法教义学的本质在于体系思维,这是需要证成的。尤其是,在我国现有的法律文化背景中倡导体系思维,是容易受到反对的。主观上,我国法律人大多是文科背景,对数学式的逻辑推演有着本能的抗拒和反感;客观上,长期司法实践对僵化司法的批判,对法律"售货机"的怀疑,都已被广为接受。要对体系思维进行证成,就要澄清体系思维与机械司法之间的天壤之别。体系思维并不是将可能的罪名全部找出来并与案件事实进行简单的比对涵摄,体系思维需要更多更复杂的训练,它好比数学竞赛一样,参赛者都知道书本上的公式、定理,但能顺利答题的只是少数。并且,引人入胜的不是正确答案,而是得出正确答案的逻辑推导过程。我想,刑法教义学的魅力也在于此。

而且,体系思维无力兼顾个案正义的缺陷或许没有想象中那么大,因为作为体系思维起点的教义(成文法条或刑法原则)是合乎正义的,经过层层的演绎推理,只能具体化为个案正义,而没有理由异化为不正义。如果由"正义"推导出"不正义",那么我们应当怀疑的不是教义,而是逻辑推导过程是否出错。拉德布鲁赫曾说,正义感可预先得出结论,而法律则在事后为此提供理由及界限。体系思维的精髓就在于,为正确的裁判结果提供合乎逻辑的理由。

当然,作为规范科学的法学与自然科学不同,它的逻辑推演也不像数学运算那样放诸四海而皆准,完全可能"在比利牛斯山那边是对的事,在山的这边则是错的"。但是,正如考夫曼所说的,规范科学的结论不一定具有逻辑的必然性,但必须是可验证的,其论述虽然并非一定能达成共识,但是至少必须取得相互主观性的效力,亦即共识能力。

必须承认,笔者对于体系思维的偏好或多或少源于对数学的偏好。于笔者本人而言,如果缺少逻辑演绎,那么刑法学将如同嚼蜡般无趣。刑法教义学之所以吸引人,正是因为可以获得破解数学难题般的快感。将刑法教义学与数学的逻辑演绎相关联,或许过于偏颇,但"矫枉必须过正"。长期以来,我国刑法实践最缺乏的,正是以逻辑演绎为核心的体系思维。我们习惯于利弊权衡,习惯于后果考量,这都是刑法教义学所反对的。积重难返,要从这种"路径依赖"(path dependence)与"锁定效应"(lock-in effect)中挣脱出来,绝非易事。有鉴于此,对于法学,尤其是关系到国民最重要利益(甚至生命)的刑法来说,无论多么强调体系思维都不过分。就此而言,我完全赞同孙宪忠教授所说的"坚持潘德克顿法学,应该是科学工作者的使命"。

提倡体系思维,在理论上可以促进自主刑法教义学话语体系的构建。刑法教义学的本质不在于德日概念,而在于体系思维。概念是有地域性的,思维与逻辑则是普适的,只有遵循体系思维,刑法教义学才能展现其普适性品格,不同国家、法域的思想碰撞与学术交流才有可能,否则就只能进行礼仪握手式的学者交往。同时,这也使得刑法教义学完全可以用中国特色的话语来构建,因为合乎逻辑的体系思维完全可以用不同语言、不同概念来体现。反之,如果"言必称德日",通篇德日概念,却只是进行利弊分析,或者只重立场宣示、不重逻辑演绎,就只不过是貌似刑法教义学而已。

提倡体系思维,在实践上可以促进我国裁判说理能力与司法公信力的提高。裁判说理是体系思维的体现,而传统思维"重立场、轻逻辑",导致司法"重结果、轻说理",司法人员未经有效训练,常常"有理讲不出"。"加强法律文书释法说理"无论如何提倡,都只是可望不可及的目标。即便裁判结论正确,司法公信力仍然低下。不受体系思维约束的刑事裁判,无论正确与否,都是令人生畏的,因为如果裁判不受逻辑规则(显规则)的约束,那么它必然受其他规则(潜规则)的支配。不论这种潜规则是追求正义还是追求私欲,都能冠以"依法"之名,正如孟德斯鸠所说:"没有比在法律的借口之下和装出公正的姿态所做的事情更加残酷的暴政了,因为在这样的情况下,可以说,不幸的人们正是在他们自己得救的跳板上被溺死的。"反之,当裁判说理都受逻辑规则的约束,那么只要立法是正义的,依法就必然实现个案正义,也只能实现个案正义。司法受众无需像无助的乞丐般祈求裁判者的良心,法官也无需自命良心来额外努力地追求正义。如果法律滞后而导致不正义——这也是极为罕见的——是时代变迁导致的知识进化,那么司法受众也绝不会因此而怀疑司法。这样一来,潜规则将失去用武之地,司法腐败、错案难纠等实践难题将会得到有效解决,司法公正性与司法公信力将显著提高。

刑法教义学体系思维不仅需要证立,更需要训练,为此,笔者挑选了一些曾被反复讨论的典型案例、热点问题作为分析样本,尝试以体系思维进行重新探讨,相当于对已有的问题寻找另一种解题方式。这种做法或会浅陋,甚至谬误,但若能抛砖引玉,亦足矣。

潘星丞

目　　录

下篇　刑法教义学中体系思维的适用

引　言

进入 20 世纪以来,我国刑法学的理论与实践中,最为突出的现象莫过于德日刑法学的引入,它对我国传统的刑法理论造成了极大的冲击,这股思潮大致可以分为三个阶段。

第一阶段,犯罪论体系的德日化。最直接的表现是三阶层犯罪论体系的引入。阶层犯罪论体系是德国"最重要的出口商品",且"享有国际盛名"。① 由于德国是世界最大的刑法学输出国,因此有学者指出,"说德国就是说世界……谈当代刑事理论的发展,其实就是德国刑法理论的发展。"②同时,由于地缘与历史关系,同样学师于德国的日本刑法学对我国影响也极大。这一阶段的学术争论,主要表现为三阶层与四要件之争。四要件作为我国的传统犯罪构成理论,可以说经受了全方位的、长时间的批判,这些批判包括:社会危害性的不确定性、犯罪客体的空洞性、"先主观后客观"、"先价值判断后事实判断"、无法解决共犯等疑难问题等。

第二阶段,具体刑法理论的德日化。随着三阶层的引入,与之相关的具体的德日刑法理论在我国获得充分讨论,这些理论很多是德日已经充分讨论过的,如行为无价值与结果无价值之争、具体符合说与法定符合说之争、法益理论、客观归责、自我答责等;有些则是我国原有的刑法问题,但被学者用德日刑法的话语来展开讨论,如形式解释与实质解释之争。

第三阶段,刑法教义学的提出。2005 年,陈兴良教授即提出:"刑法学如欲成为一门科学,必须推进刑法教义学方法论的研究。"③之后,陈兴良教授围绕刑法教义学的主题连续著文,使得刑法教义学在我国刑法学界成为一个热门的研究话题,不仅专门讨论刑法教义学的文章蔚为壮观,而且具体问题的探讨往往喜欢扯上"教义学"的大旗,如"教义学分析""教义学

---

① ［德］许乃曼:《刑法体系思想导论》,许玉秀、陈志辉:《不移不惑献向刑法正义——许乃曼教授刑事法论文选辑》,台北春风煦日论坛 2006 年版,第 250 页。

② 许玉秀:《当代刑法思潮》,中国民主法制出版社 2005 年版,第 4 页。

③ 陈兴良:《刑法教义学方法论》,《法学研究》2005 年第 2 期。

视野""基于刑法教义学"等等。似乎,若文章中不提及"教义学",就显得不专业。

但刑法教义学究竟是什么? 至今为止——不得不说——其仍然是一个不太明确的概念。与前两个阶段相比,这一阶段的刑法研究的内容也没有突出的特点,甚至让人觉得,所谓"刑法教义学"就是运用一些显得"高大上"的德日术语(或者,这是与"大众话语"相对立的"精英话语")在探讨刑法问题,这与第二阶段实在区别不大。如果一定要说区别,恐怕就是:与日本相比,源于德国的刑法理论逐渐处于上风,这或许是因为"教义学"本身就是源于德国的词汇,或许是因为一个偶然因素,即近期我国的留德学者逐渐增多。

而且这三个阶段之间的关系也是不明确的。我国学者在讨论具体理论时,往往不再关心体系问题。但实际上,即使德日国家,具体理论的竞争也随处可见,如客观归责理论于 20 世纪 70 年代之后在德国得到充分讨论,但日本刑法界对该理论却一直没有过多关注。具体理论的差异,往往与犯罪论体系的差异相关,目的行为论与因果行为论都有其体系背景,但在我国,几乎看不到联系体系背景来讨论具体理论的学术论文。

应该承认的是,在我国当下的刑法学研究中,德日刑法中的概念、术语早已不再陌生,不仅琳琅满目,而且不断推陈出新,但这就是刑法教义学所追求的吗? 这样一来,我国刑法学的水平就突然之间"高大上"了吗?

应当注意的是,"精英话语"的引入并没有提升我国司法的公信力。我国刑事司法中经常会发生"精英话语"无法解决的疑难案件,这时往往引起民意及舆论的关注,最终的合理解决方案往往是迫于民意压力而得出的,方案的论证所使用的往往是"司法为民""法律的社会效果"等"大众话语"。这样一来,"精英话语"的价值何在?

即使在德日,层出不穷的精致概念也引发了忧虑:

> 就最近几年来犯罪理论之发展以观,即可发现学说上见解变迁之速,以及所牵涉理论之多,亦即倘非扬弃传统概念,即系改变其内容,抑或建立新体系关系,是以昨日被认为真理者,为符合新见解,竟可随便非难。如此法律概念不断淘汰,体系思想之速生速灭,令人感觉概念形成之体系关联之表现,极其歧异、复杂与梦幻多端。就传统之犯罪概念三分理论予以变革,致使引起体系构造支离破碎之无数新理论,亦有同一之现象。……刑法理论陷于概念之混乱与体系难测之窠臼……"由于知

识之传布极其混乱,而且充满决定、分类与辩论,故已不可能在广大知识森林中发现人类应知之明白与简单之理想"。再有应予批评者,即一反议论纷纭之新康德学派时代,现在对刑法理论之方法不予重视。同时代对每一立脚点之处理,显出不定与无知。缺乏方法之立脚点与论结所发生之现象,即是概念之任意出现、思考方法之混杂以及构思上无据之变换;于是演成本体论与规范论之互不相容,伦理观与法律观之错置,以及误认客观与主观立场之间的区别。抑有进者,即为成全某一概念而牺牲同等重要之另一概念。①

德国学者的这种忧虑,值得我们警醒。我们应该追问的是,德日刑法学者是如何处理这一问题的? 如何提高司法裁判的可预测性? 答案正是:刑法教义学。

如果刑法教义学仅仅只是德日刑法学理论,那么德国就没有必要提及"刑法教义学",直接使用"刑法学"的称谓即可。"刑法教义学"的特征不在于理论内容的"德日性",而在于体系性。基于体系性的安排,所有具体理论都能处于一个彼此无矛盾,又彼此相互作用的关联之中。可以说,刑法教义学的核心不在于具体的知识内容,而在于安排各个具体知识的体系思维。

要发现这一点,必须深入法教义学的发展历程,看看体系思维在法教义学的形成、发展过程中究竟扮演什么角色;接着再探究刑法教义学的发展历程,看看与一般的法教义学的发展阶段是否相同,体系思维的角色是否相同。如果相同,则表明我国刑法教义学的发展亦应遵循这样的发展阶段。这是本书第一章将讨论的内容。

接着,应当从我国刑法理论与实践的现状出发,查明我国刑法教义学的发展所处的阶段,在此基础上指示努力方向,这个努力方向就是发展体系思维。这将是本书第二章的内容。

体系思维是否具有合理性? 这是需要论证的。本书将在第三、四章分别论证其在逻辑上的形式合理性,以及在功能上的实质合理性。

体系思维的适用体现在与刑法相关的各个领域,包括立法论领域、解释论领域、司法论领域。体系思维的适用不是体系的建构,它的重点不在

---

① ［德］吴登堡:《德国刑法学的现状》,蔡墩铭译,台湾商务印书馆股份有限公司 1977 年版,第 3 页。

于体系层面,而更多地在于个案或具体理论层面,因而以分析样本为中心的讨论,会比抽象的哲理论证更有说服力。这将是本书第五、六、七章的努力方向。

上 篇
刑法教义学中体系思维的证成

对刑法教义学中的体系思维进行证成,即证明其合理性,包括形式合理性与实质合理性。所谓形式合理性,即体系思维在逻辑上具有的自洽性,它能协调且无矛盾地安排一切体系要素。所谓形式合理性,是指体系思维在功能上所具有的自洽性,它能妥善地解决实际问题,而无需借助其他因素(如政策考量因素)的介入。

　　为什么要对体系思维进行证成?这是本书写作的现实背景。如果我国刑事法理论与刑事司法中的体系思维很健全,就没有必要多此一举进行"证成"了。之所以需要"证成",恰恰是因为体系思维在我国的刑法理论与实践当中是个"罕见"现象。不但"罕见",甚至"少想"。换言之,很多法律工作者甚至没有意识到体系思维的重要性。因此,必须对这一背景进行揭示。

　　体系思维与刑法教义学有何关系?这是本书写作的理论背景。刑法教义学在我国已成为热门话题,但刑法教义学的特征究竟是什么?恐怕知之者不多。因而有必要对法教义学、刑法教义学的发展历程进行考察,以便揭示:不论是法教义学,还是刑法教义学,其核心均是体系思维。提倡刑法教义学,就要提倡体系思维。

　　这样一来,本书上篇的任务就是:

　　(1)考察法教义学与刑法教义学的发展历程,揭示其核心即为体系思维,表明体系思维对刑法教义学之意义;

　　(2)对我国刑法理论与实践的现状进行考察,揭示体系思维极其缺乏的现状,并提出发展刑法教义学就是要以体系思维为核心,从而表明体系思维对我国刑法理论与实践的意义;

　　(3)对体系思维的形式合理性与实质合理性进行论证。

第一章　刑法教义学中的体系思维：历史的考察

　　刑法教义学(或教义刑法学、刑法信条学)可以说是时下中国刑法学界最时髦的话题了。自从陈兴良于2005年提倡"刑法教义学"以来①，"刑法教义学"已逐渐发展成为中国刑法学最热门的刑法词汇，很多刑法学的著作、论文中都能发现这个词汇(当然，也包括本书)。

　　但刑法教义学的具体内涵是什么？这是一个前提性问题。提倡刑法教义学，首先要明白究竟应当提倡什么。无所谓"反对"就无所谓"提倡"，因此也就是要明白究竟应当反对什么。然而，正是在这个前提性问题上，我国学者并未形成共识。② 在很多研究者看来，"刑法教义学"目前只是一个"内涵不明、令人困惑"的概念。③ "刑法教义学"这种"听多知少"的现状，极大地妨碍了它本身的发展。在法理学层面，"亟须吾人关切的是，法教义学自身的特质是否会因运用的广泛与随意而逐渐模糊乃至不可见。"④在刑法学层面，这种担心则更为迫切。在某种程度上，刑法教义学只是一种表明立场的学术口号而已。而"立场"与"教义"是明显相反的两极，这样一来，刑法教义学就有流变为它的对立面的可能。

第一节　刑法教义学的内涵追问

　　在我国，"刑法教义学"内涵不明的现状与提倡刑法教义学的学者本身有关——他(她)们往往并不给刑法教义学下一个明确的定义，这使得后来者不得不从其深奥、冗长的叙述中寻找答案，而且往往"似懂非懂"。基于这种现状，笔者也不得不从这些研究文献中探寻。为了不至于误解或曲

---

① 陈兴良：《刑法教义学方法论》，《法学研究》2005年第2期。
② 刘艳红：《中国刑法教义学化过程中的五大误区》，《环球法律评论》2018年第3期。
③ 齐文远：《中国刑法学该转向教义主义还是实践主义》，《法学研究》2011年第6期。
④ 白斌：《论法教义学：源流、特征及其功能》，《环球法律评论》2010年第3期。

解,以下将尽量引用这些文献的原文文字。

对现有研究文献进行梳理,可以发现,我国学者所指的刑法教义学,与刑法解释学有着千丝万缕的关系,大体可分为两类:(1)"刑法教义学就是刑法解释学";(2)"刑法教义学区别于刑法解释学"。深入这两类观点,可以发现中国语境下刑法教义学的实质。

一、"刑法教义学就是刑法解释学"

该观点以张明楷教授为代表。张明楷教授明确地指出,"刑法教义学就是刑法解释学……刑法教义学原本就是刑法解释学或者说就是狭义的刑法学",并认为德日的刑法教科书,就是刑法教义学的载体,同时也是刑法解释学的载体,"不要以为刑法教义学有别于刑法解释学,不要试图在刑法解释学之外再建立一门刑法教义学,更不要以为,将刑法解释学更名为刑法教义学之后,我们的刑法学就向前迈进了一大步。"①

由于刑法学研究本来就以刑法解释学为主体,这样一来,长期以来的刑法学研究,实际上就是刑法教义学,那么提出"刑法教义学"的称谓就没有太大意义。对此,陈瑞华教授明确指出,"一些法学研究者有个思维定势,对于明明属于自己每天都在坚持的东西,经常要冠之以西方的名称和概念。对那种以法律规范为研究对象的方法,本来已经有'规范法学''法解释学'等现成的称谓,可一些学者却偏偏引入了源自德国的'法教义学'这一个洋名词。"②

在我国,"刑法教义学"的概念由陈兴良教授首先提出,他本人也曾认为,刑法教义学与刑法解释学性质相同,二者只是"一词二义"而已。因此,并不存在一种刑法解释学之外的刑法教义学。③

既然如此,提倡"刑法教义学"有何意义呢?

二、"刑法教义学区别于刑法解释学"

该观点以陈兴良教授为代表。陈兴良教授将时间维度加入二者的区分,他将我国刑法学研究的发展划分为三个阶段:注释刑法学(始于1979年刑法颁布)—刑法哲学(始于20世纪90年代初)—刑法教义学(始于21世纪初)。他认为,注释刑法学重在对刑法条文进行解释,但在理论深度和

---

① 张明楷:《也论刑法教义学的立场》,《中外法学》2014年第2期。
② 陈瑞华:《法学研究方法的若干反思》,《中外法学》2015年第1期。
③ 陈兴良:《刑法教义学彰显对法条的尊崇》,《检察日报》2014年7月1日第3版。

广度上有所不足；刑法哲学重在研究抽象的刑法哲理与价值评判。在1997年新刑法颁布之后，我国刑法进入教义刑法学阶段。从陈教授的论述中，我们可以看到，这里所说的刑法教义学是源自德日的一种"研究方法"，也是一种"知识形态"，它的特点在于：比注释刑法学抽象，从而具有理论深度；但却比刑法哲学更具体，从而更具实践意义。它以实在的刑法法条为基础，并添加了法理的成分，陈兴良教授将之称为"实在法意义的刑法哲学"或"刑法法理学"，而更为抽象的刑法哲学则称为"自然法意义的刑法哲学"。刑法哲学虽然以刑法为研究对象，但是实际已经超出刑法范围，探究的是一般法理问题。[①]

车浩教授也是刑法教义学的提倡者。就刑法教义学与刑法注释学的关系而言，车浩教授认为，二者的区分并非无足轻重的概念游戏，而是关乎学术方向的重大问题。刑法注释学（或狭义的刑法解释学）仅仅注意对法律材料的分析和逻辑体系化，属于"较低层次法学"；而刑法教义学则是"较高层次法学"，它超越法条注释，创造法理概念，一方面与法律文本存在一定距离，另一方面又通过逻辑与法律文本相关联，以处理法律适用问题。[②]

概言之，刑法教义学与刑法解释学相比，除了传统的刑法解释方法（文义解释、历史解释、体系解释和目的解释外）外，还有超脱于法律条文的，"由学者创造出来的理论和概念"。可用公式表示如下：

刑法教义学＝刑法解释学（以法律条文为基础）＋刑法理论（超出刑法条文）

三、刑法教义学就是德日刑法学？

由上文可知，我国大多学者所称的"刑法教义学"，是"刑法解释学"与"刑法法理"的结合体，但这只是"刑法教义学"的形式概念。从实质上看，我们要弄清这个附加在"刑法解释学"上的"刑法法理"究竟是什么。

在注释刑法学阶段，即从1979年刑法颁布后，我国刑法学亦存在刑法法理。作为一个独立的部门法，刑法一开始就存在理论研究，但为什么不能称之为刑法教义学呢？这才涉及刑法教义学的真髓。可以说，刑法教义学就是德日刑法学，提倡刑法教义学，就是在刑法学层面的"去苏俄化"。对此，陈兴良教授曾提到，1979年刑法典颁布之后，刑法解释就成为必要的，但刑法解释不能离开刑法理论，它不只是对刑法条文进行简单的字面

---

①　陈兴良：《注释刑法学经由刑法哲学抵达教义刑法学》，《中外法学》2019年第3期。

②　车浩：《理解当代中国刑法教义学》，《中外法学》2017年第6期。

解释和逻辑论证,否则只能是"肤浅的文字性解读"。承担这个任务的刑法理论,最初是 20 世纪 50 年代引入我国的苏俄刑法学。① 但是,源于苏俄的刑法理论被认为是"以政治话语代替法理判断",因而"学术水平较低",不具理论深度与广度,不能适应司法需要。② 而刑法哲学虽然具有理论深度,但是过于抽象,对实然刑法关注不足,也不能满足实践需要。"为此,必须……引入大陆法系的研究范式。唯此,才能使我国刑法的实然研究走上正途。"③

此后,陈兴良教授多次明确提出"大陆法系刑法学可以理解为教义刑法学或者解释刑法学",并认为其于 2010 年出版的《教义刑法学》一书"主要是对德国为主的大陆法系刑法学的介绍和梳理,以此作为我国刑法学的一种镜鉴。在参考德国刑法教义学的基础上,我国刑法学面临着一个'刑法知识的教义学化'的课题"。④

而苏俄刑法理论与大陆刑法理论最大的区别就在于犯罪构成要件,即四要件与三阶层之间的区别。"注释刑法学中具有分析工具意义的是四要件的犯罪构成理论","刑法知识的去苏俄化"就是要反对四要件,这是刑法教义学之首要任务,亦是主要任务。⑤

相对地,教义刑法学的工具则是三阶层。三阶层的阶层式思维被认为具有"定罪方法论"的功能,是"教义刑法学的理论皇冠上的宝石",是有效解决疑难案件的工具。⑥

至此,可以说,刑法教义学的核心就在于"提倡三阶层、反对四要件"。当然,还包括与此相关的刑法学术语的使用。例如,对于共同犯罪,应由四要件语境下的"主犯、从犯",转变为三阶层语境下的"正犯、共犯"。

实际上,在内容上将"刑法教义学"与"德日刑法学"划等号,是不少提倡刑法教义学的学者的"内心真意"。例如,车浩教授在论述刑法教义学时提到:

> 在陈兴良、张明楷、周光权等学者的大力推动下,德日知识又一次大规模进入中国,学术开放的格局初步形成。赴德日留学人

---

① 陈兴良:《注释刑法学经由刑法哲学抵达教义刑法学》,《中外法学》2019 年第 3 期。
② 陈兴良:《刑法学:向死而生》,《法律科学》2010 年第 1 期。
③ 陈兴良:《刑法的价值构造》(第 3 版),中国人民大学出版社 2017 年版,出版说明,第 19 页。
④ 陈兴良:《注释刑法学经由刑法哲学抵达教义刑法学》,《中外法学》2019 年第 3 期。
⑤ 陈兴良:《刑法知识的去苏俄化》,《政法论坛》2006 年第 5 期。
⑥ 陈兴良:《注释刑法学经由刑法哲学抵达教义刑法学》,《中外法学》2019 年第 3 期。

员逐渐增多,德日刑法著作被大规模翻译引入,中德、中日的学术交流日益频繁,一些主题具有浓厚德日理论色彩的学术研讨会陆续召开。隔了百年之后,中国刑法学重新接续上了民国时期的知识传统。

……

广泛地吸收和引进域外特别是德日已经发展了上百年的教义学知识,符合学术史发展的趋势,成为历史逻辑的必然。……各种带有浓郁的德日刑法理论气息的作品大量涌现。专著和博士论文使用国外参考文献的比例大幅增加,注释直接引用日文、德文的期刊论文更是蔚然成风……为几乎快成为"夕阳专业"的刑法学注入了新鲜的气息,带来了重历青春的活力,将它推上了刑法教义学发展之路。[1]

不夸张地说,这完全算得上"言必称德日"了。这种做法在一定程度上让人担心丧失学术的主体性,有在刑法学术上"全盘西化"的嫌疑。或许正因如此,提倡者才没有明确地提出"刑法教义学"的定义吧。

实际上,这种担心是多余的,即使"刑法知识的去苏俄化"有"去政治化"的含义,但接受"刑法教义学"并不意味着接受另一种意识形态,"刑法教义学"完全是技术性的,与意识形态无关。[2] 对于这种学术立场,笔者并不持批判态度,反而担心这种对于德日刑法理论的追求仍不够,只是停留在表面的"概念膜拜"而未深入概念背后的实质与语境,这可留待后文详析。

可以说,基于目前刑法学研究的中国语境,"刑法教义学就是德日刑法学"是主张刑法教义学学者,甚至是反对它的学者的共同认识。(1)对于主张"刑法教义学就是刑法解释学"的学者(以张明楷教授为代表)而言,其虽然认为没有必要在刑法解释学之外再提出刑法教义学,但是其并不反对刑法教义学的概念,而且刑法解释学基本上都是采用德日刑法理论,因而不需要"教义学"作为反对传统苏俄刑法学的口号。(2)对于主张"刑法教义学有别于刑法解释学"的学者(以陈兴良教授为代表)而言,其主要意图在于说明二者在解释工具上的不同:传统的刑法解释学的解释工具是以四

---

[1]　车浩:《理解当代中国刑法教义学》,《中外法学》2017 年第 6 期。
[2]　在这里,我们暂且不作这一讨论,以便将讨论焦点集中于我国学者所指称的"刑法教义学"的内涵,相关讨论详见后文。

要件为中心的苏俄刑法学理论,而刑法教义学的解释工具是以三阶层为中心的德日刑法学理论。(3)对于反对刑法教义学的学者而言,其反对"刑法教义学"的实质就是反对"德日刑法学",强调刑法学的中国主体性,如高艳东教授指出:

> 快播案背后的深层原因,是德日刑法教义学在处理中国案例上的无力……在这些背景之下,一味用德日刑法理论解决中国问题,只会南橘北枳。……精美的德日教义学,是一条通向奴役之路。即便有些德日理论可以为中国所用,但一定要有大历史观,经常跳出教义学的围墙,想想过去的坎坷,看看远方的危机。只可惜,一些年轻学子只顾低头走路,匍匐在德日刑法的碑文下,读一段卖一段,朝圣着别人的文字而忘记了自己的名字。①

但是,对于刑法教义学而言,将德日刑法学等同于刑法教义学,则会产生如下问题:

首先,刑法理论中的核心是犯罪构成理论(或犯罪论体系理论),"提倡三阶层、反对四要件",实际上就是"刑法知识的去苏俄化"与"借鉴德日刑法理论"。这样一来,直接提"借鉴德日"或"借鉴大陆法系理论"即可,通俗易懂,为什么称"刑法教义学"呢? 如果某位学者在刑法解释中,一直运用以三阶层为核心的德日理论就不存在"去苏俄化"的问题,也不存在"借鉴"的问题。对于这样的学者而言,贯穿于刑法解释的,一直都是三阶层理论,不存在四要件理论,从而"刑法解释学就是刑法教义学",张明楷教授就是这样的典型。实际上,由于目前我国各法科院校在教材的选择上并不统一,如果选择按大陆法系理论编排的教科书(例如,张明楷教授、陈兴良教授所著的教科书均以三阶层为主,且极具影响力,被多所高校采用),那么这些法科学生在学习刑法时,接触的只是三阶层,对于源于苏俄的四要件完全不知或知之不多,这样的"新一代刑法学习者"也可以说"刑法解释学就是刑法教义学"。这样一来,"刑法教义学"的意义就极为有限了,它只存在于与曾接受苏俄刑法理论的"老一代刑法学习者"的对话中。

其次,更严重的问题是,对于德日学者而言,其刑法理论本身就是大陆法系——或说德日——的刑法理论,不存在与传统四要件理论的对比,为什么会产生"刑法教义学"的概念呢? 如果"去苏俄化"的语境正是刑法教

---

① 高艳东:《不纯正不作为犯的中国命运:从快播案说起》,《中外法学》2017年第1期。

义的生存土壤,那么刑法教义学只应该出现在中国,而不应由德日引进。

这使得我们有必要转移视域,从滋生刑法教义学的德日刑法理论中去挖掘刑法教义学的本来意涵。

第二节　法教义学的发展历程

刑法教义学(Strafrechtsdogmatik)的上位概念是法教义学(Rechtsdogmatik),法教义学的上位概念是教义学(Dogmatik)。要弄清刑法教义学的内涵与实质,就首先要弄清其上位概念——教义学——的内涵与实质。

诚如霍姆斯法官所言:“当我试图理解现在或展望未来时,我首先要做的便是回顾过去。”为了探究法教义学的内涵,我们也应回顾法教义学的发展史。

德语的“教义”(Dogma)源于古希腊文,其最初意义是“固定的想法”“有拘束力的原理”等。一般认为,“教义”的概念源于神学,并被延用至法学。莱布尼茨(Leibniz)认为,法学与神学有惊人的相似之处,二者都以某种公认意志的权威为基础,这些意志的权威性是无需证明的。有学者甚至将法学视为神学的分支。[1] 德国法理学家魏德士明确指出,“教义”是指“基本确信”“信仰规则”,其权威无需理性的证明,而是源自信仰,这个概念首先在哲学中使用,然后在(基督的)神学中使用。[2]

从这段文字中可以看出,教义学的核心在于,确定某一“理论规则”的权威性。在基督神学中,这一“规则”就是《圣经》所记载的上帝的诫命。这揭示了教义的第一个特征——权威性。这种权威不是源于外在力量,而是源于内在的思想上的某种观念或规则。因此,遵循教义有时与拘泥不化、僵硬教条相联系。

可以说,教义学的第一个特征就是权威性。这也是最广为人知的特征,以至于任何一个没有对教义学进行研究的人,都可以理解这个特征。我国对刑法教义学内涵的理解,往往正是建立在这种直觉理解的“权威”观念之上,甚至将实定刑法文本作为“权威”的载体。任何与“权威”不符的观点,则被视为刑法教义学的异化物,可以导致刑法教义学一定程度的变化,

---

① 雷磊:《法教义学观念的源流》,《法学评论》2019年第2期。
② [德]魏德士:《法理学》,丁晓春、吴越译,法律出版社2013年版,第136—137页。

如功能主义刑法观、刑法的刑事政策化、目的理性等概念,均是对传统的刑法教义学进行某种程度的变革或"创新"。

但这种权威性是如何形成的? 除了权威性,法教义学还有其他特征吗? 这是全面了解法教义学内涵所必要的追问。

为了弄清法教义学的内涵,就要关注其发展历程,因为法教义学的内涵本身就是存在争议的,它有一个形成、变迁、重构的过程,这使得我们不得不进行法教义学说史的研究。这一研究虽然有知识梳理之意义,但是其目的不在于法教义学的学说史本身,而在于:(1)横向上看,关注法教义学的发展历程,便于从内容各异的学说中挖掘出共性的特征,这一共性特征可作为刑法教义学探讨的基础。(2)纵向上看,关注法教义学的发展历程,可以检视刑法教义学的发展历程是否与之相符,进而可以检视中国刑法教义学的发展历程是否与之相符,或者说——更有意义的,也是本书重点讨论的——中国刑法教义学目前处于什么阶段(实然),应向哪个阶段前进(应然)。

法教义学主要是从大陆法系(尤其德国)的法律文化传统中发展出来的。[①] 因而,在这部分内容中,本书的探讨主要集中于德国法理学。然而,法教义学的发展历程是受其背后的法哲学的影响的,法教义学的发展历程折射法哲学的发展历程,而法哲学的发展历程则具有一定的普适性,不但是大陆法系,而且是英美法系所共通的。为了使本书的讨论不囿于德国刑法或大陆法系刑法,本书在后文(尤其是体系工具的变迁中)更注重将法哲学的变迁作为背景来讨论。

一、法教义学的萌芽

(一)教义学词源的产生:从古希腊到古罗马[②]

1. 古希腊时期:教义学概念由医学进入哲学领域

从更严格的意义上说,教义及教义学的观念更早地源于医学教义学,而非神学。在医学内部存在"实践学派"与"理论学派"之争,"实践学派"注重具体病例,否定医学存在任何一般命题;而"理论学派"则认为,可以从"最一般"的原则推导出"一般"命题。"实践学派"需要寻找具体病例之间的共性,"理论学派"需要与现实联系,从而适用于实际病例。这样,公元前

---

① [德]乌尔弗里德·诺伊曼:《法律教义学在德国法文化中的意义》,郑永流译,郑永流主编:《法哲学与法社会学论丛》(五),中国政法大学出版社 2002 年版,第 15 页。

② 根据一般的理解,中世纪之前的古典时代,包括古希腊到古罗马时期。古希腊时期为公元前800 年到公元前 146 年;古罗马时期稍晚,为公元前 8 纪到公元 4 世纪。

400 年左右,出现了连接二者的第三条道路——"教义学派",其试图从具体病例的归纳(而不是从最一般的原则推演)中获得一般命题。这个一般命题介于实践与理论之间,被称为"教义";将各个教义关联而形成一个无矛盾的自洽体系,这就是某种学说的教义学。因而,教义学的出现,一开始就带有初步的权威性(一般命题)与体系性。

后来,"教义"的概念被从医学传承至古希腊哲学,其权威性与体系性也在哲学领域得到体现。(1)就权威性而言,柏拉图与亚里士多德均认为,教义是基于同类数量之同类观察的一般性命题,与事物的整体相关。可见,这个时期教义的权威性还只是萌芽,仅表现为"一般性"。它是从经验资料归纳获得的一般命题,用于处理偶然现象,因而只是技术层面,还未上升至科学层面(处理的是必然存在的事物)。而且,就哲学层面而言,这个"一般性"的对象或"质料"是什么并不明确,或说并不重要,重要的只是抽象的"一般性"(即权威性)本身。(2)就体系性而言,伊壁鸠鲁强调以观察为基础的无矛盾的教义体系,并通过具体的教义建构来达成与现象的一致性。①

在这个阶段,教义学还没有被引入法学领域,只是柏拉图在其《理想国》中提及,法律是民众集会所共同采纳的教义。

2. 古罗马时期：教义学概念进入法学领域

最早的法学思想,是古希腊哲学家提出的,但是将法学系统化,并且使之成为一个学科,则是罗马人做到的。到了古罗马时期,教义学概念开始进入法学领域,教义的权威性加强,而教义学与体系思想的结合也被进一步强调。

就教义的权威性而言,古希腊的"教义"被视为基于归纳的一般命题,属于技术范畴,不具真理性,只有似真性。但古罗马时,斐洛则认为,教义不应只是经验技术,而属于作为技术之基础的、上位的科学,因为它是"确定和可靠的理解",可被称为"公理"(Axiomen),而不仅仅是具有似真性的"定理"(Theoremen)。

就教义学的体系性而言,其与罗马法密不可分。罗马法学至今被不少学者视为"法教义学"(Rechtsdogmatik)或"法律科学"(Rechts-wissenschaft)的典范,认为它是一个"自治的科学""融贯的私法体系"。但最初的罗马法学并未表现为精致的理论体系;相反,它是决疑式的、个案取向的(case-oriented),重视的是法学家们的实践智慧(Phronēsis),而不是纯粹的理论知识。公元前 2 世纪,罗马法学家基于他们所积累的判决中抽象出来的法理,形成一般化的规则或"原理"并予以体系化,进而提出较

---

① 雷磊：《法教义学观念的源流》,《法学评论》2019 年第 2 期。

为系统的法学理论,个案的决疑术方法也开始转变为抽象的理论—形式逻辑的方法。① 当时的代表人物是西塞罗,他首次以"分种"(Divisio,纵向的属种的层级划分)、"分部"(Partitio,横向的整体与部分的划分)的方法,对法的材料进行纵向的层级划分及横向的切割式划分,并找出统辖每一个种或部分的规则,从而形成一个自足的法的体系。② 另一位代表人物塞内加则区分了一般规定与特殊规定:一般规定称为"教义";特殊规定涉及特殊情形,它依赖于教义,就好像树叶依赖于树枝,树枝依赖于树根那样。塞内加由此形成体系,这个体系的特征在于:特殊规定可以"回溯"到数量更少、更为一般化的教义;而且,可以回溯,就意味着可以进行反方向的"推导"。教义的正确性是不应怀疑的,而特殊规定是否正确的判断标准是:它是否能从上位的规则(或处于体系顶端的"教义")那里推导出来。教义学要求概念具有内在的连贯性。当时的《学说汇纂》运用"序列法"进行文本编纂,致力于消除矛盾,并建构一个融贯协调的体系。③

(二)法教义学的雏形:从中世纪到文艺复兴④

1. 中世纪:注释法学与评注法学

随着中世纪的来临,基督教吸纳了古希腊、古罗马的一些哲学思想、法学思想,形成了具有教义学性质的神学体系。在这漫长的中世纪时代,法学不是独立存在的,而是隶属于神学。或者说,神学和法学的分野并不明确。这使得法教义学具备了雏形,这当中先后涉及两个不同学派。

(1)注释法学

古罗马国家消亡后,罗马法却在中世纪得到复兴。法教义被认为是"得到学术上认可的法律原理",与权威相联系。⑤ 其权威则来源于11世纪被重新发现的《学说汇纂》,这一罗马法文献被视为"永恒有效的真理",因为它"基于权威和传统的自然法"。初期的注释法学派以《学说汇纂》为研究文本,其为了消除在中世纪早期流行的文献中的矛盾,将上位概念拆分为下位概念,这导致具体材料的体系化,此即教义的体系化,它促使了统一

---

① 舒国滢:《罗马法学成长中的方法论因素》,《比较法研究》2013年第1期。
② 李飞:《古希腊—罗马的辩证法对罗马法的体系化生成的影响——以Divisio和Partitio为中心》,《法律方法》2014年第1期。
③ 雷磊:《法教义学观念的源流》,《法学评论》2019年第2期。
④ 按一般理解,中世纪(Middle Ages)从公元5世纪持续到公元15世纪,是欧洲历史三大传统划分的一个中间时期。中世纪始于西罗马帝国灭亡(公元476年),最终融入文艺复兴和探索时代(地理大发现)中。文艺复兴是14世纪在意大利城市兴起,16世纪在欧洲盛行的一个思想文化运动,揭开了现代欧洲历史的序幕,被认为是中古时代和近代的分界。
⑤ 舒国滢:《〈学说汇纂〉的再发现与近代法学教育的滥觞》,《中国法律评论》2014年第2期。

学说的形成。

（2）评注法学

13 世纪后，注释法学进一步演变为评注法学。评注法学超越了实定的法律条文，开始探寻法律文本背后的精神实质，这使得教义学的体系性也更为深入。甚至，当时在面对"法学并非科学"的批评时，体系性成为"法学科学性"的根据，即法学的科学性不在于一般规定（这是无法证明的"教义"）本身，而在于它的"学说"方法。法学是一个"权威学说体系"，它从原则出发的演绎，具有从一般规定正确适用于特殊案件的判断力。

2. 文艺复兴：人文主义法学

15 世纪末和 16 世纪初，随着文艺复兴运动的产生和深入，中世纪神学也随之解体，之前被神学吸纳的哲学、法学也再度分离出来。在这个环境下，一个最能符合当时时代精神的法学学派产生了，这就是人文主义法学派。人文主义法学派认为，古典时期法学家的著作和前优士丁尼法必然优越于优士丁尼时代的著作和法律，呼吁"回归罗马法原典"。基于"本国化的人文主义"，人文主义法学派尝试从本国成文的习惯法中提炼出一般性的原则。他们认为，法律是一门科学学科，因此它应当表现为逻辑推理的形式，这种推理是从一般到特殊的。为此，要对罗马法素材进行重新系统整理，使之成为法学体系。[1]

法国法学家比代（Guillaume Budé）认为，"教义"既包括法律，也包括法学家对法律的观点，法的安定性靠三个方面来保障：法律的权威性、法学说的稳定性（不可轻易改变）、与实践运用相关的方法论上的体系性。而德国法学家查修斯（Ulrich Zasiu）则认为，教义属于"规则"，它高于"法律"，二者分别是法学家与立法者的任务。"法律"是立法者通过对大量事实进行归纳而形成的一般性规定，规定性的法律是"法律技艺"；而"规则"则是法学家用以表述法律内容的命题，这些命题可以用来证明主张和推导结论，亦称为"教义性规则"，描述性的"教义规则"构成"法律科学"，它比"技艺"更具重要性。查修斯首次提出了"教义法学"的概念。教义在没有被批判者驳倒之前就是有权威性的，通过这些权威的"教义"（科学）来指导法律（"技艺"）的适用，从而实现法的安定性。

可见，法教义学的权威性和体系性在人文主义法学派那里都有所"创新"：（1）法教义的权威性：比较明确地区分了法规定与法学说，并更倾向于将法学说当作教义。发现教义的过程是由个别到一般的归纳过程，这是

---

[1]　舒国滢：《欧洲人文主义法学的方法论与知识谱系》，《清华法学》2014 年第 1 期。

从医学教义学时期就已明确的。（2）法教义学的体系性：体系被进一步强调，尤其作为体系进路的从一般到特殊的逻辑推理备受推崇。教义确证与适用的过程是从一般到个别的演绎过程。（3）法教义学的目的性：在人文主义法学中，法教义学的目的被明确定位为"保障法的安定性"。严格说，这一目的此前已被涉及，但只有到了文艺复兴时期，才被明确提及。

二、法教义学的形成

在此之前，法教义学的概念虽已产生，但作为教义的"权威"或者是早期的罗马法文本，或者是抽象的自然法，而不是当时本国的实在法。

（一）理性自然法学：法教义学的方法论基础

在注释法学与人文主义法学那里，教义的权威都是建立于优士丁尼文本。但随着社会的发展变化，17、18世纪，基于古罗马文本的法律适用难以回应现实需求。这个时期的法教义学呈现出如下显著的特点：

首先，在法教义的权威性上，自然法取代了实在法。权威的教义不再是古代的实在法，而是基于"人类共同生活的法则"的自然法。自然法是"永恒不变的正确要求"，实在法只有合乎自然法，才具有合理性。

其次，在法教义学的体系性上，体系的重要性及其方法被空前重视。（1）就自然法而言，其权威性与体系性相关。格劳秀斯认为，自然法理论的科学性并非在于内容，而在于方法。自然法是一个"理性秩序"，具有"如同数学推论那样的、不可变更的确定性"，法哲学应当是"清晰、自明与一贯"的体系。（2）就实在法而言，其规定应该从自然法演绎推导出来，或者将"理性主义方法"直接移植到实在法中，以便建构"一个自我封闭的、无矛盾的法体系"。法律领域应当受"数学的"方法支配。自然法体系论者克里斯蒂安·沃尔夫（Christian Wolff）认为，数学方法可以实现法的安定性，应将实在法放在一个逻辑体系之中，从而可以将每个规范在该体系中进行定位。这种做法有利于法的解释，也使法官必须通过实定法条的推导来寻找个案处理结论。

最后，体系性的重要程度超过权威性，教义学由注重权威论题，转向强调封闭的逻辑体系。论题学（论点学）转向体系学成为一个重要现象，它使得法教义学完全体系化。在此之前，教义的发现是论题学范畴，而教义的适用则是体系学范畴。到理性自然法时期，连教义的发现也是由"人的理性"来发现的，教义本身就是理性（与数学、体系具有相同含义），从而将论题学从法教义学中驱逐出去。①

---

① 由论点学（论点思维）转向体系学（体系思维），是本书论证的重心。

(二) 历史法学：法教义学的素材基础

18 世纪末 19 世纪初,欧洲的法典化运动开始,自然法的理性预设逐渐落实在实在法(法典)之上。自然法反而使自己变得多余的了,实在法成了关注的核心。

实在法的科学性从何而来？历史法学派认为,它并非源于自然法理性,而是源于历史形成的习惯法,源于"民族精神"。萨维尼(Savigny)认为,德国的民族精神源于罗马法,他希望用历史的罗马法知识来服务于现行的实在法。可以说,历史法学只是在自然法的基础上添加历史形成的理性要素。[①]

历史法学者胡果(Hugo)将法律科学划分为三部分：以现行法为对象的法教义学(关注"什么是法")；(2)以未来法为对象的法哲学(关注"法是理性的吗")；(3)以过去法为对象的法史学(关注"法是如何形成的")。法史学是理论科学,而法教义学是实践科学,后者应受前者的主导。法律体系是法律制度体系与教义学体系("概念—命题"的体系)的统一,"概念—命题"式的教义学体系是对法律制度的抽象化,二者是质料与逻辑形式的关系。[②]

历史法学派的特征在于：(1)它明确区分"法教义"与"法律(制定法)。"法教义"是对实在法的理性认识,具有超越"法律(制定法)"的权威性。[③]法律不是立法者所制定的,而是法学家来发现的。[④] 为了"发现法律",法学家应具备历史素养与系统眼光。[⑤] (2)法教义学的体系性更受重视。萨维尼所推崇的,并不是罗马法的内容,而是其逻辑体系性,这有利于实现一种精于计算的法律适用方式,使得"每一条原理原则都可以适用于实际的案件,而每一个案件也都可以根据法律规则进行裁判；其从一般到个别,倒过头来,再由个别至一般的游刃有余中,他们的精纯技艺是无可否认的"。[⑥] 因而,现行法典也应当具备系统性和完备性。[⑦] 萨维尼对于法律体系化的关注,显然超过了对法律历史的关注,这使得其后继者逐渐抛弃历

---

① 何勤华：《德国法律发达史》,法律出版社 2000 年,第 57 页。
② 舒国滢：《德国十八九世纪之交的法学历史主义转向——以哥廷根法学派为考察的重点》,《中国政法大学学报》2015 年第 1 期。
③ 雷磊：《什么是法教义学？——基于 19 世纪以后德国学说史的简要考察》,《法制与社会发展》2018 年第 4 期。
④ 杨仁寿：《法学方法论》,中国政法大学出版社 1999 年版,第 91 页。
⑤ ［德］弗里德里希·卡尔·冯·萨维尼：《论立法与法学的当代使命》,许章润译,中国法制出版社 2001 年版,第 71 页。
⑥ ［德］弗里德里希·卡尔·冯·萨维尼：《论立法与法学的当代使命》,许章润译,中国法制出版社 2001 年版,第 131 页。
⑦ 许章润：《萨维尼与历史法学派》,广西师范大学出版社 2004 年版,第 19 页。

史方法,而将体系方法发挥到极致,从而产生了概念法学。

(三)概念法学:法教义学方法论的成熟

19世纪中叶之后,萨维尼的学生普赫塔(Puchta)注重历史法学中的形式主义方法论,而法史学渐被忽略,这使得历史法学发展成为"潘德克顿法学"。它主张单纯从概念和定理体系中推导出法条及其适用,任何处于体系之外的因素都不容许被考虑。此时的法哲学表现为"概念法学",法教义学也表现为"建构型法教义学"。①

普赫塔认为,法有三种形式:习惯法(源于民族意识)、制定法(立法者制定)、科学法(亦称法学家法)。三者的关系是:在历史上,法首先是通过民族精神而产生的零散的规定(习惯法),法原则(科学法)将这些零散的规定整理成一个有序的体系,使之成为"法制度(制定法)"。因此,每个法条均处于该体系的逻辑关联之中,处理法律问题必须依靠形式逻辑的技术,将法条的体系"逻辑关联"呈现出来。所谓体系,既包括"法条体系",也包括"法概念体系"。人们可以采用"概念的谱系"方法,将每个法条都在该"谱系"中找到其定位,并向上回溯至该法条的原则,向下则延伸至个案的处理结论。②

所谓法教义,概念法学将之视为法条和法概念的集合。法概念是以实在法为基础的一般性权威命题或原理,实在法则是法概念"科学演绎的产物"。

所谓法教义学,概念法学将之视为建构性的体系方法。体系包括实在的法条体系与理论性的法概念体系。对于概念法而言,体系是最重要的,体系也是法教义学的"科学使命",所构建的体系应当具备这样的功能:(1)"回溯"功能:从个别法条回溯至一般概念;(2)"推导"功能:从个别概念推导出结论。这样,就会形成一个"概念—法条"的层级体系,最终形成"概念金字塔",并发展出"一种潘德克顿式的法教义学"。

概念法学并非不关注法律实践。相反,其旨在统一法官的裁判思维。所有的法律案件都可以通过体系思维的逻辑运算来获得正确裁判,法官从事的仅仅是涵摄,这只是一种形式逻辑的工作,而不是"法律发现"。③

---

① 雷磊:《什么是法教义学?——基于19世纪以后德国学说史的简要考察》,《法制与社会发展》2018年第4期。

② 舒国滢:《格奥尔格·弗里德里希·普赫塔的法学建构:理论与方法》,《比较法研究》2016年第2期。

③ 雷磊:《什么是法教义学?——基于19世纪以后德国学说史的简要考察》,《法制与社会发展》2018年第4期。

（四）制定法实证主义：法教义学素材的成熟

以潘德克顿为特征的概念法学派是为法典化服务的。当以 1900 年生效的《德国民法典》为代表的法典化时代来临之后，以注释法典为要务的实证法教义学开始流行，注重理论概念的概念法学开始退到幕后。但制定法实证主义仍注重体系思维方法，只不过它将体系的质料从"概念"更换为"制定法"。封闭的概念体系被制定法的公理体系取代。法典被当作一个完美、闭合的体系，能够推导出所有个案的处理结果。而且，体系的观念得到了进一步强化，只有建立在体系学之上的教义学才能成为一种科学，才能成为法律判决的基础。

当时的学者认为，由于体系是绝对科学和正确的，因此处于体系中的法教义具有绝对拘束力。[①]

三、法教义学的动摇

19 世纪末 20 世纪初，有一股反体系的学术动向认为，法典只是抽象的一般规则的集合，其欲适用于具体个案，离不开对社会现实的关注。因此，一些学者放弃了概念法学和潘德克顿体系，并对传统法教义学发起了攻击。其中，影响最大的是利益法学与自由法运动。

（一）利益法学

利益法学并不反对概念及其体系的作用，但反对法学以"概念—体系"的建构为核心。后期的耶林由概念法学转向了利益法学，认为"目的"或"利益"是法学的本质，目的是全部法律的创造者。就法律的目的而言，它要实现的应当是社会生活的要求，而不是逻辑的要求；而概念法学的错误在于，它过于崇拜逻辑，将法学等同于"法律的数学"。

利益法学并不反对法律的概念建构，但认为，作为法学思考要素的概念不仅仅是在法律条文基础上形成的"命令概念"，也包括以法律目的、利益评价为基础的"利益概念"，后者才是核心。因为，法官裁判案件时，应当如同立法者那样进行利益衡量，寻找案件所应适用的规范，之后才是"概念—体系"的工作。对特定利益的选择，决定了对教义学说的选择。如果教义学体系与立法者利益相冲突，该教义学体系就应当被放弃。这样一来，法教义学及其中心任务概念建构和体系化的地位就发生了动摇。法教义学只是对利益概念进行一种技术性、表述性的工作，它不再是法学理论

---

① 雷磊：《什么是法教义学？——基于 19 世纪以后德国学说史的简要考察》，《法制与社会发展》2018 年第 4 期。

与法律实践的中心。

利益法学的主要思维模式为利益的划分与权衡,它不但轻视实定的法秩序,也不受一直以来的法学思维的拘束。一直以来的法学思维要求的"确定性"与"明晰性"需要随时让位于利益权衡,而利益权衡不具备在类似情形下能够重复适用的可操作性、规律性与可预测性,从而落入学科迷失和思维迷糊的境地,被指为"方法论上的盲目飞行"。①

(二)自由法运动

使得传统法教义学产生动摇的思潮中,更严重的是自由法运动。自由法运动反对法典万能的思想,认为制定法本身是有缺陷的,而作为一般性权威命题或原理的法教义是建立在制定法基础之上的。这使得法教义学(尤其是制定法教义学)的体系不存在任何价值,也不可能成为法律科学。由于制定法存在缺陷,为了解决个案问题,应允许法官抛开现有的实定法的约束,不受教义学上的概念体系的限制,根据法律之外的材料和个案的具体情境,自由地发现法律。这种制定法之外的"法"被称为"自由法",或"活法""社会的法",它是制定法的根源。换言之,自由法运动允许法官以自己的价值判断代替实定法作为衡量的标准,对于个案的判断讲究的是实质正确。这种主张的理由是:一方面,以实定法为基础的法教义学难以实现个案正义,需要通过社会学方法予以弥补。另一方面,制定法只是构成了司法判决的边界,在这条边界之内,实定法是需要解释的,也是存在漏洞的,法官可以用自由法来填补这个漏洞。在这个过程中,重要的是个案的利益权衡、社会现实的需要、大多数公众的意见等,这些法外因素作为"活法"应被视为立法目的纳入制定法之中。因而,所谓教义学的逻辑体系,只不过是对这种通过"活法"而获得的结论进行了包装,并不具有实质的意义。②

利益法学认为应先进行利益探究,再进行法教义学的体系分析,而且前者是工作的重点;而自由法运动则完全抛弃法教义学及其逻辑技术。两者的方法论基础都在于将"法的发现"与"法的证立"相区分,将法教义学归于后者,并主张法学的研究重心恰恰在于前者,从而极大消解甚至完全忽视了法教义学的重要性。

四、法教义学的重构

20 世纪 50 年代开始,由于对二战之反思,以正义为价值取向的自然

---

① 陈林林:《方法论上之盲目飞行——利益法学方法之评析》,《浙江社会科学》2004 年第 5 期。
② 雷磊:《什么是法教义学?——基于 19 世纪以后德国学说史的简要考察》,《法制与社会发展》2018 年第 4 期。

法开始复兴。1949 年,《德国民法典》生效,该法典所具有的客观的价值秩序也引发了法教义学的复兴。复兴的法教义学表现为评价法学,时至今日,它依然是德国法学思想的主流。[①] 评价法学的思想可以分为两个阶段:(1)20 世纪 50 年代至 70 年代的传统评价法学;(2)20 世纪 70 年代末至今的新评价法学。

(一) 传统评价法学

评价法学认为,法教义学不仅仅具有逻辑的形式,而且其内容是与价值评价相关的。

首先,法教义是关于实在法的一般的权威性命题或原理,而不仅仅是对现行实在法的描述性命题。法教义学作为法教义的体系,也不仅仅是事实认知的程序,而是一种"评价导向的程序"。代表学者吕特斯(Rüthers)认为,法教义学要求,既要依靠逻辑理性,也要依靠普遍认可的价值观念来解释实定法,纯粹形式的、价值无涉的教义学实际上并不存在。教义学的目的虽然是形式逻辑所提供的确定性,但是这种确定性的客体或质料,是具有实质性价值判断或规范目标的。[②] 法教义学不仅仅是一个形式上的归类体系,处于这个体系之中的所有教义学概念和基本原理都有其法秩序上的价值基础。

与利益法学只重价值判断却无判断标准相比,评价法学明确提出了评价标准,即"正义理念在各种情形中的具体化"。该标准其实就是《德国基本法》,它是一种"规范化的自然法"[③]。

与自由法运动反对法学的体系性与科学性相比,评价法学的代表人物拉伦茨强调法教义学的科学性。他认为,科学不仅仅是可以表示为数量关系的自然科学,任何可以用理性进行检验的过程都可称科学,科学是借助特定的思考方法而获得系统知识的过程。从这个意义上讲,法教义学因其体系思维的特性而成为科学,其通过体系性的方法对制定法进行解释,使得制定法可以在法律实践中保持安定性。[④]

在评价法学看来,法教义的体系具有双重构造:一是外部体系,这是

---

① 颜厥安:《法与实践理性》,中国政法大学出版社 2003 年版,第 44 页。舒国滢:《战后德国评价法学的理论面貌》,《比较法研究》2018 年第 4 期。

② [德]伯恩特·吕特斯:《法官法影响下的法教义学和法政策学》,季红明译,李昊、明辉主编:《北航法律评论》(2015 年第 1 辑),法律出版社 2016 年版,第 142、158 页。

③ 雷磊:《什么是法教义学?——基于 19 世纪以后德国学说史的简要考察》,《法制与社会发展》2018 年第 4 期。

④ [德]卡尔·拉伦茨:《论作为科学的法学的不可或缺性——1966 年 4 月 20 日在柏林法学会的演讲》,赵阳译,《比较法研究》2005 年第 3 期。

由抽象概念组成的"概念—命题"体系;二是内部体系,这是由法律原则组成的"价值—原则"体系。其中,法律原则理论强调"回溯到原则"。在宪法化的法律体系里,首先是从宪法中推导出一般法律解释和续造的基本法律原则,进而发展出相关制度的精细构造和基本理解,并以之来指引对相关法律条款的解释,为疑难案件的解决指明特定的方向。体系思维的意义在于:一个从法教义学推导出来的法律观点,可以成为一个客观标准,对所期望的结果与裁判进行监督。如果离开法教义学,所有的法律批判、法律续造、法律更新都失去了必要的前提和基础。从而,"要取得学识上的进步,离开信条学是不可能的。"①

(二)新评价法学

从 20 世纪 70 年代末开始,评价法学由传统评价法学转入新评价法学,经验科学等哲学理论与方法论对法教义学产生了较大的冲击。法教义学虽然没有被抛弃,但是新评价法学者提倡对之进行重构,使之成为更恰当的法教义学,具体表现在:

首先,就法教义学的体系而言,由封闭转向开放。这里的"开放"是指体系的相对可变性,以及体系应接受实践的检验,而不仅仅是体系内的逻辑自洽。具有代表性的是 20 世纪 70 年代末兴起的法律论证理论,其主旨是以普遍实践作为法教义学的评价活动的控制性标准。代表性的学者阿列克西(Alexy)认为,法教义学包括三部分:(1)"描述—经验"之维度:描述现行法;(2)"逻辑—分析"之维度:法律的"概念—体系"的建构与研究;(3)"规范—实践"之维度:解决法律争议。法律论证应同时采用这三个维度所提供的描述、分析和评价命题。任何从教义学体系提出,并经证明、检验的命题,在相当长的期间内不能被轻易否定。当某一教义命题被怀疑时,我们可以依据现今的经验对之进行检验。检验可以从两个角度展开:一是形式逻辑的检验,重在审查该教义与其他教义之间的逻辑关系;二是实践的检验,重在审查该教义与实践的关系,这个实践不是个别人、个别场合的,而是具有经验性质的普遍实践。②

其次,就法教义学的基础而言,由实在法扩展到法政策。换言之,法政策作为一项体系要素(质料),被纳入教义学体系中。传统法教义学仅以实在法为要素(质料),但是 20 世纪 70 年代以来,法外因素往往以"法政策"

---

① 〔德〕魏德士:《法理学》,丁小春、吴越译,法律出版社 2003 年版,第 146 页。

② 参见〔德〕罗伯特·阿列克西:《法律论证理论》,舒国滢译,中国法制出版社 2002 年版,第 311—328 页。

的名义成为司法裁判的考量因素。这些法外因素中,最典型的是法律的经济分析,它依据"成本—收益"的利弊考量来评价法律规则和法律制度。这种功利分析方法在美国法经济学中较为流行,但德国学者并不将经济学范式发展为独立的法律方法,而是将其作为法教义学方法论体系之下的一种具体方法。而且,经济评价只有通过立法转化为法律政策时,才能对司法产生影响。可以说,新评价法学所改变的,并不是法教义学的体系性,而是法教义学的质料。它不仅将利益法学的利益探究发展为价值判断,而且将评价性命题(以法政策为标准)同样视为法教义的一种,甚至是最重要的一种。

五、基于法教义学历史发展的发现

(一) 法教义学的特征

从法教义学的发展看,虽然不同时期人们的看法并不相同,但是从中不难发现,有三个特征贯穿于法教义学发展的始终。这三个共同特征就是坚持法教义学所必不可少的,也是我们判断某一学说是否为法教义学的重要标准。我们可以将这三个特征形象地表述为:法教义学的要素(起点)、方法(进路)、目的(终点)。法教义学就是由一定的"起点"(教义)出发,经由一定的"进路"(体系),到达其所预期的"终点"(法的安定性)的,具体如下:

1. 法教义学的起点(要素):法

"法"是法教义学的要素,或称为"质料"、对象。法教义学中的"法"(Recht),往往不是实定的法规(Gesetz),它先后采取了以下形式:罗马法(法教义学的萌芽阶段)、自然法(理性自然法学派)、民族精神(历史法学派)、法之概念(概念法学派)、实定性(制定法实证主义学派)、利益(利益法学派)、法外材料或"社会的法"(自由法运动)、实定法与正义(传统评价法学)、实定法与法政策(新评价法学)。这些不同形式的"法",有一个共同特征,即它们都可被称为"教义"。也就是说,具有权威性。简言之,法教义是一种一般性的权威命题或原理,是某种经批判检验的法学研究的主流理论,"包括一切可以在法律中找到的理论规则、基本规则和原则,也包括法学与法律实践为法律增加的理论规则、基本规则和原则。"[1]因为法教义是

---

[1] ［德］魏德士:《法理学》,丁晓春、吴越译,法律出版社2013年版,第141页。从这里及上文的论述可以看出,从工作内容上看,在司法范畴内,法教义学实际上就是法解释学,只不过法教义学明确指出了解释的思维方法——教义学方法,即体系思维。在这里,体系思维不能狭义地理解,认为它是与文字解释、目的解释并列的体系解释。在法教义学中,体系思维的法解释,不仅仅指法条的上下文体系,而且涉及法条的哲学基础与立法目的,即涉及作为"金字塔顶端"的教义命题,它要求由最一般的教义命题推导出特殊的理论命题以及具体个案的处理结论。

经过批判性检验的,所以就不允许对之进行任意否定,此原则即"否定禁止"(Negationsverbot)。当有人企图推翻现有教义时,该原则必须承担充分的辩论责任。① 因此,法教义学对于现行法的解释具有理性的说服力。问题是,这样的说服力怎么产生? 作为"教义"的权威性,怎么传递到个案中去? 这就需要一条合适的进路——体系性。

2. 法教义学的进路(方法):体系

体系是法教义学的方法或"框架"。作为"质料"的"法"应当放入一个体系性的"框架"中去,才能正确适用,而这个"框架"就是法教义学的体系。体系性是法教义学最重要的特征。体系性强调逻辑的自洽性,可从纵横两个维度来考察。从纵向上看,正如利益法学者所归纳的那样,一个完整的体系呈现"概念金字塔"的形态。体系的方法论特征包括两点:一是建构主义的"回溯"过程,这是从个别到一般的过程,它将每一个特殊概念回溯到少数的上位概念,甚至是金字塔顶点的唯一的法律概念;二是由上至下的"推导"过程,这是从一般到个别的过程,它与建构方式的"回溯"相反,是从一般概念推导出特殊概念与法条的过程。② 从横向上看,位于该体系内的每一个概念个体之间均是协调而无矛盾的。体系性的这两个维度中,纵向体系性是关键。纵向体系性如被正确坚持,必然导致横向体系性的结果。自从教义学产生之初,就与体系性联系在一起。自然法学者将体系性视为理性的内核,与"科学"同义,概念法学者甚至将体系与"数学"等同。体系性特征只有在法教义学动摇时期,随着法教义学的动摇而被削弱(利益法学)或否定(自由法运动)。除此之外,体系性一直是法教义学的核心。无论法教义学的"质料"如何变化,这些"质料"应具有逻辑上的体系性,这是一个不变的规则——在这个意义上,亦可称之为"教义"。

体系性是法教义学最突出的特征。法教义学的重点不在于"理论规则"是否正确,而在于对某一"理论规则"的坚持,"理论规则"的正确性则是立法学或政策学的范畴。如罪刑法定、罪刑均衡是重要的刑法原则,也是刑法教义学应坚持的"理论规则",但这些原则是否正确,对于刑法教义学来说并不重要,重要的是这些原则被坚持。某法律上的信条学原则不可能具有绝对的"真实性",因为法律信条不是自然科学,"在与价值相关的法律调整问题中没有真实性可言"。因此,基于法律信条的法院的判决理由也

① [德]魏德士:《法理学》,丁晓春、吴越译,法律出版社2013年版,第145页。
② 吴从周:《概念法学、利益法学与价值法学:探索一部民法方法论的演变史》,中国法制出版社2011年版,第45—46页。

不可能是绝对"正确"的。即使同一法院按照同样的法律对同样的问题作出不同的裁判,也是司空见惯的事。即使是实验科学,也总是"只处于不可推翻的可能的错误的最新状态"。对同一个法律问题,通常会有多种解决办法,"法律政策的本质问题常常或多或少涉及合目的性与制度一致性。"由法学理论发展而来的信条命题与解决建议,不具有最高级别的法院的判决那样的合法性,但法学研究中形成的主流意见的信条规则具有有效性,因为它们在研究与实践中经得起检验。换言之,它们可以得到多数人的验证与接受。①

3. 法教义学的终点(目的):法的安定性

法的安定性是法教义学的目标。法教义学之目的,在于指导或规范法官的裁判行为,实现"同案同判"或"类案类判"。法教义学之所以产生,是因为:一方面,"情无穷而法有限",但法官禁止拒绝裁判(Rechtsver-weigerungsverbot)。即使社会生活中存在许多没有预见的情况,法官也不得搁置法律争议,而是必须从现有的法律制度中找到一个合适的纠纷解决办法,这个解决办法与现有的法律制度体系是体系协调的、不存在抵牾的。法官达到这种判断,就离不开体系性的法教义学的指导。另一方面,对同样一个法律问题,往往存在多种解决办法,不同法院、不同法官之间往往存在意见分歧。在多种观点的竞争中,法官就需要法教义学来作为一种普遍适用的讨论模式。由于贯彻这个固定的模式,法律工作者的工作负担得到减轻,法院判决的可预见性(即法的安定性)就得到保证。如果法官打算作出不同的判决,就必须有更好的论据,他必须为偏离传统教义的做法承担足够充分的辩论责任(Argumentationslast)。②

(二) 法教义学与体系思维

在法教义学的三大特征中,最核心的特征就是体系性,它体现的是体系思维。

体系思维之所以能成为最重要的特征,可从以下几个角度来考察(不同角度也展现了体系思维的功能):

(1) 从司法角度来看,体系思维能保证法的安定性(即司法裁判的可预测性)。作为"起点"的教义(权威概念或命题)的确定,是立法者或法哲学、法社会学的范畴,是法适用之前应解决的问题。解决这个前提性问题后,怎么才能在个案中得出符合该权威教义的处理结论呢? 或者说,怎么

---

① ［德］魏德士:《法理学》,丁晓春、吴越译,法律出版社 2013 年版,第 138—140 页。
② ［德］魏德士:《法理学》,丁晓春、吴越译,法律出版社 2013 年版,第 142—146 页。

使该教义之权威体现在个案的处理中呢？这就完全依靠逻辑体系。对于适法者而言，只有依靠体系，才能防止恣意。当然，这并不是说法官不能考虑"法外材料"，但这些"法外材料"仍无法对"体系"产生任何动摇：它或者在体系运行之前即应确定（属于立法范畴），或者应作为检验体系的普遍实践（传统评价法学），或作为体系要素纳入体系之中（新评价法学）。这一套体系，正是指导法官裁判的理由。可见，法教义学就是将某种被视为教义的权威概念或命题（无论它是正义观念或实定法），经由逻辑的体系推演，最终得出具体的个案处理结论的方法。在这个推演过程中，教义的权威性、推演方法的体系性，保证了个案处理结论的可预测性，从而规范了法官的裁判行为，实现了法的安定性。因此，体系思维是获得法的安定性的最重要（甚至是唯一）的保障。不但如此，由体系思维保证的安定性是有效率的，因为法教义是经过批判性检验的，法教义学的思维模式也是合乎逻辑的。法院在个案裁判中，不必对每一个争议问题都要寻找新的教义或新的思维方法，这就减轻了法律工作者的负担。[①]

（2）从立法角度来看，体系思维能保证立法与政策的协调性。因为每一个立法规定或法政策都是一个规范性命题。体系性要求，这个命题必须与"金字塔顶端"的一般命题相符合，而且与其他特殊命题不相矛盾。例如，立法不可能规定盗窃罪处死刑，而杀人罪处三年以下有期徒刑。

（3）从法理论角度看，体系思维有助于法学研究的开展。因为法律材料散见于各种单行法规或成文、不成文的规范之中，经过长年累月的积累，必然浩如烟海、杂乱无章，只有通过法教义学的体系思维的整理，才有可能获得统一适用。而且，只有这种体系化的整理，才能让人理解各种制度的相互关系、价值顺序，以法律材料为对象的法学研究才有可能顺利开展。[②]

第三节　刑法教义学的发展历程

自从法教义学形成以来，它就是作为以法政策为中心的社会法学的对立物而存在的。法教义学在形成期将法政策排斥在外，在动摇期则被法政策占据上风，在重构期则将法政策作为法教义的质料之一，实现了法政策

---

① ［德］魏德士：《法理学》，丁晓春、吴越译，法律出版社 2013 年版，第 145 页。
② ［德］魏德士：《法理学》，丁晓春、吴越译，法律出版社 2013 年版，第 140 页。

的教义化。在德日刑法学中，刑法教义学也是作为刑事政策学的对立面而存在的。在某种程度上可以说，提倡刑法教义学，就是要承认刑法教义学与刑事政策学之间存在一条不可逾越的"鸿沟"，二者具有不同的研究对象、研究目的与研究方法。因此，刑法教义学不是指某种具体的教义学知识（如德日刑法学理论），而是一个研究范畴或研究方法。从研究范畴看，它与刑事政策学相区分，具有不同的研究内容与目的；从研究方法看，它与刑事政策学的研究方法截然相反，强调体系思维而非论点思维。刑法教义学及其体系思维的发展可以分为四个阶段，这四个阶段中刑法教义学与刑事政策学的关系也各具特点：

（1）萌芽阶段：刑法教义学与刑事政策学在研究范畴上相区分，刑法教义学的目标得以确定。代表人物：费尔巴哈。

（2）形成阶段：刑法教义学与刑事政策学在研究方法上相区分，形成"李斯特鸿沟"。刑法教义学的体系思维得以形成，并呈现出形式化的特征。代表人物：李斯特。

（3）修正阶段：刑法教义学的刑事政策化。在罗克辛的努力下，刑法教义学与刑事政策学出现融合的倾向，出现了刑法教义学体系思维的实质化（即刑事政策化）。代表人物：罗克辛。

（4）重构阶段：刑事政策的刑法教义学化。在雅科布斯（Jakobs）的努力下，刑法教义学与刑事政策学完全融合，出现了刑法教义学体系思维的实质体系化。代表人物：雅科布斯。

这四个阶段中，法教义学的三个共同特征，或说三个维度（要素—方法—目的）均有不同表现，以下围绕这三个特征展开论述。

第一款　刑法教义学的萌芽

一、刑法教义学 VS 刑事政策学：研究范围的实质界分

刑法与刑事政策学之间存在"李斯特鸿沟"，这一提法已广为人知。但严格说来，刑法教义学与刑事政策学的区分并非李斯特提出来的，而是费尔巴哈（Von Feuerbach，1775—1833）提出来的。费尔巴哈不仅被称为"刑法学之父"，而且在某种意义上，也可被称为"刑事政策学之父"。在1803 年出版的刑法教科书中，费尔巴哈首次提出了"刑事政策"（Kriminalpolitik）这一概念，并将其界定为"国家据以与犯罪作斗争的惩罚

措施的总和"。① 他将刑事政策学视为刑法的辅助知识,与心理学、法医学等并列。② 费尔巴哈最大的学术成就在于,提出罪刑法定原则与心理强制说,而罪刑法定则是导致刑法学与刑事政策学的区分的直接证据。

费尔巴哈将罪刑法定原则作为"刑法的最高原则"。③ 刑罚手段是国家惩罚犯罪的政策措施之一。作为手段,刑罚的使用只应服从于其政策目的——惩罚犯罪。换言之,只要刑罚仅仅是追求惩罚犯罪,则其范围与程度不应受控制。但这样容易产生国家在刑罚使用上的恣意。为了控制这种恣意,作为制定法的刑法典应运而生。费尔巴哈认为,刑法是"一个国家的法科学,是国家对其臣民规定的刑罚规范"。④ 作为"刑罚规范",刑法使得国家刑罚权的发动及其程度都受到控制,无法任意发动,刑法典也成为"犯罪人的大宪章"。因此,罪刑法定原则的本质就在于保障人权(正因如此,才允许有利于犯罪人的类推,实行从旧兼从轻原则)。对此,我国学者李海东教授有一段较为深刻的论述:

> 一个国家对付犯罪并不需要刑事法律,没有刑法也并不妨碍国家对犯罪的有效镇压与打击,而且,没有立法的犯罪打击可能是更加及时、有效、灵活与便利的。如果从这个角度讲,刑法本身是多余和伪善的,它除了在宣传与标榜上有美化国家权力的作用外,起的主要作用是束缚国家机器面对犯罪的反应速度与灵敏度。那么,人类为什么要有刑法? 这个问题在三百年前欧洲启蒙思想家们作出了回答:刑事法律要遏制的不是犯罪人,而是国家。也就是说,尽管刑法规范的是犯罪及其刑罚,但它针对的对象却是国家。这就是罪刑法定主义的实质,也是它的全部内容。⑤

可见,刑法从一产生开始,就与刑事政策存在不同。刑事政策以对抗犯罪为目标,而刑法则以保障人权为目标;刑法学重在研究刑罚使用的条

---

① [法]米海伊尔·戴尔玛斯-马蒂著:《刑事政策的主要体系》,卢建平译,法律出版社 2000 年版,第 1 页。
② [德]安塞尔姆·里特尔·冯·费尔巴哈:《德国刑法教科书》(第 14 版),徐久生译,中国方正出版社 2010 年版,第 18 页。
③ [德]安塞尔姆·里特尔·冯·费尔巴哈:《德国刑法教科书》(第 14 版),徐久生译,中国方正出版社 2010 年版,第 31 页
④ [德]安塞尔姆·里特尔·冯·费尔巴哈:《德国刑法教科书》(第 14 版),徐久生译,中国方正出版社 2010 年版,第 1 页
⑤ 李海东:《刑法原理入门(犯罪论基础)》,法律出版社 1998 年版,第 3—4 页。

件——这基本上属于犯罪论的范畴,犯罪是"可能适用刑法的条件或者关于绝对可罚性的根据"①,而刑事政策学重在研究刑罚效果——在刑法学中,刑罚论也属于这个范畴。因此,刑罚论成为刑法学与刑事政策学的联结点。

直至今天,刑法教义学与犯罪论之间的关系仍然是存在的,刑法教义学仍然具有保障人权的内涵。诚如德国刑法学教授所言:"教义学者面对的是不变的基本课题,即如何理解科处恶的前提条件?"②刑罚是一种恶,科处"恶(刑罚)"的前提条件就是犯罪论,或者更精确地说,犯罪论体系或犯罪构成理论的任务。

简而言之,从费尔巴哈开始,刑法学与刑事政策学在研究范围上就存在区别。这初步揭示了二者研究对象的不同:刑法学以犯罪论为核心,重在保障人权,强调的是报应,其限制的是刑罚(国家);刑事政策学以刑罚论为核心,重在预防犯罪,强调的是预防,其限制的是犯罪(犯罪人)。

二、刑法教义学 VS 刑事政策学:研究范围的形式合一

但当时,刑法学与刑事政策学的区分还没有形成"鸿沟"。甚至可以说,二者在刑法中是合一的。这与费尔巴哈的另一个学术成就——心理强制说——相关。

刑罚虽然成为刑法所规范的对象,但是其本身也是惩罚犯罪的政策措施之一,不可避免地追求国家对抗犯罪的目的。也就是说,一方面,要通过实定的刑法法规来遏制刑罚,以保护犯罪人对抗国家的恣意;另一方面,要通过刑罚来惩罚犯罪人,以追求国家预防犯罪的目的。从这个意义上说,刑法中体现了刑事政策的目标追求,二者的区分就没有被刻意强调。详而言之,作为古典学派,费尔巴哈是报应刑的支持者,报应主义也是对刑罚进行规范的最直接方法:犯罪人所受的刑罚应限制在其所应受的报应的范围内,因而刑法对刑罚的规范应体现这一报应。但作为刑罚目的而言,其所追求的不是报应,而是预防(尤其是一般预防)。对于一般预防的目的,费尔巴哈是通过其著名的心理强制说来展开的:

　　所有的违法行为在感性上都有其心理学上的起因……这种

---

① 〔德〕安塞尔姆·里特尔·冯·费尔巴哈:《德国刑法教科书》(第 14 版),徐久生译,中国方正出版社 2010 年版,第 83 页
② 〔德〕沃斯·金德豪伊泽尔:《适应与自主之间的德国刑法教义学——用教义学来控制刑事政策的边界?》,蔡桂生译,《国家检察官学院学报》2010 年第 5 期

内心的动机通过下列方式加以消除：让每个人知道，在其行为之后必然有一个恶在等待着自己，且这种恶要大于源自于未满足的行为动机的恶。因此，为了建立这种恶与侮辱之间的必然联系的一般信念，必须在法律上将这种恶作为行为的必然后果加以规定（法定的威慑）……构成了心理强制。

　　刑罚的目的不在于对具体的犯罪人进行报应，而在于"通过其威慑来阻吓所有人犯罪"，心理强制说的意义完全不亚于"法无明文规定不为罪"。① 而且，它将刑事政策与刑法完美地结合起来，"所有市民刑罚存在的一般的法律根据，在于避免法律状态受到危险。因此，危险的刑罚大小的标准，其原则是：与法律状态有关的行为的危险性越大，市民的应受处罚性也就越大。"②换言之，只有将犯罪与应受处罚性之间的均衡关系（即合乎报应要求）以成文法的形式固定下来，并加以有效执行，才能对一般人产生心理强制。这样一来，刑罚所具有的报应属性（对于犯罪人）与经由立法产生的一般预防效果（对于一般人）就完美地结合在一起。在此基础上，费尔巴哈一般预防的刑事政策与其古典主义的报应刑思想可以在刑事立法上得到统一。

　　不但如此，心理强制说还将刑事政策与刑法学融合在刑法典中。费尔巴哈的刑事政策自从提出之后，作用于立法层面的刑罚的配置与运用，对立法上如何达到罪刑对称进行指导，即"刑事政策乃是作为指导立法者如何立法的智慧之术而存在。"③由于费尔巴哈的刑事政策以一般预防为内容，并将一般预防的政策目的落实于刑法典中，因此刑法学与刑事政策学之间的差别也就不明显。正如有学者所指出的，"自费尔巴哈时代以来，通过罪刑法定原则来实现的威吓性预防就是刑事政策的基础原则；构成要件的动机机能和保障机能则是同一刑事政策之目标构想的两个方面。"④因此，刑法学与刑事政策学虽然存在概念上的区分，但是这一区分容易被人忽视，刑法学的教义学侧面也未被强调。

---

① ［德］沃尔福冈·弗里希：《法教义学对刑法发展的意义》，赵书鸿译，《比较法研究》2012 年第 1 期。

② ［德］安塞尔姆·里特尔·冯·费尔巴哈：《德国刑法教科书》（第 14 版），徐久生译，中国方正出版社 2010 年版，第 134，117—118 页

③ 劳东燕：《刑事政策与刑法体系关系之考察》，《比较法研究》2012 年第 2 期。

④ ［德］克劳斯·罗克辛：《刑事政策与刑法体系》，蔡桂生译，中国人民大学出版社 2011 年版，第 54 页。

三、刑法教义学萌芽时期的成就

此时,刑法教义学只是处于萌芽阶段,它除了在研究范围上与刑事政策学相界分之外,还获得了独立于刑事政策学的研究目的,即它要求法的安定性,拒绝司法恣意。

在当时,实定刑法是实现法的安定性的重要工具,未纳入实定刑法的刑事政策由于"无法无罪""无法无刑"的限制,再也不允许直接作用于行为人。从这个意义上说,实定刑法可以被称为"教义",它是体系思维的前提,所有的定罪量刑的思维必须在这个框架内进行。当时,法实证主义之所以流行,也是出于对法官恣意的担心。

然而,由于法教义学最重要的特征——体系思维——并没有被强调,因此刑法教义学还没有真正形成。因为"情无穷而法有限",所以将抽象的实定刑法适用于丰富的具体个案,就需要刑法解释。如果对同一法条解释不一,法的安定性仍然无法实现;甚至,如果完全按政策目标来解释刑法,则刑法与刑事政策的界分便不复存在。因此,需要一个方法论上的体系思维来控制法官的裁判思维。而费尔巴哈仅仅强调了刑法解释的对象——它是区别于刑事政策的实定刑法,但对于如何规范刑法的解释,以实现法的安定性,他并没有具体展开。因此,严格地说,在当时,作为刑事政策学对立面的,不是刑法教义学,而是刑法学。但不容否认的是,正因为将刑法学与刑事政策学相区隔,才为刑法教义学的发展提供了前提。

第二款　刑法教义学的形成

·

一、刑法教义学 VS 刑事政策学：研究目的之正式界分

在刑法学与刑事政策学的对立上,最著名的学者当属德国刑法学家李斯特(Franz V. Liszt),他于 1905 年提出"刑法是刑事政策不可逾越的屏障"。基于这一名言,刑法教义学与刑事政策学的区隔被称为"李斯特鸿沟"(Lisztsche Trennung)。对此,企图连结刑法教义学与刑事政策学的学者罗克辛提出:

> 这句名言道出了刑法与刑事政策二者之间的紧张关系,这种紧张关系在我们当下的学术研究中依然无处不在。这句名言使

得：我们在按照实证原理之规则对社会失范行为进行目的性处理的同时，也受到更为严格意义上的司法方法的限制，这种司法方法便是对犯罪前提进行成体系的、概念化的加工和安排。①

在李斯特看来，刑法教义学是法律科学，受司法方法的限制，它要求法律的平等适用和个体自由免受"利维坦"的干涉，重在人权保障，是"犯罪人的大宪章"，以"法的安定性"为追求；而刑事政策学是社会科学，是与犯罪作斗争的手段，惩罚犯罪与防卫社会也是其社会任务，以"合目的性"为其追求。② 作为"犯罪人的大宪章"，刑法教义学重在限定刑罚的适用，因为它详细规定了刑罚条件——犯罪，"刑法"的通常定义就是"规定刑罚及其条件的法律"。③ "刑罚条件（犯罪）"被规定在实定法中之后，确定了"刑罚条件（犯罪）"，就确定了对应的刑罚，法官于是完成了刑法的适用，其并无超出实定法之外的自由。刑事政策学的研究对象不是实定刑法，而是"国家与犯罪作斗争的手段之一——刑罚"。应当注意的是，这里的"刑罚"并不仅限于刑事立法的范畴，它实际上是指"国家处刑权"。刑事政策学的作用不在于司法领域，而在于司法前的立法领域——"刑事政策给予我们评价现行法律的标准，它向我们阐明应当适用的法律"，以及司法后的执法领域——"（这）是以犯罪学和刑罚效果学为基础的刑事政策的任务"。④

二、刑法教义学 VS 刑事政策学：研究范围的形式界分

到了李斯特时期，刑法学与刑事政策学在研究范畴上的差别也被进一步强调，二者的界分由实质扩展到形式。这是因为，李斯特时期，刑事政策的目标重点已由一般预防转向特殊预防，而特殊预防的政策目标无法由实定的刑法典来完成。

当时的实证主义犯罪学在学术上获得影响，目的刑在一般预防的基础上加上了特殊预防，有日本学者甚至认为这是李斯特"在刑法学上最大的

---

① ［德］克劳斯·罗克辛：《刑事政策与刑法体系》，蔡桂生译，中国人民大学出版社 2011 年版，第 3—4 页。

② ［德］克劳斯·罗克辛：《刑事政策与刑法体系》，蔡桂生译，中国人民大学出版社 2011 年版，第 3—4 页。

③ Vgl. C. Roxin, Strafrecht Allgemeiner Teil, Band I, 3. Aufl. , C. H. Beck, 1997, §1, Rn1.

④ Vgl. F. v. Liszt/E. Schmidt, Lehrbuch des deutschen Strafrechts, 26 Aufl. Gruyter, 1932, S, 1f.

功绩"。①在刑事政策的意义上，作为社会防卫手段的目的刑的刑罚，在刑种和刑度上均应适合犯罪人的特点，这样才能防止犯罪人继续实施犯罪。② 由于特殊预防不能仅仅依靠与报应相称的罪刑关系的法定配置来实现，而是要求对每个具体案件中的犯罪人进行个别考察，这使得报应刑与目的刑出现分歧。仅仅在立法上设置合乎报应及一般预防需要的抽象罪刑关系，并不足以满足特殊预防的政策需要，应在刑罚的执行上根据犯罪人的具体情况进行刑罚加重或减轻的弹性处理。通过个别化的处遇措施，才能真正地实现特殊预防效果。关于特别预防的构想，主要是在量刑与行刑过程中实现的。③ 为此，李斯特还区分了刑罚和保安处分："刑罚与保安处分，其本质不同。刑罚的尺度的本质在于所犯罪行的轻重……保安处分的尺度的本质在于行为人的危险性。"④

这样，刑事政策的作用范围就由立法层面（事先设计适合一般预防的罪刑关系）扩展到执行层面（根据具体行为人来确定适于特殊预防的具体刑罚及处遇措施），而特殊预防的政策目的就不能再由刑法学来完成，这使得刑事政策学与刑法学出现分野：刑法学以抽象行为为研究对象，重在报应刑（可同时达致一般预防目的），具有司法的属性（以法安定性及平等适用法律为原则）；刑事政策学以具体行为人为研究对象，重在预防刑（尤其是特殊预防），具有政策的属性——以措施（政策）的有效性为原则，而不重在措施（法）的安定性。

因而，刑法学与刑事政策学的研究范围在形式上也分开了，不再像费尔巴哈时期那样——刑法学包括在刑事政策学中，刑法典体现二者的合一。对于刚刚通过罪刑法定而从国家刑罚权的恣意性中摆脱出来的全体国民而言，这种形式上的区别无疑是重要的。以刑事政策为目的导向的评价和措施，并不取决于任何概念的建构，它可以单独地解决。若允许刑事政策上的评价打破刑法教义学上的基本原则，将导致不平等或者专横地适用法律。因此，"相对于刑事政策所有的目标设定而言，刑法体系的工作则具有不同的、乃至相反的任务。"⑤

---

① ［日］正田满三郎：《刑法体系总论》，良书普及会 1979 年版，第 18—20 页，转引自马克昌：《近代西方刑法学说史》，中国人民公安大学出版社 2008 年版，第 240 页。
② Vgl. F. v. Liszt/E. Schmidt, Lehrbuch des deutschen Strafrechts, 26 Aufl. Gruyter, 1932, S. 16.
③ Vgl. F. v. Liszt/E. Schmidt, Lehrbuch des deutschen Strafrechts, 26 Aufl. Gruyter, 1932, S. 418ff.
④ 马克昌：《刑法理论探索》，法律出版社 1995 年版，第 412 页。
⑤ ［德］克劳斯·罗克辛：《刑事政策与刑法体系》，蔡桂生译，中国人民大学出版社 2011 年版，第 8、5 页。

在李斯特看来,刑法学与刑事政策学的研究重点分别为犯罪(刑罚的条件)与刑罚(刑罚的效果)。刑事政策学不是刑法,但却"给予我们评价现行法律的标准"。[①]

可见,刑法学与刑事政策学的界分,与刑事政策本身的发展相关。当特殊预防成为刑事政策后,刑法学与刑事政策学的区分就不可避免了,时至今日亦是如此。

三、刑法教义学 VS 刑事政策学:研究方法之界分

刑法学与刑事政策学的区分,只是避免刑事政策学任意侵入刑事司法领域,这仅仅是在形式上为法的安定性和平等适用刑法减少了外在阻力。但从实质上,就刑法内部而言,刑法的适用如何才能达到平等适用的目的,如何才能维持法的安定性,则是另一个话题。徒法不足以自行,如果这个问题不解决,法官在适用刑法的过程中,不可避免地考虑刑事政策的需要,司法的恣意仍是不可避免的。

这个问题的答案,正在于法教义学的核心特征——体系思维。它使得刑法学被提升为刑法教义学,刑法教义与刑事政策学的对立由研究范围的对立扩展至研究方法的对立。

李斯特不仅将刑法学与刑事政策学从研究范畴上对立起来,而且将二者从研究方法上对立起来。他特别强调刑法学的体系性,认为刑法学应上升为刑法教义学,其任务在于适用相关的理论知识将实证刑法进行"体系化":

> 刑法学的下一步任务是:从纯法学技术的角度,依靠刑事立法,给犯罪和刑罚下一个定义,把刑法的具体规定,乃至刑法的每一个基本概念和基本原则发展成封闭的体系。……刑法学必须自成体系,因为,只有将体系中的知识系统化,保证有一个站得住脚的统一的学说,否则,法律的运用只能停留在半瓶醋的水平上。它总是由偶然因素和专业所左右。[②]

刑法教义学,从词源意义上看,就是以刑法理论为素材构建起来的体

---

① Vgl. F. v. Liszt/E. Schmidt, Lehrbuch des deutschen Strafrechts, 26 Aufl. Gruyter, 1932, S. 1f.
② Vgl. F. v. Liszt/E. Schmidt, Lehrbuch des deutschen Strafrechts, 26 Aufl. Gruyter, 1932, S. 1f.

系学,其最重要的(甚至唯一的)特征,就是体系思维。可以说,所有刑法教科书,都应当是关于体系思维的演示材料。对此,罗克辛回顾了刑法教义学的历史并总结道:

> 韦尔策尔在论述刑法科学时是这样写的:"作为体系性的科学,刑法学需要为平等而正义的法律判决提供理由,因为只有深入观察法律之间的内在联系,法律适用才可以摆脱偶然和专断。"耶赛克也在他最初的教科书大作中写道,如果没有对犯罪概念进行的阶段区分(Gliederung),那么案件的结论就是"不可靠的,也是完全向感觉投降的……而在犯罪论中总结出来的犯罪概念的一般特征,则使得理性和平等的司法判决成为可能,这样,就在本质上保证了法的安全性(Rechtssicherbeit)。"不管体系如何演变和变化,即使针对这些变化现今还在激烈争论,都不会改变这一点。[①]

基于体系思维在刑法教义学中的意义,李斯特与贝林提出了刑法学中的第一个体系构造:古典三阶层体系。这也被称为犯罪论(Verbrechenslehre)体系(这往往是日本学者的称谓),或犯罪构成理论(这多见于中国学者的称谓),因其主要研究范围在于犯罪论,而且重在评价犯罪成立条件;而德国学者更喜欢称之为刑法体系(Strafrechtssytem),因为它是刑法教义学的核心,而且其内容不但超出了罪的有无(犯罪构成),还扩展到罪的轻重(犯罪论体系),甚至具有一定的刑罚论上的意义(刑法体系)。

之后,无论刑法体系(犯罪论体系)如何变化,德国、日本等大陆法系国家的刑法体系思维基本上是以三阶层为基本架构,而在中国则以四要件为传统理论。当然,目前四要件日渐势微,有被三阶层取代之势。但无论如何,刑法体系(犯罪论体系)一直是各国刑法学的核心。

至于英美法系,一般认为,英美刑法侧重纯粹实用主义,不注重体系建构。但其实这是一种误解,德国学者许乃曼(Schünemann)敏感地发现"美国不具体系之刑法学早已不存在了"。[②] 体系思维也是英美刑

---

① 〔德〕克劳斯·罗克辛:《刑事政策与刑法体系》,蔡桂生译,中国人民大学出版社2011年版,第5—6页。
② 〔德〕许乃曼:《刑法体系与刑事政策》,许玉秀、陈志辉:《不移不惑献向刑法正义——许乃曼教授刑事法论文选辑》,台北春风煦日论坛2006年版,第39页。

法学的核心,但限于篇幅,本书只重点讨论大陆法系的刑法教义学理论。①

四、刑法教义学形成时期的成就

李斯特时期,刑法教义学的变化体现在:(1)研究范围:由于刑事政策的目标重点由一般预防转向特殊预防,因而与以一般预防/报应为本体的刑法学不仅在实质上,而且在形式上都发生区隔。(2)研究目的:不仅仅是从反面提出"防止司法恣意",而且进一步从正面提出"维持法的安定性",要求由一个系统司法方法来实现这一目标。(3)研究方法:提出了体系思维,使得刑法学上升为刑法教义学,并从此开始了德国刑法最引以为傲的刑法体系的建构与发展历程。

因此,从刑法教义学产生伊始,体系思维就成为其最核心的特征,甚至是唯一特征。就此而言,应正常把握体系思维(刑法教义学)与体系要素(具体的刑法理论)的关系。

如果将体系思维定位为(刑)法教义学之唯一特征,首先遇到的问题便是:各个国家的、各个历史时期的刑法理论均不相同,是否存在多种意义上的体系思维?如果是这样的话,那么体系思维就根本不能成为刑法教义学的共通特征了,它只可能是德国刑法教义学的特征,或者是德国 20 世纪70 年代后刑法教义学的特征。这样一来,体系思维就无法将(刑)法教义学与其他学科区别开来了。但实际上,这种理解是错误的。对于刑法教义学而言,重要的是体系思维这一方法(形式),而不是作为体系要素的具体理论(内容)——不管这个具体理论是位于体系的"金字塔顶点"的"最一般原则",还是位于体系内部的具体原则或理论。换言之,对于体系思维而言,重要的是思维本身的逻辑性,而不是思维对象的真理性。对此,德国学者考夫曼指出:

> 根据康德,教义学是"对自身能力未先予批判的纯粹理性的独断过程",教义学者从某些未加检验就被当作真实的、先予的前提出发,法律教义学者不问法究竟是什么,法律认识在何种情况下、在何种范围中、以何种方式存在。这不意指法律教义学必然诱使无批判,但即便它是在批判,如对法律规范进行批判性审视,

---

① 关于英美刑法中的体系构建理论及思想,可参见潘星丞:《比较视域中的犯罪论体系:由差异至普适》,法律出版社 2016 年版,第 206 页以下。

也总是在系统内部论证，并不触及现存的体制。[①]

　　显然，(刑法)教义学并不在乎某种理论原则(例如，罪责的本质是道义上的非难可能性，或社会防卫的必要性)是否真的正确，这种理论原则的内容是刑事政策来确定的，是"未加检验就被当作真实的、先予的前提"。但一旦被刑事政策所确定而进入刑法教义学后，应受重视的，就是由该理论而发展出来的体系性推导思维，即"纯粹理性的独断过程"，这一思维过程只是"系统内部论证，并不触及现存的体制"。

　　法教义学只在乎体系思维，而不在乎作为体系要素的具体观点，强调这一点的意义在于：

　　首先，在理论上，体系思维具有普适性，不受话语体系的限制。体系思维的核心是系统的逻辑思维，具有"数学"性或"科学"性，因而具有普适性。法教义学可以成为所有部门法或所有法域法的共同追求，不论这些法的部门是什么(不论是刑法还是民法、行政法)，也不论这些法的法域是什么(不论是德国刑法典，还是中国刑法典，或是日本刑法典)。这种体系思维都有一个共同的功能，即对法官进行约束，实现法的确定性，"普遍的规范，要求平等和统一地对不同案件作出判决；具体的法律判决总是事先可预测的，因为它们源于事先法律规范。"之所以需要教义学，是因为"法官判决产生于法律的字面含义值得怀疑。如果法律的字面含义不够清楚……法律行为理论，除了表示法官信赖于法律，可能仅仅提出这样的任务：制定尽可能精确的推导规则，并对于待决事实行为存有'概念晕'问题的概念，给予一些论证支持。对法律理论的问题域的这一限制，是不言自明和一贯的，这种限制存在于仅以法律解释为支撑的教义学中。"[②]

　　其次，在实践上，体系思维不涉及具体理论的真理性，因而有利于维持司法的安定性。一方面，对于刑法教义学而言，重要的不是作为教义内容的具体知识，而是教义思维本身。例如，罪刑法定原则是一项具体的教义知识，其正确与否，并不是刑法教义学的讨论范畴，而应当是立法学或刑事政策学的范畴。刑法教义学的态度是：罪刑法定——无论如何——都应当被坚持，被当作教义一样来信仰，即使按照罪刑法定会得出不符合个案正义的结果，也应当接受这个结果；而刑事政策学的态度则是：如果信守

---

① 〔德〕阿图尔·考夫曼、〔德〕温弗里德·哈斯默尔主编：《当代法哲学和法律理论导论》，郑永流译，法律出版社2013年版，第4页。

② 〔德〕阿图尔·考夫曼、〔德〕温弗里德·哈斯默尔主编：《当代法哲学和法律理论导论》，郑永流译，法律出版社2013年版，第272—274页。

罪刑法定将得出不符合个案正义的结果,则基于正义的政策追求,应改用其他结果,在一定程度上突破罪刑法定的限制。这样一来,刑法教义学就被突破了,不论突破的理由显得多么堂皇(如"社会效果""司法为民""司法能动""功能主义"等),体系思维都被违背了,司法判决的一致性被破坏了,司法恣意就有了滋生的可能。因此,坚持体系思维的正确做法是:先通过民主的方式修改这一刑事政策(这往往是立法者的事),如明文规定对"罪刑法定"进行限制,然后再以新的政策作为体系起点,开展体系思维的工作,最终实现所欲求的结果。另一方面,重要的不是个案的处理结论,而是个案结论的推导过程。有时候,即使判决结论是合乎刑法教义学的,但其推导过程却违背了体系思维,则这种反体系思维的判决理由也难以贯彻到所有的判决中去。这使得合乎教义的判决结果仅仅是一种"偶然",甚至是以刑法教义之名,行刑事政策之实,从而让民众怀疑司法公正,司法的公信力降低。这恰恰是目前我国刑事司法最严重的问题。

简而言之,刑法教义学的任务,就是要杜绝司法的恣意、获得法的安定性,这对于我国刑事司法具有极其重要的(甚至是"最重要的")意义。试问,我们对于"具体的法律判决总是事先可预测的"有多少信心? 普通国民对于司法的信赖感有多强呢?

提升司法信赖力的唯一途径,就是在裁判说理中彰显这种教义学特性,因而需要刑法教义学来"为平等而正义的法律判决提供理由"。否则,即使判决结论正确,仍无法令人信服。

第三款　刑法教义学的修正

一、刑法教义学的刑事政策化:以罗克辛为中心

自李斯特以来,刑法教义学与刑事政策学就分立开来,体系思维的重要性就一直未被怀疑。不夸张地说,体系思维成了刑法教义学中真正不变的"教义"。当然,自从李斯特与贝林的第一个三阶层体系提出之后,三阶层是有变化的,但变化的并不是体系思维本身,而只是体系思维的"质料",这种"质料"或思维要素的变化也使得三阶层体系不断翻新:(1)以实证法(存在论)为"质料"的古典犯罪论;(2)以价值评价(规范论)为"质料"的新古典犯罪论;(3)以本体现象(存在论)为"质料"的目的行为体系;(4)以对本体现象的评价为"质料"的目的论,即新古典体系。这四种体系工具成了

德国刑法学的代表，"没有哪一种理论（指犯罪论体系）试图完全取代另一种理论。"①至今，这些体系仍然适用。②

但进入 20 世纪 70 年代以来，体系思维受到质疑——应当强调的是，这种质疑是轻微的、局部的。总体上，质疑者仍然是坚持体系思维的（这一点，后文将详细论述），但他们却发现了体系思维的不足之处，并试图补足。这种不足之处体现在：仅靠体系思维，可能仅仅是逻辑正确，但在刑事政策上却无法令人满意，而在刑事政策上令人满意的结果，则可能并不符合体系逻辑。这个矛盾，在疑难案件中表现得尤其突出。

首先指出质疑并力图补足的代表人物是德国刑法学者罗克辛，他认为，造成这一结果的原因，是将刑法教义学与刑事政策学分割的"李斯特鸿沟"。为了解决这个问题，罗克辛开始了"跨越鸿沟"、勾连刑法教义学与刑事政策学的尝试，他提出："只有允许刑事政策的价值选择进入刑法体系中去，才是正确之道，因为只有这样，该价值选择的法律基础、明确性和可预见性、与体系之间的和谐、对细节的影响，才不会倒退至肇始于李斯特的形式———实证主义体系的结论那里。法律上的限制和合乎刑事政策的目的，这二者之间不应当互相冲突，而应该结合在一起。"③从这段论述中可以看出，罗克辛并不是否定体系思维——实际上，从李斯特开始，德国刑法学者还没有因否定体系思维而得到普遍认可的，而是提倡让"刑事政策的价值选择进入刑法体系中去"。也就是说，给体系思维增加刑事政策学的"质料"。基于此，他提出了自己的体系构想——目的理性体系。

罗克辛致力于构建一种"目的理性的"（zweckrationalen）或"功能性的"（funktionalen）刑法体系。近期，我国学者亦有提倡"功能主义"者，这是可以理解的。罗克辛与雅科布斯是现代德国最有影响力的两位学者，其理论在我国被并称为"机能主义的犯罪论"。④ 但在我国现有的文献中，提及"功能主义"者，往往以罗克辛为讨论样本，而对代表更新的学术动态的雅科布斯关注不多，这是值得注意的。实际上，这也从一个侧面反映出，我国学者对于所谓"功能主义"（可能）存在误解。为此，我们首先从罗克辛的目的理性体系来分析"功能主义"的内涵实质。

---

① Vgl. Jescheck/Weigend, Lehrbuch des Strafrechts Allgemeiner Teil, 5. Aufl., Duncker&Humblot, 1996, S. 199.

② 对此，后文将详述。

③ ［德］克劳斯·罗克辛：《刑事政策与刑法体系》，蔡桂生译，中国人民大学出版社 2011 年版，第15 页。

④ 赵秉志：《外国刑法学原理（大陆法系）》，中国人民大学出版社 2000 年版，第 75 页。

目的理性体系的目的设定（Zwechsetzungen），是指"现代刑罚目的理论的刑事政策基础"。[①] 也就是说，"功能主义"恰恰意味着传统刑法教义学的反面。刑法从产生之初，其本质就在于保障（犯罪人之）人权——这也是罪刑法定的本质；相反，对犯罪人具有惩罚意义的功能也是刑法所实际具有的，甚至是立法者所追求的，这些功能可以体现为（通过惩罚犯罪人而）预防犯罪、（通过惩罚犯罪而）保护法益，或（通过惩罚犯罪而）恢复社会关系。严格说，这是处于刑法教义学的范畴之外的，属于刑事政策学的范畴。[②] 在传统的刑法教义学中，刑法的功能也能随着保障人权的刑法的实现而得以实现，但这种实现是被动的，而不是主动的。"功能主义"就是要在"人权保障"的刑法教义学中增加刑事政策的内容，使刑法的功能由被动实现，转向主动实现。

基于此，功能主义的目的理性体系对传统的体系思维进行了"修正"，具体表现为：

（1）在构成要件阶层，对于不作为犯的判断要添加刑事政策上的因素。将不作为纳入处罚的"等价值"理论，严格来说是违背罪刑法定的。对此，法官是"睁一只眼、闭一只眼的。他们这种态度都已经成为公开的秘密"。对此，罗克辛通过与刑事政策相关的义务犯的概念来解决，即构成要件应划分行为犯与义务犯，行为犯之构成要件是保护法益的，属于传统的刑法教义学范畴；而义务犯之构成要件则是保护某种社会关系，这些社会关系是"不依赖于刑法的"，它们能产生义务，当人们不履行该义务时，如不喂养孩子，就是不作为。也就是说，在存在某种"社会关系"的情形下，作为与不作为就没有实质区别。义务犯所要求的"结果避免义务"也不是构成要件所规定的，而是法官自由造法产生的。这不是解释问题，而是刑事政策上的造法问题。[③]

（2）在违法性阶层，他将正当化事由在刑事政策上的机能理解为"解决社会冲突"，而不是传统的刑法教义学的有无法益侵害的考量。例如，面对小孩的攻击，本是不法侵害，但人们仍然必须选择回避，而不能依据刑法

---

① Vgl. C. Roxin, Strafrecht Allgemeiner Teil, Band I, 3. Aufl., C. H. Beck, 1997, §7, Rn24-25.

② 这里要注意的是，"保护法益"与"所保护的法益"是不同的。在构成要件解释时，我们要根据其"所保护的法益"来进行解释，这是刑法教义学范畴，重在该法条所反映的被立法者所确定的法益内容，重在"法益"；而"保护法益"则重在"保护"，某一法益是否需要"保护"是由立法者来确定的，有"保护"之需要始有定罪并惩罚之需要。如以"保护法益"之需要为理由进行定罪，名义是补充立法漏洞的实质解释，但实际上已侵入立法范畴。

③ ［德］克劳斯·罗克辛：《刑事政策与刑法体系》，蔡桂生译，中国人民大学出版社2011年版，第25—26页。

之规定进行正当防卫。

（3）在责任阶层，罗克辛在传统的罪责要素可责难性之外，还增加了刑事政策上的预防必要性的考虑①，从而不法之后的阶层"罪责"（Schuld）就变更为"负责"（Verantwortlichkeit）②，或称"答责性"。而且，犯罪论体系不再仅仅限于传统的刑法教义学的应罚性（Strafwuerdigkeit）问题，而是包含了原属刑事政策（预防必要性）领域的需罚性（Strafbeduerftigkeit）问题。因此，罗克辛的体系被称为目的理性的（zweckrational）或者功能性的（funktionalen）体系。③

二、目的理性体系的实质：体系思维的"修正"

可以说，罗克辛的目的理性体系体现了"刑法教义学的刑事政策化"。对此，可从以下两方面评价：

1. 目的理性体系仍然坚持体系思维

罗克辛的目的理性体系的特殊性在于，它将刑事政策的考量要素纳入刑法教义体系中。但绝对不能认为，罗克辛放弃了体系思维；相反，他强化了体系思维。对此，罗克辛提到：

> 让刑事政策入侵刑法教义学的法学领土，并不是体系性思维的放弃，也不会导致体系性思维的相对化，因为体系性思维给我们带来了法明确性和法安全性的实益，而这，是不可放弃的。相反，我们以这种方式设计的这种目的性体系，较之于根据抽象或者前提性的东西演绎的体系而言，能使得法律领域的只以规范方式体现的内部关联，得到更为清晰的呈现。④

我们可以清晰地看到，他在"跨越鸿沟"时，仍然保留了三阶层的体系构造，仍是以体系思维为主，只不过给这一构造添加了新的"质料"——刑

---

① ［德］克劳斯·罗克辛：《刑事政策与刑法体系》（第二版），蔡桂生译，中国人民大学出版社2011年版，第42页。

② 许玉秀：《当代刑法思潮》，中国民主法制出版社2005年版，第95—96页。亦译为"答责性"，［德］克劳斯·罗克辛：《刑事政策与刑法体系》（第二版），蔡桂生译，中国人民大学出版社2011年版，第42、79页。

③ 许玉秀：《当代刑法思潮》，中国民主法制出版社2005年版，第90页。Vgl. C. Roxin, Strafrecht Allgemeiner Teil, Band I, 3. Aufl., C. H. Beck, 1997, §7, Rn. 24,49.

④ ［德］克劳斯·罗克辛：《刑事政策与刑法体系》（第二版），蔡桂生译，中国人民大学出版社2011年版，第49—50页。

事政策之考量因素。正因为其体系架构并无实质变化,所以学界普遍认为,目的理性体系"算不上一个新的体系"①,从而并不将之作为一个独立的三阶层架构来研究。

2. 目的理性体系利用刑事政策对体系思维进行修正

罗克辛之所以要在体系思维中纳入刑事政策的考量,是因为他认为,体系思维存在缺陷,有时并不能满足个案正义。但这一缺陷是局部的、次要的,因此他在坚持原有的刑法教义考量要素的前提下,只是添加了部分刑事政策要素:(1)构成要件阶层,在行为犯之外增加了义务犯的不成文的社会关系;(2)违法性阶层,在法益侵害之外增加了社会冲突的考量;(3)责任阶层,在传统罪责之外,增加了预防可能性的考量。可以说,这只是对体系思维的局部修正,而不是变更;是"体系内容的进步",而非"体系的进步"。②

可以进一步说明的是,这种"修正"也是不必要的,体系思维的缺陷也是建立在误解的基础之上的。因为,从逻辑上说,作为"金字塔顶端"的"最一般原则"只要是正确的,且体系思维又是"科学"的,则处理结论必然是符合"最一般原则"——这个原则往往被表述为"正义",而且由刑事政策学确定——的实质要求的,从而必然是符合刑事政策或个案正义的。也就是说,正确的"起点"与"进路",一定能导致正确的"终点"。如若不然,只能怀疑体系思维本身被错误应用;或者说,体系思维没有被彻底坚持。对此,后文将详细讨论。③

第四款 刑法教义学的重构

一、刑事政策的刑法教义学化:以雅科布斯为中心

罗克辛的功能主义尝试虽然说不上成功,但是将刑事政策学纳入刑法教义学体系的"功能主义"却展现了巨大的生命力。可以说,"功能主义"犯

---

① 许玉秀:《当代刑法思潮》,中国民主法制出版社 2005 年版,第 146 页。
② [德]许乃曼:《刑法体系思想导论》,许玉秀、陈志辉:《不移不惑献向刑法正义——许乃曼教授刑事法论文选辑》,台北春风煦日论坛 2006 年版,第 53 页。
③ 罗克辛对体系思维的误解,也体现在他对目的理性体系的建构上。对于体系思维的怀疑或轻视,尽管是局部的,也使得其目的理性体系不仅"不是一个新的体系",而且可以说"不是一个体系"。对此,可详见潘星丞:《比较视域中的犯罪论体系:由差异至普适》,法律出版社 2016 年版,第 74—82 页。

罪论的使命，是由长期与罗克辛论战的雅科布斯来完成的。与罗克辛所尝试的"刑法教义学的刑事政策化"不同，雅科布斯则是彻底的"刑事政策的刑法教义学化"。他不是在刑法体系中增加刑事政策的考量因素；相反，他是以刑事政策的考量因素来完全替代传统刑法体系中的考量因素，并将之体系化。正因如此，雅科布斯的"功能主义"才是真正完成了。例如，罗克辛虽将"预防必要性"纳入"责任"概念中，但是并没有改变罪责的"可责难性"实质，不能认为其"罪责"概念是"功能性"的，只能认为其"责任（答责性、负责）"概念是功能性的。相反，罗克辛还批评雅科布斯的"功能性罪责"概念走得太远。[①] 因此，在本书看来，所谓的"功能犯罪论"是由雅科布斯来完成的。以下从体系思维的三个角度来分析这种全新的体系架构。

（一）体系之目的：不是保障人权，而是保障社会

在刑事政策上，雅科布斯主张积极的一般预防理论。所谓"积极"，是指刑罚效果不在于对刑罚的恐惧，而在于"让人们因为规范有发生效果而安心，在于刑罚将犯罪所破坏的规范效果再度巩固起来"。[②] 他认为，犯罪是对规范有效性的破坏，刑罚使破坏者承担代价，由此向忠诚于法的市民证明，犯罪的交往模式不是一个标准的交往模式。责任就"不是威吓意义上的一般预防，而是学会对法律的忠诚意义上的一般预防"。[③] 规范的目的就是维持规范，规范的强制力也是规范自己给的。将对犯罪的规范反应——刑罚——纳入犯罪论体系，是雅科布斯的机能主义的表现，也是其与以往犯罪论体系完全不同的地方。

简单来说，在传统刑法中，所谓规范，主要是指作为刑罚条件的犯罪，即禁止规范或命令规范。在一个法条中，它相当于罪状。例如，"故意杀人的"——背后所蕴含的规范——"禁止杀人"。而在雅科布斯看来，规范不是禁止或命令规范，而是维持社会交往有效性的社会规范。在一个法条中，它相当于罪状与法定刑的整体。例如，"故意杀人的，处死刑、无期徒刑、十年以上有期徒刑"。规范的强制力是自己给的，因为它包含着刑罚。规范合法性不在于传统的正义，而在于规范的有效性。正是这种基于刑罚实施的有效性，使得积极的一般预防得以实现。

---

① Vgl. C. Roxin, Strafrecht Allgemeiner Teil, Band I, 3. Aufl., C. H. Beck, 1997, §19, Rn33.

② ［德］雅科布斯：《罪责原则》，许玉秀译，《刑事法杂志》1996 年（第 40 卷）第 2 期。

③ ［德］格吕恩特·雅科布斯：《行为　责任　刑法——机能性描述》，冯军译，中国政法大学出版社 1997 年版，第 10 页。

犯罪是对这种规范性交往的偏离,刑法就是要通过刑罚来否定犯罪,保障社会。① 这样一来,刑法的本质就不在于保障人权,而在于保障社会,这从根本上以刑事政策目标取代了刑法教义的传统通说。

(二)体系之"质料":对犯罪体系的概念进行全面重新规范化

由于雅科布斯刑法体系的目的不再是传统的"确定刑罚的条件",而是"维持包含刑罚的社会规范",因而其体系要素就与传统的完全不同。他拒绝从传统意义上确定刑法上的概念,而是要求对犯罪体系的概念进行全面重新规范化。② 因此,即使与之多次面对面沟通的学者许玉秀教授也说:"雅科布斯教授文章艰涩难读是中外闻名的。"③

例如,对雅科布斯而言,犯罪人的概念也是不同的。刑罚虽然是社会的反应,但是毕竟是适用于个人的,岂不是使个人成为社会的工具了吗?这就不是"积极的一般预防"了。对此,雅科布斯认为,刑罚作为规范,不以自然的个人为对象,"个人在法律当中被作一般性的、规范的定性";规范的对象因而是规范上的"公民",法秩序只是规定"公民角色",即是一种有相应权利义务的"角色"。他区分了自然存在的个人(Indiveduum)和规范意义存在的人格体(Person)④:个人是凭感官上的愉悦与否而存在的;当个人的交往增加时,就成为社会的个体(人格体),担任一定角色,这个角色是通过规范所决定的自由与义务来定义的。这样,"有罪判决的对象不是一个存在于他自己本身的个人,而是一个社会的个人。"这就从个人与规范"沟通"的意义上,保证了个人"被当作人看待"。

(三)体系之架构:行为—刑罚

雅科布斯的体系内容实际包含两个部分:一是对社会规范的破坏行为;二是社会规范以刑罚来确定规范的效用,即"行为—刑罚"体系。

在传统的犯罪阶层体系中,行为是处于构成要件、违法、罪责等刑法评价之前的,而雅科布斯的行为概念是从规范反应上定义的。⑤ 他从"规范反应"的角度来定义行为,而不是从行为人角度——"仅仅在形式的意义上

---

① 张超:《先天理性的法概念抑或刑法功能主义》,《北大法律评论》2008 年第 1 期。
② Vgl. Günther Jakobs, Strafrecht Allgemeiner Teil: Die Grundlagen und die Zurechnung-slehre, Walter de Gruyter, 1983, S. V f. 另参见［德］克劳斯·罗克辛:《刑事政策与刑法体系》(第二版),蔡桂生译,中国人民大学出版社 2011 年版,第 83 页。
③ ［德］雅科布斯:《罪责原则》,许玉秀译,《刑事法杂志》1996 年(第 40 卷)第 2 期。
④ ［德］京特·雅科布斯:《规范·人格体·社会——法哲学前思》,冯军译,法律出版社 2001 年版,第 43 页。
⑤ ［德］格吕恩特·雅科布斯:《行为 责任 刑法——机能性描述》,冯军译,中国政法大学出版社 1997 年版,第 89 页。

谈论行为人所实施的东西"。作为规范反应的对象的行为就不只是犯罪的一个独立阶层,而是一个完整的犯罪行为,即"它不应该萎缩成教学上可利用的犯罪开始阶段的一个概念,它就必须包含着关于刑法上重要的行为的尽可能完整的理论。"①行为不仅是不法概念本身②,而且"包含了回避可能性和责任",是"有关不法和责任的全体的概念"。③

而刑罚是刑法对"行为(犯罪)"的反应,雅科布斯将刑罚定义为"确定规范效用"或"重建被破坏的规范依赖",即刑罚是"否定之否定"。"只有在把行为看成是与规范相冲突的宣告和把刑罚看成是为确证规范作出的回答这种相联系的理解上,才可能显现一种直接的、理性意义上的联系。"④"只有这样,犯罪和刑罚才能理解为有因果关系,而不是理解成两个恶相互作非理性的排列。"⑤由此,其犯罪论体系可以表达为"行为—刑罚"。

从"行为—刑罚"的犯罪论体系中,我们确实看不到阶层性。而且,雅科布斯认为不法与罪责的区分是无意义的,他甚至将行为阶层与不法、罪责合一,这被视为"阶层无用论"。但实际上,这是从"行为—刑罚"体系而言的。在"行为"(即犯罪)内部,他依然遵循三阶层的架构⑥,因为"在一个包含全部法律材料的框架内进行的寻找法律的工作,不是一个自然而然就清楚的过程,也不必是一种在所有的情况下都令人满意的过程。"⑦

可以说,对于"行为—刑罚"体系,可从两方面理解:

(1) 就广义"行为"外部看,无需进行阶层划分。就"行为(广义行为,即犯罪)"而言,其是传统阶层体系"行为(狭义行为)—构成要件—违法—有责"的结论,结论本身当然无需进行阶层区分;同样,雅科布斯以"行为"作为刑罚的对象,不法并不能引起刑法反应,当然无需独立出来。从黑格尔的行为概念到现今行为概念的发展与三阶层体系形成的经过可以看出:

---

① ［德］格吕恩特·雅科布斯:《行为　责任　刑法——机能性描述》,冯军译,中国政法大学出版社 1997 年版,第 68 页。

② ［德］格吕恩特·雅科布斯:《行为　责任　刑法——机能性描述》,冯军译,中国政法大学出版社 1997 年版,第 66 页。

③ ［德］格吕恩特·雅科布斯:《行为　责任　刑法——机能性描述》,冯军译,中国政法大学出版社 1997 年版,第 68、99 页。

④ ［德］格吕恩特·雅科布斯:《行为　责任　刑法——机能性描述》,冯军译,中国政法大学出版社 1997 年版,第 102—103 页。

⑤ ［德］雅科布斯:《罪责原则》,许玉秀译,《刑事法杂志》1996 年(第 40 卷)第 2 期。

⑥ Vgl. Günther Jakobs, Strafrecht Allgemeiner Teil: Die Grundlagen und die Zurechnungslehre, Walter de Gruyter, 1983.

⑦ Vgl. C. Roxin, Strafrecht Allgemeiner Teil, Band I, 3. Aufl., C. H. Beck, 1997, § 7, Rn. 36.

在黑格尔那里,不法与罪责是与行为的概念混为一体的,没有对不同的体系性范畴加以区分,行为是整体的构成行为(Gesamttat)。目的行为论接受了黑格尔行为概念的结构,但将不法与罪责加以区分。[①] 换言之,在整体的"行为"概念中,是包含着不同的体系性范畴的,也是可以区分的。

(2)就广义"行为"内部看,是存在阶层划分的。不法处于"行为"内部,也就是处于阶层体系内部,自然不以刑法反应为必要,而以客观的非价值评价为必要,从而有了独立于责任的必要。同时,传统的四个阶层,每个阶层都有其评价任务,并且均不以刑法反应——刑罚——为目标,而是以确定应罚性为目标。这样,各自独立出来完全合理。

二、功能犯罪论的实质:体系思维的重构

雅科布斯的功能犯罪论体系与罗克辛的目的理性不同。从体系目的上看,雅科布斯不再是将刑事政策目的作为补充因素加入刑法体系中,而是直接以刑事政策目标——积极一般预防——作为体系构建的追求,贯穿于整个体系之中。从体系要素看,罗克辛仍然沿用了不法、罪责等应罚性的范畴概念,而雅科布斯则用了另外一套概念(行为、刑罚),以适应其刑事政策目的。从体系架构看,罗克辛仍是沿用了传统的三阶层,而雅科布斯采用的是"行为—刑罚"的构造,它"几乎颠覆了我们长久以来所流传的刑法教义学"[②],体现出"与'古典欧洲'刑法的决裂"[③]。这表现在,他否认不法与罪责的区分,甚至将行为、不法、罪责三个阶层合一[④],从而使得一直以"阶层性"著称,而且以阶层体系竞争辩论为主要学术内容的德国犯罪论体系濒临崩溃。

在"行为—刑罚"的构造中,不仅"行为—刑罚"本身自成体系,而且"行为"的内部还包含着传统的三阶层体系,这正是雅科布斯深受卢曼的社会系统论影响的体现。可以说,雅科布斯的功能犯罪论是对传统体系思维的重构。

---

① Vgl. C. Roxin, Strafrecht Allgemeiner Teil, Band I, 3. Aufl., C. H. Beck, 1997, §8, Rn. 7ff.

② [德]克劳斯·罗克辛:《刑事政策与刑法体系》(第二版),蔡桂生译,中国人民大学出版社2011年版,第86页。

③ [德]雅科布斯:《处在机能主义和"古典欧洲"原则思想之间的刑法——或者与"古典欧洲"刑法的决裂?》,[德]格吕恩特·雅科布斯:《行为 责任 刑法——机能性描述》,冯军译,中国政法大学出版社1997年版,第101—146页。

④ [德]格吕恩特·雅科布斯:《行为 责任 刑法——机能性描述》,冯军译,中国政法大学出版社1997年版,第66、99页。

小结

综上所述，可以得出以下几个结论：

第一，法教义学的发展历程包括四个时期：萌芽—形成—动摇—重构。在这个过程中，法教义学中作为教义的"质料"——"法"——本身虽然有所变化，呈现出自然法、实在法、民族精神、法概念、正义等多种形态，但是其最核心的特征——体系性——却一直未变。虽然在利益法与自由法运动期间经历了暂时动摇，但是体系性很快就重新获得权威性。可以说，法教义学在动摇期受到否定，从而法教义学的发展严格来说只有三个时期：萌芽—形成—重构，而法教义学的本质是关于"法"的体系思维。

第二，刑法教义学的发展历程与法教义学的发展历程是同步的，也经历了四个时期：萌芽—形成—修正—重构。应当注意的是，这里的"修正"阶段并非法教义学的"动摇"阶段，毋宁说"修正"是"部分重构"，它属于"重构"的一部分。在刑法教义学的发展过程中，体系思维作为核心，从未被质疑过。发展刑法教义学，就是在刑法学中坚持体系思维。

第三，刑法教义学是与刑事政策学相对而言的，二者的关系经历了四个阶段：(1)费尔巴哈时期，二者界分初步产生；(2)李斯特时期，二者形成"不可逾越的鸿沟"；(3)罗克辛时期，"刑法教义学的刑事政策化"；(4)雅科布斯时期，"刑事政策的刑法教义学化"。

第四，鉴于刑法教义学与刑事政策学的关系，发展刑法教义学，一方面就要求坚持刑法教义学所要求的体系思维，另一方面就要求拒绝刑事政策学所要求的反体系思维的思考方法，后者可统称为论点思维（或问题思维、论题思维）。

第五，中国语境下，对关于刑法教义学的内涵的讨论，可作如下评价：(1)"刑法教义学就是刑法解释学"，虽然说明了刑法教义学的一项主要工作内容，但是却没有指出其工作方式，即刑法教义学要求刑法解释是遵循体系思维的。当然，这里的体系思维并不只是与文字解释相对应的体系解释，其超出了刑法文本的范围，上可追溯到"金字塔顶端"的"最一般原理"，下可延伸至个案的处理结论。而且，体系思维不仅可以进行刑法解释，还具有发生学的功能，即可以通过体系的推演，产生新的具体理论。"刑法教义学区别于刑法解释学"固然不错，但刑法教义学的重点不在于超出刑法文本的"教义"——最一般的或具体的理论——本身，而在于"教义学"——

体系思维。(2)"刑法教义学区别于刑法解释学",刑法解释固然超出刑法文本本身,会涉及法条之外的刑法理论,即"教义",但同样,重点不在于这些理论或教义本身,而在于这些理论或教义应当如何运用,这一运用应遵循体系思维。(3)"刑法教义学就是德日刑法学",该观点进一步将法条背后的理论内容等同于德日刑法理论。但是,应当注意的是,就德日刑法学而言,其生命力并不在于艰深晦涩的概念术语或具体理论,而在于这些概念术语或具体理论之间的体系性关联。体系性关联可以使得各个概念及具体理论之间协调无矛盾,而且能"生产"出新的理论。

　　体系思维是潜藏在德日刑法学背后的精髓,也是德日刑法学得以被称为刑法教义学的原因。那么,是否引入德日刑法学就是发展了刑法教义学,就是在刑法学中坚持了体系思维呢?这并不是一个能轻易回答的问题。回答这个问题,要从我国刑法学的理论和实践中进行考察,从而揭示德日刑法学的引入是否提升了刑法学中的体系思维。

第二章 中国语境下的刑法学体系思维：现实的对照

第一节 中国刑法学中体系思维的实践现状

由于刑法教义学的核心就是体系思维，中国刑法实现教义学转向，就是要在刑法学中坚持体系思维。引入德日刑法学是否意味着发展刑法教义学？对此，应当考察引入德日刑法教义学后，刑法学的理论与实践是否提高了体系思维的含量或程度。

为此，我们首先对刑事司法实践进行考察，从中可发现几个突出问题，分述如下。

一、司法实践中体系思维的形式匮乏

司法实践中的体系思维，应当体现在裁判说理中。大陆法系国家在刑事判决说理的基础上，逐渐形成了一套指导法官思维的理论框架——犯罪论体系，使之作为"整理法官的思考方法，规制法官判断的手段"①。这与刑法教义学体系思维的原理是一样的：重要的不是结论本身，而是结论的推导过程。结论是否合乎正义，是刑事政策的评价，而得出结论的过程应当经由体系思维推演出来，这就是刑法教义学的工作。同时，得到个案结论的体系思维是应当公开的，正如边沁所言："没有公开就没有公正……公开是公正的灵魂。它是对努力工作的最有力的鞭策，是对不正当行为最有效的抵制，它使法官在审判时保持法官的形象。"②

大陆法系国家多对刑事判决理由的阐释有制度化的规定，很多国家的

---

① ［日］平野龙一：《刑法总论Ⅰ》，有斐阁 1972 年版，第 90 页。
② 宋冰：《程序、正义与现代化》，中国政法大学出版社 1998 年版，第 288 页。

刑事诉讼法将判决理由作为一项普遍义务来迫使法官接受(日本刑事诉讼法第四十四条、德国刑事诉讼法第二百六十七条),不少国家甚至在宪法中对判决理由作了强制性规定(如意大利、德国、荷兰)。在德国,联邦上诉法院经常因初审法院对证据的评断不完整或自相矛盾而撤销其判决。在普通法国家,由于承认"法官造法",其法律规则就是从法官的判决理由中引申出来的。同时,由于受到"遵循先例"原则的拘束,法官必须详细阐述有关先例对特定案件的可适用性。美国的判决意见书一般都篇幅较长,对案件事实进行非常详细的记述。

我国对于裁判说理虽然没有强制性要求,但是最高院一直在强调应加强裁判说理。最高人民法院于1999年颁布了《法院刑事诉讼文书样式》,配套发布的《关于印发〈法院刑事诉讼文书样式〉(样本)的通知》指出:"裁判文书最精彩的是理由部分。"1999年10月印发的《人民法院五年改革纲要》提出"增强判决的说理性"。最高人民法院于2010年12月6日正式发布施行的《法官行为规范》第四十六条第(二)项规定:"普通程序案件的裁判文书应当内容全面、说理透彻、逻辑严密、用语规范、文字精炼。"2018年的《最高人民法院关于加强和规范裁判文书释法说理的指导意见》明确规定:"裁判文书释法说理的目的是通过阐明裁判结论的形成过程和正当性理由,提高裁判的可接受性。"虽然最高院多次强调裁判文书的说理,但是收效甚微,常见情形如下:

(一)裁判说理的欠缺

现阶段的裁判文书虽然变长了、字数变多了,但是这并不意味着说理加强了,因为这些"增加字数"大多在于事实的记录与查明,主要出现在裁判文书的两个部分:一是集中在"检察院指控""被告人辩称"部分,记录控辩双方的法庭发言,相当于将庭审笔录及控辩双方的起诉书、辩护词"复制粘贴";二是"本院审理查明"部分也占据了相当的笔墨,但大多在于列举证据,说理成分较少。最能体现裁判说理的"本院认为"部分,往往寥寥数言。例如,许霆案使得几乎每个刑法学者都参与思考。据不完全统计,判决前后已发表的对该案定罪量刑进行分析的论文共计有638篇,并有专著出版,可见争议之大。但是,长达19页的二审判决书,对于定性之说理却只有343个字:

> 本院认为,被告人许霆以非法占有为目的,采用秘密手段窃取银行经营资金的行为,已构成盗窃罪。许霆案发当晚21时56分第一次取款1000元,是在正常取款时,因自动柜员机出现异

常，无意中提取的，不应视为盗窃，其余 170 次取款，其银行账户被扣账的 174 元，不应视为盗窃，许霆盗窃金额共计 173826 元。公诉机关指控许霆犯罪的事实清楚，证据确实、充分，指控的罪名成立。许霆盗窃金融机构，数额特别巨大，依法本应适用"无期徒刑或者死刑，并处没收财产"的刑罚。鉴于许霆是在发现银行自动柜员机出现异常后产生犯意，采用持卡窃取金融机构经营资金的手段，其行为与有预谋或者采取破坏手段盗窃金融机构的犯罪有所不同；从案发具有一定偶然性看，许霆犯罪的主观恶性尚不是很大。根据本案具体的犯罪事实、犯罪情节和对于社会的危害程度，对许霆可在法定刑以下判处刑罚。依照《中华人民共和国刑法》第二百六十四条、第六十三条第二款、第六十四条和最高人民法院《关于审理盗窃案件具体应用法律若干问题的解释》第三条、第八条的规定判决如下……①

就在这 343 个字中，真正针对争议焦点的说理仅为 98 个字："鉴于许霆是在发现银行自动柜员机出现异常后产生犯意……许霆犯罪的主观恶性尚不是很大。"在这 98 个字中，前半段是事实描述，最后一句"主观恶性尚不是很大"这 9 个字才是法律评价，但这个法律评价如何能得出"对许霆可在法定刑以下判处刑罚"的结论呢？显然是无法解释的。即使"可在法定刑以下判处刑罚"，为什么能由法定最低刑无期徒刑直接减至 5 年有期徒刑？对于幅度这么大的改判，法官的思维依据是什么？判决书只字未提。就连许霆也认为，判决不重，但理由不对，并提起上诉。公众更从该判决中滋生了对法院恣意裁量的担心。判决之后，争议并未尘埃落定，学者发表文章约 400 篇进行讨论，不少文章对判决进行批判。

司法机关的裁判文书极少展示法官的体系思维，使得裁判文书往往成为一种空洞的格式性文书。从直接原因上看，不能轻易地说是由于"案多人少"，因为要求加强说理的，往往是疑难、复杂案件②，而这类引发民意讨伐的疑难案件，法官投入的时间绝不会少，也不可能"没时间说理"。"不说理"多是由于法官的不自信，"致使他们简洁性和形式主义的风格意在隐藏一种恐惧，即害怕过于详尽可能有碍于审慎周到和严守秘密。也不难想象

---

① 许霆盗窃案，(2008)穗中法刑二重字第 2 号刑事判决书
② 参见 2018 年《最高人民法院关于加强和规范裁判文书释法说理的指导意见》第八条。

这种司法判决的风格具有多大的合理性,人们肯定存疑更多"①。

但更深层的原因则是,由于缺乏基于长期训练而形成的体系思维,法官不知道怎么说理,不知道怎么展现刑法教义学的推理过程,害怕"说多错多"。

(二)裁判说理中体系思维的欠缺

由于我国刑事裁判文书说理的普遍欠缺,民众对于司法的信任度并不高。当一份裁判文书没有展现它的司法逻辑,却得出一个结论,旁观者有理由怀疑,这个结论是出自某种不为人知的"潜逻辑"或"潜规则",这个"潜逻辑"完全可能导致司法腐败与司法不公。客观上,我国司法腐败现象是比较严重的,普通百姓对于司法公正的渴望也极其强烈。

当出现一份说理详尽的裁判文书,不论裁判结果如何,民众的感觉就是激动万分的。在这里,有一份样本,它就是被称为"惠州许霆案"的于德水盗窃案的判决。②

这个案子与许霆案有大致相同的案情,不同的是,这份判决书共12265个字,合计24页。除去事实与证据部分占了10页外,法官用了将近14页来进行裁判说理!这种罕见的详细说理,为长期以来对于裁判说理的极度饥渴提供了一个出口,这种积蓄已久的情绪终于在这份判决书中得以瞬间释放和宣泄,各种赞誉之词遍布网络,如"史上最伟大的判决书""让人泪流满面"等。这份判决书从2015年6月15日公开以来,在不到半个月的时间里,"截至6月29日10时,百度新闻有关报道量为456篇,其中《羊城晚报》首发报道《'惠州许霆案'之罪与罚:一份稀缺判决书面世的庭前幕后》累计被转载136次,人民网报道《读懂万字判决书中蕴含的法理》被转载30余次。对此,法律界人士盛赞该判决书为'伟大的判决',网友称之为'法治社会,人文关怀,将始于斯'。"③

正如有法律人士所评论的,"这份判决书,最大的特点是先不论判决及适用法律正确与否,详细公开了法官及合议庭的真实思考,应该成为不可多得的裁判文书样本。"④《检察日报》文章解释了普通民众何以"泪流满面":

> 法院的判决书当然重在讲法,讲法律依据,讲犯罪事实,然后

---

① [美]埃尔曼:《比较法律文化》,生活·读书·新知三联出版社1990年版,第230页。
② 于德水盗窃案,惠州市惠阳区人民法院(2014)惠阳法刑二初字第83号刑事判决
③ 《广东"惠州许霆案"判决书公开获赞》,《政法舆情》2015年第24期。
④ 《广东"许霆案"背后:审判长亲自撰写万字判决书》,《羊城晚报》2015年6月15日。

据此作出判决。但并不意味着判决书不需要说理，既讲法又说理的判决书更能令人信服，法与理相统一的判决更能体现公平正义。或者说，只讲法不说理的判决书是呆板、冰冷的，既讲法又说理的判决书才是有质感、有温度的。而且，说理的过程其实也是法治宣传的过程，这起案件审理通过网络全程直播，相信受众都能从万言判决书中体会到法治精神。可能正因为既讲法又说理的判决书少之又少，这份万言判决书才受到社会各界的热捧，并被赋予"伟大"二字。①

对这份判决书的态度，体现了司法受众对于裁判中体系思维的渴望，对于司法的可预测性和安定性的渴望，但这种渴望只是得到了瞬间的满足，如烟花一般，灿烂却短暂。

其一，从裁判结论看，该案之所以能得出"合理结论"，一方面与曾经的许霆案引发舆情关注有关。连判决书也明确交代"本案因与广州许霆案非常类似引起社会的广泛关注"。如果没有8年前许霆案引发的巨大舆情关注，该案是否会得出这样的结果呢？恐怕没有多少人有信心。事实上，在许霆案之前，还有一个类似案件——被称为"云南许霆案"的2001年何鹏盗窃案。被告人也是"盗窃金融机构，数额特别巨大"，但由于欠缺舆情关注，毫不意外地被判处无期徒刑。当2008年许霆案由无期徒刑改判5年有期徒刑后，何鹏案也因此于2009年11月底被云南省高院改判，将刑期由无期徒刑减为8年零6个月，何鹏经最高院批准后于2010年1月获释。至今，这一合理的判决结果，究竟是司法的公正，抑或民意的胜利？如果是后者，有多少民意资源可以被投入到个案中去？另一方面，亦与立法的修改相关。由于许霆案中存在的难题——"盗窃金融机构，数额特别巨大"的最低法定刑为无期徒刑——已被2011年2月25日全国人大常委会颁布的《刑法修正案（八）》第三十九条删去，从而法官在2014年"惠州许霆案"中所面临的困难大大减低。被告人于德水的盗窃金额为90000元，属"数额巨大"，依据《刑法修正案（八）》之后的盗窃罪的规定，应"处三年以上十年以下有期徒刑，并处罚金"，因而法院"判处三年有期徒刑，缓刑三年"。相对于之前的许霆案只能适用"特别减轻"的刑法规定并经"最高人民法院核准"而言，于德水案不存在特别的困难。换言之，于德水案并不是严格意义的疑难案件，对于裁判说理的要求尚不是很强烈。也就是说，在这个案

---

① 晏扬：《"广东许霆案"判决书何以被热捧》，《检察日报》2015年6月17日。

件上,不但充满偶然性(由许霆案所引发并延续下来的舆情关注并不是常常都有的),而且也不具备必要性(它并不是一个疑难案件所必不可少的详尽说理)。

其二,从裁判说理本身看,该判决书确实展开了学理论证,但是这种论证是否符合刑法教义学的体系思维呢?恐不尽然。例如,判决书中有几段较为"温情"的论述:

> 我们认为,被告人犯意的基础动因在于一念之间的贪欲。欲望人人都有,眼耳鼻舌身意,人有感知就会有欲望,所以欲望是人的本性,它来自于基因和遗传,改变不了,因而是正常的。
>
> 同时,被告人取了钱带回老家,除了给弟弟一些钱,剩下的也一直不敢乱花,这说明他对社会管理秩序还是心存畏惧,被抓获之后,被告人随即全部退清所有款项,我们觉得,这孩子心存良知。

最后,判决书写道:

> 在作出本案判决之前,我们对与本案类似的著名许霆案作了详细的研究和对比,许霆案犯罪金额是十几万元,终审判决确定的刑期是五年。我们知道,法学理论界对许霆案的判决分歧非常大,国内多位顶尖刑法学教授也各自发表了论证严密但结论完全不同的法律意见。这既说明本案作为一个新类型案件有其自身的特殊性,另外也说明正义本身具有多面性,从不同的角度观察和认识会得出不同的结论。众多争论也说明,对复杂的新类型案件作出正确的司法判断是件非常困难的事,对法官的各项能力甚至抗压能力要求都非常高,因为法律毕竟是一门应对社会的科学,司法判断面临的是纷繁复杂、日新月异的世界,面临的是利益交织、千差万别的社会矛盾和价值取向,面临的是当事人、公众、媒体、专业人士等的挑剔眼光和评价。因而法律专家也好,法官、检察官也好,即使法律观念一致,但也存在不同的伦理观、道德观、世界观,存在不同的思维方式和行为路径,因此,在追求正义的过程中,司法官对案件的判断经常是不一致的但同时也是正常的。检察和审判机关之间,以及不同层级的审判机关之间对同一案件存在不同的认识和答案是正常的,希望得到社会各界的理解

和尊重。

> 我们也不能确认和保证本判决是唯一正确的,我们唯一能保证的是,合议庭三名法官作出的这一细致和认真的判断是基于我们的良知和独立判断,是基于我们对全案事实的整体把握和分析,是基于我们对法律以及法律精神的理解,是基于我们对实现看得见的司法正义的追求。

可以看到,这份判决书的说理有一些值得注意的地方：(1)字里行间温情脉脉,如以"我们"代替"本院"这种传统的冷冰冰的主语称谓,对"被告人"则称"这孩子(心存良知)"(尽管作出判决时被告人已年满 26 周岁);(2)以经验情感代替法律逻辑的说理方式。基于这些与众不同,这份判决说理被称为"人文式说理"。[1] 很明显,这种说理方式并没有体现(或说没有完全体现)刑法教义学所要求的体系思维。我们感受到的,更多的是法官的温情与良知,如审判法官在接受采访时说："让他坐牢,我良心上过不去。"[2]这种温情与良知,需要的不是刑法教义学的训练,而是作为一个正常人或善良公民的长期的道德养成。当然,这份判决书展示了一定的法律说理,但它的冲击力并没有法官的温情与良知强烈,没有充分体现体系逻辑。这种判决结果虽然符合民众的法直觉,但是其正义性却没有得到论证;而且,这种"温情与良知"是难以在每个案件中遇到的,因而它并不能带来法的安定性。

与这种"人文式判决说理"相类似的,是欧洲文艺复兴时期的"人文主义法学"。然而,如前所述,"人文主义法学"虽然强调说理的"优雅",亦重视人文经验,但这种经验并不是某个特定个人(法官)的良知,而是有更固定的形式——它表现为"本国化的人文主义"或习惯法,并且将法教义的体系思维视为高于"法律"的"规则"。

二、司法实践中体系思维的实质背离

是否引入德日刑法就能提升我国刑法中的体系思维的含量与程度呢?这是需要检验的。我国有学者认为,德日的精致概念只是法学家的益智游戏,实践价值不高,因而司法裁判中应用不多。笔者不同意这种观点,但我

---

[1]　周芳芳：《论刑事判决说理的"私人订制"——从一份"伟大"的判决书说起》,《东方法学》2016年第 3 期。

[2]　《"让'惠州许霆'去坐牢我良心上过不去"》,《南方都市报》2015 年 7 月 15 日。

国刑法学者应当更清醒地认识到：我国刑事案件的判决中采用德日三阶层的情形固然有，但却是违反体系思维的概念移植，不是有益的理论借鉴。

为了满足论证的典型性需求，笔者在这里分析两个案件，均是采取客观归责论来解决的，一个是用于司法考试练习的案例（司法考试案例虽然不是真实案件，但是由于司法考试是每个从事司法实践的法律人士都必须参加的，其案例的解决方案对于司法有极大影响力），另一个是真实案件。这两个典型案例将表明，引入德日刑法学的概念、术语或具体理论，并不一定就能实现刑法教义学的体系性要求。

（一）"借虎杀妻"案①

这是一道司法考试习题。由于案情的定性本身就存在争议，而出题人给出的精致的德日刑法式的解答也引起了不小的轰动，并且这种学习型案例短小精悍，省略了很多实际案例中存在的具体事实细节，使得我们可以免受不必要的干扰，便于突出学理论证，因而可作为讨论的典型，以判断德日刑法理论与刑法教义的体系思维及疑难案例解决之间的关系。

基本案情：

> 王某因妻子与经纪人出轨，对妻子怀恨在心并打算杀掉她。王某上网搜索杀人方法大全，突然想到不久前某野生动物园老虎伤人致死的事件，再想到此前其与妻子数次在车上吵架，其妻子都有不愿与其同行而下车步行的习惯，且很晚回家（其实是去找经纪人去了）。于是，王某经过深思熟虑，好言相邀其妻子共同去野生动物园游玩。当车子在野生动物园行进过程中，王某看到"禁止下车"的标牌时，停下车故意用语言刺激其妻子。其妻大怒，欲下车步行，但同时也看到了"禁止下车"的标牌。然而，王某的妻子认为"禁止下车"与原来读书时教室写着"禁止玩手机"和商场里写着"禁止吸烟"以及社会上标语"禁止乱扔垃圾"一样，于是下车步行。刚走两步，就被正在散步的一对雌雄老虎叼走了。王某看着老虎远去的背影，心中窃喜，胸中压抑多年的恶气总算出掉了，好爽啊。
>
> 分析：王某是否构成故意杀人罪？

---

① 《"借虎杀妻"案例题，李翔教授给出了答案……》，http://www.sohu.com/a/111380255_
367708，最后访问日期：2019年1月2日。

对于这个案例，出题人给出了答案，结论是："综上所述，尽管行为人主观上有杀人故意，但因为缺乏刑法上的杀人行为，并根据被害人自我答责理论，对行为人难以评价为故意杀人罪。"其理由主要有二：

1. "缺乏刑法上的杀人行为"，因为"行为人开车将被害人带到有凶猛动物出没的地方，语言刺激被害人等，这些都不具有刑法行为（作为）的属性，行为人的行为并未制造或者增加刑法上危险。不能评价为是刑法上的杀人行为。"

2. 被害人自我答责理论。刑法上的被害人自我答责理论认为，当某种损害结果与其行为相关联时，就必须追问导致损害结果发生的行为是否是该人基于自己的自由意志决定而实施的，如果能够得到肯定回答的话，他就应该对该损害结果负责。本案中，被害人是具有自由意志且心智正常的人，在看到"禁止下车"的标识时，应当认识到客观危险的存在（不是行为人制造的危险）。虽然行为人有语言刺激行为，但是被害人仍然可以自主决定是否下车，而被害人选择下车可以评价为是一种自陷风险的行为。此外，无论自我答责是否要求被害人认识到危险，都不影响本案的评价。

不难发现，这段答案中包含了一些"高大上"的概念，主要是：（1）在讨论是否存在"刑法上的杀人行为"时运用了客观归责理论，该理论于 20 世纪 70 年代经罗克辛的提倡而获得流行；（2）运用了自我答责理论，该理论在 20 世纪 80 年代经由德国学者许乃曼于"海洛因案"中提出后引起众多讨论。[1] 在我国司法中运用这些典型的德国刑法理论，着实引人注目，但不论其结论是否正确，从体系思维的角度看，存在如下问题：

1. 不同的具体理论之间的矛盾

（1）客观归责理论与自我答责理论能否并列？

严格说来，二者的位阶层级是不同的。客观归责理论是第一层级的概念，其下包含作为第二层级的三个判断标准：制造风险、实现风险、构成要件作用范围。而自我答责往往是在"构成要件作用范围"之下，作为一种排除"构成要件作用范围"的具体情形来讨论的[2]，即具有自我答责情形者，

---

① BGH JR 1979,429.

② Vgl. C. Roxin, Strafrecht Allgemeiner Teil, Band I, 3. Aufl., C. H. Beck, 1997, § 11, Rn. 91ff.

则不属于"构成要件作用范围",无法进行客观归责。当然,亦有学者将自我答责作为"制造风险"或"实现风险"之下的子规则,此处不详述。但无论如何,这三个理论不是并列的,其层级关系是:客观归责→构成要件作用范围→自我答责。而答案中将第一层级与第三层级的"子项"并列,这在逻辑上是存在缺陷的:既然否定了客观归责,就无需(亦不应当)再涉及自我答责的问题了。

(2) 肯定"未制造风险"后,能否再讨论"自我答责"?

一方面,客观归责的三个标准是存在顺序性的,如果在第一个标准"制造风险"的判断中,已得出否定结论——"未制造风险",那么就足以否定客观归责,就没有必要再进入第三个标准"构成要件作用范围"并讨论其下的"自我答责"了,将第二层级的"制造风险"与第三层级的"自我答责"并列,也是一项逻辑错误;另一方面,如前所述,在不少学者看来,如被害人"自我答责",这种风险就是被允许的,则被告人"未制造不被允许的风险",因此也没有必要(严格说是不应当)在否定"制造风险"之后再讨论"自我答责",否则就是自相矛盾。简言之,如说"未创设风险",就无需再讨论"自我答责";如讨论"自我答责",就必已"创设风险"。

(3) 实行行为理论与客观归责理论能否并用?

案例分析称:"行为人的行为并未制造或者增加刑法上的危险。不能评价为是刑法上的杀人行为。"前半句"未制造或者增加刑法上的危险"显然是客观归责理论的分析范式,而后半句"不能评价为是刑法上的杀人行为"则属实行行为理论。将客观归责理论与实行行为理论并用,就严重违背了体系思维。客观归责是德国学说,而实行行为是源于日本的理论,二者是不同体系的,只能择一,否则会很滑稽。因为实行行为是指"具有法益侵害紧迫性的行为",这在内容上大体相当于客观归责中的"创设风险",内容的大体一致使得二者没有必要同时使用。更重要的是,客观归责理论不是判断实行行为的理论,而是判断客观构成要件是否该当的理论。因此,日本学者大塚仁不屑使用德国的客观归责理论,认为日本的实行行为理论与相当说足矣,根本无需引入德国的客观归责理论。[①] 而德国学者的论著中也极少提及实行行为(提的较多的是"行为",这是处于前构成要件阶层的"裸"的行为概念)。从更深层的原因来说,这与两国的阶层体系理论的差异相关。在行为与构成要件的关系上,日本普遍接受构成要件论,从构成要件开始其三阶层;而德国普遍接受行为论,从前构成要件的行为论开

---

① [日]大塚仁:《刑法概说(总论)》(第三版),中国人民大学出版社 2003 年版,第 164 页。

始其阶层体系。① 在本案中，我们完全可以不用"客观归责"，只用实行行为理论来判断："王某在特定条件下的语言刺激具有（或不具有）侵害其妻生命法益的紧迫性，从而是（或不是）杀人罪之实行行为。"亦可用客观归责论来判断："王某的语言刺激创设了（或未创设）法所不容许的风险，从而可能（或不能）进行客观归责。"

　　2. 具体理论自身的判断错误

　　在一个个案中引用德日刑法的具体理论，却存在如此多的体系矛盾，这使得我们有理由怀疑，这些具体理论在使用过程中，就其自身而言，是否被正确使用了。这样，我们将继续发现如下问题：

　　（1）关于客观归责"创设风险"的判断

　　案例分析认为："行为人开车将被害人带到有凶猛动物出没的地方，语言刺激被害人等，这些都不具有刑法行为（作为）的属性，行为人的行为并未制造或者增加刑法上危险。"

　　对于这个判断，应当注意的是，"危险"是客观归责的子概念，如何判断"危险"，也要按客观归责的理论体系进行。就一般人看，开车去动物园、语言刺激都不是"法不容许的危险"，但客观归责对危险的判断是"客观的事后预测"②，即以一般理性人为判断标准，以一般人掌握的情况并加上行为人特殊掌握的情况为判断素材。例如，在著名的乘坐飞机案中，叔叔劝侄子坐飞机，希望其死于坠机，事后真的坠机。一般而言，叔叔的行为（劝说）当然没有"创设危险"，但如果叔叔知道有恐怖分子在飞机上安装了炸弹，仍劝说他人坐飞机，就无疑"创设危险"。本案中，王某特殊知道的情况是"其妻受语言刺激后会下车""老虎前几天才伤人"，加上这些判断素材，就一般人的智力来判断，还能得出王某未"创设危险"的结论吗？

　　（2）关于"自我答责"的判断

　　案例分析认为："本案中，被害人是具有自由意志且心智正常的人，在看到'禁止下车'的标识时，应当认识到客观危险的存在（不是行为人制造的危险）。虽然行为人有语言刺激行为，但是被害人仍然可以自主决定是否下车，而被害人选择下车可以评价为是一种自陷风险的行为。"

　　对此，应当注意的是"被害人自我答责"——说得通俗一点就是"被害人自陷风险"（也称"自赴风险"）——与被害人同意的区别在于：前者是指

_____

① 关于这个问题的详细论述，可参见潘星丞：《比较视域中的犯罪论体系：由差异至普适》，法律出版社2016年版，第276页以下。

② Vgl. C. Roxin, Strafrecht Allgemeiner Teil, Band I, 3. Aufl., C. H. Beck, 1997, §11, Rn50.

被害人仅认识到行为的危险,但不同意实害发生,未放弃法益;而后者是指被害人既认识到行为的危险,也同意实害结果的发生,放弃了法益。被害人未放弃法益却自陷风险,是因为其判断法益损害结果不会发生,但该判断必须是"被害人对危险状况和被告人一样看得清楚的时候"作出的,才是有效的。① 也就是说,自我答责要求被害人为自己作出的错误判断负责,但这个判断必须是自由的,且判断素材是和被告人一样多的。而在本案中,这些条件都不具备:(1)王某了解到前不久动物园有虎咬人事件,其妻却不知情;(2)王某的语言刺激,使得其妻在情绪激动时根本来不及作充分自由的判断,因此仅认为"禁止下车"是和"教室禁止玩手机"一样无关紧要的行为规范,根本没有想到其危险,也就谈不上"自陷风险"。

可见,在案例分析中运用德日的具体理论并不是错误的,但每一具体理论或概念都有其赖以生成的知识体系。选用某一理论,不能仅仅照搬概念术语,而应连同该概念术语背后的语境体系一起适用,否则就会发生误用的危险。

而且,重要的不是德日刑法的概念或具体理论,而是体系思维。在本案中,即使不使用客观归责,按通常的中国刑法所熟悉的理论,一样是能解决问题的。例如,在本案中,我们可以用"因果中断论"来讨论:被害人自行下车,这一介入因素能否"中断"被告设定的因果流?关键在于介入因素是否"异常"。本案中,其妻下车,是王某预料到的,根本不"异常",也就不能中断。其实,在自我答责、自陷风险提出前,德国就是以"中断论"来解决的,并在"回溯禁止"的主题下展开讨论。② 或者,更简单一点,直接采用中国传统的四要件理论:根据案情的具体设定,王某的行为是利用周围的环境,将其妻致于死地,与其妻死亡有刑法上的因果关系,妻子下车是因果链的重要一环,不是出罪事由,王某的行为无疑具备杀人罪之客观方面要件,进而再分析犯罪之主观方面(王某之主观究竟成立故意,还是过失,抑或意外)。

(二)一份依照"客观归责"理论作出的刑事判决书③

近日,一份依照"客观归责"理论作出的刑事判决书引起了刑法理论与

---

① Vgl. C. Roxin, Strafrecht Allgemeiner Teil, Band I, 3. Aufl., C. H. Beck, 1997, §11, Rn. 107. 另参见[德]许乃曼:《关于客观归责》,许玉秀、陈志辉等:《不移不惑献身刑法正义——许乃曼教授刑事法论文选辑》,台北春风煦日论坛 2006 年版,第 560 页。

② Vgl. C. Roxin, Strafrecht Allgemeiner Teil, Band I, 3. Aufl., C. H. Beck, 1997, §11, Rn27.;Frank, Reinhard, Das Strafgesetzbuch für das Deutsche Reich, 18. Aufl., Tübingen 1931, §1 Anm, Ⅲ 2 a.

③ 参见刘香波过失致人死亡案,北京市海淀区人民法院(2018)京 0108 刑初 1789 号刑事判决书。

实务界的关注。该判决书运用了客观归责理论的思维和术语去分析结果的归责和客观构成要件的符合性,使用了诸如"结果归责""制造法所不容许的危险""降低危险""增加危险""行为与结果的常态关联""被害人自我答责"等发源于德国的客观归责理论中的一些关键术语,在"法律适用上能够比较充分地论证说理",因而是一份"值得赞赏的判决书"。①

笔者对于法官勇于尝试域外理论的本土化的做法是非常赞赏的,但所引用的德日刑法的具体理论,是否符合了体系思维呢? 这是判断究竟是"概念移植"还是"理论借鉴"的重要标志。为了分析,兹摘录判决书的相关内容如下:

基本案情:

经审理查明,2015 年 5 月 6 日,被害人汪某 1(女,殁年 24岁)在被告人刘香波所经营的本市大兴区某美容有限公司实施吸脂手术,过程中被害人汪某 1 因注射麻醉药物导致其不适。被告人刘香波与其朋友王某 1 等人(被告人王某 1 已被我院以伪证罪判决)将被害人汪某 1 送往北京市仁和医院(位于本市大兴区)治疗,后因汪某 1 病情严重,被转入重症监护室治疗。5 月 8 日 16时许,被告人刘香波不顾医务人员的病危劝告,冒充被害人汪某 1 的姐姐,在医院的《病危病重通知书》《自动出院或转院告知书》上签字,强行将被害人汪某 1 接出医院,并用私家车将其送回被害人汪某 1 的暂住地,导致被害人汪某 1 未得到及时医治。同日 22 时许,由于病情严重,被害人汪某 1 联系王某 1,王某 1 与被告人刘香波取得联系后,将被害人汪某 1 先后送往四季青医院、解放军 304 医院(位于本市海淀区)进行救治,后被害人汪某 1 于次日 16 时许在解放军 304 医院死亡。经鉴定,被害人汪某 1 系急性药物中毒导致多器官功能衰竭死亡。

裁判说理:

本院认为,被告人刘香波在自己经营的美容机构内对被害人汪某 1 实施吸脂手术,向被害人汪某 1 体内注射利多卡因等药物,导致被害人汪某 1 急性药物中毒,后将汪某 1 送至医院进行

---

① 孙运梁:《客观归责论在我国的本土化:立场选择与规则适用》,《法学》2019 年第 5 期。

救治时,又不顾医生劝阻,强行将被害人汪某 1 带出医院,导致被害人汪某 1 因药物中毒未及时获得有效医治而死亡,其行为已构成过失致人死亡罪,应予惩处。北京市海淀区人民检察院指控被告人刘香波犯过失致人死亡罪的事实清楚,证据确实、充分,指控罪名成立。针对被告人刘香波及其辩护人的相关辩护意见,综合评述如下:

(一)被害人汪某 1 的死亡后果应当归责于被告人刘香波

事实因果关系的存在是依法追究被告人相关刑责的必要而非充分条件。本案情况较为复杂,不仅要查清死亡结果是否该归责于被告人刘香波,还得查清在多大程度上要归责于被告人刘香波。为厘清被告人刘香波的行为对死亡结果的成因力有无及大小,必须从刑法规范角度,对其行为的归责问题进行分析。

1. 被告人刘香波的违法行为制造了法不容许的危险

进入刑法规制视野的行为都必须具有违法性,同时具有社会危害性,即要制造不被法律所容许的危险。被告人刘香波的涉案行为中,有充分证据得以证实,且应当被予以刑法评价的有以下两处:

(1)制造主要危险的行为:被告人刘香波在实施吸脂手术的过程中,对被害人汪某 1 注射了利多卡因等药物……对被害人汪某 1 的身体健康造成了直接危害,危及其生命,制造了法不容许的危险。该危险一直存续至被害人汪某 1 死亡时止。

(2)阻止他人降低危险的行为:……被害人汪某 1 出院有生命危险的关键时刻,仍不顾医生劝阻,将汪某 1 带出医院,送回暂住地。被告人刘香波的行为客观上中断了被害人获取救治的机会,阻止了他人降低危险的行为。

2. 被害人汪某 1 的死亡结果与被告人刘香波的上述风险制造行为存在常态关联

(1)被害人的死亡结果系由被告人刘香波的涉案行为所直接导致。……可以肯定被告人刘香波的吸脂手术行为与被害人的死亡结果之间存在事实因果关系。

(2)上述因果关系并未被第三方因素中断。……被害人汪某 1 的死亡结果不能归责于医务人员。

(3)被害人汪某 1 自身存在一定过错,但并不能对死亡结果自我答责

3.1　被害人汪某 1 同意做吸脂手术，并不代表其愿意接受药物中毒的风险，更不代表其应当对自己的死亡后果负责。

3.2　被害人虽未反对从仁和医院出院……但并未增加药物中毒所导致的风险，仅是在一定程度上不利于减少该风险。

……

故可以作出以下论断，即被害人汪某 1 在同意做吸脂手术时虽对被告人刘香波过于信任，但事出有因，被害人汪某 1 在被接出仁和医院时虽未反对，但系基于对被告人刘香波的错误信任，整个出院行为系由被告人刘香波主导，且被害人汪某 1 也未有放弃治疗，企图自杀的意思表示，不足以认定被害人汪某 1 对手术风险及出院行为自我答责；被害人汪某 1 在四季青医院、304 医院中的不配合医生询问的反常行为中存在一定过错，但仍系源于对被告人刘香波的错误信任以及自己无钱医疗，迫切需要被告人刘香波的救治这一客观现状所致，也未将风险扩大，不足以将被告人刘香波所制造的法不容许的风险正当化。

……

被告人刘香波的行为具有实质上的违法性，被害人汪某 1 的死亡结果应该归责于被告人刘香波。

无可否认，本案法官在裁判说理上是用了一番功夫的，但通篇使用深奥的德国刑法术语，这套"精英话语"不但当事人看不明白，辩护律师甚至很多法官同行也极有可能读不懂，这在很大程度上相当于变相剥夺了相关人员进行"法律商谈"的权利，包括辩护权。即使在德国，司法实践对于客观归责理论的态度也是极其谨慎的，甚至其兴趣也远远不及中国学者浓厚。即使如此，我们依然有理由相信，这种努力是值得赞赏的。

问题在于，这份裁判文书对于客观归责理论的引用，是否符合刑法教义学所要求的体系思维？正是在这个问题上，有不少值得商榷的地方。

1. 违法性判断先于构成要件判断

判决书在"被告人刘香波的违法行为制造了法不容许的危险"之下提到："进入刑法规制视野的行为都必须具有违法性，同时具有社会危害性，即要制造不被法律所容许的危险。"并且，文尾再次提到："被告人刘香波的行为具有实质上的违法性，被害人汪某 1 的死亡结果应该归责于被告人刘香波。"由于客观归责理论之定位乃是在于客观构成要件的判断，因此该判决说理显然是将违法性判断放在构成要件判断之先了，这就违反了三阶层体系通常的判断顺序。这一问题也被其他学者发现了。①

更重要的是,在说理中区分构成要件与违法性,完全违背了客观归责论的本意。详言之,客观归责理论是应二阶层架构的需要而产生的诠释理论,即"在二阶段的评价模式下,构成要件的判断具有不法判断的本质内涵,而如何认定构成要件所规范的要素是否完全成立,客观要素是否完全被实现,传统三阶段的诠释方式,显然已无能为力,必须另辟诠释途径。客观归责的见解乃顺应此种需求而生。"②例如,对于正当防卫,在二阶层下,不能认为其该当构成要件,客观归责是这样解释的:"因其属降低风险,而不是风险之创设,因而不该当构成要件。"所以,提出了客观归责,违法性阶段的检验要素就被掏空了,有学者还认为:"这也是罗克辛客观归责理论较受批评之处,因为有混淆构成要件阶层和违法性阶层之嫌。"③所以,如果引用客观归责论,就没有必要谈及违法性,因为这一要素已被包括在客观归责论的"法所不允许"的意涵当中。

2. 归责判断先于归因判断

判决中先讨论"1.被告人刘香波的违法行为制造了法不容许的危险",这已进入归责判断的范畴,但接着于"2.被害人汪某 1 的死亡结果与被告人刘香波的上述风险制造行为存在常态关联"之下,又提及"被害人的死亡结果系由被告人刘香波的涉案行为所直接导致。……可以肯定被告人刘香波的吸脂手术行为与被害人的死亡结果之间存在事实因果关系",所谓事实因果关系,则是归因判断的范畴。因此,这是将归责判断先于归因判断了。换言之,在进入归责判断的讨论后,就不允许也没有必要再讨论归因的事实因果关系了。

3. 混淆不同体系语境下的具体理论

最典型的,是判决书混淆并用了三种体系下的(广义的)因果关系理论(或说归责理论):条件说、相当说与客观归责论。(1)在以客观归责论为依据的说理中,夹杂了相当说的论述。例如,判决书有这样的表述:"2.被害人汪某 1 的死亡结果与被告人刘香波的上述风险制造行为存在常态关联。"这里的"常态关联",即为"通常性"之意,应属相当说的话语体系,在客观归责论——尤其是第二项规则"实现风险"——中极少使用。而且,判决书指出,"不仅要查清死亡结果是否该归责于被告人刘香波,还得查清在多

① 孙运梁:《客观归责论在我国的本土化:立场选择与规则适用》,《法学》2019 年第 5 期。
② 柯耀程:《刑法行为评价架构的演变及省思》,载柯耀程:《变动中的刑法思想》,中国政法大学出版社 2003 年版,第 38 页。
③ 许玉秀:《当代刑法思潮》,中国民主法制出版社 2005 年版,第 94 页。

大程度上要归责于被告人刘香波。为厘清被告人刘香波的行为对死亡结果的成因力有无及大小，必须从刑法规范角度，对其行为的归责问题进行分析。"对此，有学者指出，结果是否归责于行为，只有肯定与否定两种回答，而没有程度大小的问题。① 除此之外，原因的程度、成因力大小，实际上就是因果关系（条件关系）的相当性判断。在客观归责论中，这一内容为"不允许的风险"的"风险"二字所囊括，不复具有独立意义。例如，在那个经典的雷雨案（雷雨天叫他人外出，使他人被雷劈死）中，相当说的表述则是：雷雨天叫他人外出，与他人死亡之间虽有因果关系，但"成因力较小"，或这种因与果之间只是偶然的条件关系，没有形成"常态关系"。客观归责论的话语表述是：雷雨天外出所产生的风险是日常生活中的风险，并非"法所不允许的风险"。（2）在客观归责论中采用了条件说的归责方式——中断论。判决书提到"上述因果关系并未被第三方因素中断"，而中断论是条件说的内部的理论，只有采取条件说，才能主张中断论，其作用在于限制由于条件说而可能无限扩大的处罚范畴，是对由结果向上追溯原因的禁止，即"回溯禁止"。在客观归责论中，不存在这种"回溯"问题，也不存在"回溯禁止"。在"创设风险"与"实现风险"的语境下，根本就没有中断论的适用余地。

这三种归责理论的语境体系截然不同：条件说是德国目前司法的通说；客观归责论在德国理论界引起重视，也试图在司法中获得一席之地，但目前尚未成功；而相当因果关系理论则是日本的通说。

另外，"进入刑法规制视野的行为都必须具有违法性，同时具有社会危害性"就明显是将德日刑法中的"（实质）违法性"，与中国传统刑法中的"社会危害性"并用了。德日的"违法性"不同于中国刑法中的"刑事违法性"："刑事违法性"违反刑事的规定，是一个形式上的概念，相当于德日刑法的构成要件该当，而德日的"违法性"概念的实质可理解为"法益侵害"或"秩序违反"，与中国"社会危害性"具有大体相同的内涵。所以，"必须具有违法性，同时具有社会危害性"明显是误解了不同语境下的概念术语。

笔者并不反对同时借鉴不同学说，但每一种借鉴都应当是独立而完整的。譬如，一个人可以在运动时穿一套运动装，在参加国际会议时穿一套西装，运动装与西装各属不同体系，但均是协调的。但如果上身穿西装，下身装运动短裤和球鞋，就有点莫名其妙了。

---

① 孙运梁：《客观归责论在我国的本土化：立场选择与规则适用》，《法学》2019 年第 5 期。

第二节　中国刑法学中体系思维的理论现状

一、样本的选择：具体事实错误理论

从体系思维在中国刑事司法中的现状来看，情况并不乐观。可以说，作为刑法教义学核心的体系思维甚至还没有起步。但这个结论，到目前为止，还并不可靠，因为前文的分析只是个别的司法典型，不能代表我国刑法教义学的全貌。还存在这样的可能：我国引入德日刑法学之后，理论界的刑法教义学有了较大的进步，只是这种进步要传递到司法实务中去，法官素质的逐渐提高尚需一个过程。

为此，我们有必要对理论现状进行检验——应当说，本书在"体系思维之适用"部分会从不同角度进行这一检验并进行检验后的纠正工作，但在这里，在开始提倡"体系思维的适用"之前，我们有必要通过一个典型样本来反映我国刑法教义学的理论现状，这个检验样本应当具有这样的特征：（1）这个问题具有相当的影响力和疑难程度；（2）它有众多学者参与讨论；（3）讨论的结果（如所呈现的学术文献）具有相当的权威性。具备以上特征的样本可以集中反映我国借鉴德日刑法学的最高智识成果，如果这一成果仍然无法体现刑法教义学的体系思维，那么只能说明，借鉴德日刑法理论并不一定能促进刑法教义学的发展。

"具体事实错误"正好是具备这样特征的样本。错误论的争议是围绕具体事实错误（包括对象错误与打击错误）而展开的。在这个问题上，法定符合说（等价理论［Gleichwertigkeitstheorie]）与具体符合说（具体理论［Konkretisierungstheorie]）的分歧在德日等大陆法系国家由来已久。法定符合说是我国的通说，但具体符合说最近日益获得支持。两种学说的论战近几年在我国引起学界密集关注，讨论者多是利用德日刑法理论来展开论战。在中国的传统刑法理论中，作为具体事实错误核心的打击错误（这也是错误论论战的焦点），并不是作为认识错误来讨论的。中国刑法的传统理论认为，打击错误不是行为人主观上的认识错误，而是客观行为的失误。①

---

① 参见刘宪权：《刑法学》，上海人民出版社 2005 年版，第 169—170 页；周振想：《刑法学教程》（第三版），中国人民公安大学出版社 2005 年版，第 1112—113 页；何秉松：《刑法教科（转下页）

　　而最近连续几年来,我国学者采用德日刑法学说对具体事实错误进行探讨的相关理论文章如同雨后春笋般在多种法学核心期刊推出。[1] 可以说,在这个问题上,我国刑法学界获得了甚至比其原产地德日更丰富的学术成果:一方面,研究视域更为广泛,出现了"第三种学说"(对应理论与归责理论等);[2]另一方面,结合德日最新成果,对原来两种学说的论战也进行了更深入细致的思考[3]。

　　因此,可以说,关于具体事实错误的论战,充分反映了我国"引入德日

（接上页）书》,中国法制出版社 1993 年版,第 283 页;赵秉志:《刑法学》(第五版),高等教育出版社、北京大学出版社 2014 年版,第 224 页。当然,这样的观点,实是对"认识"作了符合日常语意但不符合立法原意的狭义解释。从日常语看,"认识"是指对已现实存在的事物的认识,不包含对将来事实的"预见",在打击错误中,行为人对现存的事实(主观选择的侵害对象)并无错误,因而不是认识错误;但从立法看,故意之"认识"包括对未来结果的"预见"在内,立法规定故意的认识因素为"明知自己的行为会发生危害社会的结果",其中的"会发生某种结果"在行为实施之时,就是一种对将来事实的"预见"。认识(预见)会打击 A,事实上却打中 B,客观事实与主观认识(预见)不一致,当然是认识错误。而且,这样的观点多未明确打击错误应如何处理,使得不少学者对于打击错误的处理结果与具体符合说一致,即构成杀人未遂(对 A)与过失致死(对 B)的想象竞合,这就违背了法定符合说的通说地位。而且,在对象错误上坚持法定符合说,也是有疑问的,因为在对象错误的情形下,法定符合说与具体符合说的结论是一致的。

① 在此仅列出近期发表在核心期刊的论文,且主要为发表在具有一定权威性的法学核心期刊 CLSCI 中的论文:(1)柏浪涛:《打击错误与故意归责的实现》,《中外法学》2015 年第 4 期;(2)柏浪涛:《对象错误与打击错误的实质区分——在隔离犯中展开》,《法学评论》2016 年第 4 期;(3)柏浪涛:《狭义的因果错误与故意归责的实现》,《法学》2016 年第 3 期;(4)柏浪涛:《实行犯的对象错误与教唆犯的归责问题》,《中国法学》2018 年第 2 期;(5)樊建民:《论同一构成要件内的行为差误》,《法律科学》2016 年第 2 期;(6)何洋:《论打击错误之处理原则——具体符合说之提倡》,《河北法学》2012 年第 1 期;(7)李韧夫、陆凌:《英美刑法中的犯意转移理论》,《法律科学(西北政法大学学报)》2013 年第 5 期;(8)梁云宝:《三阶层犯罪构成体系下构成要件错误理论探疑》,《政治与法律》2013 年第 4 期;(9)刘明祥:《论具体的打击错误》,《中外法学》2014 年第 2 期;(10)罗翔:《论打击错误的处理原则——法定符合说之检讨》,《暨南学报(哲学社会科学版)》2014 年第 8 期;(11)吕英杰:《论责任过失——以预见可能性为中心》,《法律科学(西北政法大学学报)》2016 年第 3 期;(12)欧阳本祺:《具体的打击错误:从故意认定到故意归责》,《法学研究》2015 年第 5 期;(13)欧阳本祺:《论因果流程偏离的主观归责》,《法学评论》2015 年第 6 期;(14)温登平:《故意犯罪的主观归责的范围——以具体的方法错误为例》,《刑法论丛》2014 年第 4 期;(15)谢望原、张宝:《论打击错误及其理论选择》,《现代法学》2015 年第 5 期;(16)张明楷:《论具体的方法错误》,《中外法学》2008 年第 2 期;(17)郑勋勖:《论故意对附随结果主观归责的扩张效应——从具体打击错误展开》,《刑事法评论》2015 年第 2 期;(18)张明楷:《再论具体的方法错误》,《中外法学》2018 年第 4 期,等等。

② 如欧阳本祺:《具体的打击错误:从故意认定到故意归责》,《法学研究》2015 年第 5 期。在此文中,欧阳本祺将故意归责理论视为法定符合说与具体符合说之外的"第三条道路"。

③ 如张明楷:《再论具体的方法错误》,《中外法学》2018 年第 4 期。在此文中,张明楷教授在论证法定符合说的过程中,所举的具体例子及相关思考,都是其原产地德国所没有的。

刑法学"的最高端的智识成果。① 如果这一智识成果仍无法充分体现刑法教义学之核心——体系思维,那么我们有理由怀疑,目前的"引入德日刑法学"在某种程度上说只是"概念移植",而不是完全的"理论借鉴"。甚至关于具体事实错误的论争在德日就已经存在,如果在德日的论争本身就不能彰显体系思维,那么便印证了前文所说的:对于刑法教义学而言,重要的不是具体理论,也不是作为"最一般原则"的基础理论,而是体系思维,是从"最一般原则"推导出具体理论的"科学性"与"逻辑性"。从而,刑法教义学发展的重点就不仅仅要借鉴德日的具体理论,而应更进一步了解该具体理论的体系背景,"知其然",更应"知其所以然"。

二、现有研究之评价:对体系思维的偏离

对于具体事实错误的处理,法定符合说与具体符合说的分歧由来已久,近期我国学者的研究成果又多,因此笔者不拟参与论战——否则这一工作的努力只会淹没于汪洋之中。笔者拟从论战双方的思路出发,尝试对这一旷日持久的争议进行解构。

由于我国学者在这个问题上的论战可谓德日论战的"集大成者"与"升级版",因此仅仅考察我国代表学者的论战即可。我国刑法学界中,法定符合说与具体符合说的代表学者(也是"集大成者")分别是张明楷教授与刘明祥教授。《中外法学》2008 年第 2 期刊登了张明楷教授的文章《论具体的方法错误》②,该文详细说明了法定符合说的优势,使其在我国的本已获得的通说地位更加巩固,具体符合说在相当长的一段时间内少人问津;2014 年,刘明祥教授在《中外法学》发表论文《论具体的打击错误》③,针锋相对进行反驳,并力主具体符合说,由此揭开了二者论战的序幕。其他学者的论战,只是为各自所支持的立场增加论点或论据,但在思维方式上并没有特别之处。因此,笔者以张明楷教授与刘明祥教授的论证思路为样本,进行重点分析。

---

① 另外,我国刑法学界前一段时间展开的关于行为无价值与结果无价值的论战,也是德日刑法学理论移植的一个缩影,但与具体事实错误的争议相比,参与者相对来说并不太多,时至今日,关注者更少。而且,如欲对这个问题详细阐述,就必不可少地需要进行更为复杂的知识铺垫(例如,将有必要对韦尔策尔、雅科布斯的艰涩的理论进行详细介绍。但就我国目前的理论现状而言,"构成要件与违法是客观的、责任是主观的"论调占据了主流,对于韦尔策尔的学说,无论是理解还是情感接受,均是有难度的,更遑论对韦尔策尔的学生雅科布斯学说的理解与接受),因此笔者不以两种无价值之论战作为样本。

② 张明楷:《论具体的方法错误》,《中外法学》2008 年第 2 期。

③ 刘明祥:《论具体的打击错误》,《中外法学》2014 年第 2 期。

就思维方式而言,参与论战的两大阵营都偏离了体系思维。如前所述,体系思维的特征在于逻辑的自洽性。也就是说,在一个完整的"概念金字塔"中,既可以进行建构主义的"回溯",将每一个具体理论回溯到少数的上位的理论根源,甚至是金字塔顶点的唯一的一般原则;也可以进行颠倒方法的"推导",将以建构方式获得的一般原则,向相反方向推导出特殊的具体理论。① 申言之,每一具体理论(不论是法定符合说,还是具体符合说)都应"回溯"至其理论根源,而且都应从其理论根源中"推导"出来。如果这一论战符合体系思维,则:(1)动态观之,即从论证的进路看,是"由因至果"的,即由作为理论根源的一般原则演绎式地"推导"出具体理论(法定符合说或具体符合说);(2)静态观之,即从论证的观点看,是体系性的(呈线性展开),而非零散的(呈点状分布)。但是,两大阵营的论战恰恰偏离了这两个特征。

(一) 论证进路:"由果至因"的政策考量

可以说,无论是法定符合说,还是具体符合说,都习惯于这样的论证方式:将学说的利弊作为学说选择的依据——因为此学说能导致合理结果,所以选择此学说;因为彼学说的结果并不合理,所以不能选择彼学说——这是典型的"由果至因"。从而双方的重点均在于批判对方的"缺陷",以及列举自己一方的"优点",但对于自己的学说是如何推导出来的,却鲜有提及,可谓"有破无立"。

例如,张明楷教授主张法定符合说,他在 2008 年发表于《中外法学》的论文《论具体的方法错误》中②,论证结构是先阐述其所反对的具体符合说,再提及自己所支持的法定符合说。按论证顺序摘录主题句如下:

(1)"在本文看来,具体符合说存在不少缺陷"

——在此主题句下,列举了具体符合说的 6 项"缺陷"。

(2)"采取法定符合说,可以避免具体符合说的缺陷。……不仅如此,法定符合说具有其他方法的许多优点。"

——在此主题句下,列举了法定符合说的 3 项优点。

(3)"采取法定符合说,需要回应具体符合说的批判"

——在此主题句下,共进行了 3 项反驳回应。

整个论证思路是:批判对方缺陷—列举己方优点—反驳对方批判。

---

① 吴从周:《概念法学、利益法学与价值法学：探索一部民法方法论的演变史》,中国法制出版社 2011 年版,第 45—46 页。

② 张明楷:《论具体的方法错误》,《中外法学》2008 年第 2 期。

而作为对立阵营的刘明祥教授在 2014 年同样发表于《中外法学》的论文《论具体的打击错误》中①，采取了大致相同的论证思路：批判对方缺陷—列举己方优点—反驳对方批判。按论证顺序摘录主题句如下：

（1）"在笔者看来，法定符合说存在如下几方面的缺陷"

——在此主题句下，列举了法定符合说的 6 项缺陷。

（2）"笔者认为，具体的法定符合说的解释是合理的"

（3）"我国持法定符合说的学者对具体符合说提出了如下几点批驳……笔者认为，持法定符合说的学者的这几点批驳，值得商榷。"

——在此主题句下，进行了 6 项反驳。

之后，张明楷于 2018 年在《中外法学》撰文《再论具体的方法错误》，再次以同样的论证方式进行了辩论反驳②，该论文结构可以体现其思路：

一、讨论的前提

二、具体符合说对法定符合说的批判

三、法定符合说对具体符合说的批判

四、简短的结语

论文在"二、具体符合说对法定符合说的批判"中，列举了 3 项批判并进行反驳；在"三、法定符合说对具体符合说的批判"中，论文明确指出"法定符合说看来，具体符合说也存在明显的缺陷"，并列举了 4 项缺陷。

在这种相互驳斥的辩论中，双方均有"破"无"立"，只以结果的利弊作为评价标准，对自己的学说是如何推导出来的，几乎只字未提，这使得各自的错误论主张均成为"无源之水""无本之木"，既无法证实，亦无法证伪，自然相持不下。正如黄荣坚教授所指出的："这些理论，只见其主张，不见其理由……理论而无论理就不是理论，从而也没有检讨的可能和必要。"③要否定一个具体学说，就应先否定其根源。在一种具体学说的根源仍然存在时，就贸然批判由其决定的具体学说是有"缺陷"的，显然没有太大的说服力；可以说，真正有缺陷的，或许不是这些具体学说，而是对它们的批判本身。

简而言之，这种相互辩论，只是"由果至因"的政策考量，而不是"由因至果"的教义分析。

---

① 刘明祥：《论具体的打击错误》，《中外法学》2014 年第 2 期。

② 张明楷：《再论具体的方法错误》，《中外法学》2018 年第 4 期。

③ 黄荣坚：《刑法问题与利益思考》，中国人民大学出版社第 2009 年版，第 119 页。

（二）论证观点：零散的论点式思维

双方在论战过程中，均提出了诸多论证观点，但仔细观察可以发现，这些论证观点之间并无逻辑性可言，只是零散的论点。例如，法定符合说者往往认为"具体符合说存在不少缺陷"，这些"缺陷"往往是在具体的虚拟案例中表现出来的，如：

（1）根据具体符合说，在案例 1（A 举枪射击仇人 X，但因没有瞄准而射中了旁人 Y，导致 Y 死亡）中，由于只有一个行为，只能从一重罪论处，因而论定为故意杀人未遂。但在行为人具有杀人故意，客观上也杀害了他人的情况下，却认定为杀人未遂，有悖社会的一般观念。

（2）根据具体符合说，行为人 A 射击 X 时，只要没有导致 X 死亡，不管是否导致 Y 或者其他人死亡，其结局都只负杀人未遂的责任，这会导致罪刑不均衡。

（3）根据具体符合说，行为人 A 在公共汽车上原本要扒窃身穿西服的 X 的钱包，因为方法错误事实上去扒窃了身穿夹克的 Y 的钱包时，对 X 成立盗窃未遂，对 Y 成立过失盗窃……可是，在我国，对盗窃未遂通常不处罚，过失盗窃也不可能构犯罪，结局是 A 的行为无罪，这似乎不合理。

（4）具体符合说主张，行为人的主观认识与客观事实（结果）具体地符合，才对结果承担故意责任，但是"具体"到何种程度，才承认其符合性，则是没有解决的问题。

（5）如前所述，根据具体符合说，A 误将 Y 当作 X 而杀害……[1]

不难发现，这些论点之间并没有展现某种逻辑关系，也不知是从何推导而来，它只是双方辩论中随机出现的，其思维方式是与体系思维相反的问题思维（Problemdenkens）。问题思维的提法是容易引起误解的，因为与之相对的体系思维（Systemdenkens）也包含具体问题并要解决该问题，这是所有思维的任务。二者的区别在于解决方案的获取方式，体系思维的解决方案是从体系中推导出来的，而问题思维的解决方案是从具体案件的讨论（Diskussion）和同意（Konsens）中获得的。换言之，问题思维证立答案

---

[1]　张明楷：《论具体的方法错误》，《中外法学》2008 年第 2 期。

的理由,并不是从某种体系关联中导出,而是直接从问题本身的讨论中得出,答案的采纳也无需经过大规模的逻辑推导。① 其方法是:先一次性地把可以设想的全部答案或理由提出来,然后按照通常的理解或公道的标准,通过赞成与反对的讨论作出一致的决定。这些理由就是一个个零散的论点,因此也可称为论点思维或论点学(Topik)。论点学是为了辩论学而发展起来的,特别适用于一个体系化的知识系统形成之前首次遇到(erstenZugriff)的问题②,其进路是"由果至因",就学说自身的内容(包括逻辑与结论)进行利弊辩论,并以此作为学说选择的依据,这在实质上是政策考量而非教义分析。虽然争议双方都试图提出刑法教义上的各种论点,但是这些论点是零散的,并不处于一个前后关联的体系之中,双方都能从不同的角度找到支持自己的论点,谁也无法说服谁。例如,在逻辑上,法定符合说注重"杀人",具体符合说注重"杀特定的人"。前者的理由是法益保护原则,却被批评忽视主客统一;后者的理由是主客统一原则,却被对方批判忽视法益的平等保护。这些零散的刑法教义(如法益保护、主客统一)由于缺乏一个体系性的安排,都只是政策考量的因素而已。

(三) 第三种理论:论点学的另一主张及其对体系思维的偏离

由于法定符合说与具体符合说相持不下,于是有学者尝试"第三种理论",其中影响力较大的是对应理论与归责理论。但实质上,"第三种理论"仍未脱离法定符合说与具体符合说两种阵营,只是为之增加了新的"论点"而已。而且,这些新的"论点"本身就存在着内部的逻辑矛盾(如故意归责理论),或是将原来的两大阵营对体系思维的偏离以另一种话语展现出来(如对应理论)。下文对这些"第三种理论"加以分析。

1. 对应理论

有学者尝试以对应(Kongruenz)理论取代两种错误论主张,以主客观构成要件之间的对应关系作为检验错误的重点。③ 例如,就意欲攻击的对象而言,有故意却无实害,主、客观要件未形成对应,只成立故意犯罪未遂;就最终误击的对象而言,虽有实害却无故意,主、客观要件也未形成对应,只能成立过失犯。④ 然而,这种区分行为人意欲打击的对象与实际打击的对象的做法,正是具体符合说的思路,其本质上要回答的问题是:行为人

---

① Vgl. I. Puppe, Kleine Schule des juristischen Denkens, 3. Aufl. , Vandenhoeck & Ruprecht, 2014,S. 272.

② Vgl. C. Roxin, Strafrecht Allgemeiner Teil, Band I, 3. Aufl. , C. H. Beck, 1997, S. 166.

③ 王玉全:《对应原理与错误理论》,学林文化出版事业有限公司 2002 年版,第 45 页。

④ 林钰雄:《新刑法总则》,台湾元照出版有限公司 2014 年版,第 212 页。

的主观认识与客观事实是否"对应"。这里的"对应"，不过是"符合"的另一种称谓。对应理论也必然要思考这样的问题：是在抽象的程度上"对应"（符合），还是在具体的程度上"对应"（符合）。因而"对应"理论并不是两种符合说之外的第三种理论。

2. 故意归责理论

具体事实错误的论战在我国因"故意归责"的思考而呈现新的特点，有学者认为法定符合说与具体符合说都无法解决打击错误问题，应采纳"第三种适用理论"或"第三路径"，即故意归责理论。[①] 这种看法值得商榷。(1)故意归责关注"结果能否归责于故意"，而原来的错误论（符合说）关注"故意在实现为结果的进程中是否被阻却"或"故意能否实现为结果"。若故意未能实现为结果，则是故意在"通往"结果的道路上被"阻却"了。二者只是故意与结果相"符合"的进路不同（前者是"由结果到故意"，后者是"由故意到结果"），并不涉及二者"符合"的标准（法定或具体）。(2)其实，以"故意归责"为思考进路，德国学者早已有之，但仍未脱离法定符合说（等价理论）与具体符合说（具体理论）的争议。[②] 而且，主张"归责"思路的学者罗克辛更明确指出：主观归责的标准是"计划实现"，客观归责的标准是"危险实现"，二者是相对应的。[③] 这也表明"归责"与"实现"只是视角不同，并不是考量标准的差异。(3)即使是我国主张"故意归责"的学者，在故意与结果相"符合"的标准上，也没有提出新的主张。例如，上述将故意归责作为"第三路径"的学者，实际上支持了法定符合说（如其所说"在结论上倾向于法定符合说"）[④]，而另一位运用故意归责理论的学者则明确承认，在打击错误的故意归责问题上有法定符合说与具体符合说两种意见，法定符合说通过将故意抽象化来实现故意归责，具有缺陷，而具体符合说在故意归责过程中将故意作具体化理解，这才是妥当的。[⑤]

应进一步指出的是，将"故意归责"视为"第三路径"的观点，不仅没有在故意与结果相符合的问题上提出新的判断标准，其论证说理还暴露出对于"故意实现"与"故意归责"的误解。详言之，将故意归责作为"第三路径"的观点源自我国台湾学者蔡圣伟教授，后为中国大陆学者欧阳本祺教授所

① 欧阳本祺：《具体的打击错误：从故意认定到故意归责》，《法学研究》2015 年第 5 期，第 105 页。
② Vgl. C. Roxin, Strafrecht Allgemeiner Teil, Band I, 3. Aufl., C. H. Beck, 1997, § 12, Rn. 141ff.
③ Vgl. C. Roxin, Strafrecht Allgemeiner Teil, Band I, 3. Aufl., C. H. Beck, 1997, § 12, Rn. 141ff.
④ 欧阳本祺：《具体的打击错误：从故意认定到故意归责"，《法学研究》2015 年第 5 期，第 120 页。
⑤ 柏浪涛：《打击错误与故意归责的实现》，《中外法学》2015 年第 4 期，第 1068—1069 页。

采用,二人的论述大同小异。

蔡教授认为,故意既遂犯的构成要件该当性判断包括三个阶层:客观归责、故意确认、故意既遂之归责。行为人的故意在着手当时便已存在,即已被确认,事后发生的结果不可能让先前的故意"消失",即不可能"阻却"故意,因而要考虑故意既遂的归责问题,故意归责的标准是:行为人的主观想象与客观事实在"具有规范重要性"的环节上重合。① 依此理论,对于甲欲杀 A,却误打中 B 的打击错误,其分析分为"三个阶层":(1)肯定 B 之死亡可客观归责于甲的行为;(2)确认甲有杀 A 的故意;(3)甲的主观想象与杀 B 的客观事实在"规范重要性"上重合,可将杀 B 的结果归责于杀 A 的故意。这样的结论虽然与法定符合说相同,但是分析过程却存在错误:(1)误解"故意实现"。所谓"阻却"故意,不是使已存在的故意"消失",而是表明该故意未能实现在结果中(未能转化为结果),但行为人先前对 A 的故意并未"消失",而是表现"故意未遂"(过失是针对 B 的,与先前存在的对 A 的故意无关);(2)误解故意归责。主观上"杀 A"与客观上"杀 B"虽然在"规范重要性"上重合于"杀人",但是不能将"杀 B"的结果归责于主观上的"杀 A"故意,而只能归责于"杀人"故意(因为二者重合于"杀人")。虽然结论上仍肯定故意成立(与法定符合说一致),但是其分析却是无理的,它使得故意的概念摇摆不定,即在"故意确认"阶段考虑"杀 A"故意,而在"故意归责"阶段考虑"杀人"故意(如后文所述,前者是具体符合说的故意概念,后者是法定符合说的故意概念)。(3)该说将构成要件该当性判断分为客观归责、故意确认、故意归责"三个阶层",传统的"故意实现"思路下构成要件的判断也包括这三个部分,只不过"第三阶层"的称谓不同(不是"故意归责",而是"故意实现")。两种理论并非思考要素多少的不同,只是在"第三个阶层"中思考进路存在差异。进而言之,构成要件该当性判断包括客观归责与主观归责。客观归责包括行为确认(制造危险)与结果对行为的归责(实现危险)两个步骤;相应地,主观归责也包括故意确认(制造主观危险)与结果对故意的归责(实现主观危险)两个步骤。由此看来,论者将主观归责(属概念)的两个步骤(种概念:故意确认、故意归责)与客观归责(属概念)并列,不但不是一种创新,反而是一种逻辑错误(子项层次不统一)。

欧阳教授的论述与此基本相同,只是将故意归责的标准由"规范重要性"更换为"认识可能性",即如果甲对"杀 B"具有"认识可能性(过失)"时,

---

① 蔡圣伟:《重新检视因果历程偏离之难题》,《东吴法律学报》2009 年第 1 期,第 150、158—159 页。

可将"杀 B"结果归责于事前的"杀 A"故意。其可商榷之处在于：（1）既然已认定"杀 A"故意与"杀 B"过失，其结论已是具体符合说的杀人未遂（对A）与过失杀人（对 B）之想象竞合，为何要多此一举地将"杀 B"结果归责于"杀 A"故意，而不直接归责于"杀 B"过失？这是毫无理由的。（2）其错误或源于对故意、过失的层级关系作了完全相反的理解。故意与过失的共同点在于"认识可能性"，二者存在层级关系，故意有更高的不法与罪责。因此，具有"认识可能性"成立过失，有可能进一步成立故意（当"认识可能性"较高时），即从概念之外延看，过失包括故意。而该论者正是在故意、过失概念的外延上完全颠倒——先确认了"认识可能性"较高的故意，后又进一步将"认识可能性"较低的、处于故意之外的过失纳入该故意之中，使过失结果亦归责于故意。（3）该观点必然以蔡圣伟教授的"规范重要性的重合"作为判断"认识可能性"之标准（虽然作者本人并未意识到），否则在"欲杀人，却误杀了旁边的猫"的情形下，由于对"杀猫"具有"认识可能性"，依此理论则只能认定为故意杀人罪既遂了。

综上所述，在具体事实错误的问题上，目前仍只存在法定符合说与具体符合说两大阵营的交锋。从论战结果看，基于政策考量的论点思维未获成功。两种错误论均有不同的论点支持，但未能形成一致结论。而且，两种学说均呈现出地域性特点。例如，我国大陆及日本以法定符合说为通说，我国台湾地区与德国则以具体符合说为通说。这种现象的原因有待查明，但现象本身表明：论点式思维并未解决错误论的学说选择难题，因为如果某种错误论确实存在论战已揭示的"缺陷"，那么其在任何法域都不可能成为通说。

三、理论之重构：由论点思维（政策考量）转向体系思维（教义分析）

（一）基本思路

论点思维未获成功，使得我们有理由对政策考量的做法产生怀疑。因此，由政策考量转向教义分析，就成为应然选项。在思维模式上，教义分析崇尚体系思维。[①]"刑法学必须自成体系，因为，只有将体系中的知识系统化，才能保证有一个站住脚的统一学说。"[②]体系思维要求，一个问题的所有论点是相互联系的，都必须受体系的制约，不能相互矛盾；而且，具体问

---

① Vgl. C. Roxin, Strafrecht Allgemeiner Teil, Band I, 3. Aufl. , C. H. Beck, 1997, S. 167.

② Vgl. F. v. Liszt/E. Schmidt, Lehrbuch des deutschen Strafrechts, 26 Aufl. Gruyter, 1932, S. 2.

题的答案是从某个特定的前提推导出来,而非根据结果之利弊来倒推答案,应当"由因至果",而非"由果至因"。这个特定的前提就是学说根源,它决定学说的选择,而学说评价是学说选择之后的事,即体系思维的进路是:学说根源(为什么)—学说选择(是什么)—学说评价(怎么样)。

根据体系思维,学说评价也不能脱离学说根源,仅就学说自身的内容(包括逻辑与结论)来进行。相对于学说根源,作为学说自身内容的逻辑与结论只是学说表征。如不结合学说根源,该学说就成为"无源之水",既无法证实,亦无法证伪,自然相持不下。正如黄荣坚教授所指出的:"这些理论,只见其主张,不见其理由……理论而无论理就不是理论,从而也没有检讨的可能和必要。"①要否定一个具体学说,就应先否定其根源。在一种具体学说的根源仍然存在时,就贸然批判由其决定的具体学说是有"缺陷"的,显然没有太大的说服力;可以说,真正有缺陷的,或许不是这些具体学说,而是对它们的批判本身。所谓学说之"缺陷",是指该学说与某个已被接受的学说相冲突;但从体系思维看,相冲突的不同学说,都是刑法上的个别认知,而刑法上的个别认知只有纳入一个体系之中,才能检验其相互之间在逻辑上是否兼容。②因此,笔者将基于体系思维,对这些论战所揭示的错误论的"缺陷"进行重新审视,以期能对这场持久的论战进行解构。

由论点思维转向体系思维,探讨错误论的理论根源,并据此对错误论的争议进行解构,是本部分的两大内容。根源追溯是"由表及里",目的在于改变以学说表征之利弊评价作为学说选择依据的做法,这是由政策考量转向教义分析的过程。争议解构是"由里返表",目的在于从学说根源对长期的学说表征的论战进行重新审视,以期获得正确的学说评价,这是教义分析对政策考量的回应。这两个互逆的过程也是体系思维的证立和适用过程。

(二)体系思维下错误论的根源

错误论之根源,即某一错误论主张是如何推导出来的,实际上是错误论的论理逻辑的理由,即为什么法定符合说在说理时注重抽象的构成要件(杀人),而具体符合说注重具体的事实(杀 A 或杀 B)?

1. 错误论根源的发现

错误论的核心问题是,某一错误是否影响故意成立。由此可以说,错

---

① 黄荣坚:《刑法问题与利益思考》,中国人民大学出版社第 2009 年版,第 119 页。

② Vgl. B. Schünemann, Einführung in das Strafrechtliche Systemdenken, in: B. Schünemann (Hrsg.), Grundfragen des modemen Strafrechtsystems, Walter de Gruyter, 1984, S. 1f.

误论是故意论的反面。故意论从正面肯定故意,错误论则从反面阻却故意。"错误"是指主观认识与认识对象之间的不一致;对认识对象的理解不同,就会在"是否一致"的问题上导致不同结论,进而产生不同的错误论主张。如以前构成要件的具体事实(如"杀特定的人")为认识对象,该"特定的人"(A 或 B)就有重要性,本欲杀 A 却打偏杀了 B 的情形就是认识错误,可阻却故意,这就是具体符合说;如以构成要件(或该当构成要件的类型事实)为认识对象,构成要件只规定"杀人",而不是"杀特定的人",因此杀 A 与杀 B 就没有区别,打偏就不阻却故意,这就是法定符合说。[①] 于是问题变为:为什么两种错误论对于认识对象(故意的认识内容)会有不同理解?

认识对象属于故意概念之内涵,故意的认识对象是前构成要件的具体事实还是构成要件本身,源于故意与构成要件的关系:若故意处于构成要件之外(故意不属构成要件要素),则故意应以构成要件为认识对象,这就满足了认识主体与认识对象相分离的认识规律;若故意处于构成要件之内(故意是构成要件的要素),自然不能以构成要件(故意的上位概念)为认识对象(否则,认识主体就处于认识对象之内了),而应当以同处于构成要件之内的客观事实为认识对象,主客一致才该当构成要件。在故意论的发展史上,处于构成要件之内的故意为构成要件故意;反之,处于构成要件之外的故意则为责任故意。从而,认识错误是否影响故意成立,就与采取何种故意概念相关。故意概念的差异是由故意在犯罪论体系中所处的地位所决定的:故意位于构成要件阶层,则为构成要件故意;故意位于罪责阶层,则为责任故意。对于责任故意而言,其认识对象为(客观的)构成要件或该当于构成要件的类型性事实,而不是包括一切细节的具体事实。反之,对于构成要件故意而言,其认识对象是构成要件评价之前的具体事实。二者的区别在于:(1)"具体事实"是未经过构成要件抽象化和类型化的"前构成要件事实",是构成要件的评价对象;构成要件作为评价标准,是一个规范性概念,而非事实本身。(2)"类型事实"即"构成要件该当之事实",是"具体事实"经构成要件评价后的结果,它舍弃了具体事实的一些细节,只保留了与构成要件有关的特征,即构成要件该当性。[②] 简言之,具体事实与类型事实都是客观事实,只是抽象程度不同,而构成要件则是对具体事实进行抽象化的工具,抽象化的对象是具体事实,抽象化的结果是类型事实。

---

① 黄荣坚:《基础刑法学(上册)》,中国人民大学出版社 2009 年版,第 282 页。

② 陈子平:《刑法总论》,中国人民大学出版社 2009 年版,第 95 页。

可见,错误论的根源在于犯罪论体系,犯罪论体系正好是适用体系思维的最佳工具。犯罪论体系的选择决定故意概念的选择,进而决定错误论的选择;如果某个犯罪论体系采用责任故意概念,对应的错误论就是法定符合说;如果某个犯罪论体系采用构成故意概念,对应的错误论就是具体符合说。为论述方便,可将这一原则称为体系决定论。体系决定论并不是错误论的"第三种学说",毋宁说它是依据体系思维对错误论进行的一种解读。

体系决定论可以解释错误论的地域性特征,因为犯罪论体系在刑法理论与实践中处于最核心的地位,虽有不同表现形式,但在不同的国家或地区,往往只有一种占据通说地位的体系主张,从而只有一种占通说地位的错误论主张,德、日均是如此。相比之下,我国的错误论争议显得更为巨大,一个重要的原因是,我国传统的四要件同时受到德、日刑法理论的冲击,在犯罪论体系的问题上争议巨大,从而错误论的争议也极大。

2. 错误论根源的进一步论证

体系决定论表明,犯罪论体系的选择决定错误论的选择。但在事实上,两种错误论是否都遵循这一规律呢?这需要进一步的考察论证。这种论证不应是纯理论的,而应具体考察:某一国家或地区占据通说地位的犯罪论体系与错误论的关系,是否符合体系决定论?日本以法定符合说为通说,德国以具体符合说为通说,这是否表明两国的三阶层体系并不相同?体系决定论的构成要件故意、责任故意概念都是从阶层体系中提出的,能否也适用于不存在阶层划分的四要件体系?

(1)法定符合说的体系根源

在阶层体系发展之初(古典体系与新古典体系),构成要件阶层完全是客观的,主观的故意处于构成要件、违法之后的责任阶层,是责任故意。在这种体系安排下,处于责任阶层的故意,是通过类型事实/构成要件的中介,才与前构成要件阶层的具体事实发生联系的,故意认定的过程是:具体事实(前构成要件阶层)→构成要件/类型事实(构成要件阶层)→故意(责任阶层)。不难发现,责任故意的直接认识对象不是具体事实,而是处于中介环节的构成要件/类型事实。因此,主观认识即使与具体事实不一致,只要这种"不一致"仍在同一构成要件的范围内,就不会对责任故意的认识对象产生影响,就不是认识错误,不能阻却故意;只有这种"不一致"超出构成要件范围,才能阻却责任故意,这就是法定符合说。例如,在甲欲杀A却打中B的打击错误中,其主观认识"杀A"与具体事实"杀B"虽不一致,但都该当于"杀人"的构成要件。对于以"杀人"为认识对象的责任故意而言，根本未发生影响，当然不能阻却责任故意。

日本深受新康德哲学的影响，其三阶层以新古典思想为宗①，采用责任故意的概念，因此错误论通说为法定符合说。但应当注意的是，日本刑法理论普遍承认"双重故意"的概念，"双重故意"是指故意在犯罪论体系中具有"双重地位"，既是责任要素，也是构成要件要素。② 而且，不少日本的教科书是在构成要件故意中讨论具体事实错误，甚至明确提及"由于错误阻却构成要件故意"。③ 按理应采具体符合说，但日本通说却是法定符合说，这是为什么呢？

这是因为，日本学者在讨论具体事实错误时，往往将构成要件故意混淆为责任故意，这以日本学者大塚仁为代表。大塚虽然也是在构成要件阶层中讨论事实错误，但是在论述过程中，却将构成要件故意"偷换"为责任故意。首先，大塚强调故意的规范性，并从违法意识的角度把握构成要件故意。例如，他批评目的行为论的"事实性故意"（即构成要件故意），认为这是"极其浅薄"的，"法定符合说把故意作为一种规范性观念来对待"是可取的；在打击错误中，如果"即使有这些错误……也不妨对行为人说'你想杀人、杀死了人'之类的话，就可以肯定构成要件性故意。因为，即使有这种错误，也完全存在唤起行为人关于其行为违法性的意识的可能性，所以，该错误就缺乏重要性"④。可见，这里的构成要件故意完全被混淆为以违法性意识为中心的责任故意了。其次，大塚从罪责原则的角度理解法定符合说，他认为："法定符合说考虑的是这种情形（指打击错误）下如何追究行为人的罪责更妥当，这正是法定符合说的意义所在。"⑤可见，其法定符合说所谓的故意，实质上只能是罪责阶层的故意，因为只有经过罪责阶层的评价后，才能确定罪责及量刑问题，而作为罪责阶层的要素的，只能是责任故意，不能是构成要件故意。正如有学者评价，这种双重故意概念容易导致思考层次的混淆⑥，并不足取。相似地，我国台湾学者陈子平教授也承认"双重故意"理论，而且也是在构成要件阶层中讨论事实错误，但同样在论述过程中将构成要件故意"偷换"为责任故意。例如，他认为，构成要件故意只要求对于客观构成要件的事实（如杀人罪构成要件中的"人"）有所

① ［日］西原春夫：《构成要件的概念与构成要件的理论》，陈家林译，《法律科学》2007 年第 5 期。
② ［日］大塚仁：《犯罪论的基本问题》，冯军译，中国政法大学出版社 1993 年版，第 177 页。
③ ［日］大塚仁：《刑法概说（总论）》，冯军译，中国人民大学出版社 2003 年版，第 189 页。
④ ［日］大塚仁：《犯罪论的基本问题》，冯军译，中国政法大学出版社 1993 年版，第 200—201 页。
⑤ ［日］大塚仁：《犯罪论的基本问题》，冯军译，中国政法大学出版社 1993 年版，第 204 页。
⑥ 黄荣坚：《基础刑法学（上册）》，中国人民大学出版社 2009 年版，第 126—127 页。

认识,无须认识具体的事实(如 A 或 B),因为刑法规范不重视行为人认识到具体杀死谁(A 或 B),而只关注行为人是否有"杀人"之故意。若有之,则足以使行为人负杀人既遂罪之刑事责任。① 可见,这里的"故意"实际上是作为责任评价要素来理解的,其本质就是责任故意。进而言之,在双重故意体系中,由于最终定罪的故意不是处于第一阶层(构成要件阶层),而只能是处于第三阶层(责任阶层),因而只能采取法定符合说。

相反,德国刑法自从目的行为论将故意由责任阶层提前至构成要件阶层后,为了避免在故意的概念上产生混淆,不少德国学者将原来责任故意的内容径直称为违法意识,不再以"责任故意"称之。学说中虽然也承认故意的双重地位(Doppelstellung des Vorsatzes),故意既是构成要件阶层讨论的行为意识(Handlungssinns)的载体,也是责任阶层讨论的心理非价(Gesinnungsunwerts)的载体,但是故意的认定只以前者为依据。故意不是责任类型,只是责任类型的表征(Charakterisierung),在例外情况下这种表征可以被否定。② 或者说,构成要件故意具有"双重机能"(Doppelfunktion),它既表明主观不法,也为责任类型提供一个"指示或旁证"(Indiz),这个旁证是可撤回的。③ 因而错误论讨论的故意仅指构成要件故意,自然采用具体符合说(具体理论)。

(2) 具体符合说的体系根源

随着阶层体系的发展,故意从责任阶层转移到构成要件阶层(目的论体系与新古典暨目的论综合体系),责任故意也转变为构成要件故意,构成要件由客观的变为主客统一的。这时,故意就处于构成要件之内,就不能再以整个构成要件(或该当构成要件的类型事实)为认识对象,而只能以同样也处于构成要件之内的客观具体事实为认识对象;故意认定的过程就由(新)古典体系下的"具体事实→构成要件→故意(责任阶层)"变为"(客观具体事实+主观具体事实:故意)→构成要件"。因此,只要主观认识与客观具体事实不一致,就不成立故意,这就是具体符合说。例如,在甲欲杀 A 却打中 B 的打击错误中,甲的认识内容是"杀 A",而具体事实是"杀 B",二者不相一致,则甲对于客观具体事实"杀 B"欠缺故意。

德国通说的犯罪论体系是新古典暨目的论综合体系,构成要件故意的

---

① 陈子平:《刑法总论》,中国人民大学出版社 2009 年版,第 141 页。

② H. Jescheck/T. Weigend, Lehrbuch des Strafrechts Allgemeiner Teil, 5. Aufl., Duncker& Humblot, 1996, S. 430.

③ Vgl. J. Wessels/W. Beulke/H. Satzger, Strafrecht Allgemeiner Teil, 46. Aufl., C. F. Müller, 2016, S. 60f.

概念也是判例与学说的通说,因而在错误论上普遍采取具体符合说(具体理论)。我国台湾地区刑法也采用构成要件故意概念[1],其通说也是具体符合说。

但中国台湾学者黄荣坚教授却主张法定符合说(等价理论)[2],这与其对作为构成要件故意根源的目的论体系的误解有关。黄教授支持二阶层体系,认为行为只要通过"不法构成要件该当性"与"有责性"两个阶层的检验便构成犯罪[3],二阶层之故意仍处于不法构成要件内部,其认识对象除了积极的客观具体事实(如"杀A"),还包括消极的客观具体事实(如"不存在防卫情状"),这种认识对象的量变不可能导致质变,即不会由"杀A"变为"杀人",因此只能采取具体符合说。实际上,德国刑法理论中,二阶层体系占据主流地位,仍然以具体符合说为通说。那么,黄教授是如何推导出法定符合说的呢?原因在于,他将"不法构成要件"分割为主观不法构成要件与客观不法构成要件[4],这样原来的"主观具体事实"及"客观具体事实"就分别处于主、客观两个不法构成要件中,作为主观具体事实的故意就处于客观不法构成要件之外,"客观具体事实"该当"客观不法构成要件"后,才与处于主观构成要件中的"故意"发生联系,"故意"的认识对象就由"客观具体事实"转变为"客观不法构成要件"。基于此,采取法定符合说(等价理论)就不足为奇了。换言之,在目的论体系下(二阶、三阶均如此),构成要件该当的过程本来是"(客观具体事实+主观具体事实)→构成要件",主观故意与客观具体事实的符合发生在构成要件内部,主观故意以客观具体事实为认识对象,应采具体符合说。但将不法构成要件切割为两个构成要件后,构成要件该当的过程就变为"(客观具体事实→客观构成要件)+(主观具体事实→主观构成要件)=构成要件",主观故意与客观具体事实分别处于不同构成要件之中,主观故意只能以客观构成要件为认识对象,从而导致法定符合说。

将不法构成要件从概念上分为主观不法构成要件与客观不法构成要件是可以的,但只能用于规范分析,而不能用于事实认定,否则就是分割主客两面的自然主义观察方法,这是古典体系的观察方法,恰是尊重事实的"本体存在"的目的论体系所反对的。从本体论意义上来看,行为的主客两面是

---

[1]　黄荣坚:《刑法问题与利益思考》,中国人民大学出版社第2009年版,第105页。

[2]　黄荣坚:《基础刑法学(上册)》,中国人民大学出版社2009年版,第282页。

[3]　黄荣坚:《基础刑法学(上册)》,中国人民大学出版社2009年版,第120页。

[4]　黄荣坚:《刑法问题与利益思考》,中国人民大学出版社第2009年版,第94页;黄荣坚:《基础刑法学(上册)》,中国人民大学出版社2009年版,第121页。

不可分的。例如,脱离主观面,我们根本不能判断此行为究竟是"杀人"还是"致死",也无法判断彼行为是"拿回"还是"盗窃"。目的论体系正是基于这一考虑,才将故意纳入构成要件内部,使之与客观之具体事实相结合。

3. 四要件体系及其错误论的选择

无论构成要件故意还是责任故意,都是阶层体系中的概念,但在阶层体系传入我国并与四要件形成对抗之前,法定符合说已成为我国的通说。四要件没有阶层划分,为什么会以法定符合说为通说呢? 体系决定论能否适用呢?

我国传统刑法理论虽然没有构成要件故意与责任故意的概念,但是不容否认的是,我国学者通常根据故意的内容,将其分为事实故意与规范故意。这两个概念也是根据故意的认识对象来划分的,事实故意仅要求对事实(行为、结果及其因果关系)的认识,规范故意还要求对规范(行为的违法性或社会危害性)加以认识。可见,这两个概念分别与构成要件故意、责任故意相对应。因此,要弄明白四要件体系究竟应采具体符合说还是法定符合说,就要先弄清楚四要件之故意概念究竟是类似于构成要件故意的事实故意,还是类似于责任故意的规范故意,这也与故意在四要件体系中所处的地位相关。

(1) 四要件与法定符合说

在传统理解下,四要件的故意概念属于规范故意(责任故意)。因为,传统理论认为,四要件的所有主观要素都应聚集在"犯罪主观方面"这一要件中,"犯罪主观方面"之下是故意(主观要件下的一级要素),故意要素之下又包含两个子要素(主观要件下的二级要素),即事实认识与违法性认识(社会危害性认识),其主观构造表现为"犯罪主观方面—故意—事实认识＋违法性认识"。在这一体系构造下的故意内涵,在本质上与责任故意是一致的。这种故意概念还能从刑事立法上寻求支持,我国《刑法》第十四条规定:"明知自己的行为会发生危害社会的结果,却希望或放任这种结果发生的,是故意犯罪。"这常被视为故意的法定概念,这个故意概念包括对事实("行为会发生……结果")以及违法性("危害社会")的认识,其内涵与古典体系中的责任故意相同[①],这导致我国错误论以法定符合说为通说。

(2) 四要件与具体符合说

四要件体系欲选择具体符合说,就必须采用与构成要件故意相同的事

① Vgl. F. v. Liszt/E. Schmidt, Lehrbuch des deutschen Strafrechts, 26 Aufl., Gruyter, 1932, S. 254ff.

实故意概念。为此，需要在四要件内部进行"微调"。不改变四要件的结构，但对"犯罪主观方面"内部的要素进行重新的排列组合：将违法意识从故意概念中剥离出来，由二级要素变为与故意并列的一级要素，从而主观要件（犯罪主观方面）之下就包含故意（事实认识）与违法意识两个一级要素。这样理解，故意犯罪的主观构造就产生了变化，由"犯罪主观方面—故意—事实认识＋违法认识"变为"犯罪主观方面—故意（事实认识）＋违法认识"。在这个体系中，故意的认识对象有了变化：原来包括事实认识与违法认识，当违法性认识被剥离后，故意的认识对象就只是事实认识了，就不再是责任故意，而成为与构成要件故意相同的事实故意，从而可采用具体符合说。从立法上看，这种理解也不存在障碍，因为严格说来，《刑法》第十四条规定的并非"故意"概念，而是"故意犯罪"之概念，是"故意犯罪"要求违法性认识，而不是"故意"本身要求违法性认识，所以完全可以采用事实故意的概念。

也就是说，根据四要件理论与我国《刑法》之规定，犯罪的主观构造可作两种不同的解读，从而分别采用法定符合说与具体符合说。正因为四要件存在两种解读的可能性，我国的错误论之争才显得比原产地德日更激烈。

四、理论之检验：体系思维（教义分析）对政策考量的回应

体系思维强调"由因至果"的逻辑演绎，但演绎得出的结论是否合乎政策考量呢？即是否合乎正义的需求呢？从逻辑上说，法教义学从历史法学派开始，就以"永恒的正义规则"为教义。20 世纪 50 年代开始，基于对二战之反思，以正义为价值取向的自然法开始复兴，在此发展出的评价法学则明确提出了评价法学的评价标准，即"正义理念在各种情形中的具体化"。[①] 因而，正确的教义分析结论就应当也必然符合正义的需求。当然，对此是需要检验的。在具体事实错误中，这个命题将体现为：如果法定符合说、具体符合说都有其体系基础，那么在其各自体系内，均应当是"无缺陷"的。以下对这个命题加以检验，对论战中提出的"缺陷"重新审视。

（一）体系思维下法定符合说"缺陷"的重新审视

在体系思维下，法定符合说或具体符合说均是由一定的犯罪论体系推导出来的，完全没有考虑二者的利弊，而这正是双方论战的重心。由此引

---

① 雷磊：《什么是法教义学？——基于 19 世纪以后德国学说史的简要考察》，《法制与社会发展》2018 年第 4 期。

发的担忧是：这些由犯罪论体系推导出来的错误论，仍然存在论战所揭示的"缺陷"。如果这样，就表明教义分析与政策考量并不一致，从而政策考量仍是必要的，体系思维并不能最终解决问题。

但实际上，这种担心是并无必要的。错误论的根源在于犯罪论体系，目前在犯罪论体系的层面上，没有哪一种理论试图完全取代另一种理论。① 在这种情况下，贸然批判由其决定的某种错误论是有"缺陷"的，就存在疑问。以下，笔者将从体系思维的视角对两种错误论的"缺陷"进行重新审视，这也是教义分析对政策考量的回应，并在此基础上尝试对二者之间由来已久的争议加以解构。

法定符合说与具体符合说所受的批判都来自对方，将论战的内容加以梳理就可以发现，双方的批判主要集中在学说的逻辑与结论两个方面。就法定符合说而言，具体符合说认为其"缺陷"包括：(1)逻辑缺陷：逻辑不统一(分析过程前后不一)、逻辑不妥当(不能妥当处理并发事件)。(2)结论缺陷：在定罪上，故意既遂罪不符合客观事实；在量刑上，既遂处罚畸重。以下基于体系思维逐一审视之。

1. 法定符合说的逻辑"缺陷"及其解构

(1) 逻辑的统一性：是否分析过程前后不一？

法定符合说是以责任故意为基础的，责任故意的认识对象是类型性的构成要件(或类型事实)而非具体事实，这种逻辑就是"法定符合"。但具体符合说认为，法定符合说在逻辑上前后不一。原本，法定符合说不应重视"杀 A"还是"杀 B"，而仅应将抽象的"杀人"作为问题，只讨论"杀人的故意"，但其在分析过程中却不得不关注"针对具体的被害人的故意"，这在逻辑上并不统一。② "法定符合说既然将杀人罪中的'人'理解为抽象的人，行为人是对甲还是对乙有杀意，是杀死了甲还是乙，在构成要件上就不具有区分的必要，但在法定符合说中，无论是'数故意说'还是'一故意说'，都认为是针对甲或乙成立杀人既遂或未遂罪或过失致死罪。这就与其法定符合的基本立场相冲突。……并且，对于故意杀人案件，检察院的起诉书和法院的判决书中不可能不说明行为人试图杀害谁、是否杀害了谁。"③

但从体系思维看，无论"杀 A"还是"杀 B"，都是具体事实，都要经过构成要件的评价，如具有该当性，才能被抽象为"杀人"，才成为法定符合说的

---

① H. Jescheck/T. Weigend, Lehrbuch des Strafrechts Allgemeiner Teil, 5. Aufl. , Duncker&. Humblot, 1996, S. 199.

② [日]山口厚：《刑法总论》(第 2 版)，付立庆译，中国人民大学出版社 2011 年版，第 208 页。

③ 刘明祥：《论具体的打击错误》，《中外法学》2014 年第 2 期。

责任故意的认识对象,法定符合说的故意认定过程是"杀A或杀B(具体事实)→杀人(该当构成要件)→故意(责任阶层)"。法定符合说不是肯定"杀A(或B)"的故意,而是表明行为人在"杀A(或B)"的具体事实上体现了"杀人"的故意。所以,裁判文书上固然要写明行为人具体杀死了谁,但更应进一步写明该行为该当"杀人"之构成要件,进而肯定行为人具有"杀人"之故意。

另外,在防卫对象错误的场合,法定符合说常被批评的是,要么结论不合理,要么逻辑不统一。例如,在防卫错误案中,甲出于正当防卫对侵害人乙进行攻击,却偏离目标而命中第三人时。如果按"法定符合"的逻辑,就会认定为故意既遂,这明显不合理。[①] 但实际上,法定符合说并不会认为甲对丙成立故意杀人既遂,而考虑是否构成过失杀人,甲对丙则是一个获得正当化的杀人未遂。[②] 这样的结论虽然妥当,但是却采取了具体符合说的思路,因为考虑了具体事实丙与乙的区别,乙、丙不再是抽象的无区别的"人",从而逻辑并不统一。有学者根据等价说进行回应,认为等价包括形式上的等价,也包括实质上的等价。在上例中,乙处于被防卫地位,丙不处于被防卫地位,二者并不等价,因而甲对丙不成立杀人既遂。[③]

但这种说理有概念混淆之嫌。作为法定符合说逻辑的"等价",原本就是指形式等价,即构成要件内不同对象的等价。在防卫错误案中,法定符合说也应当承认,乙与丙在构成要件上等价。[④] 将形式等价扩大为实质等价,就使得"等价"成为一个模糊不清的概念。从实质看,盗窃与诈骗也是等价的,放火罪与决水罪亦等价。如果这些等价的异种罪名之间的错误也不阻却故意,那么抽象错误与具体错误就无需区分了。从体系思维看,"等价"只是法定符合说的表征,其本质仍应从学说根源中寻找。特定的犯罪论体系采用责任故意概念,责任故意的认识对象是构成要件而非具体事实,两个不同的具体事实(乙与丙)该当于同一构成要件(人),这两个具体事实就是等价的。所以,"等价"的本义只能是形式等价。[⑤] 甲对丙不成立杀人既遂,不是因为乙、丙不等价,而是因为:责任故意不仅处于构成要件阶层之后,而且处于违法阶层之后,因而其认识对象不仅包括构成要件,还

---

① [日]松宫孝明:《刑法总论讲义》,钱叶六译,中国人民大学出版社2013年版,第147页。

② Vgl. C. Roxin, Strafrecht Allgemeiner Teil, Band I, 3. Aufl., C. H. Beck, 1997, S. 438.

③ 张明楷:《再论具体的方法错误》,《中外法学》2018年第4期。

④ Vgl. C. Roxin, Strafrecht Allgemeiner Teil, Band I, 3. Aufl., C. H. Beck, 1997, S. 438.

⑤ 从这里也可以看出,等价说是以具体说为基础提出来的,强调的是具体对象的等价性。德国刑法将两种错误论称为具体说与等价说(而非法定符合说与具体符合说),与其以具体说为基本立场有关。

包括违法性,违法认识错误亦能阻却责任故意,防卫对象错误正好是这种情形。在构成要件层面,乙与丙是等价的,不能认为是错误;但在违法评价层面,甲对乙存在正当化事由,对丙则不存在。因此,防卫对象的错误属于正当化事由的错误,可以阻却责任故意。这已不是构成要件错误的问题,而是禁止错误的问题了。法定符合说对于防卫错误案的结论,虽然与具体符合说一致,但是说理逻辑却是不同的:前者是因正当化事由错误而阻却(责任)故意,后者则是因具体事实错误而阻却(构成要件)故意。①

(2) 逻辑的妥当性:能否妥当处理并发事件?

按照"法定符合"的逻辑,不注重具体事实,只注重法定构成要件。但是,如果有两个具体事实都能该当同一个构成要件时,应对哪个事实适用"法定符合"就成为问题,这主要体现于并发事件的场合。所谓并发事件,是指在行为人已认识到及未认识到的对象上,都发生了法益侵害结果,包括两类:(1)"A、B均死":甲出于杀 A 的意思向其开枪,却同时杀死 A、B两人;(2)"A 伤 B 死":甲以杀意向 A 开枪,导致 A 受伤、B 死亡。对此,法定符合说存在"一故意说"与"数故意说"两种观点,都被认为不妥当②,详述如下:

"数故意说"认为,同时对 A、B 成立故意杀人罪。若"A、B均死",则是对 A 的故意杀人既遂与对 B 的故意杀人既遂;若"A 伤 B 死",则是对 A 的故意杀人未遂与对 B 的故意杀人既遂,按观念竞合处理。受到的批评是:其一,生命权是一身专属法益,法益的个数是重要的,因此只有"杀一个人"的意思却成立两个故意杀人罪,是不妥当的;其二,如果"行为人对杀害一人有故意而对杀害另一个仅有过失",却"解释为对杀害二人均有故意",就会使行为人承担更重的责任,违背责任主义。③ 即使"数故意说"者也承认"数故意说存在疑问",只不过"在各种学说均有缺陷的情况下,可以认为法定符合说的数故意说是缺陷最少的"④。

"一故意说"认为,只成立一个故意杀人罪,但究竟对 A 成立故意还是对 B 成立故意则有不同意见。在"A 伤 B 死"的场合,肯定对 B 成立故意杀人,对 A 则不成立犯罪或是过失伤害,但"既然对 A 存在故意这一点是

---

① Vgl. H. Jescheck/T. Weigend, Lehrbuch des Strafrechts Allgemeiner Teil, 5. Aufl. , Duncker & Humblot, 1996, S. 313.

② [日]大塚仁:《犯罪论的基本问题》,冯军译,中国政法大学出版社 1993 年版,第 202 页。

③ 刘明祥:《论具体的打击错误》,《中外法学》2014 年第 2 期。

④ 张明楷:《刑法学》,法律出版社 2016 年版,第 274 页。

难以否定的,则认为对 A 成立过失伤害的结论本身是不能采纳的";①在
"A、B 均死"的场合,肯定对 A 成立故意杀人和对 B 成立过失致死,但这样
矛盾就出现了：A 死之前是过失或意外的罪责,A 死亡则变成故意的罪
责,这一结论等于根据事后的事实变化来变更实行行为时的故意判断。②

　　从体系思维看,上述批评实际上是以具体符合说及构成要件故意为语
境的,并不合乎法定符合说及责任故意的逻辑规则。在法定符合说看来,
故意杀人罪并不存在"杀 A(或 B)"的故意,而只是"杀人"的故意；生命法
益是一身专属的,因此"杀人"的故意只能是指"杀一个人"的故意,"杀多
人"的故意往往是危害公共安全类的犯罪。因一个杀人故意实施的一个杀
人行为,却发生了多人死亡的结果,是典型的想象竞合,这时对于故意的处
理存在两种方案：(1)既承认行为的竞合,也承认故意的竞合,此即"数故
意说"。所谓行为的竞合,是数个罪名所指涉的行为是同一的,事实上只有
一个行为,而不是数个行为,故意的竞合亦是如此。对于 A 与 B 来说,均
存在"杀一个人"的故意(而不是"杀 A"的故意,否则就是具体符合说了),
这样"杀一个人"的故意就被重复使用了两次,构成两个故意杀人罪,但由
于故意只有一个,是两个罪名重复评价了同一个故意。(2)只承认行为的
竞合,不承认故意的竞合,此即"一故意说"。由于故意既不是针对 A,也不
是针对 B,而是针对抽象的"一个人",无论 A 还是 B 都是"一个人",对谁成
立故意均无差别。如"A、B 均死","杀一个人"的故意先在 A 上实现,B 死
亡就在"杀一个人"的故意之外了,只能是过失致死；如"A 伤 B 死","杀一
个人"的故意就在 B 上实现,而 A 就在"杀一个人"的故意之外了,只能论
以过失伤害罪。这两个罪名当中只有一个故意,不存在故意的竞合,只是
行为的想象竞合。这里的故意,是针对"一个人",而不是针对 A 或 B,因而
并不是根据事后变化的事实(A 伤或 A 死)来变更行为时的故意(针对 A)
判断。可见,选择"数故意说"还是"一故意说",只是技术处理的不同,都只
有一个故意,故意的内容都是"杀一个人",最终均按想象竞合犯从一重处
理,并无实质的不同,在逻辑上亦无任何不妥之处。

　　2. 法定符合说的结论"缺陷"及其解构

　　(1)定罪结论：故意既遂是否客观归罪?

　　在甲欲杀 A 却打中 B 的打击错误中,法定符合说认为构成故意杀人
既遂,但杀错人仍视为实现故意,欲杀的人未杀死却视为既遂,被批评与事

―――――――――

① ［日］山口厚：《刑法总论》(第 2 版),付立庆译,中国人民大学出版社 2011 年版,第 209 页。
② 刘明祥：《论具体的打击错误》,《中外法学》2014 年第 2 期。

实不符,因为甲不仅主观上没有杀 B 的意思,客观上也没有对 B 实施故意杀人的实行行为(其杀人行为是针对 A 实施的)。尤其是甲误打中的 B 竟是自己的女儿时,这种矛盾更为突出。若按杀人既遂论处,就是客观归罪,违背了主客统一原则。① 对此,法定符合说并未进行反驳,而是批判具体符合说亦有不妥:同是错杀女儿,打击错误否认杀女儿的故意,认识错误却肯定杀女儿("那个人")的故意,这有自相矛盾之嫌。只有在对象错误与打击错误中都肯定甲对 B 的死亡有故意,才能避免矛盾。② 但问题是,具体符合说即使不妥,也不能说明法定符合说是合理的。

从体系思维看,在法定符合说中,故意的认识对象是构成要件/类型事实,而非具体事实,只存在"杀人"的故意,而不存在"杀 A"或"杀 B"的故意。所谓"甲对 B 的死亡有故意"对于法定符合说而言,根本就是个伪命题。用具体符合说的"故意"(构成要件故意)去衡量法定符合说的"故意"(责任故意),自然认为其不妥当。法定符合说同样能实现主客统一,因为主客统一均可以在不同层次上理解。就打击错误的实际侵害结果而言,在抽象的构成要件/类型事实的层次上为"杀人",在具体的前构成要件/具体事实的层次上为"杀 B"。就前者而言,欲"杀人",也完成了"杀人",就实现了主客统一,构成故意杀人既遂,这就是法定符合说的观点;就后者而言,欲"杀 A",结果却是"杀 B",从而认定为过失致死与杀人未遂的想象竞合才是主客统一,这就是具体符合说。

(2) 量刑结论:既遂是否处罚畸重?

无论逻辑规则与定罪结论如何,最终都要体现在量刑上。只有量刑结果符合责任主义,该错误论主张才具有实质的合理性。法定符合说以既遂定罪,重于具体符合说的未遂罪,因而往往被认为违背责任主义,处罚畸重,这在并发事件中尤为突出。例如,甲本来只有杀 A 的意思,由于打击错误同时也杀害了 B,按"数故意说",就同时构成两个杀人罪("一故意说"的处理结果与具体符合说相同,可免于这种指责,因而此处不讨论),如果同时还杀害了 C、D,还有可能构成三、四个杀人罪,这就扩大了故意犯的成立范围。③ 虽然按想象竞合犯以一个杀人罪论处,但是与其他场合的想象竞合相比,仍是处罚偏重。例如,甲基于打击错误,出乎意料地杀死三人(枪击案),而乙扔一颗炸弹同时炸死三人(炸弹案),两者都属想象竞合,应

① 刘明祥、张天虹主编:《故意与错误论研究》,北京大学出版社 2016 年版,第 179—181 页。
② 张明楷:《论具体的方法错误》,《中外法学》2008 年第 2 期。
③ 刘明祥:《论具体的打击错误》,《中外法学》2014 年第 2 期。

按一罪处罚，但行为人的主观恶性有别，处罚亦应不同。对二者都按想象竞合处理，就是将并发的打击错误（枪击案）按竞合的同种数罪（炸弹案）来量刑了，就是处罚畸重了。①

对此，法定符合说者反驳：因并发的打击错误，想象竞合的杀害数人（如枪击案）与故意杀害数人的同种数罪（如炸弹案），在责任上存在明显区别，量刑也应区别对待。② 笔者同意这一观点，但同是想象竞合，如何区别责任与量刑呢？

这其实是想象竞合的难题。只要涉及想象竞合，就会遇到这样的难题，具体符合说亦是如此。在具体符合说看来，枪击案构成故意杀人既遂（对 A）与两个过失致死（对 B、C）的想象竞合，也应按一个杀人罪处断，与炸弹案（数个杀人罪想象竞合按一个杀人罪处断）亦无法区分。这个难题是由想象竞合的理论现状决定的。一个行为触犯数罪的情形，与单纯一罪有别，也不宜数罪并罚，其量刑如何符合责任主义，是长期困扰刑法学者的问题。想象竞合理论从产生之初，就被当作一行为触犯数罪情形的量刑规则或工具③，但在如何理解"从一重"的框架下，仍有诸多争议之处，以至于有学者建议废除想象竞合的概念，直接根据"所可能存在之量刑上值得考虑的因素"来量刑。④

根据责任主义，刑罚量主要与违法和罪责的程度相关，想象竞合的刑罚量亦应受此限制。这样一来，从体系思维看，法定符合说与具体符合说都能妥当量刑。以致死 2 人的枪击案与炸弹案为例，炸弹案中的乙不是打击错误，构成两个杀人罪竞合；枪击案中的甲则因错误论而不同：（1）法定符合说（"数故意说"）认为甲也是两个杀人罪竞合，这与乙一样，两人的违法程度也是一样的（都只考虑客观上致死 2 人），但责任程度有异。在行为实施之际，乙明知可能炸死 2 人而仍实施行为（两个死亡结果、两个故意竞合于一行为），而甲只是明知会杀死 1 人而实施行为（两个死亡结果竞合于一个故意、一个行为），乙的反规范的人格态度明显重于甲，其量刑自然较重。（2）如采具体符合说，甲构成故意杀人罪与过失致死罪的竞合。从违法性看，二者的结果无价值相同（都是致死 2 人），但甲的行为无价值低于乙（甲是一个故意与一个过失，乙是两个故意）。因此，甲的违法性低于乙，进而其罪责也低于乙。也就是说，与乙相比，甲的刑罚量，无论是法定符合

① ［日］西田典之：《日本刑法总论》，刘明祥、王昭武译，中国人民大学出版社 2007 年版，第 175 页。
② 张明楷：《论具体的方法错误》，《中外法学》2008 年第 2 期。
③ Vgl. C. Roxin, Strafrecht Allgemeiner Teil, Band Ⅱ, C. H. Beck, 2003, S. 798.
④ 黄荣坚：《基础刑法学（上册）》，中国人民大学出版社 2009 年版，第 608—610 页。

说还是具体符合说，都是较轻的，这就完全符合责任主义了；不同仅体现在甲乙刑罚量的差异，具体符合说在违法阶层即可体现，而法定符合说则是在责任阶层才得到体现，可谓殊途同归。

（二）体系思维下具体符合说"缺陷"的重新审视

具体符合说的逻辑与结论也受到了法定符合说的批判，主要包括：（1）逻辑缺陷：逻辑不统一（区别对待对象错误与打击错误）、逻辑不妥当（不能确定"具体"的程度）。（2）结论缺陷：在定罪上，误将既遂罪认定为未遂罪；在量刑上，未遂容易处罚畸轻。下文基于体系思维，对这些"缺陷"逐一加以解构，以揭示具体符合说在政策考量上的自洽性。

1. 具体符合说的逻辑"缺陷"及其解构

（1）逻辑的统一性：是否区别对待对象错误与打击错误？

具体符合说的论理逻辑以"具体符合"为核心，要求主观认识与客观的具体事实相符合，才能肯定故意之实现，否则就阻却故意。法定符合说认为，"具体符合"只适用于打击错误，而未适用于对象错误，这是区别对待二者，逻辑缺乏统一性；而且，具体符合说经常不能区分二者，这表明其在本质上是逻辑混乱的。[1] 分述如下：

第一，是否区别对待对象错误与打击错误？

所谓"区别对待"的批判具体如下：在对象错误（甲欲杀 A，错把 B 误认为 A 并杀害之）的场合，如彻底贯彻具体符合说的思路，则成立对 B 的过失，对 A 的故意未遂；但具体符合说却认为，此时应成立对 B 的故意既遂，其理由是对 A 的错误只是单纯的"动机错误"（Motivirrtum），不必予以重视；[2]行为人想杀"在该处的人"或"那个人"，结果也杀了"那个人"，因而对"那个人"成立故意[3]。但为什么这种场合下行为人的认识对象就由具体的 A 或 B 抽象为"在该处的人"或"那个人"了呢？ 或者说，行为对象与因果关系都是构成要件要素，为什么具体符合说对二者作不同处理？[4] 具体符合说的解释并不充分。更有日本学者认为，具体符合说与法定符合说都强调"构成要件符合"，二者的区别仅在于具体符合说注重法益主体（被害人）的个别性。对于杀人罪构成要件中的"人"，具体符合说理解为"那个人"，而法定符合说理解为抽象的"人"，从而法定符合说是"抽象的法定符

---

① ［日］山口厚：《刑法总论》（第 2 版），付立庆译，中国人民大学出版社 2011 年版，第 210—211 页。

② H. Jescheck/T. Weigend, Lehrbuch des Strafrechts Allgemeiner Teil, 5. Aufl. , Duncker & Humblot, 1996, S. 311.

③ ［日］山口厚：《刑法总论》，付立庆译，中国人民大学出版社 2011 年版，第 212 页。

④ 张明楷：《论具体的方法错误》，《中外法学》2008 年第 2 期。

合说"，具体符合说是"具体的法定符合说"。[①] 换言之，法益主体个别化理论认为，具体符合说在逻辑上不是注重具体的 A 或 B，而是"那个人"，"那个人"也是构成要件。刘明祥教授也赞同这一观点。[②] 然而，"那个人"虽比 A 或 B 更为抽象，但仍属事实层面，与构成要件的"人"是不同的。将"那个人"视为构成要件，抹杀了具体符合说与法定符合说的本质区别，而且仍不能说明：为什么具体符合说重视"那个人"，而法定符合说却重视"人"。实际上，法益主体个别化与具体符合说并不存在直接关联。即使法益主体同一，具体符合说仍有可能认为阻却故意（如后文之毒物案）；反之，有时法益主体不同亦不阻却故意（如后文之雪球案）。

从体系思维看，具体符合说源于构成要件故意的体系地位。因此，就判断时点而言，故意与行为同时存在原则表明，在行为之前的心态属于动机范畴，与之对应的是行为人打算侵害的对象（预定对象）；行为实施时的心态才属于故意范畴，与之对应的是行为指向的对象（行为对象）；之后实际侵害的对象（结果对象），则是故意是否实现的衡量标准；如结果对象与行为对象相符，则为故意实现（结果归责于故意），否则故意就未实现（该结果不能归责于故意），只能论以过失。对象错误是指行为对象与预定对象不符，但作为动机内容的预定对象是不影响故意的，也不是作为"故意论的反面"的错误论的内容，即对象错误不能称为认识错误。当行为人的行为达到了着手阶段时，其故意与行为仅仅针对所瞄准的"那个人"。[③] "瞄准的那个人"是行为时才出现的行为对象，属故意范畴；而"那个人"的身份（A 或 B）则是行为之前就已产生的动机内容，属于预定对象。在确定故意的认识内容时，行为对象的时间、地点才是重要的，是为故意归责提供基础的个别化（Individualiseinrung），而身份则不然。[④] 就判断标准而言，构成要件故意处于构成要件阶层，是以一般人为标准的"知"与"欲"（类型判断），而不是特定行为人的"知"与"欲"（个别判断）。就"开枪射击"而言，在一般人来看，其行为对象是所瞄准的"那个人"，"那个人"的身份是 A 或是 B，完全是特定行为人才具有的认识内容，不是一般人的认识内容，因为一般人根本就不知道"那个人"是 A 还是 B。在一般人看来，对象错误根本就不是认识错误。

---

① ［日］山口厚：《刑法总论》，付立庆译，中国人民大学出版社 2011 年版，第 204—207 页。
② 刘明祥：《论具体的打击错误》，《中外法学》2014 年第 2 期。
③ Vgl. J. Wessels/W. Beulke/H. Satzger, Strafrecht Allgemeiner Teil, 46. Aufl., C. F. Müller, 2016, S. 114.
④ Vgl. C. Roxin, Strafrecht Allgemeiner Teil, Band I, 3. Aufl., C. H. Beck, 1997, S. 448.

进而言之,从构成要件故意的体系地位出发,不但对象错误,而且打击错误的论理逻辑都以"那个人"(而不是 A 或 B)为中心。从一般人看来,瞄准的都不是 A,而是"那个人"。射中"那个人"就是既遂,即使"那个人"是行为人不想杀的第三人(对象错误);射不中"那个人"就是未遂,同时打偏射中第三人就成立过失致死(打击错误),即使该第三人恰巧是行为人想杀的(如欲杀 A,因误认而朝 B 开枪,却打偏射中旁边的 A)。如不借助体系思维,不但难以理解为什么对象错误针对"那个人",也难以察觉到打击错误也是针对"那个人",从而无法发现具体符合说在对象错误与打击错误上的逻辑统一性。

第二,能否区别对象错误与打击错误?

论理逻辑统一后,就无所谓"区分对待",当然也就无所谓"区分困难"了,但对象错误与打击错误是长期使用的概念,准确区分两者,可将对象错误排除出认识错误范畴,准确适用具体符合说,因此有必要依据体系思维来进一步厘清二者的界限。"区分困难"往往出现在预定的侵害对象不在眼前的场合,分单独犯罪与共同犯罪两种情况,分述如下:

单独犯罪中的错误。在汽车炸弹案中,甲基于杀 A 的意图,在 A 的汽车上安装炸弹,但次日是 A 的妻子 B 开车而被炸死。批判指出,从"瞄准了 A"来说是打击错误,不能肯定对 B 的故意;而出于杀害汽车上的人的计划,从"认为该人是 A 但却是 B"这一点来把握的话就是对象错误,就能肯定对"坐车的人"B 的故意。[1] 类似地,在打错电话案中,甲欲打电话侮辱乙,因电话串线拨至丙处,甲以为是乙而侮辱之,"搞错了人"是对象错误,"打错电话"则是打击错误。[2] 这都显示了区分困难。但依体系思维,区分问题可解决如下:汽车炸弹案中,从一般人看,任何人都知道放置炸弹会炸死"坐车的人",行为人仍这样行为,就表明其对杀死"坐车的人"持故意态度。而"杀 A"之意图,是只有甲才具有的主观内容,它是产生于放置炸弹的行为之前的动机,因此这并不是类型性的构成要件故意的内容,这种行为人特有的主观要素属于责任阶层考虑的内容。行为人是根据其具有的一般人认知来选择实施放置炸弹的行为,并希望一般人认知的结果(杀死坐车的人)与其动机中的结果(杀 A)相符合。就一般人而言,"坐车的人"(即"那个人")才是故意的认识对象。只要这个对象没发生错误,对一

---

[1] 〔日〕山口厚:《刑法总论》(第 2 版),付立庆译,中国人民大学出版社 2011 年版,第 210—212 页。

[2] 〔日〕大塚仁:《犯罪论的基本问题》,冯军译,中国政法大学出版社 1993 年版,第 199 页。

般人而言就不是对象错误,这就是为什么具体符合说在这种场合下肯定故意的成立。打错电话案亦是如此,"侮辱乙"只是实行行为前的动机,实行行为(打电话)实施时,侮辱的就是"接电话的人",这个人是丙而不是乙,表明结果与行为之前的动机不符,是动机错误,因而只能是对象错误。

共同犯罪中的错误。在教唆杀人案中,Y 教唆 X 杀 A,X 弄错了,杀了 B(德国的农场继承人案正是适例,农场主请杀手杀其儿子,杀手认错人,误杀邻居)。[①] 批判认为,对于 Y 而言,打击错误是具体符合说的当然结论,但打击错误排除故意,Y 连杀人未遂的教唆犯都不成立,只能无罪。这显然叫人难以接受,如认定为对象错误,缺乏理论的一贯性,说明对象错误与打击错误不可区分;[②]或认为,在将教唆犯认定为打击错误时,结论不妥当,而认定为对象错误,则缺乏理论的一贯性(因为教唆犯根本没有认错人)。[③] 但是,将教唆错误认定为打击错误的观点是值得商榷的,其理由大致是:教唆犯主观上"没有认错人"(没有误将实际的行为对象当作预定对象),客观上"打偏了"(教唆犯通过实行犯向预定对象创设了故意行为危险,但实行行为作用于另一对象)。[④] 然而,如前所述,"认错人"是指将行为对象误认为预定对象,对行为对象的认识是实行犯的主观内容(故意与行为同时存在原则),教唆犯根本没有对行为对象的认识,不存在是否"认错人"。"打偏了"是指结果对象与行为对象的差异,而不是结果对象与预定对象的差异。预定对象是主观动机的内容,产生于实行行为之前,因而不属于构成要件故意内容。同时,创设危险的不是教唆行为,而是实行行为(创设危险是客观归责论判断实行行为的标志),不能将教唆行为混同于实行行为。由于教唆行为只是确实预定对象,而不直接确定行为对象,如果将打击错误理解为结果对象与预定对象之间的差异,就将打击错误与动机错误混淆了。而且,教唆行为不能直接确定行为对象,不能因"行为对象不同于预定对象"而认定为对象错误。也就是说,讨论教唆犯的错误,应注意教唆犯错误与实行犯错误的不同。如何认定教唆犯的错误呢? 有学者借用间接正犯理论,认为实行者相当于幕后者的工具,是幕后者"射出去的箭",箭射偏了,幕后者成立打击错误。[⑤] 在间接正犯场合,"工具"的对象错误,相当于幕后者使用工具的打击错误,这已被

---

① BGHSt 37,214 f.
② 黎宏:《刑法总论问题思考》,中国人民大学出版社 2007 年版,第 310 页。
③ 张明楷:《论具体的方法错误》,《中外法学》2008 年第 2 期。
④ 柏浪涛:《实行犯的对象错误与教唆犯的归责问题》,《中国法学》2018 年第 2 期。
⑤ Vgl. C. Roxin, Strafrecht Allgemeiner Teil, Band Ⅱ, C. H. Beck, 2003, S. 168.

德国刑法广泛认可。① 但教唆犯不同于间接正犯,教唆杀人案中的实行者是正犯而非无意识的"工具",其主客观是必须考虑的,不能以教唆者的主客观来代替,因而农场继承人案否定了间接正犯的思路。每个人应当承担的责任,仅限于其意识和意志所包括的内容。② 对于教唆犯而言,其处罚根据不在于直接与危害结果的联系,而在于其通过正犯导致了危害结果:或"使正犯堕落"(责任共犯说),或"惹起了正犯者的违法性"(不法共犯说),或"惹起了正犯者造成构成要件结果"(惹起说)。因之,正犯造成构成要件结果(或违法,或有责)才是教唆犯的认识内容;至于具体的行为对象,只是正犯的认识内容,不能就此讨论教唆犯的认识错误。从正、共犯的体系构造也能得出同样结论:区分制的精义在于,共犯与正犯分属不同的构成要件,具有不同的不法内涵,进而要求共犯从属于正犯(如果正、共犯只是同一构成要件内部的共同主体,从属性就无法体现了)。基于此,共犯的认识对象只能是正犯的构成要件,而不是正犯构成要件内部的具体事实。因此,上例中教唆犯的错误只能是动机错误(构成要件虽实现,却不符合其动机),这也是对象错误(这个说理方式并不同于单独犯罪场合的"行为对象不同于预定对象"),德国刑法亦持这种观点。③ 农场继承人案也采取了类似的说理方式,联邦最高法院的裁判理由认为,教唆犯的处罚根据在于通过主行为间接侵害法益。即便行为人认错了具体的受害人,该法益也受到了侵害,因而不是未遂,而是既遂。可见,在教唆犯错误的情况下,只要坚持体系思维,并不存在对象错误与打击错误难以区分的问题。

(2)逻辑的妥当性:能否确定"具体"的程度?

具体符合说要求行为人的主观认识与客观事实具体地相符合,才能肯定故意,但"具体"到何种程度才承认其符合性? 在法定符合说看来,这是一个没有解决的问题。例如,在电脑案中,甲想砸坏 A 左手的电脑,却砸坏了 A 右手的电脑。具体符合说认为,由于不具有对象同一性,不是"具体符合",甲对 A 左手电脑成立故意毁坏财物未遂,对其右手电脑成立过失毁坏财物,结局是不罚,这不利于保护法益;于是,具体符合说不得不放松"具体"程度的要求,认定"具体符合"仅需要法益主体的同一性。由于两

① Vgl. H. Jescheck/T. Weigend, Lehrbuch des Strafrechts Allgemeiner Teil, 5. Aufl. , Duncker & Humblot, 1996, S. 671.
② Vgl. C. Roxin, Strafrecht Allgemeiner Teil, Band I, 3. Aufl. , C. H. Beck, 1997, §12 Rn. 125, S. 425.
③ Vgl. H. Jescheck/T. Weigend, Lehrbuch des Strafrechts Allgemeiner Teil, 5. Aufl. , Duncker & Humblot, 1996, S. 311,690.

台电脑都是 A 的,所以甲对 A 右手电脑也构成故意毁坏财物既遂;但如果 A 右手拿着第三人的电脑,则甲对 A 右手电脑又构成过失毁坏财物。然而,两种情形的违法性并无不同,行为人的故意内容也无任何区别,具体符合说却得出不同结论,难以令人赞同。①

其实,所谓"符合",是指主客一致。"法定符合"是指主客统一于抽象的构成要件,"具体符合"则指主客统一于具体的事实。由于缺少了构成要件这一法定标准,具体事实究竟"具体"到什么程度,就值得思考了。但既然"符合"就是主客一致,因此既可以客观为基础,也可以主观为基础来探讨"符合"的具体程度。

如以客观为基础,重点则在于确定认识对象的具体程度。从构成要件故意的体系地位出发,应考虑两方面:一是认识对象不能过于抽象,不能成为构成要件,而应保留一定的前构成要件细节,否则构成要件故意就转变为责任故意;二是认识对象不能过于具体,应以一般人为基准,不宜考虑行为人特别认识到的内容,否则就是在构成要件阶层掺入了责任阶层的考量。对于认识对象的具体程度,在前文关于对象错误与打击错误的讨论中已充分展开,此处不重复。

如以主观为基础,重点则在于确定主观心理的具体程度,亦应从两方面考虑:一方面,主观心理不能抽象为对客观构成要件的知与欲(意图"杀人");另一方面,主观心理也不能具体到行为人动机层面(意图"杀 A"),而应从一般人角度来评价行为时行为人的主观想象(意图"杀那个人")。从体系思维看,这种主观心理也是前构成要件的主观的具体事实,该主观事实该当,才能认定为构成要件故意。因此,该主观心理既不等同于构成要件故意,也不包括与构成要件故意涵摄范围无关的心理活动(如动机),德国将这种区别于故意与动机的主观内容称为"行为计划"。行为计划(TatplanTheorie)理论认为,衡量主客观是否符合,实际上是衡量客观结果与行为人计划是否符合。当一个结果的出现可看作行为人计划的实现,二者就是符合的,则该结果可归责于故意;如该结果被视为行为人计划的重要偏离,则计划失败,该结果不能归责于故意。② 以下结合一些争议案例进行说明:

首先,行为计划要以行为人的主观想象为基础。(1)如果行为计划是与行为人选择的行为对象紧密联系的,当这个行为没有打中这个对象时,

---

① 张明楷:《论具体的方法错误》,《中外法学》2008 年第 2 期。

② Vgl. C. Roxin, Strafrecht Allgemeiner Teil, Band I, 3. Aufl., C. H. Beck, 1997, S. 434.

行为计划就是不成功的。在女儿案中,当甲向仇敌 A 开枪,却打中自己的女儿 B。行为计划理论认为,其计划是失败的。批评指出,已侵害法益却认定计划失败,是"以自然意义的故意取代规范意义的故意的表现"。[①] 但该批评并不成立,其所谓"自然意义的故意"正是构成要件故意,"规范意义的故意"则是责任故意。具体符合说讨论的恰是前者,因而行为计划并不是以法益侵害为内容的。(2)当计划不依赖于被害人身份时,A 与 B 的因果偏离不影响计划实现。例如,在雪球案中,甲出于恶作剧向过往行人扔雪球,没砸中他瞄准的对象 A,而砸中后面的 B。行为计划仍是实现了,此时的因果偏离就不能视为打击错误。[②] 有学者因此指出,这种行为计划理论并不完全是具体符合说,而只是一种倾向具体符合说的中间学说。[③] 实际上,本案中,行为人"恶作剧"的主观想象是一个重要内容,它不同于"伤害那个人"的主观想象。当行为计划不以特定对象(被害人身份)为前提时,表面上适用等价理论,实则不然。其之所以肯定故意归责,不是因为 A 与 B 在抽象的构成要件中等价,而是在具体的行为计划中等价;之所以确认计划实现,不是因为"瞄准对象 A"与"实害对象 B"在抽象的构成要件内重合,而是在具体的行为计划中重合。因为行为计划不依赖于被害人身份时,处于计划中的打击对象就不是 A,而是"过往行人",砸中 A 或 B 都是砸中"过往行人",都实现了"恶作剧"的计划。这种情况,涉及的是侵害公共秩序或危害公共安全的犯罪,而非侵害人身权利的犯罪。

其次,行为计划不能过于具体,它不等同于行为人的主观想象,而是对主观想象按法秩序的标准进行的客观评价。行为计划是构成要件故意的涵摄物,不是任何心理活动。只有与创设风险、实现风险有关的主观想象,才有可能该当构成要件故意,才与行为计划相关,而风险判断是一种"客观的评价"(objectiven Bewertung),不是按"行为人头脑中的意识过程"来判断,行为人的想象仅仅是客观评价的基础。以下从风险之创设、实现及风险自身的性质三个方面展开:(1)行为计划中的"风险创设"是从行为着手时开始的,行为计划也是对行为的知与欲,应当将行为之前的行为人动机排除在外。女儿案中,甲向仇敌 A 开枪,却因认错人,实际杀害了自己的女儿 B。当甲瞄准"那个人"开枪时,其行为计划就是向"那个人"创设风险,不论"那个人"是否是其预定对象。(2)行为计划中的"风险实现"也是

---

① 张明楷:《论具体的方法错误》,《中外法学》2008 年第 2 期。

② Vgl. C. Roxin, Strafrecht Allgemeiner Teil, Band I, 3. Aufl. , C. H. Beck, 1997, S. 439.

③ 张明楷:《论具体的方法错误》,《中外法学》2008 年第 2 期。

一种客观评价，它舍弃了对主观的不重要的偏离。如果偏离是"根据一般生活经验可以预见到的"，因而行为人也是可以预见的，则不影响计划实现。在电脑案中，甲砸 A 左手电脑，却砸中右手电脑。之所以应当肯定故意归责，不是因为法益主体的同一性，而是因为左右两手相隔较近，两种结果都是"根据一般生活经验可以预见到的"。至于 A 手中的电脑权属是谁的，就相当于"被害人身份"，并不是行为计划的内容。即使 A 手持的（不论左手右手）是第三人的电脑，也不影响计划实现。但如果甲砸中的是恰好路过的第三人手中的电脑，其行为计划就是失败的。（3）就"风险"的性质而言，如果行为人对其行为有其他评价（andere Bewertung der Tat），则存在两种不同的风险，行为计划的实现仍应以行为人想象的风险为依据。电脑案中，如行为人欲砸左边电脑，因为该电脑里有其犯罪证据，左边电脑不仅在其想象，而且在行为计划中也是特定的，却因打偏砸中右边电脑，从客观评价看，这个计划就是失败的，行为人只能成立对左边电脑的毁坏财物未遂，与对右边电脑的过失毁坏财物。德国刑法中讨论的渎圣案就是如此，行为人基于宗教的渎圣意图，欲砸圣母像，却砸中旁边的玻璃，对前者成立毁坏财物未遂，后者成立过失毁坏财物。①

第三，行为计划不能过于抽象，它不同于构成要件故意，什么是计划的实现，应根据"规范性标准"来决定，这是一种"法秩序的判断"，但不能抽象至构成要件的判断。例如，在毒物案中，当甲想用毒物致 A 丧失生殖力，实际上却是使 A 失明时，其计划失败，构成对"失明"的过失与"丧失生殖力"的未遂。在这里，作为评价的规范性标准就不能是构成要件层面的"伤害"，而是更具体的"失明"与"丧失生殖力"。如果行为人欲伤害被害人的左眼，实际却伤害了右眼（伤眼案），从"失明"的标准看（即行为计划不是具体的"伤左眼"，而是规范性的"失明"），人们就会认为这个计划是成功的。欲伤左眼与实伤右眼的错误，就是一种不重要的偏离，在客观评价中是没有意义的。② 有学者指出，这种情形在我国只能是伤害罪既遂，但这不能说明具体符合说存在缺陷。即使在我国，从法秩序观念看，"失明"（侵害被害人本身）与"丧失生殖力"（使之"绝后"）也是性质不同的，按具体符合说也应成立伤害既遂，而不是伤害未遂与过失重伤的竞合，因为我国《刑法》第二百三十四条的"致人重伤"包括结果加重犯（故意伤害却过失致人重伤）与重结果犯（故意致人重伤）两种情形。对于"失明"而言，是故意伤害

---

① Vgl. C. Roxin, Strafrecht Allgemeiner Teil, Band I, 3. Aufl., C. H. Beck, 1997,436.
② Vgl. C. Roxin, Strafrecht Allgemeiner Teil, Band I, 3. Aufl., C. H. Beck, 1997, S. 436.

的结果加重犯,而不是单纯的过失重伤罪,因为甲以毒物害之,就不仅仅是过失了;对于"丧失生殖力"而言,就是故意伤害的重结果犯未遂,两罪竞合,最终仍按故意伤害罪既遂处理。德国也是如此,德国刑法第二百二十三条是伤害罪,第二百二十六条是严重伤害罪,第一款是结果加重犯(对于加重结果,可以是过失),第二款是重结果犯(对于重结果要求"故意或明知",刑罚也更重)。因此,毒物案是根据第二百二十六条第二款的未遂(在生殖力方面)与第二百二十六条第一款的既遂行为(由于过失致失明)的竞合,而不是根据第二百二十九条过失伤害罪来处罚的。

2. 具体符合说的结论"缺陷"及其解构

(1) 定罪结论:是否误将既遂认定为未遂?

在打击错误场合,具体符合说以未遂定罪(不同于法定符合说的既遂罪),这一结论被认为是存在缺陷的,是误将既遂认定为未遂,不利于法益保护。最近,有学者还从对象错误上发现了这一"缺陷",详述如下:

第一,打击错误的场合

甲欲杀 A 却打中 B,具体符合说认为甲构成杀人未遂与过失致死的想象竞合,最终按较重的杀人未遂罪处断。这一结论受到批判:明明已杀死人,对法益造成了实害,却认定为杀人未遂,与事实不符。[1] 而且,"杀 B"与"杀 A"都是对生命法益的侵害,只有认定为故意杀人既遂,才能实现对生命权的平等保护,而按具体符合说认定为杀人未遂(对 A)与过失致死(对 B)两罪,则是对 A、B 生命法益的不平等保护。[2]

但在具体符合说中,"杀死人"是针对 B 而言,已认定为过失致死罪;"杀人未遂"是针对 A 而言,不能抽象地说"杀死人"却认定未遂。而且,具体符合说也体现了法益的平等保护:过失致死罪中的"致死"反映结果无价值,体现生命法益的保护,与故意杀人罪具有同等的结果无价值;故意杀人罪的法定刑重于过失致死罪,不是因为法益保护不平等,而是在结果无价值外考虑了行为无价值的差异。具体符合说的"故意"与"过失"是构成要件要素,因而也是违法要素;在法益侵害结果相同的情况下,"故意"与"过失"反映了行为无价值的不同,而非责任差异。而且,两种错误论对于同一情形虽定罪不同(一为既遂,一为未遂),但由于所处的犯罪论体系不同,违法与罪责的衡量方法亦不同,导致最终的量刑结论也大体一致(后文详述)。

---

① 张明楷:《论具体的方法错误》,《中外法学》2008 年第 2 期。

② 张明楷:《论具体的方法错误》,《中外法学》2008 年第 2 期。

第二,对象错误的场合

有学者最近指出,当构成要件中存在选择性要素时,具体符合说容易将既遂认定为未遂。这一批判多是就对象错误而言的。例如,在误拐妇女案中,甲欲拐卖儿童,实际上却是拐卖妇女,如按法定符合说,可成立故意既遂罪,而按具体符合说,只能认定拐卖儿童未遂与拐卖妇女过失的竞合,由于过失拐卖妇女不成立犯罪,只能以拐卖儿童罪的未遂犯处罚,结论明显不妥。[①]

实际上,在这种情况下,两种错误论是否存在分歧,涉及对《刑法》第二百四十条的理解,并形成三种不同观点:

观点一:两种错误论都阻却故意。这是认为第二百四十条包含两个不同的构成要件“拐卖妇女罪”与“拐卖儿童罪”(二者是同一法条内的选择性的构成要件,而不是同一构成要件内的选择要素),“妇女”“儿童”虽规定在同一刑法条文中,但并不是同一构成要件中的具体错误,而是不同构成要件之间的抽象错误,即无论按具体符合说,还是法定符合说,都应当认定拐卖儿童未遂与过失拐卖妇女罪的竞合。我国的“拐卖妇女、儿童罪”是选择性罪名,一个行为或成立“拐卖妇女罪”,或成立“拐卖儿童罪”,如既拐卖妇女,又拐卖儿童,由于侵害一身专属法益,是想象竞合(类似于1枪杀2人)或实质数罪(类似于2枪杀2人),而不应笼统称为“拐卖妇女、儿童罪”。[②] 在这种场合下,如果将误拐妇女案认定为拐卖妇女罪的故意既遂,这已是抽象符合说的观点,也不再是法定符合说的立场了。抽象符合说违反罪刑法定,受到诸多批判。[③] 如果认为这是法定符合说的观点,它也不同于论战中的法定符合说,而是修正的法定符合说了。修正说强调构成要件实质重合,认为拐卖妇女罪与拐卖儿童罪实质重合,不阻却故意,但故意的认识对象就超出了构成要件,变为实质违法性。[④] 修正的法定符合说与抽象符合说具有同样性质,所谓“构成要件的实质重合”,实际上是“假想出横跨两罪的共通构成要件”[⑤],并不足取。类似观点只有在日本刑法中存

---

① 张明楷:《再论具体的方法错误》,《中外法学》2018年第4期

② 注意:我国《刑法》第二百四十条“拐卖妇女、儿童罪”的法条,不应解读为笼统的“拐卖妇女、儿童罪”构成要件。第二百四十条在基本构成要件之后,规定了八项法定刑升格情节,其中第二项“拐卖妇女、儿童3人以上的”,不应视为本罪的加重构成,而应视为想象竞合或实质数罪的量刑规则,与第一项“拐卖妇女、儿童集团的首要分子”一样。否则,就会误认为,拐卖妇女1人,拐卖儿童2人,仍然不能适用“拐卖妇女、儿童3人以上”的规定。

③ 〔日〕前田雅英:《刑法总论讲义》,曾文科译,北京大学出版社2017年版,第174页。

④ 〔日〕前田雅英:《刑法总论讲义》,曾文科译,北京大学出版社2017年版,第152、177页。

⑤ 〔日〕山口厚:《刑法总论》(第2版),付立庆译,中国人民大学出版社2011年版,第220—223页。

在,德国则无。① 这种观点是为了处罚的妥当性而忽略构成要件的定型性和体系性,允许将结论的妥当性作为修改某一学说的理由(由果至因)。

观点二:两种错误论都不阻却故意。这是认为第二百四十条只规定了一个构成要件,"妇女""儿童"的错误是同一构成要件内的具体错误。在具体符合说看来,仍应从法秩序标准(而非构成要件标准)判断行为计划是否实现。如认为"妇女"与"儿童"在法秩序观念上具有同一性质,则二者的偏差不阻却故意。此时,两种错误论亦无分歧,都成立"拐卖妇女、儿童罪"既遂(在这里,不存在独立的"拐卖妇女罪"与"拐卖儿童罪",而只是一个"拐卖妇女、儿童罪"),类似于破坏交通工具罪中的"汽车"与"电车"之间的对象错误。破坏交通工具罪中,可认为在法秩序观念中存在"交通工具"这一上位概念,汽车与电车的差异不是性质上的差异,只是"交通工具"的具体例子。在破坏汽车(或电车)的场合,我们不会说成立破坏汽车(或电车)罪,而说成立破坏交通工具罪。因此,行为人欲破坏汽车却是破坏电车的场合,按具体符合说的逻辑,就是欲破坏"那个交通工具"(汽车),也破坏了"那个交通工具"(电车),自然成立破坏交通工具罪既遂,不会成立破坏汽车罪未遂,或破坏交通工具罪未遂。认识到破坏"这一交通工具(汽车)",实际上也破坏了"这一交通工具(电车)",无论按具体符合说还是法定符合说,都不阻却故意。

观点三:两种错误论出现分歧。这是认为第二百四十条规定了一个构成要件,而"妇女"与"儿童"在法秩序观念上是有差别的(拐卖妇女多是为了婚娶,拐卖儿童多是为了收养,两者在性质上不同),此时两种错误论的定罪结论才出现分歧:具体符合说仍然成立拐卖妇女、儿童罪未遂(针对妇女)与过失的拐卖妇女、儿童(针对儿童),而法定符合说直接成立拐卖

① 日本刑法之所以会产生抽象符合说,是因为第二百一十条所规定的过失致人死亡罪的法定最高刑仅为50万日元的罚金。当行为人向狗开枪,却打中人,按法定符合说,成立 (转下页)(接上页)不罚的毁坏财物未遂与过失致死,最重只能判处50万日元的罚金;如打中狗,则构成第二百六十一条毁坏器物罪,最高为三年有期徒刑。为改变"人比狗贱"的悖论,理论上不得不创造出抽象符合说,但我国与德国对于过失致死,均规定了相对较重的法定刑,不会产生这一悖论,也就无需抽象符合说了。另外,值得注意的是,德国刑法第十六条第二款规定:"行为人行为时误认为该当较轻的构成要件的,对其故意的实施应依较轻的法规处罚。"虽然是按轻罪既遂处罚,但是并不是因为构成要件的"实质竞合",而仅仅适用于如下情形:欲犯轻罪,却因错误而犯了重罪,但重罪之故意仍无法被阻却。这种场合是极少的,有学者称之为"特权性的行为情状",因而该规定的适用范围是"极其狭窄"的。Vgl. C. Roxin, Strafrecht Allgemeiner Teil, Band I, 3. Aufl., C. H. Beck, 1997, S. 425f. 在误将人认为是狗而开枪的案件中,德国刑法认为成立过失杀人罪与毁坏财物未遂的想象竞合,而不会成立轻罪的毁坏财物既遂。Vgl. U. Kindhäuser, Strafrecht Allgemeiner Teil, 7. Aufl. Nomos, 2015, §27 S. 218,226.

妇女、儿童罪既遂。法定符合说所谓"误将既遂认定为未遂"，只能出现在
这种观点中，但对于具体符合说而言，未遂的定罪结论是符合逻辑的，至于
量刑结论是否妥当，则是另一个问题（下文详述）。无论如何，不能为了量
刑的妥当性而改变定罪逻辑。

　　对于构成要件内部不同选项之间的错误，德国称为"双构成要件错
误"①，或"构成要件的复数选项错误"，主张具体符合说的德国也采取了同
样的处理方式。首先，这种构成要件内部的"选项"错误，区别于不同构成
要件之间的"种类"（tatbestandlich Gattung）错误，后者是抽象错误。选项
错误仍然是具体错误。② 其次，对于是否阻却故意的问题，应从法秩序标
准来判断。法秩序标准处于抽象的构成要件与具体的例子之间，有学者用
"复合体标记"来指称：当人们将这些"选项"理解为作为法定构成要件的
"一个复合体标记"时，这些选项之间的错误就阻却故意。③ 也有学者用
"总括性概念"来指称：如果"选项"只是"某一总括性概念（Oberbegriffs）
之下的次级事件（Unterfälle）"，或是"一种统一主题（Schutzgegenstands）
下的例子（Beispiele）"，该认识错误就不值得加以考虑。④ 例如，破坏居住
和平罪（德国刑法第一百二十三条）的行为人实际侵入住宅，却以为侵入商
店的，都是侵入了一个受保护的空间领域（总括性概念），住宅与商店都是
"统一主题下的例子"，因而不影响故意成立。反之，如果"选项"反映了性
质上不同的保护对象，错误就阻却故意。例如，对于德国刑法第二百七十
四条第一款规定的文书与技术图案的混淆则是如此。应当注意的是，这里
的"总括性概念"并不是法条中的兜底概念。是否存在这样一个"总括性概
念"，不是形式的构成要件的判断，而是法秩序的判断（Urteil der
Rechtsordnung）。在破坏居住和平罪中，虽然列举了住宅、经营场所，在构
成要件中并不存在一个法定的兜底概念，但是并不妨碍人们从法秩序上将
住宅与商店都作为受保护的空间领域。行为人认为他侵入了"那个受保护
的区域"，实际上也侵入了"那个受保护的区域"，所以是故意既遂。⑤ 德国
刑法第二百六十七条伪造文书罪与第二百六十八条伪造技术图样罪是两
个不同的构成要件，这表明在德国的法秩序中，公文与技术图样是不同性

---

① Vgl. C. Roxin, Strafrecht Allgemeiner Teil, Band I, 3. Aufl., C. H. Beck, 1997, S. 424.

② Vgl. U. Kindhäuser, Strafrecht Allgemeiner Teil, 7. Aufl. Nomos, 2015, S. 226.

③ Vgl. C. Roxin, Strafrecht Allgemeiner Teil, Band I, 3. Aufl., C. H. Beck, 1997, S. 424.

④ Vgl. U. Kindhäuser, Strafrecht Allgemeiner Teil, 7. Aufl. Nomos, 2015, S. 224.

⑤ Vgl. U. Kindhäuser, Strafrecht Allgemeiner Teil, 7. Aufl. Nomos, 2015, S. 224.; C.
Roxin, Strafrecht Allgemeiner Teil, Band I, 3. Aufl., C. H. Beck, 1997, S. 424.

质的,人们在法秩序上将第二百七十四条的公文与技术图样视为不同性质的对象就很正常了。不可否认,法秩序(Rechtsordnung)标准存在一定的模糊性,但这不能成为否定具体符合说的理由,因为法秩序标准也是衡量违法性(Rechtswidrigkeit)的标准,从未因模糊性而被批评。

(2)量刑结论:未遂是否处罚畸轻?

在打击错误的场合,具体符合说认定为未遂罪,与法定符合说的既遂罪相比,往往被认为处罚畸轻,主要包括两方面:

第一,未遂轻于既遂,是否轻纵罪犯?

具体符合说被指责容易"轻纵罪犯"(如前述误拐妇女案),因为在打击错误的情况下,具体符合说的结论是杀人未遂罪与过失致死罪的想象竞合,最终按杀人未遂处罚,而不是像法定符合说那样按杀人既遂罪处罚。对此,有学者反驳道:我国采取"得减主义"的未遂处罚原则,对未遂犯可与既遂犯同等处罚,不会轻纵罪犯;而国外对未遂采取"必减主义"处罚原则,容易轻纵罪犯,因而只能采法定符合说。[①] 这种说法实际上是承认了具体符合说"容易轻纵罪犯"的批评,只不过认为中国刑法的"得减主义"可以避免这一缺陷。然而,"得减主义"与具体符合说、"必减主义"与法定符合说并不存在对应关系,德日都采"得减主义",日本采法定符合说,而德国采具体符合说,却不"担心轻纵罪犯"。

实际上,具体符合说并不会轻纵罪犯。责任主义认为,刑罚轻重与违法、罪责程度相关,具体符合说与法定符合说所属的犯罪论体系不同,对于违法与罪责的衡量方式也不同:(1)在具体符合说所属的犯罪论体系(如目的论体系)中,故意是构成要件要素,也是主观违法要素,违法包含主客两面。在打击错误的情况下,甲欲杀 A 却杀死了 B,则甲对于 A 不具有与既遂相同的结果无价值,对于 B 不具有与故意相同的行为无价值。因此,甲的违法程度本来就轻于既遂,相应的罪责亦较轻,对甲按未遂处罚,就不是轻纵罪犯,反而更加罪刑均衡。而且,不同情形的杀人未遂在量刑上也存在差异,"打偏"(打击错误的场合)与"打空"(没有射中任何人的场合)都是杀人未遂,但前者的刑罚必然重于后者,因为二者违法程度不同。"打空"的违法仅仅表现为对 A 的侵害危险,而"打偏"的违法还包括对 B 的过失致死。认为将打击错误定性为杀人未遂会轻纵罪犯,实际上是担心将"打偏"的情形按"打空"来量刑了,这种担心并无必要。(2)在法定符合说所属的犯罪论体系(如古典体系)中,故意处于责任阶层,"打偏"(欲杀 A

---

① 刘明祥、张天虹主编:《故意与错误论研究》,北京大学出版社 2016 年版,第 179—181 页。

却杀了 B)与"打中"(欲杀 A 并杀了 A)都认定为故意杀人既遂,二者的违法程度相同(在该体系中,违法是客观的,"A 死"与"B 死"具有相同的违法性),刑罚差异体现在责任阶层。责任(Verantwortlichkeit)是与刑罚量相联系的,应当同时考虑罪责(Schuld)与预防必要性(präventiven Notwendigkeit)两个因素。[①] 责任应站在行为人角度进行具体考察。在女儿案中,行为人的反社会动机更多地体现于"杀 A",从而"打偏(杀 B)"的罪责要轻于"打中(杀 A)"。而且,对于"杀 B",行为人甚至是后悔的(如 B 是其女儿时),其预防必要性也是降低的,因而刑罚量应轻于既遂。

概言之,对于打击错误"打偏"而言,具体符合说的结论应当是:违法性轻于"打中",但重于"打空",因而刑罚量大于"打空"场合的未遂,但小于"打中"场合的既遂;而法定符合说的结论则是:"打偏"与"打中"同为既遂,具有相同的违法性,但罪责不同,"打偏"的罪责要轻于"打中",因而"打偏"的刑罚量也小于"打中"。可见,二者最终的刑罚量是一致的,具体符合说不会畸轻,法定符合说也不会畸重。

第二,未遂可能不罚,有无处罚漏洞?

具体符合说被批评"存在处罚漏洞"。例如,甲欲毁损乙的 A 物,却因打击错误而毁损 B 物,则对 A 物成立未遂,对 B 物成立过失,但就毁损器物罪而言,二者都不罚,从而产生刑法漏洞。[②] 对此,具体符合说回应:从我国刑法的规定来看,轻罪未遂罪并非一概不能处罚,不会出现像德日等国那样绝对不可罚的情形。[③] 但这并不是从法理上论证,对"处罚漏洞"的避免只是基于立法差异,纯属侥幸,缺乏说服力。实际上,这里所谓处罚漏洞是刑法谦抑(片断性)的表现,并无不妥。单独来看,故意毁坏财物未遂与过失毁损财物,都是不罚的,向来也未受到批评;在二者竞合时,没有理由非要得出一个处罚的结论不可。有时,不罚的结论是误解造成的。例如,在公车盗窃案中,在公车上,乙欲盗窃 C,伸手误入 D 的口袋并盗窃之。有观点认为,这是打击错误,具体符合说成立对 C 盗窃未遂与对 D 的过失盗窃,结果是不罚。但实际上,本案并非打击错误,而是对象错误,"欲盗窃 C"只是动机中的预定对象。从一般人的角度观察,乙伸手时指向的"那个人"D 才是行为对象,才是故意的对象,因而这种动机上的对象错误并不阻却盗窃故意。

---

① Vgl. C. Roxin, Strafrecht Allgemeiner Teil, Band I, 3. Aufl. , C. H. Beck, 1997, S. 448.

② 陈子平:《刑法总论》,中国人民大学出版社 2009 年版,第 140 页。

③ 刘明祥:《论具体的打击错误》,《中外法学》2014 年第 2 期。

但有学者仍然认为,德国采取具体符合说与其主观未遂论是相协调的,我国应采客观未遂论,如果同时采具体符合说就容易形成处罚漏洞。例如,前述的误卖妇女案中,由于根本不存在儿童,因而按具体符合说及客观未遂论,拐卖儿童应当是不能犯,而不是未遂犯,同时过失拐卖妇女并不构成犯罪,因而本案无罪。但实际上,这一说法并不成立。在未遂的认定上,基于我国立法,笔者也赞成客观未遂论,但客观未遂论有不同理解。早期的客观未遂论为客观危险说,主张以行为时存在的一切客观情况为判断资料,以科学的因果法则为判断标准,结果之发生为绝对不能者属不能犯(如空枪杀人),结果之不发生为相对不能者属未遂犯(如开枪打偏),但如果考虑所有客观情状,所有的未遂犯都将变为不能犯。例如,开枪打偏就应当考虑开枪瞬间手抖从而偏离目标的情状,从而就绝对不能打中目标,只能是不能犯。之后,客观未遂论改采具体危险说(新客观说,亦为日本通说),以一般人可能认识及行为人特别认识的事实为判断资料,以一般人作判断基准。依此说,从一般人判断而言,开枪杀人只能是未遂。在误卖妇女的案件中,如果被害人是一名刚满 14 岁的女孩,一般人根本无法认识到她的年龄已进入"妇女"行列,仍会将之视为"儿童",按照客观未遂论(具体危险说)也应成立拐卖儿童未遂。当然,如果被害人明显是一位成年妇女,一般人不会认为存在拐卖儿童的危险,而行为人却误认为儿童,这就是拐卖儿童的不能犯了。但这也与具体符合说无关(实际上是与行为人的责任能力有关),即使法定符合说在此种情形下,也应认定不能犯。

(三) 简短的结论

以上我们运用体系思维,对法定符合说与具体符合说的理论根源进行了探讨,并尝试对二者由来已久的学术争议进行解构,值得强调的两个结论是:

首先,错误论的根源在于犯罪论体系。犯罪论体系决定相应的故意概念,进而决定不同的错误论主张。对于错误论的核心问题"事实错误是否阻却故意",法定符合说"不阻却故意"是指"不阻却责任故意",具体符合说"阻却故意"是指"阻却构成要件故意",二者并非直接对立。

其次,体系思维(教义分析)是与论点思维(政策考量)截然不同的思维模式。论点思维往往以结果的政策考量作为学说选择的依据,是由果至因;而且,其论点往往以利弊辩论的方式展开,各论点是零散的。体系思维则强调各论点之间的体系性关联,是教义分析最主要的思维模式,不是从学说自身的利弊,而是从学说根源推导出学说的选择,是由因至果。在错误论的问题上,历来的学说论战重在揭示对方的"缺陷",但在体系思维看来,"缺陷"的实质在于,对构成要件阶层讨论的理论(具体符合说),用责任阶层的标准来评价,或对责任阶层讨论的理论(法定符合说),用构成要件阶层的标准来评价。错误论是由犯罪论体系推导出来的具体理论,对某一具体理论(错误论)的评价,也应将之放在所属体系内考察,而不能抛开体系根源,仅就具体理论(错误论)的逻辑与结论进行抽离式的利弊辩论。基于体系思维,这两种错误论的"缺陷"及争议均能获得解构。在逻辑上,二者均具有统一性和妥当性;在结论上,二者的定罪结论均符合主客统一与法益保护原则,量刑结论均符合责任主义,且经过三阶层的评价,二者的处理结果大体一致,可谓殊途同归。作为错误论根源的犯罪论体系存在不同主张,没有必要以"一种体系取代另一种体系",也没有必要以一种错误论取代另一种错误论。即使认为犯罪论体系有选择之必要,但只要某一体系主张没有被彻底推翻,其错误论主张就不能被彻底推翻。同时,要防止以一种体系的标准去评价另一种体系下的具体理论(错误论),从而防止具体理论(错误论)层面的争议。

第三节　我国刑法教义学的应然态度：建构体系思维

一、中国刑法教义学之应然：走向"潘德克顿法学"

　　"潘德克顿"(pandekten)是古罗马《学说汇纂》的汉语音译,潘德克顿学派是在 19 世纪中叶以后,由原来历史法学派中的罗马学派逐渐演变而来的概念法学的代表,它特别强调体系性,亦被称为"概念体系化法学"。潘德克顿学派要求构建一个"概念—法条"的层级体系,最终形成"概念金字塔",进而要求纯粹从体系、概念和定理中推导出法条及其适用,而不容许考虑任何法外要素。处于这个体系中任一层级的概念或理论,均可以向上"回溯"至一般原则,而且能向下"推导"出具体个案的处理结论。[①]
　　之所以提出"走向潘德克顿",是基于以下理由：
　　（一）我国刑法教义学发展阶段及其定位
　　在前文中,我们一起回顾了法教义学与刑法教义学的发展历程,二者都经历了"萌芽—形成—动摇/修补—重构"四个阶段,这不是偶然的巧合,

---

① 雷磊：《什么是法教义学? ——基于 19 世纪以后德国学说史的简要考察》,《法制与社会发展》2018 年第 4 期。

而是事物发展的必然。

就法教义学的发展而言，只要人们渴望摆脱司法恣意，渴望追求"法的安定性"，就必然要求教义学的体系思维；只有体系思维发展至极端了（这就表现为潘德克顿式的概念法学），才可能产生质疑，要求考虑法外因素，对这种绝对的体系进行修补或局部完善；当这种完善的理论储备成熟，才可能将之纳入体系，进而在新的基础上建立新的体系思维框架，实现对体系思维的重构和复兴（这表现为评论法学）。

就刑法教义学的发展而言，只有提出罪刑法定原则（费尔巴哈）之后，刑法学与刑事政策学才得以区隔开来，刑法教义学才有了独立的活动场域。之后，才能像李斯特所说的那样，开展"刑法学的下一步任务"，将刑法学上升为刑法教义学，其方法是"从纯法学技术的角度，依靠刑事立法，给犯罪和刑罚下一个定义，把刑法的具体规定，乃至刑法的每一个基本概念和基本原则发展成封闭的体系。……刑法学必须自成体系，因为，只有将体系中的知识系统化，保证有一个站得住脚的统一的学说，否则，法律的运用只能停留在半瓶醋的水平上。它总是为偶然因素和专业所左右。"[1] 由此，以体系思维为特征的刑法教义学已然深入人心，作为体系思维工具的犯罪论体系可能经历变化，如在德国，其变化表现为：以法实证主义为中心的古典体系—以价值评价为中心的新古典体系—基于本体主义构建的目的行为体系—将本体主义与新康德主义相结合的目的论暨新古典体系。但无论如何变化，自从 1905 年李斯特、贝林提出第一个三阶层体系后，直至 1970 年代，体系思维就没有被怀疑过，争议的只是应当使用哪种体系工具。在二战期间，体系思维曾产生过动摇，但战后立即得到复兴。随着社会发展与情势变更，刑事政策观念发生变化。由于打击犯罪的政策需要，与早已在几十年时间内因不断巩固而得到实现的保障人权之需要相比，以惩罚犯罪为内核的一般预防的政策需要重新获得重视，并发展过渡为积极的一般预防。而且，社会复杂情况增加，适用体系思维的难度增大，才可能产生所谓体系思维的"修补"或"调整"，即刑法教义学的刑事政策化，但这个"修补"仍然在体系思维的框架内进行，代表思想就是罗克辛的目的理性体系。但刑法政策亦应纳入体系思维。为此，罗克辛的目的理论体系一经提出——哪怕它只是从局部对体系思维进行微调——即被反对。雅科布斯将刑事政策体系化，既满足了政策需求，也符合了体系思维，使体系思维

---

[1] Vgl. F. v. Liszt/E. Schmidt, Lehrbuch des deutschen Strafrechts, 26 Aufl. Gruyter, 1932, S. 1f.

重新形成一个逻辑自洽的体系,一个能"自圆其说"①的"循环论证"②。这使雅科布斯的理论获得了比罗克辛更大的成功,除在德国本土外,还在拉美、西班牙、日本、韩国等地获得了巨大的国际影响力,其撰写的教科书在巴西、阿根廷被誉为"绿色的圣经"。③

　　具体到中国的刑法教义学,虽然陈兴良教授提出"注释刑法学经由刑法哲学抵达教义刑法学"④,但是实际上,与其说"抵达教义刑法学",不如说"走向教义刑法学"。刑法教义学在我国还只是刚刚获得发展的契机而已,远远谈不上"抵达"。从历史发展阶段的对照来看,我国虽然引入了三阶层体系,而且对罗克辛的学说也推崇备至,但是如前所述,这更多只是"概念移植",将德日刑法的概念术语按"移植"者的理解随意使用,而不关心这一概念的背景体系。这种"引入德日刑法学"的做法,只是堆砌生僻而精致的概念,让他人无法参与"法律商谈",从而形成所谓"精英话语"的垄断,它甚至还谈不上"理论借鉴"。

　　详而言之,我国 1997 年《刑法》确立了罪刑法定原则,这被视为我国刑法现代化的标志,但这仅仅相当于费尔巴哈的刑法教义学的萌芽阶段。由于历史的原因,我国的法教义学的发展并不如德国或欧洲那样,有一个源自古罗马时代的铺垫、文艺复兴的酝酿,理性自然法与实定法的根基薄弱,反而所谓"社会法""活的法"——这在欧洲的法学史上,是在自然法与实定法之后才获得重视的——一直在我国的法律生活中占据重要地位。罪刑法定确立后,人权保障的观念并未深入人心,为了处罚的政策需要而突破罪刑法定的争议时有发生。例如,2002 年黑哨第一人龚建平案,无论"公司、企业人员受贿罪"还是"受贿罪"严格说都无法适用于"裁判员",但仍基于处罚需要定罪。直至 2006 年《刑法修正案(六)》将"公司、企业人员受贿罪"的主体范围扩大为"非国家工作人员",其罪名也更改为"非国家工作人员受贿罪",裁判员才真正可以成为受贿犯罪主体,这个矛盾才得以解决。

　　罪刑法定提出后,我国也开始引入德日三阶层,但严格说来,这并不是一个体系思维的塑造过程,而只是学界为了实现刑法学"去苏俄化"或"去政治化"的一种"话语转换"。重要的不是德日刑法教义学的体系思维,而是德日刑法理论中的概念术语。这种背景下,"借鉴德日",甚至近期的"刑

---

①　许玉秀:《当代刑法思潮》,中国民主法制出版社 2005 年版,第 19 页。

②　Bernd Schünemann, Kritische Anmerkungen zur geistigen Situation der deutschen Strafrechtswissenschaft, GA 1995, S. 201, 221.

③　吴情树:《京特·雅科布斯的刑法思想介评》,载《刑法论丛》2010 年第 1 卷,第 457 页。

④　陈兴良:《注释刑法学经由刑法哲学抵达教义刑法学》,《中外法学》2019 年第 3 期。

法教义学"的功能仅仅在于用德日的概念术语替换中国传统的源于苏俄刑法的概念术语,只有"立场"的"宣示"作用,而没有实质的逻辑内涵,更遑论"体系"。这种形式的"话语转换"使得德日的刑法概念与三阶层在一定程度上已失去其本来意义。

第一,法益概念的异化。我国学者在批判"社会危害性"概念的基础上,引入了"法益侵害";在批判"客体"的基础上,找到了其替代物"法益"。但是,由于对"法益"概念的曲解,这种"话语转换"只是"换汤不换药"而已。在德日刑法中,法益概念虽然具有可变性,但是其作用主要在于对刑事立法者进行限制,限制的方法在于保障个人自由,即法益是以个人自由为目标设定,仅仅源于国家任务或政策需要的"法益"就不是真正的法益。[1] 国家法益与社会法益只有当它能转化为个人法益时,才是真正的法益。[2] 进而言之,德日国家在刑法启蒙时期也是从"社会危害性"来限制国家的处罚权的。"社会危害性"理论实是贝卡利亚所提出的[3],其后改为"法益"概念,虽然仍是为了限制处罚,但是其基点已由社会本位转向个人本位。我国虽用"法益侵害"代替了"社会危害性",用"法益"替代了"客体",但个人利益至上的观念始终没有形成,法益的刑事政策意义一直让位于法益的解释论意义。我们习惯于给每个罪名归纳出一个"法益",这本来就是一种解释,再以该"法益"对该条文进行解释,不加审查的社会法益、国家法益随处可见。甚至,为了自圆其说的结论,任意将个人法益转变为国家法益或社会法益。例如,盗窃罪是公认的侵害个人法益的犯罪,但有学者为了解释"盗窃赃物",就认为这种场合的法益是"需经法定程序恢复原状的占有"。[4] 甚至,屡屡以法益保护需要为由,以"漏洞刑法填补"为名,突破罪刑法定的限制。这样的"法益"与"客体""法益侵害"与"社会危害性"有何区别?

第二,阶层体系的异化。我国学者在引入三阶层时,普遍认为"构成要件、违法性是客观的,而责任是主观的",这种体系观点更接近于古典三阶层。在目的论体系后,故意被提到构成要件阶层,构成要件不仅包括客观要素,亦包括主观要素,违法性也普遍包含结果无价值与行为无价值两部分,"构成要件、违法性是客观的,而责任是主观的"早已不再是主流体系。而且,即使对于古典阶层体系,我国也往往存在误解。不少学者认为三阶

---

① Vgl. C. Roxin, Strafrecht Allgemeiner Teil , Band I, 3. Aufl. , C. H. Beck, 1997, § 2, Rn. 5ff.

② 〔日〕大谷实:《刑法讲义各论》,黎宏译,中国人民大学出版社 2008 年版,第 332 页。

③ 〔意〕贝卡利亚:《论犯罪与刑罚》,中国大百科全书出版社 1993 年版,第 78 页。

④ 张明楷:《法益初论》,中国政法大学出版社 2003 年版,第 596 页。

层中的"构成要件"来源于费尔巴哈而非贝林,从而忽视了贝林赖以成名的"构成要件"的方法论意义①,使得这样的阶层体系实质上仍相当于因"事实切割"而形成的"平面楔合"的四要件体系。最典型的是,张明楷教授于其《刑法学》(第三版)中认为,犯罪构成包括两部分:违法构成要件(客观构成要件)、责任构成要件(主观构成要件)。② 这明显是将"构成要件"进行主客划分,然后再进行"话语转换",即以"违法构成要件"代替"客观构成要件",以"责任构成要件"代替"主观构成要件"。之后,张明楷教授在后续的教科书中将"责任构成要件"的称谓改为"责任要件",但仍不能改变其体系实质,因为这种称谓变更不是出于方法论的考虑,而是"本书使用责任要件一词,而不再使用责任构成要件、主观构成要件的表述,旨在使构成要件这一技术性概念保持特定含义,也便于借鉴国外研究从事国际学术交流。……当然,本书所称责任要件,与本书第三版以及笔者在其他论著中所使用的责任构成要件、主观构成要件含义相同。"③最新的第五版教材也保留了这一说明。更进一步说,这与我国学者对"阶层性"的误解有关。我国学者普遍认为,三阶层优于四要件的重要特征在于"阶层性"。所谓"阶层性",即"固定的顺序性",这主要体现为客观判断先于主观判断。但这样一来,四要件的判断顺序固定化,不就可以转化为阶层体系了吗? 即使在古典阶层体系中,客观优先也不是绝对的,客观处罚条件就是位于主观责任之后。目的行为体系之后,韦尔策尔就让主观不法优于客观不法,这种观点至今在德国司法界占据统治地位。罗克辛提出客观归责论,意欲使客观不法重新占据优先地位,但客观归责目前尚未被德国司法实践普遍接受。事实上,所谓"阶层性",并不是指固定的顺序性,而是前阶层与后阶层之间有"评价对象"与"对象评价"之间的包含与被包含关系。之所以"违法",是因为其行为"该当构成要件",从而"该当构成要件"成为"违法"之评价对象;之所以"有责",是因为选择"违法"行为违背了"不选择违法行为"之期待,从而"有责"的评价对象中就包含了"违法"的内容。④

可见,脱离体系思维的"引入德日刑法理论",容易使得"德日理论"成为描述中国传统理论的另一套语汇。用"table"代替"桌子",并不是一个进步,反而是以"精英话语"的傲慢阻止了本国的法律受众进行法律商谈。如果还误解了"table"的含义和语境,就连"table"一词发源地学者的法律商

---

① 潘星丞:《构成要件理论的误解与澄清》,《政法论坛》2015 年第 3 期。
② 张明楷:《刑法学》(第三版),法律出版社 2007 年版,第 98—100 页。
③ 张明楷:《刑法学》(第四版),法律出版社 2011 年版,第 108 页。
④ 关于阶层性及其与四要件之间的关系,后文将更详细论述。

谈也被拒之门外,纯粹成为我国个别"精英"的自说自话了。①

(二) 我国实践与理论的现状及其反思

基于以上分析,我们可以得出如下结论:在我国,"刑法教义学"与"教义分析"虽然已成为一个时髦用语,屡见于各种刑法学的论著中,但是实际情况却是,我国的刑法教义学甚至没有获得起步,它仅仅停留在"口号"或"宣示"上而已,因为作为刑法教义学核心的—体系思维—无论在司法实践中,还是在理论研究中,都没有得到体现。

在司法实践中,法官缺少一套可以依赖的体系工具来指导裁判说理。裁判文书不予说理,不展示法官的体系思维,成了习惯现象。偶有说理,即会让人激动得"泪流满面"(如前所述,这是民众对于"惠州许霆案"的评价)。然而,这种即使是"偶然"才出现的说理,也不是依据体系思维来展开的,而往往是以温情脉脉的"良心"去回应舆情压力。由此而获得的正义,与其说源于可靠的刑法教义学,不如说源于偶然的舆论与民意。

"引入德日刑法学"并没有增强司法的安定性。由于缺乏体系思维,"引入德日刑法学"形成的精英话语,或多或少已偏离了德日刑法理论的本来意涵,"理论借鉴"在某种程度上变异为片断式的"概念移植"。

在我国的刑法理论研究中,"引入德日刑法学"早已为大多数学者所践行,但由于对体系思维的忽视,零散性的、片断式的论点思维与政策考量往往成为占主流地位的思维模式。这使得在考察某个具体理论时,容易"只见树木、不见森林",难以将具体理论纳入一个完整的体系之中,去检验其在逻辑上是否兼容②,从而导致学术论战难以形成真正的学术成果。

因此,我国欲发展刑法教义学,则应以强化体系思维为中心。"引入德日刑法学"并不意味着实现了刑法教义学,离开体系思维的"德日刑法学"只是精致的概念堆砌,而不是真正的德日刑法学。

(三) 德日刑法学的本土发展及其忧虑

德日的刑法教义学,自从费尔巴哈以来,已经历经约 200 年的不断发展与推陈出新,精致概念层出不穷,由此也造成了偏离体系思维的风险。对此,德国学者吴登堡(Thomas Wurtenberger)不无忧虑地表示:

---

① 实际上,在刑法教义学领域(尤其在德日刑法核心的"违法与罪责"领域),我国学者参与的国际学术交流并不多,发表的外文文章也极少,可以说我国至今未产生具有域外影响力的刑法学者。

② Vgl. B. Schünemann, Einführung in das Strafrechtliche Systemdenken, in: B. Schünemann (Hrsg.), Grundfragen des modemen Strafrechtsystems, Walter de Gruyter, 1984, S. 1f.

　　就最近几年来犯罪理论之发展以观，即可发现学说上见解变迁之速，以及所牵涉理论之多，亦即倘非扬弃传统概念，即系改变其内容，抑或建立新体系关系，是以昨日被认为真理者，为符合新见解，竟可随便非难。如此法律概念不断淘汰，体系思想之速生速灭，令人感觉概念形成之体系关联之表现，极其歧异、复杂与梦幻多端。就传统之犯罪概念三分理论予以变革，致使引起体系构造支离破碎之无数新理论，亦有同一之现象。……刑法理论陷于概念之混乱与体系难测之巢臼……"由于知识之传布极其混乱，而且充满决定、分类与辩论，故已不可能在广大知识森林中发现人类应知之明白与简单之理想。"再有应予批评者，即一反议论纷纭之新康德学派时代，现在对刑法理论之方法不予重视。同时代对每一立脚点之处理，显出不定与无知。缺乏方法之立脚点与论结所发生之现象，即是概念之任意出现、思考方法之混杂以及构思上无据之变换；于是演成本体论与规范论之互不相容，伦理观与法律观之错置，以及误认客观与主观立场之间的区别。抑有进者，即为成全某一概念而牺牲同等重要之另一概念。①

　　可见，即便在德日本土，刑法教义学的发展也必须强化体系思维，因为在一个"概念金字塔"中，概念层级越多，就越容易迷失该概念的体系地位，越容易与相邻概念产生逻辑冲突，因而就越需要体系思维。

　　基于我国目前的实际情况，笔者甚至认为，我国发展刑法教义学的应然态度是。走向"潘德克顿法学"。这是为了"矫枉"而不得已的"过正"，这如同一匹马在沿着中线奔跑时偏向右边，马夫用七分力可以将马拉回中线，但如果这匹马偏右已成习性，仅用七分力是没办法防止偏右习性的影响的，必须用十四分力，将马拉到偏左的位置，马再习惯性地偏右，就正好踏在中线上。

　　进一步的结论是，由于刑法教义学的本质不在于概念的德日化，而在于思维的体系化，因此我们应当而且完全可以利用中国特色的刑法概念，在体系思维的基础上，构建中国自己的刑法教义学，而不是一味地借鉴移植德日的刑法理论。

---

① ［德］吴登堡：《德国刑法学的现状》，蔡墩铭译，商务印书馆1977年版，第3页。

二、应当反对的若干观念

(一)"法律的生命在于经验,而不在于逻辑"

体系思维强调逻辑性,而美国霍姆斯法官的名言"法律的生命在于经验,而不在于逻辑"却时时在提醒我们,逻辑性并不可靠,经验才更重要。

可以说,这是针对法教义学最有杀伤力,也最常见的误解了。

这句名言来源于霍姆斯大法官出版于 1881 年的《普通法》,原文是"The life of the law has not been logic: it has been experience."①从直接的文义看,这里讨论的是"法律"(law),而不是"司法"(judicature),不是"司法的生命在于经验,而不在于逻辑"。

从这段文字的上下文,我们可以更加好地分析其真实含义。下面这段文字写于《普通法》的第 1 页:

> 本书的目的在于展现普通法的一般观点。为了实现这一目标,除了逻辑之外,还需要其他工具。体系上的逻辑一致性需要特定的结果,这是重要的,但不是全部。法律的生命不是逻辑,而是经验。人们所感受到的时代的需求、主流道德和政治理论、对于公共政策的直觉(无论是公开承认的还是无意识的),甚至是法官与其同胞们所共有的偏见,在决定赖以治理人们的规则方面,其作用比三段论推理大得多。法律包含着一个国家多个世纪发展的经历,不能仅仅像包含着定理与推论的数学教科书那样来看待。要知道法律是什么,我们必须知道它曾经是什么,它将会成为什么。我们必须交替地参考历史的及现行的立法理论,但最困难的工作将是要理解,在每一个阶段,二者都结合并产生新的东西。

从这段文字中可以看出,霍姆斯并不是反对逻辑,不是反对三段论,只是认为,在"决定赖以治理人们的规则方面",经验重于逻辑,而这个"治理人们的规则"(即"法律"),不是司法上的三段论本身,而是三段论的前提,是逻辑的起点。正如有学者所指出的,霍姆斯"这一经典名言强调司法三段论所依赖的法律原则的内容和形式将随着社会变迁而进化,这种适合时代需要的法律原则只能从经验中汲取,而不可能从演绎系统或狭义的逻辑

---

① Oliver Wendell Holmes, Jr. The common law, Boston: Little, Brown, 1881, p. 1.

系统推演出来。"①这个"法律"相当于法教义学中的"教义"或"一般规则"，只有确定这个"一般规则"后，体系思维才开始运作。而这个"一般规则"或"教义"的确定，则是法政策学或立法学的范畴，因而"经验重于逻辑"。这一思想，与欧洲的法教义学形成时期的历史法学派相近。

从霍姆斯的思想体系看，他是美国现实主义法学的代表人物，其"经验论"被认为推翻了"已成为美国法律内在生命的形式主义和空洞传统主义的围墙"。② 一个作为前提的时代背景是，当时美国的法律形式主义盛行。所谓法律形式主义，是指"关于法官实际怎样裁判案件和（或）关于他们应当怎样裁判案件的理论"，是一种司法方法论。③ 法律形式主义认为，法律具有整体性和自洽性，司法者是发现法律，而不是创造法律。到 19 世纪后期，哈佛大学法学院院长兰代尔提出了"法律是一门科学"的论断，将法律形式主义推向了巅峰。法律推理形式性被强调，法官的裁判被视为一个科学的逻辑运算过程，因法律形式主义而产生的司法确定性的承诺带给了人们安全与安定感。④

霍姆斯的"经验论"，严格来说并不是否定逻辑，不是否定三段论，而是指法官的裁决不能仅依靠三段论的逻辑判断，更重要的是获得这个三段论的手段和途径。三段论的每一"段"（如法律解释、事实证明）背后都蕴含着"经验"。⑤ 这个"经验"，不能只是理解为法官个人的经验，而应是社会集体的经验。实际上，如前所述，其"经验"仅适用于体系思维的"质料"的确定过程，而不适用于体系思维本身。基于这样的理解，布鲁尔这样评价霍姆斯的"经验论"："法律的生命在于：逻辑中充满着经验，而经验又要受逻辑的检验。"⑥

因此，一方面，霍姆斯的"经验论"不能成为否定体系思维的理由，"司法"关涉他人最重要的权益，刑事司法甚至关乎他人生命，绝不允许司法人员从"摸着石头过河"的经验积累中获得正确的裁判方法，否则将是很恐怖的事——错杀一名被告也只是经验积累的过程，错杀多了，经验丰富了，最

---

① 武宏志：《霍姆斯的"逻辑"与"经验"》，《政法论丛》2016 年第 6 期。
② See Biddle, Mr. Justice Holmes 61(1986 Ed)；转引自［美］伯纳德·施瓦茨：《美国最高法院史》，毕洪海、柯翀、石明磊译，中国政法大学出版社 2005 年版。
③ 柯岚：《法律方法中的形式主义与反形式主义》，《法律科学（西北政法学院学报）》2007 年第 2 期。
④ 王德玲：《法律现实主义思想再检视》，《政法论丛》2019 年第 2 期。
⑤ 武宏志：《论霍姆斯的"逻辑"和"经验"》，《政法论丛》2016 年第 6 期。
⑥ ［美］斯科特·布鲁尔：《从霍姆斯的道路通往逻辑形式的法理学》，载［美］斯蒂文·J.伯顿：《法律的道路及其影响：小奥利弗·温德尔·霍姆斯的遗产》，张芝梅、陈绪刚译，北京大学出版社 2005 年版，第 123 页。

终就会杀对人了。另一方面,"经验论"是美国的法律形式逻辑思维发展至极端后一个"物极必反"的反思,而在我国,这种逻辑至上的法律形式主义从来没有出现过(从裁判说理的现状,以及民众对于司法不可预测性的普遍态度就可看出这一点),因而这种"反思"根本没有必要产生。而且,要再次强调的是,霍姆斯的"经验"只是确定三段论"质料"的方法,最终纳入三段论处理,这与"只要经验,不要逻辑"是不同的。

(二)功能主义刑法观

功能主义刑法观是目前我国比较时髦的理论倾向。大体来说,所谓功能主义,就是可以(在特定情况下)摆脱体系思维(体现为阶层体系,或称为刑法教义学)的限制,以便在疑难案件中获得合乎社会政策的结论。对此,可从以下三个方面评价:

1. 理论模型:罗克辛之目的理性体系。

这种理论往往将罗克辛的目的理性体系视为范例[①],并称之为具有"实践优势"的"当代阶层理论的自我进阶"[②]或"刑法教义学的转型","其努力方向在于,用一种经验、实践面向的法教义学来取代概念法学以来的形而上的、科学面向的法教义学,以弥合科学与生活之间的鸿沟,适应社会发展的现实需要。"[③]然而,如前所述,罗克辛虽然致力于构建一种"目的理性的"(zweckrationalen)或"功能性的"(funktionalen)刑法体系,但是其目的理性体系在功能主义方向上取得的成就及学术影响力,远不如与之论战的雅科布斯。我国学者提及"功能主义"时,往往以罗克辛为讨论样本,而对代表更新的学术动态的雅科布斯关注不多,这是值得注意的。实际上,这也从一个侧面反映了,我国学者对于所谓"功能主义"(可能)存在误解,这从我国学者提倡的功能主义的理论基础和具体内容或可看出。

2. 理论基础:利益法学、与存在论相对

其次,从理论基础看,有两种观点值得注意。

(1)有学者将功能主义的基础视为利益法学,认为它是"以刑法适用从逻辑为中心向以目的为中心的转变为基本背景。它是利益法学发展的成果"[④]。但如前所述,利益法学产生于19世纪末20世纪初,是对当时处于巅峰状态的体系思维的杰作——概念法学与制定法实证主义——的反

---

① 如劳东燕:《能动司法与功能主义的刑法解释论》,《法学家》2016年第6期;劳东燕:《功能主义刑法解释论的方法与立场》,《政法论坛》2018年第2期。
② 车浩:《体系化与功能主义:当代阶层犯罪理论的两个实践优势》,《清华法学》2017年第5期。
③ 劳东燕:《转型中的刑法教义学》,《法商研究》2017年第6期。
④ 劳东燕:《能动司法与功能主义的刑法解释论》,《法学家》2016年第6期。

动。由于利益法学方法所奉行的利益划分和权衡思维，既背离了既定法秩序，也忽视了作为法学思维之特色的"明晰性—确定性"和"客观性—合法性"要求，不具备在类似情形下能够重复适用的可操作性、规律性与可预测性，从而落入学科迷失和思维迷糊的境地，被指为"方法论上的盲目飞行"。① 20 世纪 50 年代开始，基于对二战之反思，体系思维重新获得统治地位，法教义学的发展进入评价法学时代。20 世纪 70 年代，在经验科学的影响下，传统评价法学转型为新评价法学，体系思维的"质料"中添加了政策性的内容，以回应社会需求及个案正义。显然，处于同一时期的罗克辛的目的理性体系正是在这一背景下形成的，他将刑事政策考量的要素添加进三阶层之中，但却从来没有放弃体系思维。罗克辛也不可能依据 20 世纪 70 年代已被抛弃的利益法学来构建自己的理论。以利益法学为功能主义的基础，就不仅仅是对体系思维进行"修补"了，而是可以因为政策需要——这种政策需要往往是司法者所理解的，而不是决策者的——而随时抛弃被视为"僵化""教条"的体系思维，表面上满足了社会需求，却使司法安定性受到冲击。

（2）有的学者将功能主义视为存在论的对立物，认为"从存在论到功能主义：当代阶层理论的自我进阶"，希望"通过功能性的理解来克服存在论无法解决的实践难题"②，这也是值得商榷的。作为存在论反面的，应当是规范论，存在论与规范论之争在刑法教义学领域由来已久③，与此相关的犯罪论体系也交替更迭：古典体系（存在论）—新古典体系（规范论）—目的行为体系（存在论）—目的论暨新古典体系（规范论）。目的理性体系是在目的论暨新古典体系（规范论）基础上发展而来的，其重点不在于对存在论的否定或改进，而在于对体系思维的"改进"或"修补"。

3. 具体内容：变更体系思维，或体系思维的"质料"

从具体内容看，亦存在两种不同的方向，即变更体系思维或变更体系思维的"质料"，详述如下：

（1）功能主义意味着对体系思维方法的变更，是对传统教义学的"改进"或"转型"，其特点在于，以实践面向取代概念法学以来的形而上的科学面向，以满足现实需要。④ 例如，劳东燕教授认为，功能主义解释论有以下

---

① 陈林林：《方法论上之盲目飞行——利益法学方法之评析》，《浙江社会科学》2004 年第 5 期。

② 车浩：《体系化与功能主义：当代阶层犯罪理论的两个实践优势》，《清华法学》2017 年第 5 期。

③ 对此，可参见潘星丞：《比较视域中的犯罪论体系：由差异至普适》，法律出版社 2016 年版，第 22 页以下。

④ 劳东燕：《转型中的刑法教义学》，《法商研究》2017 年第 6 期。

四个特点：一是目的导向性，功能主义与耶林的目的法学一脉相承，所谓目的，不仅包括具体规定的保护目的，也包括更高层级的刑法目的乃至以宪法为基础的整个法秩序的目的，包括"经济或政治上的目标"。二是实质性，功能主义是利益法学的方法论，"由于目的所指向的对象与内容是利益，界定规范目的的问题实际上便是处理对冲突利益如何进行安排的问题"。依此，法律适用者是先根据他的前理解及说服力衡量决定正确的结论，然后再回过头来寻找能够证成这个结论的解释方法。就解释结论与解释方法的关系而言，是解释结论在决定解释方法的选择与适用，而不是解释方法决定着解释结论。"解释结果"在"解释"之前就已经大致确定下来；"结果"不是"解释"出来的，是"结果"决定了如何"解释"。例如，"以刑制罪"就是典型。三是回应性，指的是一种有节制的开放性，即承认法外的价值判断有引入的必要，采用问题思维（体系思维的对立物）回应现实需求，"借助实质解释来应时应势地更新相关概念的含义，从而有效应对新型案件所引发的冲击与挑战"。四是后果取向性，认为目的论解释的正当性并不是来自立法者的权威，也不是来自逻辑推导，而是来自结果的有益性（Nützlichkeit）。解释不只是涉及特定个案在处理上公正与否的问题，还要考虑社会效果，应适用前瞻性分析法，先想象解释结论的社会效果，然后再决定是否采取该解释结论，应在司法过程中确立并践行"大局观"，主张"能动司法"。[①] 简而言之，这种观点所谓的"功能主义"有两大特征：从判断标准看，不是具体规定之保护目的，而是更高层次的经济、政治目的，实质是利益衡量；从判断进路看，是"由果至因"，根据利益衡量结果来选择解释结论。这与罗克辛所提倡的"功能主义"并不是一回事，罗克辛主张将刑事政策纳入刑法体系，刑法解释对"目的"的探求应遵循这样的层级关系：具体法条—刑法体系—刑事政策—经济政治目的，不会越过中间层次，直接根据经济、政治目的来确定法条解释结论。而且，如前所述，罗克辛强调的也只是刑法目的或刑事政策目的，还没有任意提升到"经济、政治目的"的层次，更不可能是一种被称为"方法论上的盲目飞行"的利益衡量。罗克辛认为，应根据问题性思维（论点思维）对体系思维进行修正，以实现个案公正，但其"修正"仍是在体系思维的框架内进行的，仍是强调体系推导，而从未提倡"由果至因"、由结果利益决定解释结论的选择。即使司法实务存在这样的做法，"但这样的做法在方法论上是否正确，则又是另一个问

---

① 劳东燕：《能动司法与功能主义的刑法解释论》，《法学家》2016 年第 6 期。

题"。①

　　（2）功能主义意味着对体系思维的"质料"——被视为传统刑法教义的通说——的变更。车浩以三阶层体系为语境，对各阶层的"功能化"方案进行了介绍。就方法论而言，车浩教授的功能化方案是在三阶层内部进行的，并没有抛弃体系框架，也没有将"目的"追求定位于超越刑法目的的更高层次的"经济、社会目的"，这一点不同于劳东燕教授，也更接近罗克辛教授的功能主义刑法观的构想。但就内容而言，却存在可商榷之处。具体说来，其功能化方案如下：

　　在构成要件阶层，将间接故意的认定由传统的以意志说为基础的"容认说"转变为以认识因素为基础的认识说；在违法性阶层，以被害人教义学来解释正当防卫的基础与限度，即基于自我答责原理，被害人的侵害行为将自己带入一个风险之中，刑法不应对之进行保护，被害人对防卫人侵害的程度决定了防卫的限度；在责任阶层，则应引入预防必要性的考量。②

　　这当中，第一个功能化（关于间接故意的认定）是德国许乃曼教授所提及的③，第二个功能化（关于被害人教义学）亦与许乃曼教授所提倡的被害人教义学相关，第三个功能化（关于预防必要性）则是罗克辛教授所提出。可以说，车浩教授并没有提出新的"功能化"结论，而是将德国学者的"功能化"结论应用于我国司法，其在尝试新的解决方案时，是比较审慎的，这种做法是值得赞扬的。可以说，这种观点反映了以罗克辛为代表的学者提出的功能主义刑法观的本意。但是，功能主义的尝试是否成功，则是另一个问题。

　　如前所述，罗克辛的目的理性体系并不成功，这只是体系层面来说的。就具体观点来说，笔者对这些功能化方案也存有疑义，因为这些观点之出现，并不是由于刑法教义学无法解决现有问题、无法实现个案正义而提出来的。甚至可以说，这是罗克辛基于其学术雄心，刻意"另起炉灶，重新思考"④，其效果只是在传统的刑法通说之外，获得了另一种解释结论，而这些解释结论，或者本身就是刑法教义学的另一种结论（如间接故意的认识说），或者是没有必要的（如将预防必要性纳入犯罪论体系），或者虽然是刑事政策的学说，但是却不能说明传统教义学的缺陷（如以被害人教义学来解释正当防卫）。由于罗克辛认为功能主义的提出，是由于体系思维在某

---

① ［德］英格博格·普珀：《法学思维小学堂》，蔡圣伟译，北京大学出版社 2011 年版，第 79 页。
② 车浩：《体系化与功能主义：当代阶层犯罪理论的两个实践优势》，《清华法学》2017 年第 5 期。
③ ［德］许乃曼：《刑法体系思想导论》，许玉秀、陈志辉等：《不移不惑献向刑法正义——许乃曼教授刑事法论文选辑》，台北春风煦日论坛 2006 年版，第 51 页。
④ 邹兵建：《跨越李斯特鸿沟：一场误会》，《环球法律评论》2014 年第 2 期。

些情况下无法实现个案正义,因此笔者将在讨论体系思维与个案正义的关系中,再就这些观点及其反驳进行详细展开。①

小结

中国发展刑法教义学,就应当强化体系思维,说得更直接——也更精确——一些,就是应当走向"潘德克顿法学"。

这是由我国刑法中体系思维的现状所决定的。长期以来,我国的刑事司法实践与刑事理论研究均缺乏严格的体系思维,使得刑法教义学有流变为"立场"与"口号"的危险。只有"走向潘德克顿",才能形成真正的刑法教义学。

首先,从我国的司法实践看,裁判说理普遍缺乏,即使偶有说理,也并不是根据体系思维进行逻辑推导,而是基于民意压力,从社会效果"倒推"出裁判结论与裁判理由,这使得司法的安定性与公信力受到贬损。由于长期缺乏体系思维的训练,司法人员与理论研究者在面对疑难案件时——严格说,是在面对因疑难案件引发的民意压力时,往往不得不直接从民众所希望的结果出发,直接作出处理决定,然后再寻找裁判的理由。在这种情况下,由于来不及进行体系推导的思考,一些违背体系思维的"捷径"应运而生。这些"捷径"往往披着貌似合理的外衣,如司法能动、功能主义、以刑制罪、重视社会效果与政策考量、目的解释、利益衡量(或者,有时称为比例原则)、风险刑法、刑法转型……有些时候,这些"捷径"甚至脱下这层貌似合理的外衣。例如,"司法能动主义"指的是,"不符合罪刑法定的"判决在特定情况下是允许的,因为"罪刑法定原则的司法前提是法律完整、清晰、逻辑严密并能与时俱进,事实上,这是不可能的逻辑前提,至少是非常困难……这就是法官为何在遵守罪刑法定原则时不可避免地存在能动司法的原因。"②这使得法官由解释法律的"造法者"(lawmakers)变为纯粹的"立法者"(legislators)。③

其次,从我国目前的刑法理论研究看,也正是由于缺乏体系思维,使得"引入德日刑法理论"流变为阻隔法律商谈的"概念移植",而非真正的"理

---

① 详见本书第四章。
② 李辉:《罪刑法定原则与我国的能动司法》,载《甘肃政法管理干部学院学报》2010年第1期。
③ 参见[意]意诺·卡佩莱蒂:《比较法视野中的司法程序》,徐昕、王奕译,清华大学出版社2005年版,第47页以下。

论借鉴"。甚至，将其称为"概念移植"，恐怕也会遭到概念法学者的反对，因为在概念法学者看来，概念是高于法条的，是由法条规定沉淀而形成的，具有"生产性"，概念可以进一步"生产"(演绎)出法条来。① 这种概念由法条"沉淀"而来，不是简单翻译就能得出的。而这种缺乏体系语境的"概念移植"所需要的，只是低层次的外语(主要是德语或日语)的翻译工作——这种工作，甚至可以由机器来完成，根本不需要对德日法学理论有全面、深刻的了解(这种法学研究，外语学院的学生比法科生更有优势，因为他们的外语根底更为"纯正")，以这套"翻译话语"来作为刑法教义学的"质料"，甚至连德日的学者都无法明白，只能成为"翻译法学者"的自说自话。这样一来，陈兴良教授所欲改变的"以政治话语代替法理判断"的"学术水平较低的刑法学"②，就可能以另一套"翻译话语"的形式而继续存在。而且，这一套"翻译话语"褪去了容易令教义法学者所反感的"政治话语"的外衣，粘上"高大上"的德日商标，由此获得"权威性"，使得同行不敢轻易反对，这样就离刑法教义学越来越远了。

第三，从我国法教义学及刑法教义学的历史发展阶段及其定位看，也具有与欧洲国家不同的特点。我国的(刑)法教义学从未经历过体系思维由初步形成到高度发达的阶段，因此当前的首要任务是努力进入体系思维的"形成"阶段，而不是急于对体系思维进行反思、批判、重构，或者希望在体系思维之外另寻他途。在这里，尤其要防止可能动摇体系思维的所谓经验主义、功能主义。③

可以说，所谓"能动司法""功能主义"等突破体系思维的观点，对于体系思维及以其为核心的(刑)法教义学已获得统治地位近百年的欧洲国家来说，是合适的，是有益的(不过，不容忽视，这种动向一经出现，很快又融入体系思维之中，使体系思维在重构的基础上运行)，但对于长期匮乏体系思维的我国而言，则是不合适的。例如，风险刑法观曾在我国风靡一时，不容否认，它为我们提供了极其有益的思考维度，但如认为我国应像欧洲国

① 雷磊：《什么是法教义学？——基于19世纪以后德国学说史的简要考察》，《法制与社会发展》2018年第4期。
② 陈兴良：《刑法学：向死而生》，《法律科学》2010年第1期。
③ 笔者不想触及法教义学与社科法学的论争，这是因为，一方面，社科法学目前尚无明确的内涵，没有统一的方法论内核，连其代表人物都否认法律现实主义(社科法学的起源)作为学派的存在；另一方面，这一争议必然牵涉到更抽象的法理学争议，而不再是具体的刑法学问题。因此，笔者只是谈及刑法领域对教义学有冲击的具体观点，如功能主义等，以尽量避免空洞论证。当然，这种微观的、样本式的讨论，既可更为深入，也可回避自己对于全面展开法理学论证尚力有未逮的短板。

家那样,由传统刑法向风险刑法转型,就值得商榷了。一方面,这可能对"风险社会理论"存在误解①,或对一些"风险刑法的应对措施"存在误解。例如,有学者将客观归责理论视为风险刑法的归责原则,但实际上,罗克辛于 1970 年左右提出的客观归责理论的分析对象,基本上都是传统工业社会的犯罪,如交通肇事罪等,与后现代的风险社会毫无关系。另一方面,笔者认为更重要的是,这是对中外不同的刑法传统的误解。例如,增设抽象危险犯、将预备行为犯罪化是风险社会的应对错误,但德国学者认为,不能以刑法作为控制危险的唯一手段,否则将忽视个体法益保护,产生"刑法危险"。② 与个人法益相比,我国刑法一直更重视社会利益。可以说,德国人刚刚接触"风险刑法"就心生警惕。而与德国人只是初步接触"风险刑法"相比,我国的"风险刑法"早就炉火纯青了。例如,作为风险刑法的措施之一的抽象危险犯,原则上就是行为犯。③ 我们对行为犯难道不熟悉吗? 为什么换成"抽象危险犯"就觉得稀罕了? 处罚预备犯、未遂犯,在我国也是一项被写入刑法总则的措施,具有普遍性,而不是像国外立法那样,刑法分则规定才处罚。因此,可以说,德国等欧洲国家正由传统刑法进入风险刑法,由个人本位刑法转向社会本位刑法,而我国传统的刑法的实质内容就与德国的风险刑法相同。我们应当在保留传统的"风险刑法"的同时,增加德国"传统刑法"的成分,由社会本位刑法逐步向个人本位刑法作适度倾斜(或二者并重)。

当然,笔者知道,在当下中国,提倡功能主义(或实质上提倡功能主义)的并非个别学者,欲彻底反驳,也绝非只言片语能完成的工作。笔者将在接下来的章节中,持之以恒地进行论证,以完成对体系思维的证成及对体系思维适用的演示。

第四,或许有人会说,"走向潘德克顿"的提法过于极端了,因为"潘德克顿法学"即使在西方法治社会也受到了批判。然而,这种看法至少是不够深刻的。"潘德克顿法学"是概念法学的代称,侧重于通过形式逻辑对法条进行一种概念层次的建构思考。概念是必不可少的思考元素,其可以是实定法概念(概念法学),也可以是自然法概念(自然法学),或是法政策概念(评价法学),都只不过是改变"概念体系"的"质料",体系仍是必要的,"潘德克顿法学"只不过以另一种形式出现。

---

① 南连伟:《风险刑法理论的批判与反思》,《法学研究》2012 年第 4 期
② [德]乌尔斯·金德霍伊泽尔:《安全刑法——风险社会的刑法危险》,刘国良编译,《马克思主义与现实》2005 年第 3 期。
③ 许泽天:《刑总要论》(第二版),元照出版公司 2009 年版,第 80—82 页。

　　而且，在建设体系思维的初期，尤其在一个长期偏离体系思维的社会背景与法律语境下，矫枉必须过正，沉疴更要下猛药，只有这样才能对长期形成的偏离体系学的法律思维进行清理。当然，当体系思维初步形成了，司法的安定性走上正常轨道了，就有必要——也才有资格——进行反思和重构，但不能在现阶段就将未来几个可能的阶段的工作提前拿来完成。

　　孙宪忠教授也指出："潘德克顿法学是真正的科学，对这一科学，我们应当认真地学习和继受……一百年前我们的法学前辈曾经说，科学是人类共同的财富，学习以及借鉴他人不是一件耻辱的事情。因此坚持潘德克顿法学，应该是科学工作者的使命。"①

---

① 孙宪忠：《中国民法继受潘德克顿法学：引进、衰落和复兴》，《中国社会科学》2008 年第 2 期。

第三章　刑法教义学体系思维之形式合理性

　　对于刑法教义学的体系思维而言，首先碰到的问题就是，是否存在一个科学的体系思维工具？如果根本不存在一个完全逻辑自洽的体系思维工具，那么体系思维无异于缘木求鱼。

　　自从法教义学的萌芽时期开始，法的科学性就与其体系性相关联。罗马法学被视为"法教义学"（Rechtsdogmatik）或"法律科学"（Rechtswissenschaft）的典范，它是一个"自治的科学""融贯的私法体系"。13世纪后，注释法学发展到评注法学，它要求寻找法律文本背后的精神实质，在逻辑性解释的框架形成更为深入的注释，这使得教义学的体系性成为"法学科学性"的根据。到了19世纪中叶，概念法学派更是将体系视为法教义学的"科学使命"，法概念体系是"科学法"的核心。其后，法教义学的动摇与重塑，都是对体系的怀疑与重构的反映。

　　具体到刑法学，犯罪论体系被视为体系思维的工具。所谓犯罪论体系，是将犯罪成立的诸要素按一定的原理进行系统化而形成的统一体，[①]或是"试图把可受刑事惩罚的举止行为的条件，在一个逻辑顺序中，作出适用于所有犯罪的说明"[②]的体系。

　　但是，是否存在一个逻辑自洽的体系，是值得怀疑的。不但我国的平面体系（四要件）受到了阶层体系（三阶层）的质疑，即使阶层体系内部，也存在相互争议。

　　日本学者曾经指出评价犯罪论体系的两个标准：一是逻辑性，二是实用性。"犯罪论的体系应该是把握犯罪概念的无矛盾的逻辑，并且是在判断具体犯罪的成否上最合理的东西。"[③]逻辑性正是形式合理性，而实用性

---

① ［日］大谷实：《刑法总论》（第2版），黎宏译，中国人民大学出版社2008年版，第85页。
② ［德］克劳斯·罗克辛：《德国犯罪原理的发展与现代趋势》，王世洲译，载梁根林主编：《刑法学之体系思维》，北京大学出版社2007年版，第3页。
③ ［日］大塚仁：《刑法概说（总论）》，冯军译，中国人民大学出版社2003年版，第107、121页。

是实质合理性。逻辑性是体系的本质,是第一位的[①],具有逻辑性的体系,才有必要去检讨其实用性。

为此,本章将对犯罪论体系之逻辑的自洽性(形式合理性)进行论证,下一章再讨论犯罪论体系在机能上的实用性(实质合理性)。

第一节　犯罪论体系之构建方法

一、问题之提出

几乎每一个研究犯罪论体系的学者都面临这样一个问题:犯罪论体系形式多样,而且相互论战,哪一种体系是最佳的? 或者说哪一种才是自洽的? 如果无法回答这个问题,就无法为体系思维找到一个可资适用的工具。

为回答这个问题,就不能仅仅停留在各种犯罪论体系的逻辑与机能的辩论上——这种辩论,本身就有些偏离体系思维了,它并不具有体系性的"向上回溯"的特征,即它并没有"向上回溯"至某一犯罪论体系的根源。而我们坚持体系思维,首先就要在对体系工具的讨论上坚持体系思维,考虑作为体系思维工具的各种犯罪论体系是如何建构出来的。

在这个问题上,已有学者将研究视角触及犯罪论体系的哲学背景[②],说明了犯罪论体系的"演变"及其构建的方法论基础[③],大致的结论是:古

---

① 陈兴良:《刑法知识的去苏俄化》,《政法论坛》2006 年第 5 期。

② Vgl. Jescheck/Weigend, Lehrbuch des Strafrechts Allgemeiner Teil, 5. Aufl., Duncker& Humblot, 1996, S. 199ff;另参见[德]许乃曼:《刑法体系思想导论》,许玉秀、陈志辉等:《不移不惑献向刑法正义——许乃曼教授刑事法论文选辑》,台北春风煦日论坛 2006 年版,第 264—299 页;林东茂:《一个知识论上的刑法学思考——刑法体系的思想根源试探》,载林东茂:《一个知识论上的刑法学思考》(增订三版),中国人民大学出版社 2009 年版,第 17—39 页;韩忠谟:《犯罪论之结构及其发展史——现代价值哲学及存在主义对刑法理论之影响》,《台大法学论丛》1982 年(第 11 卷)第 2 期;韩忠谟:《犯罪论结构之形成与其发展》,《台大法学论丛》1986 年(第 16 卷)第 1 期;洪福增:《犯罪论之体系》,《刑事法杂志》1975 年(19 卷)第 5 期;柯耀程:《刑法行为评价架构的演变及省思》,载柯耀程:《变动中的刑法思想》,中国政法大学出版社 2003 年版,第 1—43 页;许玉秀:《犯罪阶层体系及其方法论》,载许玉秀:《当代刑法思潮》,中国民主法制出版社 2005 年版,第 57—165 页;金日秀:《关于犯罪论体系的方法论考察》,《刑法论丛》2012 年第 2 卷,第 26—67 页。

③ 明确点明方法论的代表作品是许玉秀:《犯罪阶层体系及其方法论》,载许玉秀:《当代刑法思潮》,中国民主法制出版社 2005 年版,第 57—165 页;金日秀:《关于犯罪论体系的方法论考察》,《刑法论丛》2012 年第 2 卷,第 26—67 页。

典体系受到流行于 19 世纪的自然科学实证主义的影响；新古典主义乃基于 20 世纪初的新康德哲学和方法二元论；目的行为体系则基于 20 世纪 30 年代的现象学存在论和方法一元论。这些探讨无疑是有益的。但是，由于探讨过程中缺乏体系思维的引导，这一探讨显得片面、零散，具体如下：

（1）只谈及体系的构建"方法（中介）"，却不涉及使用该方法的"基础（起点）"与"目的（终点）"。不少学者在谈及犯罪论体系的"方法论"时，是指方法一元论（事实与价值合一）与方法二元论（事实与价值二分），但这不足以成为完整的体系构建方法，而只是体系构建方法中的一环。这种"方法论"，只是都在认识系统中的方法论，或认识论之下的方法论，它属于认识方法。认识方法在认识系统结构中只是处于认识客体与认识主体之间的中介环节，单从认识方法考察犯罪论体系，则过于片面，会有诸多不足。以方法二元论为例，它强调"规范"与"存在"是两个无法互通的体系，主张"事实—价值"二分法，但由此我们并无法得知：犯罪论体系的构建究竟是以事实为基础，抑或以价值为基础？在事实与价值的二元论中，我们究竟应当站在事实一边，还是价值一边？如站在事实一边，则为古典体系；如站在价值一边，则是新古典体系。但是，这些从方法论上无法得出具体答案。

（2）虽注意体系构建的"素材（起点）"，却没有将之与"方法"相结合。有学者已注意到体系构建的基础——存在论与规范论，如我国台湾学者许玉秀教授认为："方法二元论认为规范体系不是自存在体系演绎而成……而方法一元论认为存在体系并不是一团混乱而是内含秩序。"[1]在这里，她已初步发现方法一元论与方法二元论的基础在于"存在"与"规范"的关系，但并没有深入。而且，她在另一篇文章还混淆了"方法"与"素材"，认为方法一元论与方法二元论的论辩以存在论和规范论的形式继续。[2]

（3）忽视了体系构建之"目的（终点）"。对于作为体系的逻辑演绎的目标的政策内容，如报应、预防，至今多是被放在犯罪论体系之外来研究。这一缺陷在三阶层内部看起来并不那么严重，但在三阶层与四要件的差异比较中就是一个大问题。体系构建目的不同，决定了作为认识中介的思维工具（概念等）的不同，从而整个犯罪论体系的面貌也不相同。如果不理解这一点，三阶层与四要件的争议就难以真正解决。

综上可见，现有的研究，只注意了处于中介地位的方法论问题，忽略了

---

① 许玉秀：《犯罪阶层体系及其方法论》，载许玉秀：《当代刑法思潮》，中国民主法制出版社 2005 年版，第 149 页。

② 许玉秀：《犯罪阶层体系及其方法论》，载许玉秀：《当代刑法思潮》，中国民主法制出版社 2005 年版，第 8—10 页。

作为起点的体系素材与作为终点的体系目的。这样的研究是零散的,本身就不符合体系思维,难以产生说服力。这也是不同犯罪论体系之争持续至今的重要原因。

二、犯罪论体系与认识论系统

法教义学之所以需要体系思维,是为了保证司法人员在面对杂乱的事实材料与概念材料时,能得出正确的判断,从而保证司法的安定性。这种判断在刑法领域通常表现为"该行为若符合特定条件就是犯罪",该判断也是一种认识结论;得出该判断的过程,就是司法人员的认识过程。可以说,犯罪论体系是"人类在社群生活过程中特定阶段对'犯罪'进行认知的产物",可称为"犯罪认知体系"①或"刑法学上的认知体系"②。

对于认知体系(包括以认识犯罪为目的的犯罪论体系,以及其他目的的认知体系),应"把认识本身当作思考和研究的对象。它并不限于思考和研究那作为结果的已经完成了的认识即知识,更重要的是要思考和研究如何达到结果、如何获得知识的认识"③。也就是说,不能仅就其要素、阶段或层次进行静态的探讨,而应将其作为一个运动着的完整系统来加以研究。④ 认识系统包括认识主体、认识客体、认识中介(包括认识方法与认识工具)三个子系统。认识不管如何多样化,不管如何发展,这个基本结构不会改变。我们对认识的考察和研究,必须围绕这个基本结构展开。⑤ 认识的动态过程就是以认识客体为起点,经由认识中介,达到认识主体之目的这一终点的过程。该认知结构表现为"认识客体(素材)—认识中介(方法)—认识主体(目的)",这一结构是认识论系统。通过这套系统,我们可以"把认识本身当作思考和研究的对象",并设计出不同的体系思维工具。

在刑法学中,这种经认识论系统设计出来的体系思维工具就是犯罪论体系,从而每一犯罪论体系都可以从这套认识论系统中找到自己的根源:(1)体系建构之素材属认识客体问题,是体系建构的出发点;(2)体系建构工具与方法属客体与主体之间的中介;(3)体系建构目的则依认识主体的目的与需要来确定。

---

① 冯亚东:《犯罪认知体系视野之下的犯罪构成》,《法学研究》2008 年第 1 期。
② 许玉秀:《当代刑法思潮》,中国民主法制出版社 2005 年版,第 54 页。
③ 夏甄陶:《论认识系统》,《中国社会科学》1987 年第 2 期。
④ 黄正元:《认识系统和系统认识》,《兰州学刊》2009 年第 4 期。
⑤ 夏甄陶:《论认识系统》,《中国社会科学》1987 年第 2 期。

（一）认识客体：体系构建之素材

认识客体是刑法学之体系思维建构的基本素材①，具有两种类型：存在论（事实层面）与规范论（规范层面）。作为认知结论的"犯罪"，既可以在事实层面将"行为事实"认知为"犯罪事实"，也可以将规范层面"行为（概念）"的性质认知为"犯罪（概念）"，这是认识客体的选择问题。

认识论是探讨"思维与存在的关系"的学问。②认识客体是外界的"存在"还是人的"思维"？③围绕这一问题，产生了经验主义与理性主义的争论。这种争论，随着认识论发展的三个阶段而呈现不同特点：④（1）从客体入手研究的阶段：唯名论 VS 唯实论。亚里士多德主张唯名论，认为存在是个别的，思维是一般的，是从杂多的存在中抽象出统一性来。认识的直接对象总是以个别（存在）的形态存在着的，而认识却总是以一般（思维）的形式去反映它。柏拉图主张唯实论，认为感官所对应的经验世界流变无常，只有理念才是真实无妄的。（2）从主体入手研究的阶段：经验论 VS 唯理论。经验论是在唯名论的基础上提出，"一般"只能从经验所提供的"个别"中归纳出来，认识必须而且也只能由经验事实上升到一般。而唯理论则认为，不能从感性经验中寻找主观认识的确实性或可靠性，而应从理性思维中去寻找。（3）主客体合一的研究阶段：自在之物 VS 主观形式。18世纪下半叶的德国古典哲学家康德看到了经验论与唯理论各自的片面性，提出认识有两个源泉：一是自在之物，二是主观形式。只有主客观的结合，才能构成正确的认识，但康德没能解决主客观如何结合的问题。后来，黑格尔从唯心主义的基础上解决了这个矛盾，而费尔巴哈则力图在唯物主义的基础上解决这种同一性。⑤此时，思维与存在的对立仍然得以维持：唯心主义者（黑格尔）将统一建立在"思维"之上，而唯物主义者（费尔巴哈）则将统一建立在"存在"之上。

从认识论的发展过程看，唯名论—经验论—唯物论属于"存在"，而唯实论—唯理论—唯心论属于"思维"，谁也说服不了谁，其原因在于，二者只是考察对象的不同，不是考察结论上的差异。

认识客体上"存在"与"思维"的争议，在刑法学之体系思维中反映为存在论与规范论的争议。前者将刑法学之体系思维建构在作为"存在"的客

---

① 许玉秀：《当代刑法思潮》，中国民主法制出版社2005年版，第9页。
② 朱德生、冒从虎、雷永生：《西方认识论史纲》，江苏人民出版社1983年版，第1页。
③ 可以说"存在"与"思维"的关系，类似于"评价对象"与"对象评价"的关系。
④ 朱德生、冒从虎、雷永生：《西方认识论史纲》，江苏人民出版社1983年版，第2—6页。
⑤ 朱德生、冒从虎、雷永生：《西方认识论史纲》，江苏人民出版社1983年版，第2—6页。

观事实(评价对象)之上,是将某一客观事实认定为经验上的犯罪事实;后者将刑法学之体系思维建构在作为"思维"的刑法评价(对象评价)之上,是将某一概念上的"行为"评价为概念上的"犯罪"。而且,刑法学之体系思维的发展,也经历了与认识论相类似的三个阶段:(1)古典体系——从客体入手研究的阶段;(2)新古典体系——从主体入手研究的阶段;(3)韦尔策尔之目的行为体系与雅科布斯之纯粹规范论体系[①]——从主客体统一性入手研究的阶段。

(二)认识中介:体系构建之要素与方法

"中介系统包括工具系统和操作工具的方法系统。它们又可以分为物质工具和操作物质工具的方法与思维工具和操作思维工具的方法。"[②]其中,与刑法学之体系思维相关的是思维工具(认识工具)与操作思维工具的方法(认识方法)。

1. 思维工具(认识工具):体系要素

所谓思维工具,是"概念、范畴、判断、理论框架等……关于客体的信息的观念存在形式,因而也是主体观念地或理论地掌握客体的工具和手段"[③]。在刑法学之体系思维中,这就体现为刑法学之体系思维的"要素"。在体系的范围,认识工具都是一样的,都使用如下四个基本概念或范畴:行为、构成要件该当性、违法性、罪责。罗克辛表示,这是一切应受惩罚的举止的共同特征,它们为原先互不关联的法律材料(Rechtstoff)提供了一个意义重大的整理标准和共同原则的标准。[④] 德国刑法学家沃尔夫冈·瑙克(Wolfgang Naucke)也认为,任何一个犯罪行为必须是符合具体罪行定义的、违法及有责的行为。[⑤] 因此,这与体系内部的差异根源无关。

而四要件体系使用的显然不是这一套认识工具,而是客体、客观、主体、主观四个要件。至于原因,则与刑法学之体系思维建构主体的目的有关,这是三阶层体系与四要件体系的差异根源问题,将在下文详述。

2. 思维方法(认识方法):方法一元论 VS 方法二元论

认识方法是操作思维工具的方法,它是对客体进行分解、组合的实践

---

① 对于雅科布斯体系,中国学界的评介文献并不多,亦不为我国学者所熟悉。关于雅科布斯体系的详细介绍与评价,可参见潘星丞:《比较视域中的犯罪论体系:由差异至普适》,法律出版社 2016 年版,第 82—116 页。

② 夏甄陶:《论认识系统》,《中国社会科学》1987 年第 2 期。

③ 夏甄陶:《论认识系统》,《中国社会科学》1987 年第 2 期。

④ Vgl. C. Roxin, Strafrecht Allgemeiner Teil, Band I, 3. Aufl., C. H. Beck, 1997, §7, Rn. 4.

⑤ Wolfgang Naucke, An Insider's Perspective on the Significance of the German Criminal Law Theory's General System for Analyzing Criminal Acts, 305 BYU L. Rev. 305(1984).

逻辑,也是体系建构的逻辑。① 在认识方法上,存在方法二元论与方法一元论之争。

(1) 方法二元论。方法二元论表现为现实世界与价值世界的分离②,可分为两派:一派是偏重于客观存在的自然唯物实在论;另一派是偏重于价值世界的超验的唯心论(新康德哲学),认为存在本身是一团混乱,不可能产生有序认识,认识只能从观念世界导出。③ 前者是古典刑法学体系之认识方法,后者是新古典刑法学之认识方法。④ 对于二元论来说,事实与价值二分,体系建构或者立基于存在论,或者立基于规范论。若立基于存在论(如古典体系),则与之相对的价值概念乃是"对象评价",需将"存在"涵摄至价值评价上;反之,若立基于规范论(如新古典体系),则与之相对的事实概念乃是"评价对象",将接受涵摄而来的事实。

(2) 方法一元论。方法一元论认为,存在与规范是统一的,应当从一体上把握。方法一元论也分为客观的一元论与主观的一元论。客观一元论认为,二者统一于存在,存在内含秩序,存在决定规范(与"物质决定意识"同源)。主观一元论则认为,规范不是从存在中导出的;相反,存在应由规范来定义,即规范决定存在(与"意识决定物质"同源)。在刑法中,客观主义一元论则表现为基于现象学的物本逻辑思想,以韦尔策尔的目的行为体系为代表;主观主义一元论则以雅科布斯的一元规范论或"纯粹规范论"为代表。

3. 认识方法与认识客体的关系

(1) 方法二元论与认识客体。以存在论为基础的方法二元论,则为实证主义。古典刑法学之体系思维就是建立在自然实证的方法论上的,它以客观事实为认识客体,并以物理的因果关系的方法来观察客观事实。⑤ 而以规范论为基础的方法二元论,则为价值相对主义,这是新康德学派的观点。在刑法学之体系思维中,新康德主义者就将价值评价体系(而非客观事实)作为体系的构建素材,由此形成新古典体系。

(2) 方法一元论与认识客体。当认识论发展到前述的第三阶段,即主

---

① 夏甄陶:《论认识系统》,《中国社会科学》1987 年第 2 期。
② 许玉秀:《当代刑法思潮》,中国民主法制出版社 2005 年版,第 129—130 页。
③ 许玉秀:《当代刑法思潮》,中国民主法制出版社 2005 年版,第 128 页。
④ 由于方法二元论实际就是认识二元论,它并不是新康德主义的特有内容,而是在新康德主义之前的认识论发展过程中就已经存在了。新康德主义只不过将方法二元论作为对抗自然主义的武器而提出来。因此,新古典体系(以新康德主义为基础)之前的古典体系,也是基于方法二元论的。很可惜的是,刑法理论并没有这样明确提及。
⑤ 许玉秀:《当代刑法思潮》,中国民主法制出版社 2005 年版,第 119 页。

客体统一的认识阶段,认识客体与方法一元论相结合,呈现出两种形式:
一是存在论(唯物主义)的方法一元论——物本逻辑,此思想由费尔巴哈提出,并由韦尔策尔继承并发展,体现为"存在内含秩序"的物本逻辑;二是规范论(唯心主义)的方法一元论——纯粹规范论,该思想以黑格尔的唯心主义为基础,由雅科布斯的纯粹规范论继承并发展。

(三) 认识主体: 体系构建之目的

认识主体的功能在于说明"人以何种目的从何种角度来认识"。[①] (1)德国学者一般将犯罪论体系(三阶层)定义为"试图把可受刑事惩罚的举止行为的条件,在一个逻辑顺序中,作出适用于所有犯罪的说明"的体系。[②]可见,体系建构的目的在于,对刑罚的正当化根据(可受惩罚的根据)进行合理说明;而判断犯罪是否成立则是这一任务的副产品:刑事可罚者,则成立犯罪。犯罪被视为法律所规定的限制刑罚权发动的"刑事可罚性条件"。刑法学之体系思维规定了刑罚正当化的最小条件,一切实定刑法的实施都必须符合犯罪论体系,以符合刑罚正当化的要求。[③] (2)中国刑法中,犯罪构成是"决定犯罪成立"的要件总和,其目的不同于三阶层,这也使两种体系的组成要素不同,功能亦不同,后文详述。

以下,笔者将根据构建体系思维的认识论系统来重新审视现存的犯罪论体系的逻辑自洽性(形式合理论),先讨论三阶层,再讨论四要件。

第二节　三阶层体系之形式合理性考察

一、阶层体系的认识论解读

自从贝林(Beling)于 20 世纪初提出第一个阶层体系后,经学者不断争论提炼,阶层体系有不同的表现形式,除三阶层外,甚至表现出二阶层、四阶层等变形,但基本的体系要素仍是三个:构成要件、违法、罪责。各种变形都是对这三个要素作不同的定位或充实其检验标准[④],因此仍通称为三

---

① 欧阳康:《社会认识论》,云南人民出版社 2002 年版,第 138 页。

② [德]克劳斯·罗克辛:《德国犯罪原理的发展与现代趋势》,王世洲译,载梁根林主编:《刑法学之体系思维》,北京大学出版社 2007 年版,第 3 页。

③ Wolfgang Naucke, An Insider's Perspective on the Significance of the German Criminal Law Theory's General System for Analyzing Criminal Acts, 305 BYU L. Rev. 305(1984).

④ 许玉秀:《当代刑法思潮》,中国民主法制出版社 2005 年版,第 109 页。

阶层。而且,虽然形态各异,但是总体说来,仅存在五种犯罪论体系,其他的体系变异,均可归入这五种体系之中——这也是由体系思维所保证的,这五种体系包括:(1)古典体系;(2)新古典体系;(3)目的行为体系;(4)新古典暨目的论体系;(5)纯粹规范论体系(雅科布斯)。

这些体系中,第(5)项并不为我国学者所熟悉,在我国并不存在多少争议,故笔者在此亦不展开。前四个体系则是我国学者所熟悉的,对其内容,笔者亦不重复介绍。在此,笔者所关注的是,这四个体系均有受到批判,均被认为"有缺陷"。如果这些缺陷确实存在,那就表明,我们难以找到一个逻辑自洽的体系思维工具。因此,笔者仅关注这些批判,并试图对之进行解构。如解构成功,则这些批判只是一场误会,这些体系仍可逻辑自洽,得以成为体系思维之工具。

兹根据认识论系统予以解读,以便获得正确的评价基础。由于这里的分析只是集中于阶层体系,因而对于阶层体系所共同的"认识目的"与"认识工具"不再详细展开。这些体系中,前四项的内容及其评价已为我国学者所熟悉,笔者不再详细介绍,此处的重点在于:从认识系统论的视角对这些体系进行重新解读,该解读重在回应这些体系所受的批判,使之能成为逻辑自洽的体系思维工具。

(一) 古典阶层体系

以贝林(Beling)和李斯特(Liszt)为代表的古典阶层体系,在 20 世纪初期处于统治地位,直至今天仍然具有很大的影响力。[①] 就该体系的构建方法而言,应当注意几点:

1. **认识客体:存在论**

古典体系选择了存在论立场,其体系构建的素材为犯罪事实(刑法规范之"评价对象")。这也导致了该体系的实证主义特征,认为科学无非是事实的科学,不应回答价值、理性的问题。

2. **认识方法:方法二元论**

古典体系选择了方法二元论,其体系构建方法与存在论一致。对于纯粹的、价值无涉的"存在",就可以当作自然科学一样来对待,这就是自然主义。它将本属于社会科学的刑法学当作自然科学来研究,认为一切事物的发展变化是由自然界的因果定则决定的,一切存在现象都可以用物理性的检验加以验证。例如,李斯特认为,刑法学的学术任务在于理解犯罪与刑

---

① Vgl. C. Roxin, Strafrecht Allgemeiner Teil, Band I, 3. Aufl., C. H. Beck, 1997, § 7, Rn. 13.

罚之间的因果关系。① 该体系将犯罪事实像自然科学那样进行主客两分，从而就可以像数学那样计算，并在实践中获得证明。②

3. 具体表现

（1）行为：因果行为论。由于古典体系立基于"存在"面的犯罪事实（评价对象），"行为"作为存在的实体，就必然成为其首要的阶层要素。虽然这种构成要件之前的"裸"的行为内容不多，但是它表明：只有立足于"实施行为的人"才能考虑其是否犯罪，而纯粹的心理学或病理学状态，机械、自发的举止，以及纯粹的意志一开始就排除在考虑之外。③

（2）构成要件该当性：客观的、记述的。成为犯罪论体系的要素的，"不是法定构成要件，而是行为的构成要件符合性"。在谋杀罪中，成为其要件的不是"杀人"，而是实施杀人的行为。④ 详言之，构成要件是"对象评价"，不属存在论范畴，其在实体上并不存在；作为构成要件要素的是"行为的特征"这一概念描述，而不是实体的行为本身。⑤ 实体的行为是存在论阵营，进入这一阶层的依然是"评价对象"，只不过具有了某种特性——构成要件该当性。基于自然主义观察的需要，其构成要件要素全部是客观的、记述的，因为只有依据外在的、物理上可描述的现象，才能判断是否"该当（符合）"于构成要件。

（3）违法性：形式违法性。作为古典体系构建要素的并非"违法"本身（对象评价），而应当是"违法"的评价对象，即具有"违法性"的案件事实，"违法性"是所有与法律对立的东西。⑥ 易言之，应当区分"违法的案件事实"与"违法的判断"⑦，而古典体系选择了前者。这与前述"构成要件"与"构成要件符合性"的关系是一样的，作为体系素材的并非"构成要件"，而是"构成要件该当性"。同理，在这里，并非"违法"，而是"违法性"。基于自然主义的观察需要，作为评价标准的"法"必须是实证的，即刑法只能作为"客观意义上的"法律条款来理解。⑧ 否则，若法规范是实质性理解的（如

---

① 许玉秀：《当代刑法思潮》，中国民主法制出版社 2005 年版，第 118—119 页。

② Vgl. C. Roxin, Strafrecht Allgemeiner Teil, Band I, 3. Aufl., C. H. Beck, 1997, §7, Rn. 18.

③ ［德］恩施特·贝林：《构成要件理论》，王安异译，中国人民大学出版社 2006 年版，第 63,66—67 页。

④ ［德］恩施特·贝林：《构成要件理论》，王安异译，中国人民大学出版社 2006 年版，第 6 页。

⑤ 许玉秀：《当代刑法思潮》，中国民主法制出版社 2005 年版，第 121 页；［德］恩施特·贝林：《构成要件理论》，王安异译，中国人民大学出版社 2006 年版，第 16、121 页。

⑥ ［德］恩施特·贝林：《构成要件理论》，王安异译，中国人民大学出版社 2006 年版，第 40 页。

⑦ Vgl. C. Roxin, Strafrecht Allgemeiner Teil, Band I, 3. Aufl., C. H. Beck, 1997, §19, Rn. 16.

⑧ ［德］恩施特·贝林：《构成要件理论》，王安异译，中国人民大学出版社 2006 年版，第 41 页。

文化规范),则难以精确判断某一客观事实或状态是否与法规范相冲突。相应地,违法阻却事由也是法律明文规定的,不能借由价值思考去任意创造。

(4)有责性:心理责任论。古典体系的有责性要素不可能是非难评价本身,而只能是非难评价的对象,即心理事实(故意、过失),这是心理责任论的基本观点。也就是说,在应当区分的"责任性案件事实"与"责任性评价"之间[1],古典体系选择了前者。简而言之,"有责性"阶层考虑的不是"责任"(评价标准),而是"有责性"(评价对象的属性),即"内在(精神)方面具有可非难性"。[2]

综上所述,古典阶层体系最突出的特点在于以"存在"(评价对象)——而非"思维"(对象评价)——作为认识客体。在"刑法规范对犯罪事实的评价"中,古典阶层体系立基于"犯罪事实",而非"刑法规范"。作为其体系要素的,依次是"行为""构成要件该当性"(而非"构成要件")、"违法性"(而非"违法"评价)、"有责性"(而非"责任"评价)。正因如此,古典阶层体系可以被划入"存在论"阵营,而不是"规范论"阵营。其认识方法也是由此决定的,即作为客体的"犯罪事实"被当作一个物理上可以精确认定的存在之物,从而进行自然主义、实证主义的分析。

(二)新古典阶层体系

以实证主义为基础的古典阶层体系,在德国占支配地位二十余年。20世纪20年代,以新康德价值哲学为基础的新古典阶层体系兴起,其特征在于:

1. 认识客体:规范论

新古典体系以"思维"为基础,属于规范论阵营。新康德哲学发端于1860年,以超越法哲学上的实证主义为使命,它的主要观点是:人所经验的实存现象,都有其关注的最高价值,应当以这些最高价值来建造并且区分实存现象,从价值的观点对于知识进行体系化。[3] 新康德主义在20世纪初获得复兴并发生重要影响,以兴盛一时的马堡学派和西南学派为代表。新康德哲学被称为超验的唯心论,与自然唯物实证论是两种相对立的认识论,其基本观点是事物本身并不能作为直接理解掌握的对象,而是只能透过经验理解的现象,是人的知觉使现实的外在世界具有意义,而不是事物

---

① Vgl. C. Roxin, Strafrecht Allgemeiner Teil, Band I, 3. Aufl., C. H. Beck, 1997, § 19, Rn. 16.

② [德]恩施特·贝林:《构成要件理论》,王安异译,中国人民大学出版社2006年版,第95页。

③ 林东茂:《一个知识论上的刑法学思考——刑法体系的思想根源试探》,载林东茂:《一个知识论上的刑法学思考》(增订三版),中国人民大学出版社2009年版,第21—22页。

本身具有可被理解的意义。① 客观是透过人的经验而呈现的,直接存在的客体是一团混乱,现实世界本身没有秩序和理性,必须透过主体才能赋予它秩序和理性,即没有独立于主体之外的客观现实。客体无法从它本身的存在被直接理解,客体之所以成形,完全是因为主体的理解行为将客体描述成一个可被理解的对象。从物当中无法产生概念与规则,一切概念、体系都是人类思想的产物。因此,在阶层体系的认识上,新康德主义自然就将作为"思维"的刑法规范(而非作为"存在"的犯罪事实)当作认识客体。

2. 认识方法:方法二元论

新古典体系强调价值相对主义,属于方法二元论阵营。西南学派的Richert 认为,自然科学与社会科学有相同的物质基础,就是客观现实,二者都是建基于同一客观现实转换所产生的概念成品,区别仅在于概念的转换过程:自然科学的转换方式是普遍化,因而是价值中立的;社会科学的转换方式是个别化,因而是有价值关系的。法学属社会科学,就应以价值为中心。概言之,与价值无关的现实经过先于法学的概念形成程序,从而变成一种文化领域,这种"文化现实"是法律的素材。第二道的法学概念的转换程序本身会作多层次的目的论转换,使法律成为一个纯粹的价值领域。② 因而,新古典阶层体系的要素均有价值化的特征。

许乃曼教授将这种"先于法学的概念"视为"日常用语的'半成品'",将法学概念视为通过目的论概念所建立的、新的文化学概念。他说道:"透过目的论概念的建立所产生的影响,是新康德主义超越概念法学……作为文化学的法学,既非与属感官知觉而价值中立的现实有关,亦非与日常用语的'半成品'有关,而是与新创造出来的、特殊文化学的概念,亦即透过一个价值关系的程序而获得的概念有关。"③

3. 具体表现

(1) 行为:社会行为论。所谓社会行为论④,即不从行为的内在本体,而从外在的社会对行为的评价上对行为进行定义;所谓行为,就是具有社会重要性的举止。行为概念不能纯从经验上去看,而应从社会的评价上去

---

① 许玉秀:《当代刑法思潮》,中国民主法制出版社 2005 年版,第 123—124 页。
② Welzel, Naturalismus und Wertphilosophie im Strafrecht, 1935, S. 46 - 61. 转引自许玉秀:《当代刑法思潮》,中国民主法制出版社 2005 年版,第 129—131 页。
③ [德]许乃曼:《刑法体系思想导论》,载许玉秀、陈志辉:《不移不惑献身刑法正义——许乃曼教授刑事法论文选辑》,台北春风煦日论坛 2006 年版,第 273 页。
④ 许玉秀:《当代刑法思潮》,中国民主法制出版社 2005 年版,第 82—83 页。

观察。①

（2）构成要件：不再纯粹的客观、记述性。构成要件的客观性与记述性特征不再保持，取而代之的是一些构成要件要素被认为是主观的、规范的，即主观的构成要件要素、规范的构成要件要素。其中，规范的构成要件要素不是通过感觉感知的，需要法官的价值补充才能完全掌握。构成要件不再是与违法性无关的"行为构成要件"，而是违法性的"认识根据"，甚至是"存在根据"，从而成为"违法构成要件"。

（3）违法：实质违法。新古典主义则站在评价者的立场上，考虑法规范的制定目的和根据，从法秩序的精神或文化规范的角度来理解法规范，这就是实质的违法性。违法不再是从宾丁的规范论来理解的、对法规范的形式违反，而应从刑法规定的目的出发，将违法视为实质上的反社会性。借助实质违法性观点，能在实证法的范围之外，发现超法规的违法阻却事由。

（4）罪责：规范责任论。与古典主义将体系建构之素材作为"评价对象"的心理事实并考察其"有责性"不同，新古典主义将作为"对象评价"的"责任"本身（即非难本身）作为认识客体。诚如罗克辛所指出的，"'责任'这个术语，在这个词的严格意义上，就像责任的意义一样，仅仅表达了评价的称谓，而不是被评价的案件事实本身。"②因此，其罪责被称为规范责任论，以区别于仅具有事实特征的心理责任论。弗兰克（Frank）认为，罪责非难应具备三个要素：责任能力、故意过失、行为时所处情状的正常性。③当行为人具备这些条件时，就可以加以责难，即赋予罪责，这就是所谓的可责难性（Vorwerfbarkeit）的概念。④"可责难性"相对于其"所想表征的对象"而言，是对象之评价⑤，也是新古典阶层体系中有责性阶层的建构素材（认识客体）。

由上可见，正因为只是认识对象的转换，所以"新康德主义的思想和刑法的自然主义比较起来，对于刑法学的体系和方法简直就是一场革命，但是令人惊讶的，刑法体系四个阶层的区分方法和阶层顺序的结论，却在原有的范围内继续存在……过去自然主义的区分标准……固然必须忍受一

① 林东茂：《一个知识论上的刑法学思考——刑法体系的思想根源试探》，载林东茂：《一个知识论上的刑法学思考》（增订三版），中国人民大学出版社 2009 年版，第 23 页。
② Vgl. C. Roxin, Strafrecht Allgemeiner Teil, Band I, 3. Aufl. , C. H. Beck, 1997, § 19, Rn. 17.
③ 李文健：《罪责概念之研究——非难的实质基础》，台北春风煦日论坛 1998 年版，第 67 页。
④ 许玉秀：《当代刑法思潮》，中国民主法制出版社 2005 年版，第 70 页。
⑤ 许玉秀：《当代刑法思潮》，中国民主法制出版社 2005 年版，第 133 页。

定程度的损失……但除此以外,自然主义的体系基本要素所划分的界限,在本质上并未受到影响。"①

(三) 目的行为阶层体系

自 20 世纪 30 年代开始,由韦尔策尔发展的目的行为之体系开始受到关注②,其特征如下:

1. 认识客体:存在论

与新康德主义不同,韦尔策尔"抛弃过去的抽象的思维方式和价值相对主义",其认识论的出发点不再是作为"对象评价"的具有价值属性的法规范,而是"向社会存在的现实转变",回到古典主义时期的作为"评价对象"的犯罪行为,即他"想再次将人的行为的实际存在作为犯罪论的中心概念(存在论的思考方法)……致力于探讨每一个法形态所规定的'事实结构'"。③

由于韦尔策尔将认识论基础建立在作为"存在"的"评价对象"上,作为认识论体系的阶层体系就必须以"存在"(即下文所说的物本逻辑)为内容,而不得以"思维"(即新古典阶层体系中的"对象评价")为内容。

2. 认识方法:方法一元论

虽然韦尔策尔将认识论的重点重新置于"存在",但是他认为,存在并非一团混乱,而是内含秩序,所有的价值都隐藏在存在之中。这个复杂的存在本身已有秩序,法律对生活材料不是规制,而是描述。法秩序本身就等于生活秩序;生活秩序中存在着规则,从生活秩序中可以导出法秩序与规范。④ 这样,与方法二元论下的古典阶层体系不同,韦尔策尔踏入了客观的方法一元论的阵营。

易言之,在韦尔策尔那里,作为体系建构素材的"存在"不是价值中立的自然界的事物,而是"事实与价值"交融的"物本逻辑"(sachlogisch)的结构。它是社会科学的对象,不能采用自然科学的以"因果关系"为特征的思考方式。

---

① ［德］许乃曼:《刑法体系思想导论》,载许玉秀、陈志辉:《不移不惑献向刑法正义——许乃曼教授刑事法论文选辑》,台北春风煦日论坛 2006 年版,第 274—275 页。

② 该体系也被称为目的论(Finalismus)体系,但由于新古典体系是站在评价者的角度建构体系的,考虑评价者的目的与价值判断,因而也被称为目的论体系(Teleologische Systematik)。然而,此"目的"非彼"目的",为免混淆,本书将韦尔策尔的体系多称为目的行为体系,有时亦按习惯称为目的论体系(如在新古典暨目的论体系中),但均与新古典体系无关。

③ Vgl. Jescheck/Weigend, Lehrbuch des Strafrechts Allgemeiner Teil, 5. Aufl., Duncker& Humblot, 1996, S. 210.

④ 许玉秀:《当代刑法思潮》,中国民主法制出版社 2005 年版,第 134—137 页。

基于此,韦尔策尔提出"目的行为论"来定义人的行为,并以目的行为论为刑法物本逻辑的基本结构。他认为,行为不是完全价值无涉的因果关系,不是自然界的肌肉刺激所形成的(古典主义的因果行为论),而是人基于对因果的认识,在一定范围内,预见其活动的可能后果,从而设定各种不同的目标,有计划地操纵其活动,以实现目标。①

3. 具体表现

(1) 行为:目的行为论。由于"存在并非一团混乱而是内含秩序",作为体系建构要素的行为也就不是价值中立的纯粹自然的因果变动,而是有一定目的的意志行动,是特定行为人的"目的支配的因果流程",这就是目的行为论,它表明:刑法的评价对象不是因果关系,而是主体与结果之间的目的关联。②

(2) 构成要件该当性:主客统一。由于行为是一种目的关联的物本逻辑结构,其中包含了目的这一主观要素,构成要件就不再是客观的了。支配因果流程的目的如该当构成要件,则可称为故意。因而,在客观构成要件之外,就存在着主观的构成要件。故意由罪责阶层提前到构成要件阶层,从而成为构成要件故意。这个概念被广泛承认,"如今已经变成刑法学共同利益的成果"。③ 同时,过失犯由于欠缺对构成犯罪事实的认识或意欲而被认为没有主观构成要件,从而与故意犯分属两种不同的犯罪构造。

(3) 违法性:"人"的违法。目的行为之体系基于存在论立场,在"违法性"阶段讨论的体系要素与古典阶层体系一样,也是"违法性的案件事实",但其"违法性"的含义却有不同特点:基于物本逻辑思想,由于先于概念的现实包含主客两面,不法也就不能全然是客观的,故意也被视为决定违法性的要素;而且,客观面是由主观面之"目的"所支配的,这使得客观不法决定于主观不法,由此导致了主观不法理论在德国的流行。④ 韦尔策尔更提出"个人不法理论"——"不法是和行为人有关的个人的行为的不法。"⑤人的不法理论使得违法性本质由结果无价值转向行为无价值,即依据违法的

---

① Vgl. Welzel, Abhandlungen zum Strafrecht und zur Rechtsphilosophie, De Gruyter, 1975, S. 103 ff. , 283 ff, 348 ff; Vgl. Jescheck/Weigend, Lehrbuch des Strafrechts Allgemeiner Teil, 5. Aufl. , Duncker& Humblot, 1996, S. 211.

② Vgl. Welzel, Kausalitaet und Handlung, ZStW51(1931), S. 718,720.

③ [德]许乃曼:《刑法体系思想导论》,载许玉秀、陈志辉:《不移不惑献向刑法正义——许乃曼教授刑事法论文选辑》,台北春风煦日论坛 2006 年版,第 277 页。

④ 许玉秀:《当代刑法思潮》,中国民主法制出版社 2005 年版,第 75 页。及至罗克辛大力提倡客观归责论,并与韦尔策尔及其门徒努力论战,客观不法才重新得以流行。

⑤ 许玉秀:《当代刑法思潮》,中国民主法制出版社 2005 年版,第 75 页。

行为意志与客观侵害来对违法性进行双重观察①，由此开始了行为非价与结果非价的论战。

（4）有责性：严格责任论。目的行为之体系也坚持规范责任论，但其考虑基点则体现了存在论的特色。首先，韦尔策尔将故意在过失犯罪中的违法客观上的谨慎义务都归入构成要件，使得不属责任评价对象的主观因素从罪责概念中被排除出去，留在罪责阶层的存在论上的有责性要素就完全是罪责的"评价对象"，包括责任能力、违法意识、欠缺阻却责任事由。② 当故意（包括实现意志）被移入构成要件后，对禁止规范的认识可能性，已足以作为判断罪责的依据。③ 如果行为人在认识到违法性后仍决定实施犯罪行为，有缺陷的意志构成尤其应当受到责难。④ 这样，责任判断的核心就由新古典时期的期待可能性，逐步深入到不法意识，从而体现出存在论特点。不法意识不是故意要素，而是责难要素，这就是著名的严格责任论。可以说，"规范责任论是通过目的行为论而得以进一步深化的。"⑤

（四）新古典暨目的行为体系

由新古典阶层体系和目的行为体系组合而成的新古典暨目的行为体系，是目前居于通说地位的阶层体系。

这个综合体系的表现是：一方面，人们拒绝把目的行为论作为行为理论，因为建立在价值决定基础之上的阶层体系，不应承认本体论的行为方案，这一点表现了新古典的特征；另一方面，人们接受了其中最重要的体系性结论，即把故意转移到主观构成要件之中，这体现了目的行为体系的特征。⑥ 也就是说，新古典暨目的行为体系的架构与目的行为体系大体相同。

耶赛克（Jescheck）认为，该综合体系与目的行为体系的差异"仅存在于对犯罪概念结构的存在论和规范论的解释上"⑦，它指明了新古典暨目

---

① Vgl. Jescheck/Weigend, Lehrbuch des Strafrechts Allgemeiner Teil, 5. Aufl., Duncker& Humblot, 1996, S. 212.

② Vgl. C. Roxin, Strafrecht Allgemeiner Teil, Band I, 3. Aufl., C. H. Beck, 1997, §19, Rn. 16.

③ ［德］许乃曼：《刑法体系思想导论》，载许玉秀、陈志辉：《不移不惑献向刑法正义——许乃曼教授刑事法论文选辑》，台北春风煦日论坛 2006 年版，第 278 页；许玉秀：《当代刑法思潮》，中国民主法制出版社 2005 年版，第 139 页。

④ Vgl. Jescheck/Weigend, Lehrbuch des Strafrechts Allgemeiner Teil, 5. Aufl., Duncker& Humblot, 1996, S. 211.

⑤ Vgl. Jescheck/Weigend, Lehrbuch des Strafrechts Allgemeiner Teil, 5. Aufl., Duncker& Humblot, 1996, S. 421.

⑥ Vgl. C. Roxin, Strafrecht Allgemeiner Teil, Band I, 3. Aufl., C. H. Beck, 1997, §7, Rn. 22.

⑦ Vgl. Jescheck/Weigend, Lehrbuch des Strafrechts Allgemeiner Teil, 5. Aufl., Duncker& Humblot, 1996, S. 210f.

的行为体系的实质——规范论体系。更具体说,该综合体系与目的行为之体系的关系,类似于新古典阶层体系与古典阶层体系的关系。前者是规范论立场,后者是存在论立场;前者是"对象评价"体系,后者是"评价对象"体系。可以说,前者是对后者的评价。"评价对象"变了(故意由有责性转移到构成要件该当性阶层),"对象评价"也要相应变化(违法就包含了对构成要件中新增的故意的评价,即行为非价)。这就是该综合体系的实质!正如新古典阶层体系也可视为是对古典阶层体系的评价体系。也正因如此,新古典暨目的行为体系被认为是"承续新康德思想"①的体系。进而言之,新古典阶层体系与目的行为体系"综合"的真正含义是对其进行"评价",而不是在其体系要素的基础上"添加"新的内容。

耶赛克还认为,该综合体系在"不依赖于目的行为论情况下同样是有说服力的"②,因为"如果不是以目的行为论为基础,而是采用不法论,并给予后者一个'人为的'转变……将会得到基本相同的结果。"如何"人为转变"呢? 他说"在违法性层面上,仅仅因行为所引起的状态得到评价。新的犯罪论则从这样的认识出发,即主张行为的违法性不是仅表现在对犯罪结果的否定上,而是造成法律上被否定的状态的方式和方法也必须纳入否定评价中去。如此,对现今的解释学而言,就产生了区分不法的结果非价与行为非价。"③

二、对阶层体系的批判及其解构

各种三阶层体系之间是存在论战的,论战的内容重在批判对方的缺陷。但基于认识系统论,这些批判是能够被轻松解构的,所谓的"缺陷"并非真正的缺陷。不同体系之间的论战内容较多,在这里,笔者仅就中国学者所熟悉的几个问题展开。

(一)事实判断 VS 价值判断

我国不少学者对价值判断(或规范论)情有独钟,认为其比事实判断(或存在论)更重要,由存在论转向规范论是刑法学的发展趋势。实际上,存在论与规范论是犯罪论体系的构建素材(认识客体),属于体系建构的基

---

① 林东茂:《一个知识论上的刑法学思考——刑法体系的思想根源试探》,载林东茂:《一个知识论上的刑法学思考》(增订三版),中国人民大学出版社 2009 年版,第 25 页。

② Vgl. Jescheck/Weigend, Lehrbuch des Strafrechts Allgemeiner Teil, 5. Aufl., Duncker& Humblot, 1996, S. 214.

③ Vgl. Jescheck/Weigend, Lehrbuch des Strafrechts Allgemeiner Teil, 5. Aufl., Duncker& Humblot, 1996, S. 239.

础,具有最一般的"教义"属性,该属性确定了,体系思维才能展开。也就是说,关于存在论与规范论的论争,并不是不可以,但它应当在体系思维开始之前进行,处于犯罪论体系之外,是哲学范畴,而不是刑法教义学范畴。如果以犯罪论体系的特征来进行存在论与规范论的辩论,那么是肤浅的,而且也是片面和错误的。

强调价值判断优于事实判断,主要来自规范论体系——新古典体系、新古典暨目的论体系,与之相对的存在论体系的代表人物——古典体系的贝林、目的行为体系的韦尔策尔——则进行了相应的反击。放在认识系统论下考察,这种反击将会更加完善,详述如下:

1. 贝林的处理方案

二者的争议从古典体系与新古典体系时期就开始了。古典阶层体系认为,构成要件在价值上是中性无色的,而新古典阶层体系则在构成要件中"发现"了规范要素。

新古典阶层体系对古典阶层体系中构成要件的纯粹描述性和价值中立的特征产生质疑,因为新古典主义者"发现"了"侮辱""文书"等规范的构成要件要素。[①] 但这是值得商榷的。古典阶层体系对法的理解是实证法,不可能没发现刑法典中有"猥亵"等规范要素。那么,贝林是如何处理的呢?

其实,贝林早已明确知道构成要件中存在规范要素,但他认为"所有法定构成要件都有单纯的记述特征;在这些记述性特征中,法律评价并未表达出'违法性'(不法类型)的意义。"虽然"所有法律概念都是'披上了规范的绸缎'",但是"多数概念只是法律规定的对象,因此本身并没有自己的'规范性'特征。"他认为,规范要素(如"他人"财物、"自有"财物、"合法"执行公务等)都是"类型性形象",只要"有助于构成要件界定相关犯罪之行为,则仍不失其'记述性'",而无关"记述性行为的违法性问题","对于立法者而言,只要这些类型性形象有助于概括相关犯罪类型意义上的共同行为,它们就保留着其'记述性'功能,而没有提前介入到那些性质特别的情节(Umstaende)问题中,这种记述的行为是否被规定为违法,与那些情节无关。"[②]也就是说,贝林(Beling)特别强调构成要件规范要素与违法性的不同。他举例说,诽谤罪中的事实的不真实性(规范要素)也属构成要件的

---

① Vgl. Jescheck/Weigend, Lehrbuch des Strafrechts Allgemeiner Teil, 5. Aufl., Duncker& Humblot, 1996, S. 206.

② [德]恩施特·贝林:《构成要件理论》,王安异译,中国人民大学出版社 2006 年版,第 13—15 页。

范围,但"并不意味着强调真实的损害他人名誉的事实就似乎并不违法",因为真实事实是侮辱罪的处罚对象。①

也就是对于法律规定的对象而言,所谓规范要素的作用也仅是"记述"评价对象(行为)的特征,使评价对象(行为)类型化,使之区别于其他构成要件行为,这种类型化与违法性无关。新古典主义则以评价标准(构成要件)为研究对象,不关心规范要素对于评价对象(行为)的作用,只关心规范要素本身,认为对规范要素(评价标准)的理解需要法官的评价和价值补充,不能直接依据感觉和经验。简而言之,古典主义重视规范要素对于评价对象(行为)的记述("类型化")作用,而新古典主义重视对规范要素自身(对象评价)内容的理解和把握。这反映了存在论立场与规范论立场的不同。

那么,为什么贝林对评价对象的"存在"要用带价值色彩的规范要素来描述呢? 这是因为描述语言与被描述的对象实体之间存在"不可逾越的鸿沟"。以描述"硬币"为例,我们不会怀疑"硬币"是一项记述性描述,但"硬币"一词却是含有价值性的,其价值性主要体现在"币",表明这是一种有交换价值的实体。现代语言试图客观地描述这一实体,但却经常失败。自动售货机的内置程序对于"硬币"的描述就是客观的,只有这样才能让机器识别,如圆形物体、面积多大、重量几许等。无论怎么客观详细,都不可以完全再现"硬币"这一实体,所以行为人只要投入与这种客观描述相符的"非硬币"实体,就会被售货机接受并作与"硬币"相同的处理。因此,所谓"诈骗机器",不是行为人骗了机器;相反,行为人交付了与机器描述同样的实体,只不过由于描述的缺陷,这一实体没有完全再现"硬币"。但我们不是非运用价值因素不可,因为随着描述的精细化,是有可能描述出"硬币"的一切客观特征的,否则铸币厂就不可能铸造"硬币"。只不过,这种描述将非常复杂。在日常生活中,如以人们经验中的价值性要素来描述(而不是客观描述),就会简单得多——仅"硬币"二字足矣。虽然在描述的过程中,为了方便生活交往,不可避免地运用价值因素,但是仍不能否认,"实体"作为一种客观存在只是评价对象,与作为对象评价的价值因素是可以分开的。

以"侮辱"之构成要件为例,罗克辛表示,将侮辱定义为"对空气震荡之引发与在被攻击者之神经中推动了心理过程"是可笑的。② 这一批判并不

---

① [德]恩施特・贝林:《构成要件理论》,王安异译,中国人民大学出版社 2006 年版,第 14 页。
② Vgl. C. Roxin, Strafrecht Allgemeiner Teil, Band I, 3. Aufl., C. H. Beck, 1997, §8, Rn. 16.

能成立。从存在论的角度，我们可以这样反驳：即使"震荡空气"不能再现"侮辱"的客体实体，这也只是语言描述的缺陷，不是因果行为论的缺陷。因为"侮辱"确实存在客观的价值无涉的实体，演员才可以将之像"复印机"一样随时随地地再现出来。对"侮辱"之类的行为，当然可以用更详细的语言来描述或观察，这也是智能科技发展的基础，只不过这种描述将会非常复杂。为了追求法律文字的简洁，不得不借助价值性概念对之进行简化，但这种价值性描述仍是类型性描述，不带法的评价色彩。

2. 韦尔策尔的处理方案

(1) 韦尔策尔的早期观点：开放构成要件。可以说，贝林对于构成要件的语言描述困难的说明，远远没有同属存在论阵营的韦尔策尔来得清晰。对于构成要件中的带价值性的描述成分，目的行为体系的代表人物韦尔策尔早期(1952 年)将之命名为开放构成要件[1]，因为立法者"没有成功地通过叙述性的、事实性的和具体性的特征来充分地描述这个犯罪"，还需要评价性要素(如德国刑法第二百四十条强制罪的"卑鄙性"或"卑鄙的目的")来补充，这种构成要件就是开放性的构成要件。它所评价的是所有为卑鄙性提供根据的情节，而这部分情节是构成要件的未完成部分。[2] 开放性构成要件的存在是因为立法者对于禁止对象并非"竭尽所能"地描述，而是以简化的评价代替之。[3]

(2) 韦尔策尔的后期观点：社会相当性理论。但是，立足于存在论的韦尔策尔为了避免与新古典阶层体系发生混淆，于 1963 年提出了新的解释方式，以重新表明在贝林那里已确立的构成要件的价值无涉。他将社会相当性作为排除构成要件该当的根据，从而使构成要件无须规范要素；另外，对于原来作为构成要件的"卑鄙性"，他是这样解释的：只要有强制行为，就该当强制罪的构成要件，而"卑鄙性"则放在违法性中审查。若无"卑鄙性"(如强制他人是为了让其还债，而不是为了勒索其财物)，则不具违法性。也就是说，扩大构成要件的"涵摄"范围，但在违法性阶层，通过规范要素予以限缩。这一解释方式提出后，就没有必要再以开放构成要件作为解释方式了[4]，从而存在论与规范论在这个问题上的争议也没有必要了。

---

① ［德］克劳斯·罗克辛：《刑事政策与刑法体系》(第二版)，蔡桂生译，中国人民大学出版社2011 年版，第 195 页。

② Vgl. C. Roxin, Strafrecht Allgemeiner Teil, Band I, 3. Aufl., C. H. Beck, 1997, §10, Rn. 44.

③ 陈志龙：《开放性构成要件——探讨构成要件与违法性的关系》，《台大法学论丛》1991 年第 21卷第 1 期。

④ ［德］克劳斯·罗克辛：《刑事政策与刑法体系》(第二版)，蔡桂生译，中国人民大学出版社2011 年版，第 189、196 页。

（二）主客分离 VS 主客合一

这一争议分两个阶段：（1）古典阶层体系与新古典阶层体系之争：古典阶层体系的构成要件是完全客观的；新古典阶层体系则从目的犯、表现犯、倾向犯中发现了主观构成要件要素。[①] 经常引用的例子是，若结合非法占有目的，就不能确定"不告而取"的行为是否该当盗窃罪之构成要件，但主观要素仍主要处于罪责阶层。这种争议实际上是存在论与规范论的争议。（2）目的行为体系对古典及新古典阶层体系的质疑：目的行为体系出现后，就将故意从罪责移入构成要件阶层，使得主观构成要件的地位得以真正确立，并对前期主客二分的构成要件理论提出质疑。这种争议实际上是方法一元论与方法二元论争议的反映。主客分离主要体现在方法二元论的古典阶层体系和新古典阶层体系，而方法一元论的目的行为体系就较明显地实现了主客合一。[②]

1. 古典阶层体系（存在论）VS 新古典阶层体系（规范论）

新古典主义者"发现"了"非法占有目的"等主观要素的说法也是值得商榷的[③]。立足于实证主义的贝林，不可能没发现刑法典中有主观要素。那么，贝林是如何处理的呢？

贝林（Beling）特别对目的犯与倾向犯进行了解释。（1）目的犯："非法占有目的"。"非法占有的目的对于盗窃罪而言是典型的，但是它处于故意实施盗窃罪的构成要件即'拿走他人的动产'的后面，且该目的仍停留于犯罪类型的纯粹主观方面。"[④]（2）倾向犯：淫欲目的。贝林（Beling）指出，猥亵中的"淫欲目的"应该是责任内容，因为"一个具有淫欲目的的故意在心理上存在独特性"。[⑤] 那么，对于这样的论断：如果不结合"淫欲目的"，根本无法判断"猥亵"之客观构成要件，贝林（Beling）如何解释呢？ 他认为，并不是"只要有淫欲目的，任何一个行为方式都是猥亵。行为必须更多地具有与猥亵一致的特别类型特征，即如果该行为是在淫欲的目的下所实施

---

① Vgl. Jescheck/Weigend, Lehrbuch des Strafrechts Allgemeiner Teil, 5. Aufl., Duncker&Humblot, 1996, S. 206,318；另参见[日]大冢仁：《刑法概说（总论）》（第三版），冯军译，中国人民大学出版社 2003 年版，第 307 页；[德]克劳斯·罗克辛：《刑事政策与刑法体系》（第二版），蔡桂生译，中国人民大学出版社 2011 年版，第 122 页；许玉秀：《当代刑法思潮》，中国民主法制出版社 2005 年版，第 66 页。

② 当然，后期的新古典体系（新古典暨目的论体系）虽属方法二元论的体系，但其体系要素已与目的论体系相对应，表现为主客合一，争议渐少。

③ Vgl. Jescheck/Weigend, Lehrbuch des Strafrechts Allgemeiner Teil, 5. Aufl., Duncker&Humblot, 1996, S. 206.

④ [德]恩施特·贝林：《构成要件理论》，王安异译，中国人民大学出版社 2006 年版，第 17 页。

⑤ [德]恩施特·贝林：《构成要件理论》，王安异译，中国人民大学出版社 2006 年版，第 18 页。

的,且是被称为'猥亵'的行为。如果没有淫欲目的就不能将该类型性行为称为'猥亵',那么就必须能够解释该行为的特别性质,否则猥亵的整个概念就仍然没有明确。"①也就是说,"淫欲目的"也只是描述"猥亵"行为的辅助手段,猥亵行为应"具有与猥亵一致的特别类型特征"。对"猥亵"的描述,必须借助其动机才能较简洁地完成,这与上述对规范要素的分析一样。

当时,梅兹格虽提出特别的主观构成要件要素,但他本人也认为,这是"真正的违法要素"和"不真正的构成要件要素"②,从而在形成上维持了评价对象(构成要件事实)的客观性,也表明了这种主观要素仅是描述手段而已。

仔细分析可以得出,贝林(Beling)注重的仍是构成要件对于评价对象(行为)的"记述性(类型化)"要求。新古典主义强调主观构成要件要素则不是从评价对象(行为)来看的,而是从作为评价者的法官来看的。若不结合"非法占有"目的,法官就不能认识"盗窃"行为;若不结合淫欲目的,法官就不能认识"猥亵"。③ 就像有些学者说的,不结合"不法占有目的",就不能判断"不告而取"的行为是盗窃抑或拿回自己的物品。④ 可见,这已经是站在判断者的立场上了,而古典主义则完全站在被判断对象的立场上。

2. 古典、新古典阶层体系(方法二元论)VS目的行为体系(方法二元论)

目的行为体系注重行为事实的物本逻辑结构,主张主客合一,以符合事物之本性,其对古典阶层体系与新古典阶层体系提出了批评。

(1) 目的行为体系对新古典阶层体系的批评: 未遂之目的

由于新古典阶层体系虽没有承认故意在构成要件的地位,但将未遂犯视为目的犯,不得不承认故意在未遂时属构成要件,因而被目的论者批评:何以在既遂时故意消失(即不作为构成要件要素而作为罪责要素)了?⑤

这一批评也是没有道理的。新古典阶层体系是规范论体系,以规范为体系素材,其"目的"不是存在论上的"评价对象",而是规范上的"对象评

① [德]恩施特·贝林:《构成要件理论》,王安异译,中国人民大学出版社2006年版,第19页。
② 陈志龙:《开放性构成要件理论——探讨构成要件与违法性之关系》,《台大法学论丛》,1991年(第21卷)第1期。
③ Vgl. Jescheck/Weigend, Lehrbuch des Strafrechts Allgemeiner Teil, 5. Aufl., Duncker&Humblot, 1996, S. 206.
④ 柯耀程:《刑法行为评价架构的演变及省思》,载柯耀程:《变动中的刑法思想》,中国政法大学出版社2003年版,第1—43页。
⑤ Vgl. C. Roxin, Strafrecht Allgemeiner Teil, Band I, 3. Aufl., C. H. Beck, 1997, §10, S. 64.

价",即不是一种存在的实体,而只是条文规定。在未遂时,它是作为一种简化构成要件对对象进行描述的辅助手段而存在的。正如耶赛克(Jescheck)所说的,其构成要件(包括未遂之目的)只是立法者对该犯罪类型特有的行为的不法内容的特征进行概括的辅助手段。① 罗克辛也指出,是否完成了杀人未遂的构成要件,只有在考虑行为的目的指向的情况下才能评价。但其功能主要是简化对构成要件的描述,我们完全可以用一个客观(而非主观)的概念来代替。例如,我们不说"甲故意杀乙却打中狗",而说"甲举枪瞄准乙并扣下板机,子弹却打中乙旁边的狗",这就完全是客观的表述了,只不过复杂了很多。而且,在不同情形下必须进行不同描述,如"甲用刀向乙头部砍去,乙躲过未被砍中"。但是,借助主观性的评价手段,不同情况只用同样简单的表述——"甲故意杀乙却未杀死"——即可。

也就是说,新古典阶层体系即使使用"目的"用语,也不会导致实体上的"目的"的体系位置的变化,以及实体上的"故意"的变化。实体上的"故意"就不是仅仅在未遂犯中存在,而在既遂犯中不存在。在未遂中存在的只是规范上的"目的"用语,在既遂犯中消失的也只是这种规范用语,而是否使用这一用语,只是技术问题。

(2)目的行为体系对古典、新古典阶层体系的攻击:故意

① 形式逻辑之批判:如不结合故意,难以判断犯罪类型

一种比较外行的、纯粹是形式的批评是:如不结合主观方面,就不能区分"致死某人"究竟该当哪一种构成要件。

这种观点是认为,构成要件是犯罪类型,这是日本刑法的流行观点,但以此来批评构成要件的客观性(往往是我国学者的做法)就不正确了。贝林的构成要件本来就不是"犯罪类型",而是"犯罪类型的轮廓"或"指导形象","取走他人动产"该当盗窃罪构成要件后,仍可在有责性阶段因欠缺"占有目的"而不成立犯罪,并无失当。因此,"非法占有目的""是犯罪类型本身的要素,而不是从犯罪类型中提炼出来的指导形象的要素"②。当然,由于不含主观要件,贝林的同一构成要件可能符合几个不同罪名。例如,该当"致死某人"这一个构成要件,就有可能触犯德国刑法第二百一十一条谋杀罪、第二百一十二条故意杀人罪、第二百二十二条过失致人死亡罪,具体答案要视罪责阶层的主观要素内容而定。③

---

① Vgl. Jescheck/Weigend, Lehrbuch des Strafrechts Allgemeiner Teil, 5. Aufl., Duncker&Humblot, 1996, S. 206f.
② [德]恩施特·贝林:《构成要件理论》,王安异译,中国人民大学出版社 2006 年版,第 17 页。
③ [德]恩施特·贝林:《构成要件理论》,王安异译,中国人民大学出版社 2006 年版,第 69 页。

② 实质机能之批评：无故意之违法难以接受

我国台湾学者林东茂指出，甲女穿短裙伫立路旁，乙男开车时贪看致撞车死亡，"古典阶层体系只承认客观的构成要件，因果关系的判断只接受条件说……在这里，我们被迫得到一个结论：'女孩实施了杀人的行为，欠缺法定的阻却违法事由，女孩做了一件不法行为'。古典阶层体系在进入了罪责判断的层次，才速写女孩的行为构成犯罪。最终的结论固然不违背法律的专业判断，也与社会大众的法感吻合，但已经认定了女孩曾为不法之事。问题是，女孩做错了什么？为什么不能穿短裙上街？这恐怕是古典阶层体系的致命伤。……目的体系认为，女孩对于骑士贪看自己的身材，并且死亡的结果，无法作有目的的操控，所以女孩没有实施杀人的行为，女孩也没有做错任何事。这判断既圆满合理，也符合思考经济原则（不必进入违法性与罪责的检验）。"①

这种批评并无道理。贝林的因果判断是在条件说的基础上进行相当性的判断②，因此甲女的穿短裙行为与乙男死亡之间没有相当性，根本不该当构成要件，其结论与目的行为体系完全一致。

综上所述，以往在阶层体系上的争议并不是阶层体系本身的缺陷，而只是论者的考察视角不同。体系要素的性质差异（价值无涉，抑或价值相关），实是存在论与规范论的立场不同；体系要素的内容不同（主客分离，抑或主客合一），往往是方法二元论与方法一元论的不同。对任一体系要素的考察，都不能只从其自身来辩论，而应将该要素放到整个体系中去考察。而且，各体系要素之间的关系如何，是分离还是合一，往往只是考察的侧重点（强调个性还是强调共性）或者讨论范围（只是犯罪论还是包括刑罚论）的不同而已。

换言之，在揭开各种纷繁复杂的体系争议的面纱之后，我们竟然发现，各阶层体系均不存在缺陷，都具有自洽性！这在一定程度上解释了耶赛克所说的现象："没有哪一种理论试图完全取代另一理论。"时至今日，历史上曾产生巨大影响的古典阶层体系、新古典阶层体系、目的行为体系，与新近的体系思想仍然并列存在。③

由此论证了我们预设的一个命题：作为体系思维工具的阶层体系虽

---

① 林东茂：《一个知识论上的刑法学思考——刑法体系的思想根源试探》，载林东茂：《一个知识论上的刑法学思考》（增订三版），中国人民大学出版社 2009 年版，第 20、24 页。

② ［德］恩施特·贝林：《构成要件理论》，王安异译，中国人民大学出版社 2006 年版，第 75—79 页。

③ Vgl. Jescheck/Weigend, Lehrbuch des Strafrechts Allgemeiner Teil, 5. Aufl., Duncker&Humblot, 1996, S. 199.

有论战,但却不是因为缺陷,而是因为考察视角的差异,这种差异是体系构建之外的哲学问题(存在论 VS 规范论;方法一元论 VS 方法二元论)。在体系框架之内,不同阶层体系均有自洽性,均适合作为体系思维之工具。

第三节　四要件体系之形式合理性考察

一、四要件与三阶层之论战现状

　　四要件与三阶层两大犯罪论体系差异巨大,随着德日学说的引进,我国学者开始思考"哪一种体系更优"的问题。其中,主张三阶层者认为,我国的刑法学理论应当去苏俄化,代之以德、日等国的三阶层犯罪论体系[①],或以不法和有责为支柱构建二阶层犯罪论体系。[②] 而著名学者高铭暄教授则指出,四要件具有现实合理性,虽然需要完善但是不必重构。[③] 可以说,四要件与三阶层的论战极为激烈,这是我国对犯罪论体系研究逐步深化的表现,极大地丰富了法律人的学术视野。

　　可以不夸张地说,这场强调两种体系差异性而展开的学术论战,已成为我国现代刑法学研究的"重头戏",各种学术文章不计其数。随着"刑法教义学"口号的提出,三阶层在这场论战中占据了上风。

　　三阶层对四要件的批判大致如下:[④](1)容易先主后客(考虑主观要件再考虑客观要件),导致主观归罪;(2)容易先价值判断后事实判断(先判断社会危害性,再判断犯罪客观方面),导致先入为主;(3)不能正确处理共犯问题。四要件的这三项机能缺陷源于其逻辑缺陷。其中,(1)(2)主要在于四要件的体系要素之间是平面耦合的,没有位阶性;而(3)则是因为四要件的体系要素是主客二分的,没有采用违法、罪责作为构建体系的支柱。

---

① 陈兴良:《犯罪论体系的位阶性研究》,《法学研究》2010 年第 4 期。

② 张明楷:《以违法与责任为支柱构建犯罪论体系》,《现代法学》2009 年第 6 期。

③ 高铭暄:《论四要件犯罪构成理论的合理性暨对中国刑法学体系的坚持》,《中国法学》2009 年第 2 期;高铭暄:《对主张以三阶层犯罪成立体系取代我国通行犯罪构成理论者的回应》,《刑法论丛》2009 年第 3 卷;高铭暄:《关于中国刑法学犯罪构成理论的思考》,《法学》2010 年第 2 期。

④ 参见陈兴良:《刑法阶层理论:三阶层与四要件的对比性考察》,《清华法学》2017 年第 5 期;周光权:《阶层犯罪论及其实践展开》,《清华法学》2017 年第 5 期;孙运梁:《阶层式犯（转下页）（接上页）罪论体系的位阶关系及其实践优势》,《华东政法大学学报》2018 年第 6 期;周光权:《犯罪构成理论:关系混淆及其克服》,《政法论坛》2003 年第 6 期。

也就是说,在批评者看来,四要件是因其逻辑特征导致了相应的机能缺陷。因此,笔者先从认识系统论角度对四要件进行解读,然后再对引起机能缺陷的批判进行重新审视。

二、四要件体系的认识论解读

四要件与三阶层在体系构造上存在根本的不同,从"认识客体—认识中介—认识主体"的认知系统论来看,这种不同是由于认识主体的目的与需要造成的。认识主体之目的与需要决定了认识客体的选择,再继而决定了认识工具与认识方法的不同,因而我们的分析也从认识主体开始。

(一) 基于认识主体(体系构建的目的)的考察

主体目的首先反映在犯罪论体系的定义上。关于犯罪论体系的定义,大体有三种观点:(1)法定犯罪成立条件说。这是我国大陆学者的定义,传统理论将犯罪论体系称为犯罪构成,是"刑法规定的犯罪成立条件的总和",也有学者称之为"犯罪成立理论体系"。[①] 在该定义中,突出特征在于法定性。(2)实质犯罪成立条件说。这是日本学者的定义,即犯罪论体系是将犯罪成立的诸要素按一定的原理进行系统化而形成的统一体。[②] 深受日本刑法理论影响的我国台湾学者陈子平教授认为,犯罪论体系是"针对犯罪成立与否进行合理性与功能性判断之系统"。[③] 在该定义中,并没有强调犯罪论体系的法定性,而是着重于"一定原理""合理性",强调犯罪成立条件的实质合理性,但并没有指出"原理"或"合理性"的具体内容。(3)刑事可罚性条件说。这是德国学者的定义,即犯罪论体系是"试图把可受刑事惩罚的举止行为的条件,在一个逻辑顺序中,作出适用于所有犯罪的说明"的体系。[④] 该定义将犯罪论体系的实质特征设定在刑罚正当性(可罚性)上。

"法定犯罪成立条件""实质犯罪成立条件"与"刑事可罚性条件"虽然在内容上大体相同,但是用于定义犯罪论体系则能表达出不同意涵。

1. 三阶层:刑事可罚条件体系

(1) 德国三阶层:刑事可罚条件体系

---

① 张明楷:《犯罪成立体系与构成要件要素》,北京大学出版社 2010 年版,第 1 页。

② [日]大谷实:《刑法总论》(第 2 版),黎宏译,中国人民大学出版社 2008 年版,第 85 页。

③ 陈子平:《刑法总论》(2008 年增修版),中国人民大学出版社 2009 年版,第 77 页。

④ [德]克劳斯·罗克辛:《德国犯罪原理的发展与现代趋势》,王世洲译,载梁根林主编:《犯罪论体系》,北京大学出版社 2007 年版,第 3 页。

德国学者将犯罪论体系定义为"刑事可罚条件体系"①，表明其犯罪论体系的任务与刑罚根据（可罚性）相关，需要对刑罚正当化根据（可罚性根据）进行合理说明，这就是认识主体的目的。

德国刑法学家沃尔夫冈·诺克有过深刻论述，他认为，犯罪论体系不仅仅是学者或立法者的概念架构，而是长期法律活动所积淀的政治经验（political experience）和道德哲学（moral philosophy）的产物，我们甚至能在现代刑法的历史开启以前找到这些政治与道德蕴含。犯罪论体系所力求的在每一个案件中都保证落实的政治经验就是，不能以无控制的暴力去回应社会失范行为。这一政治考虑是超越实定法的，甚至任何实定法必须服从这一政治考虑。罗克辛也表明，犯罪论体系的目的是对刑事可罚性条件作出合乎逻辑的说明，其主要任务是将刑罚正当化的最低条件提示出来。②

这种思想也反映在犯罪、刑法、刑罚三者的关系上，德国人认为这三者产生的先后顺序为：刑罚—刑法—犯罪。因此，在对各概念进行定义时，往往使用前者定义后者，而不使用后者来定义前者。例如，在"刑法"的定义中一般使用"刑罚"，而不使用"犯罪"。罗克辛认为，"刑法是由一些条文组成的，这些条文规范着作为刑罚或者保安处分所威胁的行为的条件或者后果。"③意大利学者认为，"任何法律规范只要规定了刑事制裁，都可以变为刑法规范。"④而在"刑法"与"刑罚"之后产生的"犯罪"，往往被定义为"刑法规定的处罚的前提条件"或"刑法规定的可罚性行为"。当犯罪论体系被表述为"可罚行为的条件体系"⑤时，就表示该体系可以是超实定刑法的。对于某一行为是否"可罚"的问题，其回答就不能是形式的——"刑法将它规定为犯罪"，而应是实质性的——"它满足了刑罚正当化的最低标准，即处罚是正当的"。在这种语境下，刑法不是惩罚犯罪的工具，而是对国家处罚权的限制。正如李海东博士批判中国刑法理论时所说的："刑事法律要遏制的不是犯罪人，而是国家。"⑥美国学者弗莱彻（Fletcher）极为

① ［德］恩施特·贝林：《构成要件理论》，王安异译，中国人民大学出版社 2006 年版，第 58、63 页。
② ［德］克劳斯·罗克辛：《德国犯罪原理的发展与现代趋势》，王世洲译，载梁根林主编：《犯罪论体系》，北京大学出版社 2007 年版，第 3 页。
③ Vgl. C. Roxin, Strafrecht Allgemeiner Teil, Band I, 3. Aufl. , C. H. Beck, 1997, § 1, Rn. 1.
④ ［意］杜里奥·帕多瓦尼：《意大利刑法学原理（注评版）》，陈忠林译，中国人民大学出版社 2004 年版，第 2 页。
⑤ ［德］恩施特·贝林：《构成要件理论》，王安异译，中国人民大学出版社 2006 年版，第 58、63 页。
⑥ 李海东：《刑法原理入门》，法律出版社 1998 年版，序言第 4 页。

形象地指出,法治不是对犯罪人的"利剑",而首先是抵抗政府权力的"盾牌"。①

三阶层创始人贝林(Beling)正是在"可罚条件体系"的思想下提出古典体系的,他认为行为的可罚性条件有三:行为、违法、有责。基于比例原则(即不应"超出维护国家权威的必要范围而扩张国家的报应")与国民预测要求,才有必要以刑法设立构成要件,并进而在此基础上,提炼出第一个三阶层体系。②

(2)日本三阶层:实质犯罪成立条件体系

日本对于犯罪论体系虽然采取了"犯罪成立条件体系"说,但是认为犯罪论体系是将犯罪成立的诸要素"按一定的原理"进行系统化而形成的统一体。其所谓的"一定原理",就是刑罚正当化根据的原理,这从该体系的创始人小野清一郎的论述可以看出。小野认为,"行为符合构成要件……这是刑事责任的基本条件……并不是所有的违法行为都要受处罚,它只是宣布,只有那些被构成要件所定型化的行为,才是可罚的。违法性本身的范畴比构成要件要大,是'超构成要件性'的。……行为人的道义责任,是对实施违法行为的人进行的,从道义上非难其所实施的行为的规范性判断。正是这一道义非难,才是刑法中责任的真正根据……然而,它又与构成要件有关并被限定了内容。"③在分析构成要件的要素时,他与特拉伊宁都对贝林的客观构成要件提出批评,但他不像特拉伊宁那样,根据刑法分则罪状中包括客观、主观要素的事实,去批评贝林构成要件的客观性;他是从构成要件是违法有责的法律定型出发,认为构成要件中既应当包含规范性的违法要素,也应当包含主观性的责任要素。而且,他提到"构成要件是违法并且有道义责任的行为的类型。……在它的内部,违法性和道义责任是以被类型化的形式出现的。这种类型化,作为国民的道义意识中的'当罚性'甚至在某种程度上是先于法律而存在的,但为了赋予法律性质的可罚性,就设立了它的概念性规定,构成要件正是可罚的违法有责行为的法律定型。"④

可见,"实质犯罪成立条件"强调犯罪成立条件的实质合理性,其具体

---

①　George P. Fletcher, Basic Concepts of Criminal Law, Oxford University Press, 1998, p. 207.

②　[德]恩施特·贝林:《构成要件理论》,王安异译,中国人民大学出版社 2006 年版,第 58—60 页。

③　[日]小野清一郎:《犯罪构成要件理论》,王泰译,中国人民公安大学出版社 2004 年版,第 17—18 页。

④　[日]小野清一郎:《犯罪构成要件理论》,王泰译,中国人民公安大学出版社 2004 年版,第 49、40 页。

内容正是"刑事可罚性条件",这使得德日三阶层虽有不同,但仍然具有实质上的一致性。

2. 四要件：法定犯罪成立条件体系

我国学者认为,犯罪论体系是"法定犯罪成立条件的总和",是法定的犯罪构成。从定义上看,这样的犯罪论体系就不可能是超法规的,也不关心犯罪成立的实质合理性,只强调犯罪成立的形式合理性——因为符合实定刑法条文,所以成立犯罪。

对此,也可以从刑法、犯罪、处罚(刑罚)三者的关系来考察。如前所述,三者产生的先后顺序是：处罚—刑法—犯罪。在界定三者时,只能以前者定义后者,而不能以后者定义前者,但我国学者往往没有注意这一点。例如,将"刑法"定义为"规定犯罪和刑罚的法律",这个命题用于表述刑法的内容是可以的,但用于定义刑法就不科学了,因为"犯罪"是定义"刑法"之后才能定义的。对于本书前述德、意两位学者的刑法定义,本来是科学的,我国学者却认为他们"在界定刑法时,均未提及'犯罪'一词,似不够完善"[①]。实际上,我国在这三个概念之间存在循环定义：既以犯罪和刑罚来定义"刑法",又以刑法和刑罚来定义"犯罪",再以刑法和犯罪来定义"刑罚"。这种循环定义,容易忽略如下考虑："刑法是对国家处罚权的限制""刑法规定是犯罪成立的形式条件,而可罚性是犯罪成立的实质条件"。因而,经常认为刑法是惩罚犯罪的工具,在认定犯罪时只注重犯罪的"刑法规定性",而忽略"刑法为什么这样规定"。

这样的犯罪论体系就不以表明"刑罚正当化根据的最小条件"为任务。于是,犯罪构成就"只是一种有助于司法上进行找法活动的理论工具",[②]其任务就在于保证正确"找法",以保证司法人员的活动受到罪刑法定原则的限制,而不是让司法人员得出一致的判决。前一任务是费尔巴哈时期提出的,后一任务则是一百年后由贝尔提出的。正如皮昂特科夫斯基所说的,"把犯罪构成当作刑事责任的唯一基础",是为了防止"审判员的裁量超出苏维埃法律的直接要求"。[③] 我国学者也认为,"犯罪构成的法定性,直接体现了犯罪构成是罪刑法定原则之要求……根据刑法分则认定犯罪的时候,应当依照刑法总则的规定,对有关案件事实一一加以认定,从而才能

---

① 马克昌：《外国刑法学总论(大陆法系)》,中国人民大学出版社 2009 年版,第 4 页。

② 冯亚东：《对我国犯罪构成体系的完善性分析》,《现代法学》2009 年第 4 期。

③ ［苏］A. A. 皮昂特科夫斯基：《社会主义法制的巩固与犯罪构成学说的基本问题》,载中国人民大学刑法教研室编译：《苏维埃刑法论文选译》(第 1 辑),中国人民大学出版社 1955 年版,第 127 页。

得出正确的结论。"①四要件将法定罪状分割,目的也只是准确地完成事实与法条之间的涵摄任务,使各要素与事实之间一一对应,如特拉伊宁所说:"为了正确地适用刑事法律,为了解决刑事审判上极重要的问题——是否犯了罪,犯的是什么罪——必须研究每一犯罪构成的因素。"②但对于各要素之间的关系如何,以及如何将法官的思维体系化,尚未提供一个具体的方案。

(二) 基于体系构建素材(认识客体)的考察

1. 三阶层之认识客体:存在论与规范论

三阶层是实质化的犯罪论体系,对犯罪成立的思考往往超出实定法的范围,不以刑法分则条文为认识客体,而是既可以以犯罪事实为认识客体,也可以以评价规范为认识客体,从而在体系构建素材上呈现出存在论与规范论的不同。例如,古典三阶层、目的行为三阶层就属存在论之体系,而新古典三阶层、新古典暨目的论三阶层则属规范论之体系。

2. 四要件之认识客体:实定刑法条文

四要件是形式化的犯罪论体系,"犯罪成立条件"在于刑法规定,就必然以实定刑法条文作为认识客体(体系构建素材)。这一点,在苏俄学者那里表现得尤其明显。例如,对于"违法性",对于三阶层而言多是超法规的评价,而苏俄学者则从实定法条中理解。不但特拉伊宁如此,皮昂特科夫斯基也是如此,他提到:"在许多场合,法律把社会危害性(违法性)这一特征,特别列入个别犯罪概念中(例如,非法剥夺他人自由)……盗窃,就是故意地非法地把国家财产或公共财产转为己有的行为……杀人就是违法地故意或过失地剥夺他人生命的行为。"③我国学者也认为,"刑法对犯罪构成的规定,由刑法总则与刑法分则共同实现。刑法分则规定的是各种具体犯罪的具体构成要件;总则规定了各种具体犯罪的共同要件。"④

从这个意义上说,作为"犯罪成立体系"的四要件,只能是规范论的犯罪论体系,但与规范论三阶层并不相同:四要件的"规范"仅指实定刑法规范,而三阶层的"规范"泛指与"评价对象"相对应的"对象评价",可以是超法规的。

---

① 赵秉志:《刑法总论》,中国人民大学出版社 2007 年版,第 144 页。

② [苏]A. H. 特拉伊宁:《犯罪构成的一般学说》,王作富等译,中国人民大学出版社 1958 年版,第 60 页。

③ [苏]A. A. 皮昂特科夫斯基:《社会主义法制的巩固与犯罪构成学说的基本问题》,载中国人民大学刑法教研室编译:《苏维埃刑法论文选译》(第 1 辑),中国人民大学出版社 1955 年版,第 129 页。

④ 高铭暄、马克昌:《刑法学》(第五版),北京大学出版社、高等教育出版社 2011 年版,第 50 页。

3. 应澄清的误解[①]

通说认为，四要件"将行为的不同构成部分划分（或分解）为不同要件"，亦有学者称为"行为四分法"[②]，是"综合性一次评价体系"；而三阶层则是"将行为整体的不同意义划分为不同要件"，是"多次评价"的体系[③]。基于对认识客体的分析，这样的见解就不能成立了。

四要件以规范论为立场，是对"法条"规范进行实证分析，是法实证主义，就不可能"将行为的不同构成部分划分为各个要件"，否则就会出现逻辑矛盾："客体"作为规范要素，显然不能由存在意义上的"行为"划分出来。所以，四要件实际上是"将刑法条文规定划分为四要件"。

而"将行为的不同构成部分划分为各个不同要件"的不是四要件，而是贝林的三阶层。以故意毁坏财物罪为例，在构成要件前的行为阶层，我们看到的只是"人所实施的"（只看到人的外在肢体活动）；在构成要件，看到了行为的特征及人之外的房子（行为对象、结果等）——原来他在"拆毁"他人房屋；在违法性阶层，看到了房屋所有人的反应——他同意还是不同意；在责任阶层，则看到行为人的内心。[④]

"将行为整体的不同意义划分为不同要件"的，不是所有的三阶层，而只是日本三阶层。小野认为，刑法对行为要经历构成要件、违法、有责的三重评价才得出犯罪的结论。[⑤] 但对于贝林的三阶层来说，其每个阶层都不是"对象评价"，而是"评价对象"，即只是为相应的评价提供对象或素材。

（三）基于体系构建工具及方法（认识中介）的考察

1. 认识工具：刑罚要素 VS 语法要素

作为"刑法学上的认知体系"，犯罪论体系的建立首先与其构建工具（体系之要素）有关，其"必然在体系要素——也就是个别的概念——澄清到一定程度的时候，方才会发生"[⑥]。而体系产生后，就"为原先互不关联

---

① 潘星丞：《构成要件理论的误解与澄清——兼与何秉松、陈兴良等教授商榷》，《政法论坛》2015年第3期。

② 林亚刚、邹佳铭：《行为四分法之初探——兼反思我国犯罪构成模式》，《当代法学》2009年第3期。

③ 李洁：《三大法系犯罪构成论体系性特征比较研究》，《刑事法评论》（第2卷），中国政法大学出版社1998年版，第417—464页；赵秉志、肖中华：《我国与大陆法系犯罪构成理论的宏观比较》，《浙江社会科学》1999年第2期。

④ ［德］恩施特·贝林：《构成要件理论》，王安异译，中国人民大学出版社2006年版，第65—126页。

⑤ ［日］小野清一郎：《犯罪构成要件理论》，王泰译，中国人民公安大学出版社2004年版，第29—39页。

⑥ 许玉秀：《当代刑法思潮》，中国民主法制出版社2005年版，第54页。

的法律材料提供了一个意义重大的整理标准和共同原则的标准"①。

（1）"刑事可罚条件体系"的要素：刑罚要素

这种定义下的犯罪论体系的目的在于，为刑罚的正当性根据作出合乎逻辑的说明。"现代刑法建立在这样的假设之上：若无相反证据，人们能够选择是否参与犯罪；如果选择参与犯罪，将对其导致的违法负有责任并因此应受惩罚。"②刑事责任的根本问题是因何事（for what）而受惩罚及惩罚何人（to whom），这往往要从违法与有责上去寻找答案。③ 因为，违法与有责体现着对行为人的评价，这种评价最终与刑罚评价直接相关。刑罚只能施用于违法且有责的行为人，违法与有责都是刑罚要素。

基于此，沃尔夫冈·诺克（Wolfgang Naucke）认为，任何一个犯罪行为必须是符合具体罪行定义的、违法及有责的行为，这是刑罚正当化的最基本条件，一切实定刑法的实施都必须符合犯罪论体系，以符合刑罚正当化的要求。④ 罗克辛也表示，行为、构成要件该当性、违法性、罪责是一切应受惩罚的举止的共同特征，它们为原先互不关联的法律材料（Rechtstoff）提供了一个意义重大的整理标准和共同原则的标准。而且，这种刑法理论的合理性不是从制定法中获得的；相反，制定法要服从于这一理论。⑤

严格说来，"刑事可罚性条件体系"比"法定犯罪成立条件体系"更为广延。从限制刑罚权发动的含义上，它能毫无困难地包括犯罪成立条件之外的客观处罚条件，还能将预防必要性纳入考虑（如罗克辛那样）。

因此，行为、构成要件、违法、有责，甚至客观处罚条件等，都可以成为"刑事可罚条件体系"的基本要素，并因"构成要件—违法—有责"这一核心架构而呈现出三阶层的特征。

（2）"法定犯罪成立条件体系"的要素：语法要素

四要件不以说明可罚性理由为目标，只是将法条进行"分析"。可以说，四要件就是法条结构分析体系。但法条是如何被"分解"为四要件的呢？

从法实证主义看，刑法法条表现为一定的语句。四要件作为法条分析结构体系，其实就是该语句的语法结构分析体系。以故意杀人罪为例，其

---

① Vgl. C. Roxin, Strafrecht Allgemeiner Teil，Band I，3. Aufl.，C. H. Beck，1997，§7，Rn. 4.

② David Ormerod，Smith and Hogan's Criminal Law（13th），Oxford University Press，2011，p. 37.

③ R. A. Duff，Answering for Crime：Responsibility and Liability in the Criminal Law，Hart Pub.，2007，pp37-79.

④ Wolfgang Naucke，An Insider's Perspective on the Significance of the German Criminal Law Theory's General System for Analyzing Criminal Acts，305 BYU L. Rev. 305（1984）.

⑤ Vgl. C. Roxin, Strafrecht Allgemeiner Teil，Band I，3. Aufl.，C. H. Beck，1997，§7，Rn. 4.

法条的语法结构及四要件的提炼过程是这样的：

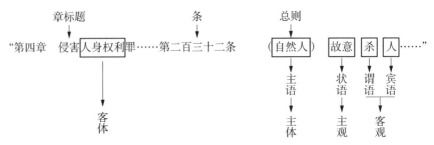

四要件之法条语法体系图

　　根据法条的语法结构"章—条（主—状—谓宾）"来认定的犯罪构成，就是特殊的犯罪构成，它基本上是以分则条文为依据的，与特拉伊宁的犯罪构成同义。在这个层面上，特拉伊宁认为，犯罪构成的因素不能是客体、客观方面、主体与主观方面，而只能是"表明"这四类因素的因素：（1）表明犯罪客体的构成因素；（2）表明犯罪客观方面的构成因素；（3）表明犯罪主体的构成因素；（4）表明犯罪主观方面的构成因素。[①]

　　如果将法条的四个语法要素予以抽象，特殊的犯罪构成就成了一般的犯罪构成，上述四要件就成了客体、客观方面（谓语对应行为，宾语对应结果，二者是客观方面的完整表述）、主体与主观方面，这就是我们通说的四要件，也是皮昂特科夫斯基的犯罪构成理论。[②] "个别犯罪构成列于刑法法典分则之内，我们将个别犯罪构成加以概括化，由此而创造关于犯罪构成的一般概念。……在关于犯罪构成的概说中，要研究一切犯罪所具有的犯罪客体、犯罪构成之客观因素、犯罪主体与犯罪构成主观因素等等之通性。"[③]

　　将法条划分为语法要素的初衷在于严格地遵守罪刑法定，使得案件事实与法条可以一一对应地进行涵摄，但问题在于：（1）各语法要素之间的关系是什么，并没有明确。（2）如果涉及不同法条，就有可能产生混乱。比如说，正当防卫的情况下，就既要适用第二十条正当防卫的规定，又要适用

---

① ［苏］A. H. 特拉伊宁：《犯罪构成的一般学说》，王作富等译，中国人民大学出版社 1958 年版，第 98—100 页。

② ［苏］A. A. 皮昂特科夫斯基：《苏堆埃刑法总论》（第一卷），列格勒 1928 年版，第 241 页。转引自：［俄］H. Φ. 库兹涅佐娃、［俄］И. M. 德日科娃：《俄罗斯刑法教程（总论）》（上卷·犯罪论），黄道秀译，中国法制出版社 2002 年版，第 175 页。

③ ［苏］苏联司法部全苏法学研究所：《苏联刑法总论》（下册），彭仲文译，大东书局 1950 年版，第 315—316 页。

第二百三十二条故意杀人罪的规定。这时,如何将第二十条的规定插入第二百三十二条的四个语法要素中,就有了争议。

2. 认识方法:康德正义论 VS 黑格尔辩证法

在认识方法上,四要件也是建立在方法二元论的基础之上的,评价对象与对象评价是分开的,而且对作为规范的法条采取实证主义的分析方法,即法实证主义。

与三阶层相比,其认识方法的差异不在于方法一元论与方法二元论的不同(两种体系均有方法二元论),而在于四要件完全不理会康德正义论的哲学思想,而是注重黑格尔辩证法。

如前所述,雅科布斯认为,"古典欧洲"的刑法是建立在康德正义论哲学的基础上的,强调正义与理性。但由于意识形态的原因,在德国有巨大影响的康德的正义理性思想与德国刑法学一样受到抵制,而黑格尔主义因为"辩证唯物主义"而成为中俄四要件的主要方法。对此,我国已有学者指出,苏维埃学者之所以坚持主客观要件相统一的犯罪构成,主要是采用了唯物辩证法。[①] 黑格尔的辩证统一是指对立统一。例如,皮昂特科夫斯基认为,"辩证唯物主义在考察人们的行为时所持的出发点,是行为中的客观因素和主观因素的统一。……人们行为中的主观和客观的辩证统一,乃是正确了解社会主义刑法上的犯罪构成的基础。犯罪构成永远是犯罪行为必要的客观特征和主观特征的统一。"[②]特拉伊宁也要求客观因素与主观因素"辩证地结合"。[③] 而且,辩证统一还包括既互相分立又互相依存的含义,这使得四个要件虽然形式上有所区分,但是都采取了循环定义的方式,"一存俱存,一无俱无"。

而且,基于康德哲学,人们不得不思考犯罪成立条件的实质合理性,并将正义、理性的观念贯穿在法系统的内部功效的考察中。基于黑格尔辩证法,犯罪是"否定",刑法是对犯罪的"再否定",即"否定之否定",犯罪论体系的构建者更注重从法系统的外部机能上考虑问题[④],只强调犯罪成立条

① 陈兴良:《犯罪论体系的去苏俄化》,《政法论坛》2012 年第 4 期;薛瑞麟:《对话〈刑法知识去苏俄化〉的作者》,《政法论坛》2008 年第 11 期。

② [苏]A. A. 皮昂特科夫斯基:《社会主义法制的巩固与犯罪构成学说的基本问题》,载中国人民大学刑法教研室编译:《苏维埃刑法论文选译》(第 1 辑),中国人民大学出版社 1955 年版,第 132 页。

③ [苏]A. H. 特拉伊宁:《犯罪构成的一般学说》,王作富等译,中国人民大学出版社 1958 年版,第 15 页。

④ [德]格吕恩特·雅科布斯:《行为 责任 刑法——机能性描述》,冯军译,中国政法大学出版社 1997 年版,第 101—104 页。

件的形式合理性——法条,有犯罪(否定)就必须有刑罚(否定之否定),这是无须怀疑的,根本无须思考犯罪成立条件的实质合理性。

(四) 四要件与三阶层差异的实质

如前所述,四要件作为"法定的犯罪成立条件体系",主要回答"为什么成立犯罪"的问题,它直接的答案是形式的"因为符合法定犯罪构成",但从其内容可以找到实质答案"因为具有社会危害性";对于"为什么应当处罚",它的回答只是形式的"犯罪构成是刑事责任的唯一根据",没有回答为什么犯罪构成是刑事责任的唯一根据。三阶层作为"刑事可罚条件体系",则从实质上回答了"为什么应当处罚"的问题,受处罚者是实施了类型性行为的、违法且有责的人。对于四要件而言,依法认定犯罪是唯一任务;对于三阶层而言,判断犯罪是否成立只是其任务的副产品:刑事可罚者,则成立犯罪。二者是形式与实质的关系,并非同一范畴。当然,应当注意的是,说四要件是个形式的犯罪论体系,并不是说它不包括"客体"这一实质要素,只是说它不从实质上回答"为什么可罚"这一问题。

我国学者冯亚东教授对于四要件的机能描述,精确地体现了其形式性的特征。他认为,犯罪论体系是犯罪认知体系,犯罪认知就是"将刑法文本同案件事实相对接而识别'犯罪'"的问题,即刑法规范与案件事实如何"对接"的问题,即"对事实按规范的刚性要求……无遗漏比对筛选",使得纷繁复杂的案件事实能在原则笼统的法律条件中"归位"。[1] 这其实就是刑法规范与案件事实的涵摄对应,是建立在"找法""释法"基础上的形式的"用法"——它只关系实定法与案件事实的一一对应,并不关心"用法"是否符合法背后的立法者目的或法理蕴含。从这个意义上说,我国的犯罪构成就是司法上如何运用刑法去认知犯罪的技术性问题,它同试图将"刑法"解释得清楚实用的注释刑法学相关。[2]

诚然,四要件是建立在社会危害性的基础上的,内含实质因素(尤其是客体),但形式与实质是相对而言的。对于"为什么成立犯罪",四要件回答"因为有社会危害性",这是实质的;对于"为什么应当处罚",四要件基本不关心,或者仅是回答"犯罪构成是刑事责任的唯一根据",这就是形式的。甚至可以进一步说,"为什么成立犯罪"与"为什么应当处罚"这两个问题相较而言,前者是形式的,后者是实质的。四要件重在回答前者,而三阶层完全建立在对后者的回答之上。"成立犯罪"的后果往往是"处罚",这才是行

---

① 冯亚东:《犯罪认知体系视野之下的犯罪构成》,《法学研究》2008 年第 1 期。
② 冯亚东:《犯罪认知体系视野之下的犯罪构成》,《法学研究》2008 年第 1 期。

为人最关心的。因此,在判断"犯罪成立"的过程中,有必要进一步从实质上考虑"为何处罚"或"应否处罚"的问题,这就有必要借助三阶层的思维。

可见,四要件与三阶层分别为形式与实质的犯罪论体系。四要件既然是形式的犯罪论体系,它就不能为刑罚可罚性根据提供说明。可以说,所有对四要件的批评,都是从与"可罚性"相关的评价的角度对之提出了不应有的要求。例如,要求四要件能区分违法、有责这两种可罚性要素,但四要件本身就不需区分这二者,此二者也无法表现为法条的语法成分。实际上,从一方的逻辑去衡量另一方,总会得出另一方"有缺陷"的结论。例如,在四要件的主观构成中,既有表明反价值的对事实结果的故意(构成要件故意),也有表明责难的对违法的意图(违法意识)。在三阶层看来,其内部各要素的性质并不统一,是有缺陷的。而三阶层的客观因素,既包括违法性,也包括客观处罚条件。从四要件来说,这就是将法条内容中的客观要素分散在两个不同的要件中,不利于完成法条与事实的"涵摄",从而也是不科学的。

当然,由于刑法的适用最终是要解决刑罚可罚性问题,而不能仅仅只从立法规定上分析犯罪成立要件——这是立法论的范畴,或者在刑罚可罚性得出肯定结论后分析某一犯罪的成立条件——这是事实学或犯罪学的范畴。换言之,对于定罪前的法解释与定罪后的法检验(即事实分析,检验定罪结论是否合乎法条规定,以便确定罪刑法定原则得到执行)而言,四要件是合适的,但对于定罪过程,则是确定刑罚可罚性的过程,三阶层就比较合适了。二者的作用场域不同,不存在矛盾的可能。四要件确定的是以法条形式表现的"教义",而这个"教义"是如何适用到个案中去的,则没有涉及。因此,无论何种体系思维都是可选项,而这个体系思维往往只能表现为三阶层。四要件并没有指出法官思维应遵循的体系,因而虽然可以在司法中适用,但是适用的过程因缺乏体系框架的指导,法官的逻辑就是不可控的,也是不容易察知的。但可以肯定的是,三阶层的逻辑与法官思维并不存在矛盾。

三、对四要件的批判的重新审视

如前所述,四要件主要是对法条的语法分析结构,其犯罪成立条件的作用在于实现罪刑法定,而不在于统制法官的司法思维,不关心为什么刑罚可罚的问题。而三阶层对四要件的批判,往往是站在自己的立场上对四要件提出了太多的要求,这使得三阶层的批判往往并不成立。

我国学者对于四要件的批判,都是基于三阶层机能的比较而引发的,分为两类：(1)基于构成要件机能而引发的批判,因为三阶层的构成要件处于违法、罪责之前,体现了客观先于主观,事实判断先于价值判断,而四要件却无法实现此功能;(2)基于违法、有责机能而引发的批判,因为三阶层以违法、有责为支柱,可以正确认定共同犯罪,而四要件则不能。以下对这些批判加以审视。

(一) 客观判断必须优先于主观判断吗?

1. "客观先于主观"有无理论依据?

我国学者主张"客观先于主观"的依据主要在于,三阶层的构成要件与违法性是客观的先于主观的责任判断。

陈兴良教授认为,构成要件作为犯罪论体系的第一阶层,其内容本来就是客观的,是被苏俄学者错误改造为"总和"的:(1)费尔巴哈的构成要件只是客观的,并不包含行为人的主观要件;(2)塔甘采夫的犯罪构成虽然已包含主客观要素,但是仍然不是犯罪成立条件的总和,因为犯罪主体与犯罪客体尚在所谓的犯罪构成之外;(3)特拉伊宁将犯罪构成改造成为犯罪成立条件的总和,使犯罪构成成为"没有构成要件的犯罪构成"。而德国学者贝林坚持构成要件的客观性,并在此基础上建立犯罪论体系,使构成要件概念得以发挥其机能。特拉伊宁站在主客观统一的"犯罪构成"的立场上,指责贝林人为地割裂犯罪构成的统一概念,是没有道理的。贝林只是将主观内容放在有责性中讨论。[①]

但这一段知识考古并不能为"客观先于主观"找到理由。实际上,使用三阶层体系的德日学者,基本上也都没有强调"客观先于主观"。

(1) 构成要件虽属犯罪论体系的第一阶层,但这不能为"客观先于主观"提供理由。从本体论的观点看,主客两面是不可分的,谈不上谁先谁后的问题。在古典体系时期,虽然客观的构成要件与违法性在主观责任之前,但是作为客观的处罚条件就是位于主观责任之后的。新古典体系时期,构成要件已含主观要素(目的等),该主观要素就处于违法性之前。及至目的论体系,故意已由责任阶层移入构成要件阶层。在构成要件阶层里,主观构成要件与客观构成要件并列,理论上并未明确说明谁先谁后。甚至,目的行为论强调主观目的对客观因果的操纵,客观不法决定于主观不法。当时占据统治地位的,一直是韦尔策尔的主观归责理论;直至罗克辛于20世纪70年代提出客观归责理论,客观不法才占据上风。

(2) "客观违法、主观有责"也不能为"客观先于主观"提供理由。陈兴

---

① 陈兴良:《四要件:没有构成要件的犯罪构成》,《法学家》2010年第1期。

良教授还认为,"基于'违法是客观的,责任是主观'的命题,不法与责任的位阶性,也就是客观要件与主观要件的位阶性"。[①] 但从目的论体系开始,这种"客观违法、主观有责"的划分本身就是有问题的,因为违法的评价对象除了客观要素外,还包括主观要素(如故意),责任的评价对象亦包含主客观两面。日本学者大塚仁从新康德主义的立场也得出这一结论,并认为"客观违法、主观有责"应作新的理解:"客观违法"之"客观"不能再是评价对象之客观,而应转变为评价标准之客观,即从一般人角度来评价,"主观有责"则是从行为人角度而为的评价。[②]

2. 实践检验:"客观先于主观"有无实践优势?

我国的三阶层论者认为,"客观先于主观"可防止主观归罪,并以相应的案例进行说明。因此,笔者亦对这些案例进行相应的检验,看看客观优先或主观优先与主观归罪有何关系。

(1)案例1:司机骗车案

基本案情:王某以虚假的身份证明到某公司应聘驾驶员。上班的第一天,王某在出车途中借机将车开走,并将该单位的汽车据为己有。之后,王某以同样的手段占有了另外三家公司的小轿车,每辆小轿车的价值在10万元至20万元不等。

《检察日报》2009年10月14日第3版刊登了这一案例,原案例分析的作者认为,王某的行为构成诈骗罪,理由是:首先,王某诈骗犯罪的主观故意贯穿全案始终;其次,王某在客观方面符合诈骗罪的行为特征。

陈兴良教授认为,原案例分析的作者先论述王某主观有故意,之后才论述其实施了诈骗行为,即先作主观判断,后作客观判断,所以才得出诈骗罪的错误结论。他认为,如果依照三阶层理论,本案显然应定职务侵占罪。其论证过程简述如下:犯罪构成四要件体系和犯罪三阶层体系不同的关键就在于,先作客观判断还是先作主观判断。犯罪三阶层论体系是先作客观判断,再作主观判断。如果先作客观判断,王某的应聘行为就不是一个诈骗行为。即使是以诈骗为目的去应聘,其应聘行为也不属诈骗罪的构成要件该当行为。王某的构成要件行为乃是利用其作为驾驶员的职务便利占有公司财物,这样一个客观要件决定了该行为是职务侵占行为。在确定这一客观判断后再来判断主观要件。从主观目的来看,王某有诈骗目的,

---

① 陈兴良:《犯罪论体系的位阶性研究》,《法学研究》2010年第4期。

② [日]大塚仁:《刑法概说(总论)》(第三版),冯军译,中国人民大学出版社2003年版,第304—305、309页。

根据是他取得职务身份的行为具有诈骗的主观目的,因此不影响定罪,只影响量刑。如果先作主观判断,认为王某主观上有诈骗故意,然后判断客观行为是诈骗行为,那么他具有了主观诈骗目的,客观上怎么会不是诈骗行为呢? 这就会由一个错误导致其他错误。[①]

然而,陈兴良教授对于四要件的这一批评是值得商榷的。原案例分析者的错误不在于"从主观到客观",而是没有遵循"主客观相统一"原则。王某有所谓的"诈骗意图"时,还没有实施诈骗行为,这种"诈骗意图"并不真正属于刑法上诈骗罪的"诈骗故意",而属犯罪实施之前的犯罪计划或动机;王某实施将车开走的行为时,也无需"虚构事实"或"隐瞒真相",他只需要将已合法占有的车开走不交还即可,其客观行为是职务侵占,相对应的主观意图也是职务侵占,按主客观相统一原则,无疑应认定为职务侵占罪。因此,"无论是以犯罪构成四要件说分析,还是用德日犯罪三阶层论分析;无论是先主观判断后客观判断,或是先客观判断后主观判断,均不会对案件的性质判断有实质的影响。"[②]亦有的学者认为,"采用何种犯罪论体系与案件定性并没有直接联系。"[③]

(2)案例2:运输假毒品案[④]

基本案情:胡某找到被告人张某,让其帮运两个包裹,并表示这两个包裹内装有毒品,实际上包裹内是尸体。被告人按照胡某的安排,乘出租车将"毒品"送达到指定地点。法院审理后认定,被告人成立运输毒品罪的未遂犯,并判处了有期徒刑。

分析者认为,在客观上,被告人运输的并非毒品,"不可能侵害毒品犯罪的保护法益,或者说不可能产生危害公众健康的危险……一个客观上运输尸体的行为,无论如何都不可能因为行为人误以为是毒品就成为运输毒品的行为"。[⑤] 如果按照先客观后主观的思路,就不会产生主观归罪的错误。

但实际上,这与主、客观之争毫无关系。本案所涉及的是未遂犯与不

① 陈兴良:《刑法阶层理论:三阶层与四要件的对比性考察》,《清华法学》2017 年第 5 期;陈兴良:《定罪的四个基本原则》,《检察日报》2009 年 11 月 5 日;陈兴良:《犯罪论体系的去苏俄化》,《政法论坛》2012 年第 4 期。

② 欧锦雄:《复杂疑难案件下犯罪构成理论的优劣对决——犯罪构成四要件说与德日犯罪三阶层论的对决》,《中国刑事法杂志》2011 年第 3 期。

③ 刘卉、刘金林:《不同犯罪论体系不会影响司法统一》,《检察日报》2009 年 12 月 11 日。

④ 张明楷:《阶层论的司法运用》,《清华法学》2017 年第 5 期;孙运梁:《阶层式犯罪论体系的位阶关系及其实践优势》,《华东政法大学学报》2018 年第 6 期。

⑤ 张明楷:《阶层论的司法运用》,《清华法学》2017 年第 5 期。

能犯的区分,有很多类似的教学案例,如空枪杀人、误以为白砂糖是砒霜而投毒、误认尸体为活人而射杀,等等。争议的焦点在于:究竟是未遂犯还是不能犯? 二者区分的标准是有无真实的危险存在。即使按客观优先的原则,在这类案件中,也应当判断是否存在法益侵害的危险。而判断的标准主要有具体危险说(日本通说)与抽象危险说(德国通说),这两种学说分别以一般人的认识(具体危险说)或行为人的认识(抽象危险说)为基础,以一般人的标准进行判断有无危险的存在,而不是以客观事实为基础,依据因果法则对有无危险进行事后的判断(客观危险说)。上述案例,只有按照客观危险说才是"没有危险的",但客观危险说缺少支持者。因为,如果完全脱离行为人或一般人进行事后的判断,构成要件就不能发挥一般预防的功能。构成要件的警示机能,应当是以一般人为标准的判断。一般人认为有危险,行为人就应当避免这种危险的发生,从而具有一般预防的机能。因此,这类案件,在德日三阶层的语境下,即使客观优先,无论具体危险说还是抽象危险说,都只能认定为未遂犯。不能犯的结论只能出于客观危险说,而不可能是"客观优先于主观","客观优先于主观"也不是三阶层的实践优势。

(3) 案例 3:真假名牌案

基本案情:甲参加聚会时,发现一件和自己穿的假名牌外套外观一样的真名牌外套,于是将自己的外套放在真名牌外套旁边。聚会结束时,甲仔细辨认,将自己的假名牌外套穿回家(事实一)。仅从客观而言,不能认定甲构成任何犯罪,但如果考虑主观,甲意图调包,以盗窃的故意,仔细辨认后,自以为拿走他人的真名牌外套,但事实上拿走的仍是自己的假名牌外套,这时容易让人误以为甲的行为是盗窃未遂。[①]

事实上,这也是危险的认定问题。不论依据具体危险说(日本)还是抽象危险说(德国),该案都会认定为未遂。只有依据客观危险说,才有可能认定为不能犯,从而不构成犯罪。这与"客观优先"还是"主观优先"毫无关系。而且,即使从客观来看,如果主观上欲调包,其在客观上往往具有不同特点,如东张西望、利用他人不在场时进行辩论、拿了衣服立即低头离开……因此,根本不能说有无主观犯意,其客观表现完全一致。

(二) 形式判断(事实判断)优先于实质判断(价值判断)

1. 事实判断先于价值判断有无理论依据?

"事实判断先于价值判断"的理论依据主要有以下几种,分别评析如下:

---

① 张明楷:《阶层论的司法运用》,《清华法学》2017 年第 5 期。

（1）从四要件看，所谓四要件的"实质判断先于形式判断""价值判断先于事实判断"，主要是说四要件以客体或社会危害性作为判断第一要件[①]，但这并不准确。社会危害性并不是四要件中的一个独立要件，反而是社会危险性的判断需要依靠四个要件共同来进行；犯罪客体的作用主要是为法条的解释提供指导，从而确定客观与主观的范围。例如，诬告陷害罪的客体是人身权，而不是司法秩序，这就是对该罪的客观方面与主观方面提出一定的限制。经被害人同意的诬告就只是侵害司法秩序，不可能构成诬告陷害罪。就此而言，四要件将客体放在第一位并无不妥。实际上，如果单从犯罪论体系的定罪功能来看，"先实质后形式"并无不妥，"先考虑犯罪客体要件，实际上等于先定罪"[②]也无不当。因为，客体作了"入罪"判断，在其他要件中仍然可以"出罪"，只有四要件评价完成后才能定罪。三阶层体系的判断过程就是典型的"先入罪后出罪"。

（2）从三阶层看，我国的三阶层论者主张形式判断优先于实质判断，或事实判断优先于价值判断，大多是从构成要件该当性的判断先于违法、有责判断来说的。然而，在"新构成要件论"提出后，构成要件与违法性合二为一，称为"不法"。构成要件完全被实质化理解为"典型不法"，而不再是形式上的概念。也就是说，犯罪论体系的判断仅剩下两个实质判断：不法与罪责，更无所谓"形式先于实质"了。

（3）从总则与分则的关系看。陈兴良教授还提供了一个新的视角，即"分则与总则"。他认为，构成要件是特殊的，以刑法分则规定的为限，而故意、过失等主观要素，以及责任能力等主体要素是由刑法总则规定的。在三阶层中，属分则性的构成要件只是形式判断，违法、责任是实质判断，不属构成要件内容；而四要件是一个总则性的犯罪构成。这涉及定罪是从总则开始，还是从分则开始的问题。四要件是由客体（总则）开始的，容易先对社会危害性作实质判断，先入为主；而三阶层则由客观构成要件（分则）开始，先进行形式判断，再进行实质判断。从知识考古看，费尔巴哈的构成要件是分则的，贝林的构成要件是分则的，小野清一郎也支持这一观点[③]，而特拉伊宁也强调分则条文中的内容才是犯罪构成的因素[④]，更接近于贝

---

① 陈兴良：《刑法阶层理论：三阶层与四要件的对比性考察》，《清华法学》2017 年第 5 期；孙运梁：《阶层式犯罪论体系的位阶关系及其实践优势》，《华东政法大学学报》2018 年第 6 期。

② 周光权：《犯罪论体系的改造》，中国法制出版社 2009 年版，第 42—51 页。

③ ［日］小野清一郎：《犯罪构成要件理论》，王泰译，中国人民公安大学出版社 2004 年版，第 69 页。

④ ［苏］A. H. 特拉伊宁：《犯罪构成的一般学说》，王作富等译，中国人民大学出版社 1958 年版，第 61 页。

林的观点,但其在不得已接受"犯罪构成是刑事责任的根据"后,才"艰难而无奈"地转向总则性的犯罪构成。① 然而,这种说法并无说服力。以贝林为例,贝林虽然认同构成要件对于分则的犯罪类型的依赖性,但是反对将构成要件与"刑法各论分则"(即"单独的犯罪类型")"混为一谈"。② 实际上,他将属分则罪状的故意、过失放在责任中,将客观处罚条件也抽出来,放在责任之后论述,这样岂不是"形式"(分则之主观要素)处于"实质"(违法性)之后了吗?

2. 事实判断先于价值判断有无实践优势?

我国的三阶层论者认为,事实判断优先于价值判断,可发挥违法性的保障机能、个别化机能、违法推定机能、故意规制机能等。支持者列举了若干案例,兹重新审视如下:

(1)贱卖股票案

基本案情:2002 年 4 月 29 日至 5 月 10 日,被告人朱建勇利用事先获悉的账号和密码,侵入被害人陆正辉、赵佩花夫妇在证券营业部开设的股票交易账户,然后篡改密码,并利用陆赵夫妇的资金和股票,采取高进低出的方法进行股票交易,造成资金损失 19.7 万余元。在判决书中,法官以对被告人朱建勇的行为能否用刑法评价为题专门作了论证,该论证首先引用了我国《刑法》第二条关于刑法任务的规定和刑法第十三条关于犯罪概念的规定,最后引用《刑法》第二百七十五条关于故意破坏财物罪的规定,由此得出结论:"被告人朱建勇为泄私愤,秘密侵入他人的账户操纵他人股票的进出,短短十余日间,已故意造成他人账户内资金损失 19.7 余万元。这种行为,侵犯公民的私人财产所有权,扰乱社会经济秩序,社会危害性是明显的,依照《刑法》第二百七十五条的规定,已构成故意毁坏财物罪,应当受刑罚处罚。"③

陈兴良教授认为,"以上论证,十分典型地反映了从总则性规定到分则性规定的定罪思维方法论。"④

这种观点也是值得商榷的。本案法官引述刑法总则关于刑法任务与犯罪概念的规定,对于案件定性并无影响,甚至可以说,这种引述根本就是"多余的"。影响本案定性的,仅仅是高进低出的贱卖股票的行为是否"毁

---

① 陈兴良:《四要件:没有构成要件的犯罪构成》,《法学家》2010 年第 1 期;陈兴良:《犯罪论体系的去苏俄化》,《政法论坛》2012 年第 4 期。
② [德]恩施特·贝林:《构成要件理论》,王安异译,中国人民大学出版社 2006 年版,第 7、21—22 页。
③ 《最高人民法院公报》(2004 年卷),人民法院出版社 2005 年版,第 305 页。
④ 陈兴良:《犯罪论体系的去苏俄化》,《政法论坛》2012 年第 4 期。

坏财物"，这就是分则法条的解释问题了。如将这种行为解释（无论是扩大解释还是类推解释）为"毁坏财物"，则无论四要件还是由"构成要件"开始的三阶层说，都会得出该行为构成故意毁坏财物罪的结论。

（2）高速撞人案①

基本案情：胡某在高速公路驾车行驶，在经过隧道时，未遵守限速，也未开大灯。进入隧道之后，有一老人横穿马路，胡某躲避不及，撞击老人。之后，胡某既不报警，也不救助伤者，查看车辆之后开车离去。其后通行的多辆汽车碾压了被撞的老人，致其终死亡。后胡某被决定以交通肇事罪批准逮捕。②

分析者认为，从四要件看，由于价值判断优先，容易充足构成要件。首先，具备犯罪客体，因为存在被害人死亡的结果；犯罪客观要件也存在，因为嫌疑人有违反道路交通法的行为，且肇事后逃逸；而且犯罪主体、主观要件亦具备。而三阶层先进行事实判断（行为人造成了他人的死亡结果），后进行价值判断（该死亡结果无法归咎于行为人），因此不构成犯罪。

但这一分析也值得商榷。按四要件，本案固然侵害了犯罪客体，但客观方面却未构成，因为因果判断与归责判断都是客观方面要件的内容。三阶层的构成要件阶层可以区分因果判断与归责判断，四要件的客观方面要件同样可以包含这两部分，这实际上就是必然因果说：司机的交通违法行为与老人的死亡之间只有偶然因果关系（因果关系），没有必然因果关系（归责关系）。这里的关键不在于司机违法，而在于老人在高速公路的隧道中横穿马路，这是一个偶然事件。

（三）位阶性优于平面性

客观先于主观、事实判断先于价值判断，都体现为一种顺序要求，不少学者将其与位阶性相联系，认为只有位阶性才能保证在定罪判断上客观先于主观、形式先于实质。位阶性有两层含义：其一，各要件之间不可变更的顺序性（而四要件的排序是可以变更的）；其二，后一要件独立于前一要件（而四要件是相互依存的，是循环定义）。③

对此，笔者亦是持不同看法，详述如下：

1. 对平面性缺陷的质疑

诚然，三阶层具有位阶性特点，而四要件被认为具有平面性，但位阶性

① 孙运梁：《阶层式犯罪论体系的位阶关系及其实践优势》，《华东政法大学学报》2018 年第 6 期。
② 王庆峰：《高速路撞人不救逃逸司机被批捕》，《检察日报》2013 年 3 月 28 日。
③ 陈兴良：《犯罪论体系的位阶性研究》，《法学研究》2010 年第 4 期。

是不是一定优于平面性呢？从现有论述中，并没有得到这一结论。首先，如前所述，客观先于主观、形式先于实质的优点已被否定。其次，四要件因循环定义而相互依存的关系固然在逻辑上是不妥当的。对此，陈兴良教授作了较详细的分析。[①] 各要件之间"一存俱存，一无俱无"的相互依存关系，是以犯罪已经成立为前提的，是在犯罪已然成立的情况下，对犯罪的构成要素从四个方面加以描述[②]，不利于对犯罪成立进行判断。

　　但这种"相互依存"关系，严格来说，不是四要件体系的不足，而是刑法传统理论对各个要件的定义上的缺陷。对此，完全可以通过重新定义来解决。例如，传统理论将犯罪客体定义为"刑法所保护而为犯罪行为所侵害的社会主义社会关系"。根据这一定义，犯罪客体以犯罪行为为前提条件，即只有刑法所保护的社会关系被犯罪行为侵害时，才能成为犯罪客体。[③]如果重新定义就可避免这种"相互依存"关系。冯亚东教授对此作了有益尝试。他认为，犯罪构成只是一种法定的及理论的模型，要件是犯罪构成分解后的产物，其基本意义仍然是"模型"；分解后，诸要件相互之间绝对不能交叉重合，否则就完全违背了逻辑学的原理（整体分解为部分、部分简单相加为整体，部分与部分之间不允许重合）。[④] 在这种标准下，对四要件进行重新定义，如客体为"刑法所保护的一种权利"，犯罪客观方面为"行为外在的决定社会危害性有无或大小的诸物质因素"，犯罪主体则强调三个必备条件："（1）达到刑事责任年龄；（2）具有刑事责任能力；（3）系自然人"，犯罪主观方面"包括罪过、目的和动机"。[⑤] 这样，就从认识论的角度出发，认为四要件的关系为"一无即整体便无，一有则其余即整体待定"或"一无皆无，一有则待定"。[⑥]

　　更精确地说，循环定义之所以会出现，是因为四要件根本不是用于司法认定的，而是定罪前的立法分析或法条解释，或者定罪后的事实分析。对于已被立法或司法认定的"罪"而言，四要件根本不用发挥指导法官定罪思维的功能，其四个要件循环定义并无不可。

---

① 陈兴良：《犯罪论体系的位阶性研究》，《法学研究》2010 年第 4 期；陈兴良：《犯罪论体系的去苏俄化》，《政法论坛》2012 年第 4 期。

② 陈忠林：《刑法散得集》，法律出版社 2003 年版，第 267 页；陈兴良：《犯罪论体系的位阶性研究》，《法学研究》2010 年第 4 期。

③ 高铭暄：《刑法学（修订本）》（第 2 版），法律出版社 1984 年版，第 107 页；陈兴良：《犯罪论体系的去苏俄化》，《政法论坛》2012 年第 4 期。

④ 冯亚东：《理性主义与刑法模式》，中国政法大学出版社 1998 年版，第 173 页。

⑤ 冯亚东：《理性主义与刑法模式》，中国政法大学出版社 1998 年版，第 173—176 页。

⑥ 冯亚东：《对我国犯罪构成体系的完善性分析》，《现代法学》2009 年第 4 期。

2. 对位阶性含义的澄清

不难看出,我国学者实际上将位阶性(或阶层性)视为固定不变的前后顺序,"后者独立于前者"只是这种固定顺序的反映,但我国学者从未探究这种固定顺序的原因。"先客观后主观""先形式后实质"又均与三阶层的实际情况不符,也就不可能揭示位阶性的真实含义。那么,"位阶性"究竟为何? 可从其历史发展过程加以考察。

(1) 构成要件与违法性之位阶关系

古典体系时,贝林(Beling)将构成要件作为先于犯罪类型的客观方面(违法)和主观方面(有责)的共同的指导形象,相当于法官对案件进行归类的"钩子"①,使构成要件获得优先的地位;他还把构成要件视为违法的评价对象,而不仅仅是行为的客观方面,即构成要件应考虑"法律秩序应怎样评价外在行为",否则就"外在的行为方面"而言,无需使用一个新的专门术语(构成要件)。作为"评价对象"的构成要件就应当先于作为"对象评价"的违法性。另外,构成要件先于违法和有责,也是为了思维的经济性,使后续其他概念"完全定义于刑法的意义上"②。

新古典体系出现后,构成要件被视为违法性的认识根据或存在根据。只有先认识构成要件,才能认识违法性;或只有存在构成要件,才能存在违法性。因此,构成要件就必须位于违法性之前。

(2) 违法与罪责之位阶关系

古典体系时,李斯特(Liszt)明确提出"先违法后罪责"的顺序,但其理由并非"先客观后主观",而是基于罪责的概念。罪责是"主观上行为人因其违法行为而受到非难",或"是违法行为招致法制社会对自己的责难"③,即其罪责概念中包含了违法内涵(可称为子概念)。只有先明确"违法"这个子概念,才能明确"罪责"概念。对此,李斯特(Liszt)也明确表示,有刑事责任能力的犯罪人是故意或过失地实施了符合犯罪构成的违法行为。也就是说,刑法中的罪责问题涉及的是符合犯罪构成的违法行为。因此,刑法体系中的罪责只能在违法性学说之后进行探讨。应注意的是,违法先于罪责之探讨并非没有争议,当时也存在将罪责放在违法性前面来探讨的观

---

① [德]恩施特·贝林:《构成要件理论》,王安异译,中国人民大学出版社 2006 年版,第 8—9、30 页。

② [德]恩施特·贝林:《构成要件理论》,王安异译,中国人民大学出版社 2006 年版,第 16—18、24、63 页。

③ Vgl. F. v. Liszt/E. Schmidt, Lehrbuch des deutschen Strafrechts, 26 Aufl. Gruyter, 1932, S. 221f.

点,如葛兰特(Gerland)和迪尔(Doerr)就持这种相反意见。① 但当时,罪责条件与罪责要素的区分还未被强调,故意过失是罪责要素种类,违法意识隐藏在故意过失当中,罪责何以必须以违法性为前提仍是不够明确的。

目的论体系提出后,违法意识从故意中分离出来,才使得这种阶层性进一步明晰。所谓违法性意识,是对"违法性"这一阶层评价结论的认识。这样一来,违法性作为一个独立阶层而言,其本身是"对象评价"。但相对于下一阶层——罪责——而言,其又是罪责的"评价对象"。这样,作为"评价对象"的违法只能处于作为"对象评价"的罪责之先。

应该注意的是,我国台湾学者许玉秀教授认为,这种评价对象与对象评价的关系"已被推翻",因为违法、罪责本身都是评价,而且罪责并不完全是对违法的评价。② 因而,本书有必要就此作进一步说明。诚然,责任并不完全是对违法的评价,违法只是罪责要素"违法意识"的"评价对象",责任还包括违法意识之外的因素。同时,由于违法与罪责共同评价行为人的主观面与客观面,违法意识的对象就既包括客观的法益侵害,也包含主观的侵害故意,即一种主观(违法意识)对另一种主观(侵害故意)进行评价,这是可以理解的。违法意识不仅要认识到这样的行为会侵害法益,而且要认识到自己是故意这样行为的,而不是认为自己并无侵害故意。因此,"评价对象与对象评价"关系仍是可以维持的,只不过在更精致的层面上进行理解。③ 而且,在构成要件与违法性合为"不法"阶层后,这种"评价对象与对象评价"关系在整个犯罪论体系中更为明显。这使得:其一,不法阶层(评价对象)只能处于罪责阶层(对象评价)之前,对象评价与评价对象的关系才是"阶层性"的应有之义。④ 正如耶赛克说的,明知违法而行为,尤应受非难。⑤ 其二,不法与罪责必须一致。不法程度越高,罪责也越大,反之亦然,不可能有不法程度高而罪责低的情形。⑥ 这使得罪责原则可以成为刑罚轻重的衡量标准。在衡量刑罚轻重时,无须在罪责之外同时考虑违

---

① Vgl. F. v. Liszt/E. Schmidt, Lehrbuch des deutschen Strafrechts, 26 Aufl. Gruyter, 1932, S. 145.

② 许玉秀:《当代刑法思潮》,中国民主法制出版社 2005 年版,第 39—40、81 页。

③ 当然,从这个角度来看,如果一定要否定"评价对象与对象评价"的提法,也可以换一种说法,即"违法是罪责的评价对象,但罪责却不完全是对违法的评价"。即使如此,也使得作为"评价对象"的违法必然处于作为"评价"(而非"对象评价")的罪责之前。

④ 而我国学者对于阶层性的把握,多从"固定的顺序"这一形式特征入手,没有阐明"固定的顺序"之原因。

⑤ Vgl. Jescheck/Weigend, Lehrbuch des Strafrechts Allgemeiner Teil, 5. Aufl., Duncker& Humblot, 1996, S. 211.

⑥ 许玉秀:《当代刑法思潮》,中国民主法制出版社 2005 年版,第 81 页。

法。例如,《德国刑法典》第四十六条规定"行为人的罪责是量刑的基础",深受德国刑法理论影响的我国《澳门刑法典》第四十、六十五条均有类似规定。① 而我国有学者认为,在量刑时应同时考虑客观违法性的大小和主观有责性的大小。② 这显然是将违法与有责并列,无从体现二者的阶层递进关系。

(四)"违法、有责"优于"客观、主观"

四要件是以客观要素和主观要素为支柱建立起来的,而三阶层则以违法、有责作为体系要素(体系建构的工具)。德国学者指出:"发现不法与罪责是作为构筑刑法体系与众不同的材料……是最近这二到三代学者在释义学上最为重要的进展……这个发现是刑法释义学的重大成就而无法再走回头路。"③我国亦有学者主张"以违法与责任为支柱构建犯罪论体系"④,并批判以主、客观要素为工具而建构的四要件。具体如下:

1. 四要件无法与价值评价相对应

例如,张明楷教授认为,受苏联的影响,四要件是有缺陷的。因为"犯罪论体系应当以价值或目的作为出发点,从而能够体现评价",但主观要素与客观要素都不能单独地说明社会危害性,二者不一定能与客观危害和主观恶性相对应(如主体身份属主观,却是表明客观危害的)。⑤

但这种说法值得商榷。四要件并未要求其客观方面与"客观危害"、主观方面与"主观恶性"建立一一对应关系,其整个体系都建立在社会危害性之上。就现今的刑法通说来说,社会危害性本来就是包含主客两面的,可以由主客观方面的要素共同体现出来;三阶层也是如此,如违法性也包含主客两面(违法是既违反评价规范,也违反决定规范)。不但同一价值(如社会危害性)可由两个要素体现,而且同一要素(主观方面)也可体现两种价值(如态度非价、责任非难)。

2. 四要件缺乏基本概念

有学者认为,从抽象程度看,概念可分三个层次:第一层次是原始概念,包括行为、结果、故意等;第二层次是普遍概念,是在原始概念上抽象出来的,如客观、主观等,我国的四要件就属这一层次;第三层次是基本概念,

---

① 潘星丞:《澳门刑法典之犯罪评价体系》,《中国刑事法杂志》2012 年第 4 期。
② 如张明楷:《许霆案减轻处罚的思考》,《法律适用》2008 年第 9 期。
③ 许乃曼:《区分不法与罪责的功能》,载许玉秀、陈志辉:《不移不惑献身刑法正义——许乃曼教授刑法事法论文选辑》,台北春风煦日论坛 2006 年版,第 416 页。
④ 张明楷:《以违法与责任为支柱构建犯罪论体系》,《现代法学》2009 年第 6 期。
⑤ 张明楷:《以违法与责任为支柱构建犯罪论体系》,《现代法学》2009 年第 6 期。

是进一步抽象的结果,是作为整个逻辑体系的基础的少数的科学概念,三阶层的构成要件、违法、有责正是这样的概念。我国四要件缺失基本概念,只是"要素集合"而非"体系",只是"体系建构的初级阶段"。①

然而,为什么说客观与主观只是普遍概念而不是基本概念呢?难道其抽象程度不比违法、罪责更高吗?其实,这完全是两个不同范畴的概念,而不是层次上的差别,所以此说实不足取。

3. 四要件无法与刑罚论对应

周光权教授指出:"四要件说的先天不足在于无法区分被告人无罪时,是因为行为本身未侵害法益而无罪,还是仅仅因为行为人难以被谴责而无罪。行为人行使特殊防卫权的无罪和一个精神病人、不满 14 周岁的人实施杀害行为的无罪,在四要件说之下所受到的最终评价是完全相同的,由此带来体系思考上的难题:对无罪的理由不能进行细分,司法上也只能将此无罪的讯息告诉公众,而无法清晰告知民众法律要禁止的究竟是哪一种行为,从而无法实现积极的一般预防。"②

这种说法有一定道理,因为四要件没有采取违法、有责作为体系构建的工具,因而在无罪时,就无法区分究竟是欠缺违法性,还是欠缺有责性。但严格说来,这并不是四要件的任务,因为四要件的任务在于对"犯罪成立与否"作出判断,只有两种结论:"成立犯罪"或"不成立犯罪"。"不成立犯罪"的原因也只在于"不具备四个要件",而不是"欠缺违法或有责"。如前所述,三阶层是回答刑罚可罚性问题,而四要件则不然,因此自然无法与刑罚论对应。但由于四要件与三阶层的任务不同,作用的场域也不一致,因而同时采用二者并不矛盾。以三阶层回答完刑罚可罚性的问题后,若成立犯罪,则可以用四要件来分析犯罪成立的四个要件。当然,四要件的这种使用场域,就不再具有规范学/刑法学的意义,而只有事实学/犯罪学的意义。

4. 四要件无法与共犯论相对应

以违法与有责作为体系要素,能够妥善解决共犯的成立以及从属性程度问题,这一点被不少学者提及。例如,正犯是未成年人时,共犯(帮助犯、教唆犯)能否成立犯罪?这些问题,不区分违法与有责的四要件就难以解决。③

---

① 车浩:《犯罪构成理论:从要素集合到位阶体系》,载陈兴良:《犯罪论体系研究》,清华大学出版社 2005 年版,第 63—95 页。

② 周光权:《阶层犯罪论及其实践展开》,《清华法学》2017 年第 5 期。

③ 周光权:《阶层犯罪论及其实践展开》,《清华法学》2017 年第 5 期;孙运梁:《阶层式犯罪论体系的位阶关系及其实践优势》,《华东政法大学学报》2018 年第 6 期。

这种批评,实际上也是将四要件用在了它本不应适用的场合。如前所述,四要件体系是对法条的语法分析体系,其作用的场域有二:一是法适用之前的法解释领域,将法条切割为四要件,以便于直观掌握;二是法适用之后的事实学/犯罪学领域,对已被认定为犯罪的行为,对应法条的四要件进行检验分析,看看该定罪结果是否超出罪刑法定范畴。而罪的认定过程是法适用过程,这个过程是四要件无法顾及的,它需要一定的体系思维作指导,这才是三阶层的作用领域。以上述共犯论讨论的情形为例,二者的作用是这样的:以三阶层确定未成年的正犯不构成犯罪、成年的共犯(帮助犯、教唆犯)构成犯罪后,可以用四要件来分析正犯缺乏哪一要件(往往是犯罪主体要件),以及共犯是如何符合四要件的(当然,这里涉及的是共犯的修正的犯罪构成,这在四要件的理论中并不陌生)。

5. 四要件无法处理赃物犯罪

在赃物犯罪的场合,应以行为人明知是"犯罪所得"为前提。如果是不满 16 周岁的人盗窃所得的赃物,或者是盗窃所得但未达"数额较大"标准的赃物,就不是"犯罪"所得,即使明知而予以收购、窝藏,也不能成立赃物犯罪,这就出现了处罚漏洞。但在德日三阶层下,就不会存在以上问题,因为在这种犯罪论体系中,犯罪具有不同意义。就赃物犯罪中的"犯罪所得"而言,也只要是"符合构成要件的违法行为所得之物"就足够。

黎宏教授虽然认为"四要件无需重构",但是他认为四要件在这个问题上仍是有缺陷的。特别是对于四要件的处罚空档,黎宏教授认为,应当"树立不同意义的犯罪概念","即刑法中的'犯罪'一语,并不一定是指完全具备某个犯罪构成四个方面要件的概念,也可能是指具备某种犯罪客观要件即犯罪行为的概念"。这样,上述问题就能迎刃而解了。但他同时认为,这种说理非常勉强,最终解决该问题,只能通过刑事立法。①

而笔者认为,解决办法仍然存在——将"犯罪所得"中的"犯罪"作出符合立法原意的实质解释即可。这里的"犯罪"只是事实性概念,并不需要与作为刑法学基本范畴的规范概念"犯罪"完全一致。作为记载在法定条文中的"犯罪",应发挥国民预测功能与行为规制功能(行为规范),要按日常语意来理解,只要一般国民认为这种行为(可能)是"犯罪"即可;而作为与刑事责任相对应的"犯罪"则要经过法律专业人员的严格认定,主要发挥裁判机能。实际上,一般国民都会认为前述赃物是"犯罪所得",在司法认定赃物犯罪时,并不存在阻碍。

---

① 黎宏:《我国犯罪构成体系不必重构》,《法学研究》2006 年第 1 期。

进而言之,以赃物犯罪来说明三阶层与四要件的区别,或许是一个伪命题,因为无论哪种体系,都要求对"犯罪所得"中的"犯罪"进行解释。对于三阶层来说,这个"犯罪"并不是符合三阶层的"犯罪";对于四要件来说,这个"犯罪"也不是符合四要件的"犯罪"。

小结

综上所述,对于刑法教义学的体系思维,可以根据认识论系统论去考察作为思维工具的犯罪论体系的构建,考察视角呈现为认识论系统结构:认识客体(体系构建的素材)—认识中介(体系构建的工具、方法)—认识主体(体系构建的目的)。

三阶层是适合于刑法教义学的体系思维工具,其形式合理性(逻辑自洽性)可以从认识论系统论的视角来展开并获得证成。不同体系的差异,主要是因为在认识客体上所呈现的存在论与规范论的差异,以及在认识方法上的方法一元论与方法二元论的差异。但不论何种体系,在其认识论系统中都具有逻辑自洽性。

四要件与三阶层的差异,主要在于认识主体的目的与需求——四要件不回答"刑罚可罚性"问题,其回答"犯罪成立条件"问题,因而使用了不同的构建工具(体系要素)。三阶层为了回答"行为人是否具有刑罚可罚性",以违法、罪责为体系要素;而四要件为了回答"该犯罪的成立条件是什么",以客观、主观为基本的体系要素。这使得二者的作用场域并不相同:三阶层主要用于法适用,而四要件主要用于法适用之前的法解释,以及法适用之后的法检验(即将犯罪认定结果与刑法条文对应,检验是否合乎罪刑法定)。从刑法适用的意义上说,三阶层才是体系思维所要求的,对于规制法官的裁判思维有帮助的思维工具(注意,这不是说四要件违反体系思维,而只是说,四要件的作用场域主要不在于刑法适用)。

但是,应当注意的是:(1)客观先于主观并非三阶层的特点,亦无实践优势;(2)事实判断先于价值判断,也没有理论依据与实践优势;(3)不能将三阶层的"位阶性"或"阶层性"仅仅理解为"固定的顺序性";(4)"违法、有责"与"客观、主观"是两种完全不同的体系工具,本来就具有不同功能,不能要求四要件具有三阶层的功能。

实而言之,笔者主张体系思维,对于三阶层所展示的体系性是非常认同的,尤其是痴迷于其逻辑中蕴含的方法论。但是,笔者所不认同的是,为了使三阶层获得论战优势,而让其获得一些本不具备的"优点",同时认为这是四要件的"缺陷",这多少有点"为赋新词强说愁"了。这样的论战方式不是逻辑论证,只是立场宣示,就像一场自设靶子后再打靶的"风车大战",这种论战让三阶层有陷入误解和混乱之虞。

将三阶层与四要件分别置于两个不同的作用场域,可以从二者的论战中摆脱出来,其意义在于:(1)可以体现对传统理论所起的作用的尊重。四要件的作用主要在于"罪刑法定",这与费尔巴哈时期一致,"罪刑法定"是直到今天仍不能放弃的。(2)明白两种体系的不同任务,可以促使刑法学的任务明确转向"法的安定性",这与贝林时期一致。由"罪刑法定"转向"法的安定性",德国刑法经历了从费尔巴哈到贝林的一百年时间,它也使得"罪刑法定"能够更有保证。我国现在的司法,对于"法的安定性"的需求非常迫切,这种转型是适合我国司法现状的。(3)可以促使理论界更充分、专一地研究以三阶层为代表的体系思维,使得我国的刑法学真正实现"由注释刑法学向教义刑法学"[①]的转型。

---

① 陈兴良:《注释刑法学经由刑法哲学抵达教义刑法学》,《中外法学》2019 年第 3 期。

第四章　刑法教义学体系思维之实质合理性

所谓体系思维的实质合理性,是从体系思维所具有的功能来说的,它应当能够正确地解决个案;或者说,它所推导出来的个案处理结果或具体理论,能够合乎政策的需求。只有这样,教义分析与政策考量才能达到一致。

法教义学经历了数百年发展,体系思维具有实质合理性是不言而喻的。由于体系思维的起点就是政策,或者说作为教义的政策,因此经由体系推导的结论,必然会符合这个处于起点的政策,教义分析与政策考量必然能达到一致,这也是体系思维及由之构建的法教义学的生命力所在。

然而,由于"概念金字塔"的不断发展,由上至下的"推导"与由下至上的"回溯",路途都变得越来越漫长。稍有不慎,这种"推导"或"回溯"便无法顺利完成,从而容易令人对体系思维产生怀疑,法教义学的动摇(利益法学、自由法运动)就是这种状况的反映。虽然这种动摇随着二战后评价法学的产生而失去影响,法教义学及其体系思维也在新的基础上获得重构,但是这一漫长的体系思维过程,总是容易使得最终的结论与政策需求相脱节。

在刑法学中亦是如此。自从李斯特以体系思维为中心,使得刑法学上升为刑法教义学以来,体系思维就以犯罪论体系为载体延续至今,其间无论如何变化,犯罪论体系一直是刑法中的最核心部分,其实质合理性无庸质疑。但是,与法教义学的发展一样,随着刑法学的"概念金字塔"越来越庞大,法官在运用体系思维时,有时出现了"卡壳"与"阻塞",难以将思维起点的政策预设"推导"运用于更具体的理论或实践个案中,使得教义分析与政策考量出现脱节。人们就容易对体系思维的实质合理性产生怀疑,从而直接根据政策考量来修改个案处理结果;或者说,放弃了从体系"由因至果"地"推导"出具体的处理方案,而是根据政策需求,"由果至因"地"倒推"出具体的处理方案。

在刑法学领域,对于体系思维的质疑已非偶然,而是有逐步扩大的趋势。从具体的个案处理蔓延到抽象的方法论层面,都有学者提出了质疑。而在我国,体系思维从未真正被重视,以政策考量作为司法方法则是一种非常普遍的现象。

为了证立体系思维,有必要对这种质疑进行反驳。这个反驳也应在两个层面展开:(1)抽象的方法论层面;(2)具体的个案处理层面。而且,这种反驳是将以注重体系思维著称的德国刑法作为中心的。正是因为一些著名的德国刑法学者的质疑,才使得长期以来的刑法教义学中的体系思维产生了"修补"的必要。而我国司法中,体系思维未真正树立,也就不存在"对体系思维的质疑"。本书的任务,就是在证成体系思维的合理性之后,以体系思维对原来我国司法中的政策考量方案进行重新检讨,以实现体系思维的适用。

第一节 体系思维在抽象层面的实质合理性

一、两种法学思维模式之争议:体系思维 VS 论点思维

体系思维(体系学)与论点思维(论点学)是两种重要的法学思维方法,二者的争议是现今法学方法论讨论中最引人注目的主题。

(一) 体系思维之重要性

恩吉斯(Engisch)表示,只要法秩序的基本思想及主要价值决定彼此相一致(这也是法思想所要求的),法学就应该将此等一致性显示出来,并由此得出应有的结论——在这个意义上,必须体系性地从事法学研究。[1]许乃曼教授认为,法学以人类的社会关系为研究对象,只能以日常语言为媒介进行描述,而日常语言早已形成一套语言秩序和语言体系,因而法学立论也必有其体系。而且,日常用语的语言秩序具有多样性,易使讨论陷入僵局而无法作出裁决,而法学体系可以提高概念的抽象性和精确性,从而确保相关争论和解决方案的秩序化。[2]

而在刑法学中,体系思维更为重要,因为刑法之适用涉及刑罚,这是对个人最大的侵犯,这种侵犯必须有坚实的理由。德国学者李斯特(Liszt)认

---

① [德]卡尔·拉伦兹:《法学方法论》,陈爱娥译,商务印书馆 2003 年版,第 44 页。
② [德]许乃曼:《刑法体系与刑事政策》,载许玉秀、陈志辉:《不移不惑献向刑法正义——许乃曼教授刑事法论文选辑》,台北春风煦日论坛 2006 年版,第 251—254 页。

为：“刑法学必须自成体系，因为，只有将体系中的知识系统化，才能保证有一个站住脚的统一学说，否则，法律的适用只能停留在半瓶醋的水平上。它总是由偶然因素和专断所左右。”①这也说明了以下现象之原因：“其他学科（例如民法学）的学者，往往不能理解犯罪成立理论对于刑法学的决定性意义，从而对于刑法学者如此倾情于对犯罪成立理论的讨论感到难以理解。”②

（二）论点思维之兴起

犯罪论体系对于刑法学的作用，长期以来未受怀疑，但最近一种相反的法学方法——论点思维（又称问题思维）——却悄然而生，而且它诞生于盛产犯罪论体系理论的国家——德国。代表性的学者雅科布斯与普珀（Puppe）都认为，随便使用哪一种阶层构造都一样。雅科布斯尤其认为，德国学说争辩因果行为论或目的行为论何者为佳，以及争辩阶层构造理论，纯粹是因为“二战”之后，刑法学者逃避政治压力，把精力放在这种技术问题。区分构成要件合致性、违法性和有责性，或区分不法和罪责，都是没有意义的。归根到底，只是一个行为人要不要负责的问题。③

即使支持犯罪论体系研究的学者也认为，体系性思考可能产生缺陷，如罗克辛虽然反对雅科布斯的“阶层无用论”并与之进行了蔚为壮观的论战，但是他也认为，体系性思考具有缺陷，主要在于：（1）无法顾及个案正义；（2）减少解决问题的可能性，或阻断对更好方案的探察；（3）判断结果不符合刑事政策；（4）体系化对抽象概念的使用，使得判断个案时，问题无法解决。④ 于是，“问题式思考”的学术方法发展了出来，它是从具体的问题出发，先一次性把全部可以设想的解决办法和争论理由提出来，然后在赞成和反对的探讨中，作出一个能够达到一致的决定。质言之，这种解决方法不是从体系中，而是按照一个“健康人的理解”，或根据“公道”的标准，从关于具体的案件状况的讨论和同意中获得的，从而可以保证问题解决的公正性与合目的性。⑤ 基于体系思考的缺陷，罗克辛提出，体系性思考与问

---

① Vgl. F. v. Liszt/E. Schmidt, Lehrbuch des deutschen Strafrechts, 26 Aufl. Gruyter, 1932, S. 2.

② 邓子滨：《刑法学的〈法学研究〉之路》，载陈兴良主编：《刑事法评论》（第 22 卷），北京大学出版社 2008 年版，第 27 页。

③ 许玉秀：《当代刑法思潮》，中国民主法制出版社 2005 年版，第 53 页。集中体现雅科布斯这一思想的，是其论文《刑法的行为概念》与《处在机能主义和“古典欧洲”原则思想之间的刑法》。参见［德］格吕恩特·雅科布斯：《行为　责任　刑法——机能性描述》，冯军译，中国政法大学出版社 1997 年版，第 65—145 页。

④ Vgl. C. Roxin, Strafrecht Allgemeiner Teil, Band I, 3. Aufl. , C. H. Beck, 1997, § 7, Rn. 31ff.

⑤ Vgl. C. Roxin, Strafrecht Allgemeiner Teil, Band I, 3. Aufl. , C. H. Beck, 1997, § 7, Rn. 48f.

题性思考应该进行综合。① 罗克辛的学生许乃曼也基于问题思维,提出并论证了建构一种"开放的体系"的学术主张。②

在"从体系性思考向解决问题式思考演变"的影响下,日本学者也认为,偏重体系"就会过分拘泥于概念的明确化和体系的整合性,推导出游离于现实的结论来",因此与"体系的整合性"相比,应更注重解决问题的"具体的妥当性"。③

而我国学者在"四要件"与"三阶层"的体系论争中,也有人提出,刑法学研究不能只是少数学者的智力游戏或文字游戏,不应一味地灌输看似具有普适性但实际上有其特殊适用条件的刑法知识体系、原理;应注重"考察田野"的实践理性,刑法教义必须转化为指导司法实践的知识,注重发现问题、分析问题、解决问题的实践能力。④

(三) 体系思维受质疑的原因: 犯罪论体系!

最让人不可思议的是,"体系学没落与论点学兴起"的原因正在于犯罪论体系! 可谓"成也体系,败也体系"。

刑法学界虽然注重犯罪论体系,但是对于犯罪论体系的研究却采取了问题思维。一直以来,体系批判与体系选择是犯罪论体系研究的重点,而这样的研究正是建立在问题思维的基础上:通过对某一体系中的某一概念要素进行批判,以论证该体系的不足,进而"演变"为另一体系。例如,目的行为概念通过批判因果行为概念而建立目的论体系,但因为"目的行为论不足以解说过失行为之性质,自然因果的行为论虽足以兼顾故意行为,及过失行为,但无以说明不作为之真谛……故有所谓社会的行为概念,出而匡正之。……欲在其本体结构上求得一共通概念,殊属不易,而在价值评判上则非无相类之处,即皆属具有社会意义之人类之举措是也。"⑤社会行为论的提出,使得新古典体系再度兴起,与目的论体系结合为综合体系,即"新古典暨目的论综合体系"。

然而,即使新的体系产生了,也会因为存在不能解决的问题而被批判,从而使得更新的体系继续产生,周而复始,最终导致人们对体系思维加以怀疑,以至于出现了"体系学的没落与论点学的兴起"。普珀正是代表,她

---

① Vgl. C. Roxin, Strafrecht Allgemeiner Teil, Band I, 3. Aufl. , C. H. Beck, 1997, § 7, Rn. 48.
② [德]许乃曼:《刑法体系与刑事政策》,载许玉秀、陈志辉:《不移不惑献向刑法正义——许乃曼教授刑事法论文选辑》,台北春风煦日论坛 2006 年版,第 256 页。
③ [日]大谷实:《刑法总论》(第 2 版),黎宏译,中国人民大学出版社 2008 年版,第 85 页。
④ 齐文远:《中国刑法学该转向教义主义还是实践主义》,载《法学研究》2011 年第 6 期。
⑤ 韩忠谟:《刑法原理》,中国政法大学出版社 2002 年版,第 69—70 页。

在失望之余,认为"随便哪种体系都一样",并指出"过去对于体系方法的过度期待就是,人们以为能够建立一个收纳了所有法学知识的体系,只要正确地将这个体系运用到每个抽象的法律问题与每个法律个案之上,就可以明确地得到解答……每一种体系都主张自己是唯一正确的。这样的信仰应该是在刑法上撑了最久。"然而,"因为体系方法无法满足前述对它的要求,由此而生的失望便曾经在这段期间内导向了一种激进的反对运动,这种反对运动不假思索地拒绝了体系方法,这就是'论点学'。"问题思维认为,体系思维为了"体系与概念一致性,而罔顾个案中所出现的个别问题,也罔顾对该问题具有重要性的事理论据"。"问题思维方式,直接从被提出的问题着手,并且直接以解答这个问题为目标。而证立这个解答的论据,并不是从某个体系关联当中所导出,为了将这个解答运用到问题上,也不需要大规模的推导,这就是'论点'。"[1]英美学者也表达了同样的思考。[2]

可见,刑法学界一直声称注重犯罪论体系,却在研究过程中——尤其是在体系的竞争与论战中——抛弃了体系思维。体系批判与体系选择中,学者的武器正是问题思维,孤立的问题式思考导致了体系"缺陷"的发现,从而引发了构建新体系的需要。更准确地说,体系思维不是由"流行"到"没落",而是从未真正被坚持过! 所谓体系思维,仍停留在"需要一个犯罪论体系"这种口号性的粗浅层面而已,极少学者运用犯罪论体系来对个别认知层面的具体刑法理论进行分析。所以,"体系思维的没落"只不过是被说穿了的"皇帝的新装"。

问题思维真的可靠吗? 普珀虽然对体系思维失望,但是仍对之极为眷念,并对问题思维存有疑虑,她认为"一旦我们只看具体个案或是个别问题,我们就会冒着一个危险,亦即我们对于这个问题的决定,可能会有和自己先前已作出的其他决定相互扞格的危险;无论这个决定的本身是多么明了易懂,都一样。换句话说,我们所冒的危险,就是对于那些已经(通过概念之确定及运用)定义成标准上相同的事物,作出不平等的处理。如此一来,我们便没有实现法律适用的一个重要诉求:平等意义之下的正义。"[3]

因此,重新证立体系思维就具有重要的理论与实践意义。犯罪论体系

---

① [德]英格博格·普珀:《法学思维小学堂》,蔡圣伟译,北京大学出版社 2011 年版,第 179—181 页。
② Nicola Lacey, Philosophy, History and Criminal Law Theory, 1 Buff. Crim. L. Rev. 295 (1998).
③ [德]英格博格·普珀:《法学思维小学堂》,蔡圣伟译,北京大学出版社 2011 年版,第 179—181 页。

的普适性论证大部分地完成了这一任务,但我们仍需要从法学方法论层面直接回应来自问题思维的质疑。

(四) 两种思维方法的对比

体系思维与论点思维的功能、特征与作用领域均不相同。

在功能上,体系思维并不需要论点思维的修正与补充。体系思维与论点思维具有截然不同的特征:(1)从思维的结果看,体系思维是呈"线性"分布的,各个论点或论据之间有严密的逻辑关联,相互协调一致,往往表现为演绎思维,具有完全性;而论点思维是呈"点状"分布的,各论点或论据之间不存在清晰的逻辑关系,因而是零散的,适合于辩论而不是体系推导,往往表现为归纳思维,具有不完全性。(2)从思维的进路看,体系思维是"由因至果"的教义分析,而论点思维是"由果至因"的政策考量,往往根据利益衡量来选择处理方案。

与之相反,问题思维/论点思维的功能在于,在具体案件中,将各种解决方案及其理由提出来,通过反复讨论达成一致,即达致"一个健康人的理解",或者说合乎"公道"的理解。[①] 但这种方法的有效性是值得怀疑的。(1)从思考的过程看,问题思维虽然从具体实践出来,但是却牺牲了体系性思考在实践上的优点。体系性思考可以简化案件的审查工作,裁判者能一目了然地安排材料和减轻寻找法律的困难;问题思维要涉及"全部的解决方案"的讨论,往往是不经济的。(2)从思考的结果看,出于法安全性的考量,刑法比其他法律领域更强调裁判结果的可预见性和平等性,这只能通过"整理法官思维"的体系才能实现;而问题思维往往通过"全体或者大部分人或智者的观点"或者根据常识来解决,这使可预见性和平等性存在风险。(3)作为刑法基础的伦理秩序本身的体系性,以及作为刑法基本原则的罪刑法定所要求的明确性,使得体系性思考"一开始就获得了优先权",而问题思维的方法往往"成为无用的"。[②]

因此,罗克辛认为,问题性思考(论点思维)可发挥功能的领域仅在于,在立法空白的领域作为"第一次处理行动",或是适用于"对于一个位于体系之前的,需要使用理论和辩论术来填补的不确定概念和一般性条款"。因此,问题性思考"不能代替体系性思考"。当然,由于问题性思考并不依赖体系的语境关系,而是根据"公道"(Billigkeit)的见解,因此它可以对体系性思考的答案进行检验,看看该答案是否令人满意。如不满意,则可推

---

① Vgl. C. Roxin, Strafrecht Allgemeiner Teil, Band I, 3. Aufl., C. H. Beck, 1997, § 7, Rn. 49.

② Vgl. C. Roxin, Strafrecht Allgemeiner Teil, Band I, 3. Aufl., C. H. Beck, 1997, § 7, Rn. 50.

知体系有缺陷，或者裁判者对体系存在误解而导致错误，这就推动了体系性思考的完善。① 所谓"第一次处理行动"的领域，应该是刑事立法与刑事政策学范畴，而刑事司法显然不是这种"第一次处理行动"的领域，因此为了"法的安定性"，应当采用的是体系思维，而不是论点思维。

可见，体系思维与论点思维（问题性思考）具有不同的特征和作用领域，二者不存在矛盾，将二者分别在不同的领域适用即可，没有必要将二者进行"拼接"。

二、法学方法论视域下体系思维之实质合理性

几乎每一个认为体系性思考有缺陷的学者，都可以从法学方法论的讨论中找到论据。其中，尤其值得注意的，是恩吉斯（Engisch）和拉伦兹（Larenz）的观点。例如，许乃曼即引用二者的观点，表示一个完备的、封闭的体系是不可能的。② 但是，这种引用在一定程度上是基于误解。

（一）恩吉斯的观点及评述

恩吉斯是首先对法学中的体系思想提出批判的学者，他认为，法学不可能构建像数学那样严格的"公理式"体系，因为特定法秩序的概念数量太多，就如"自然以及社会的世界所能够提供给吾人者一般"，其本身不能构成一个封闭完结的概念群。法律素材众多，与"认识"行为相比，由一般概念向特殊概念的"演绎"就居于劣势。即使可演绎出具体的法律原则，也有可能被其他法律原则影响而落空或受限制。

但恩吉斯并不认为因此就可以放弃体系思维。即使在个别问题中，也要发现其"内含的原则"，发现由"法律指导原则所构成的体系"，使法秩序的基本思想及主要价值决定彼此协调一致。③ 简言之，恩吉斯只是认为"概念"无法组成体系，而不是否定体系本身。在恩吉斯看来，"原则"可以组成体系。

（二）拉伦兹的观点及评述

1. "概念"无法单独组成体系

拉伦兹认为，法学"最重要"的任务之一，就是将法秩序的主导原则与个别法规范以体系的形式表现出来。但他认为，依形式逻辑的规则建构一

---

① Vgl. C. Roxin, Strafrecht Allgemeiner Teil, Band I, 3. Aufl., C. H. Beck, 1997, §7, Rn. 49f.

② ［德］许乃曼："刑法体系与刑事政策"，载许玉秀、陈志辉：《不移不惑献向刑法正义——许乃曼教授刑事法论文选辑》，台北春风煦日论坛 2006 年版，第 254—255 页。

③ ［德］卡尔·拉伦兹：《法学方法论》，陈爱娥译，商务印书馆 2003 年版，第 43 页。

个抽象的概念式体系,不可能完成这个任务。① 因为,体系表现在法律规定的外在形式以及许多概念性的划分之中,如公法与私法、绝对权与相对权的区分等,这种概念体系的功能在于指示概念在整个体系中应有的位置,并将具体的案件事实涵摄于法律规范的构成要件之下。但是,没有人会期待可以由此种体系获得解决问题的答案,这至多只能使我们比较容易找到相关的法规范而已。② 在这个体系内,评价问题将被涵摄问题排斥,形式逻辑将取代目的论及法伦理学的地位。该体系的理想在于,所有法律事件均可涵摄于体系的抽象概念之下,并因此归属于法律所提供的规则之下。但该理想无法实现:一方面,体系在任何时候都不可能如此圆满封闭,以至于能包含所有法律关系及重要的法律构成事实,如"契约"之外发现的"准契约"即可证明此点;在"涵摄"时,经常需要社会经验或填补的评价标准来作判断。另一方面,生活事件之间并不具有概念体系所要求的僵硬界限,常有过渡阶段、混合形态以及新形态出现。再者,立法者的语言很难达到概念主义所要求的精确程度。③ 详言之,抽象概念的思考中没有"或多或少",只有"非此即彼"的"择一式思考",只要碰到"既如此亦如彼"以及中间形式的情况,这种体系就会遭遇困难。如权利与义务相互排斥,则针对亲属法所说的"义务权"就根本与概念相抵触;又如,物权与债权相对立,就不能将"债权的物权化"(不动产租赁的转让、预告登记等)涵摄在内。④

2. 体系需要以"类型"作为"补助思考形式"

当抽象概念及其逻辑体系不足以掌握某生活现象或意义脉络的多样表现形式时,大家首先会想的补助思考形式是"类型"。⑤ 因为,类型是发生在法现实中的"法的构造类型"。与创造"概念"不同,立法者不是"发明",而是"发现"此等类型,然后再赋予适合于这些类型的规则。⑥ 因此,租卖(不动产租赁的转让)虽然不能被概念涵摄,但是能作为一个"法的构造类型"来研究。在不同个案中,类型的若干要素可以变更,甚至欠缺,都不影响其类型属性。⑦ 由于类型的要素的可变性,一类型可以交错地过渡到另一类型,而类型间的过渡又是"流动的",从而形成"类型系列",这是由

---

① [德]卡尔·拉伦兹:《法学方法论》,陈爱娥译,商务印书馆 2003 年版,第 316 页。
② [德]卡尔·拉伦兹:《法学方法论》,陈爱娥译,商务印书馆 2003 年版,第 43 页。
③ [德]卡尔·拉伦兹:《法学方法论》,陈爱娥译,商务印书馆 2003 年版,第 331 页。
④ [德]卡尔·拉伦兹:《法学方法论》,陈爱娥译,商务印书馆 2003 年版,第 311 页。
⑤ [德]卡尔·拉伦兹:《法学方法论》,陈爱娥译,商务印书馆 2003 年版,第 337 页。
⑥ [德]卡尔·拉伦兹:《法学方法论》,陈爱娥译,商务印书馆 2003 年版,第 341 页。
⑦ [德]卡尔·拉伦兹:《法学方法论》,陈爱娥译,商务印书馆 2003 年版,第 344 页。

类型(而非概念)形成的体系。①

3. 体系构建需要"原则"来实现协调一致

但对于认识法秩序的内在脉胳而言,类型性体系仍有不足,因为类型总是指涉彼此相关的"部分规整","部分规整"必须与"广泛的规整"配合,而"广泛规整"的基础原则又必须与整个法秩序的原则相协调,所以我们必须继而探讨"法律原则"。诸多原则之间可能彼此矛盾,因此与规则的适用不同,原则只能以或多或少的程度实现,实现程度取决于个别原则在由原则构成的体系中价值如何。在原则体系中,主导性原则只有通过与下位原则的彼此联系,才能清楚显示出来。重要的是,这里的思考不是"直线式的"或单向的演绎过程,而是对流的、"交互澄清"的"理解"过程。② 这种原则体系是开放的,一方面诸原则的协作可能会有所改变,另一方面也有可能会发现新的原则。③ 学术性体系的任务在于,将内在于法秩序中的意义脉络显现出来,并予以描述。这项任务不能仅仅通过抽象概念的体系以及类型思考来完成,还必须凭借法律原则的发现及具体化,始能济事。④

不难看出,拉伦兹并未否定体系的作用,他否定的只是抽象概念的体系。这种概念体系源于 19 世纪盛兴一时的概念法学,强调构建潘德克顿式的法典汇纂体系,但法典无法涵摄社会生活的全部。19 世纪末,一些学者对法典万能论提出怀疑。随着以耶林(Jhering)为代表的利益法学的兴起,概念法学受到批判。但拉伦兹还沿着体系构建的进路作了进一步的探索,他认为构筑体系的要素除了抽象概念外,还有类型、法律原则。原则体系(子体系)是"开放的",但由概念、类型、原则所构建的体系(母体系)则是完整的,或者说是"封闭的",它能显现作为意义整体的法秩序的意义脉络。

可见,无论从恩吉斯还是拉伦兹那里寻找否定体系思维的论据,都是对其法学方法论的误解。就此而言,许乃曼的论据并不充足。

三、刑法教义学视域下体系思维之实质合理性

在刑法教义学中,体系思维的工具是犯罪论体系,但不少刑法学者提出,要构建一个能适应各种个案正义的要求及政策目标的犯罪论体系,是"无法实现"的任务。基于功能性的考虑,只能构建"开放体系",即对犯罪论体系要进行"修补"才能合乎功能性的要求。但是,这种理解值得商榷。

---

① 〔德〕卡尔·拉伦兹:《法学方法论》,陈爱娥译,商务印书馆 2003 年版,第 344—345 页。
② 〔德〕卡尔·拉伦兹:《法学方法论》,陈爱娥译,商务印书馆 2003 年版,第 348—349 页。
③ 〔德〕卡尔·拉伦兹:《法学方法论》,陈爱娥译,商务印书馆 2003 年版,第 359 页。
④ 〔德〕卡尔·拉伦兹:《法学方法论》,陈爱娥译,商务印书馆 2003 年版,第 362 页。

（一）犯罪论体系的思考要素具有全面性

如前所述,体系构建具有三种思考形式:概念、类型、原则,其思考要素具有全面性,这使得一个封闭、完备的法学体系是可能构建的。而且,这样的体系具有一定的灵活性。犯罪论体系作为刑法教义学最重要的思维工具,也是如此。该体系是为一定的目的(如犯罪预防)服务的,包含着达致这个目的之原则、类型、概念这三种思考形式,从而也具有一定的灵活性。以三阶层体系为例,可作如下解读:

(1) 三阶层体系的基本体系要素,如行为、构成要件、违法、罪责,就属"类型",每一"类型"就包括若干不同"概念"。从"行为"类型来看,就包括因果行为概念、目的行为概念等;从概念自身看,即使因果行为概念与目的行为概念都无法准确定义行为这一"类型",这也只是"概念"本身的局限,正如恩吉斯与拉伦兹所指出的。不能误将"概念"的局限视为"体系"的局限,而且,如前所述,这种"概念"的局限,如果放在体系之中,是可以被其他"类型"与"概念"补足的,这正如拉伦兹的"补助思考形式"之含义。

(2) 三阶层体系的四个基本"类型"分别对应行为主义、罪刑法定原则、法益侵害原则、罪责原则,这四个原则是刑法的基本原则或套用拉伦兹的术语——"主导性原则"。这些"原则"是处于"金字塔"式的"原则序列"中的,因而是相互制约、相互协调的[1],这保证了各种"概念"与"类型"的协调一致,使得每个体系均具有自洽性。例如,若"违法是客观的"(原则)指的是评价对象的客观,则"责任是主观的"(原则)就指的是评价对象的主观,古典体系的"概念"与"类型"也与这两个相互制约的原则协调一致;若"违法是客观的"(原则)指的是评价标准的客观,则"责任是主观的"(原则)指的就是评价标准的主观,这也导致目的行为体系之"概念"与"类型"发生与之一致的变化,从而体现了拉伦兹所说的"类型的要素的可变性"。

(3) 原则是可以变动的,如雅科布斯就将法益侵害原则变更为规范违反原则,罗克辛则在传统的罪责原则中加入了预防必要性的刑事政策的考虑,从而从犯罪预防的角度来构建体系。原则虽然变动,但是仍处于体系之内;同样,类型虽然变动,但是仍处于一定原则支配之下;概念虽然变动,但是仍属于一定的类型。这使得体系虽然形式不同,但是仍是一个完整的、封闭的体系。

---

[1] Gabriel Hallevy, A Modern Treatise on the Principle of Legality in Criminal Law, Springer-Verlag Berlin Heidelberg 2010, pp. 2 - 6.

（二）犯罪论体系的思考要素蕴含政策考量

罗克辛教授认为，体系思维强调形式逻辑，而在功能上有所不足，应与问题性思考相结合，即以政策考量对犯罪论体系进行补充。许乃曼教授也认为，构建一个"定理体系"是无法实现的，因为社会具有"无限大的复合性"，社会生活的价值观不断变迁，要将一个学科的全部认知隐含在相对稀少的定理中，是不可能的。

这样的说法，多少有些空洞且似是而非。"定理体系"是恩吉斯对概念体系的指称，也是我们所不赞同的。我们并不是在构建一个由概念组成的"定理体系"，也不要求从"定理"中以逻辑演绎的方式推导出所有其他正确的命题。但在由概念、类型、原则组成的犯罪论体系中，政策考量完全可以被包含在"原则"要素中。而且，所有相关的认知也都必须在其中找到合适的位置，否则该认知就与犯罪论体系的评价目的无关，就不属于该体系的任务了。例如，犯罪论体系如果以犯罪成立为评价目的，则量刑规则显然不属于该体系，但这并不是体系本身的缺陷，也不表明体系"无法实现"。

许乃曼主张以"开放的体系"取代无法实现的"定理体系"，实际上是认为，犯罪论体系的功能存在缺陷，因而需要在体系之外添加政策考量。

许乃曼试图从恩吉斯那里获得支持（从其论文的引注也能看出这一点），但实际上，他对体系缺陷的批评，就只能是针对恩吉斯所指的抽象的概念体系，而不是包括概念、类型、原则的完整体系。例如，他认为："概念体系的基本构成要素，部分是被精确定义的法学专有概念，部分是从日常用语假借而来而只有局部具有法律精确性的描述，部分则是内容完全不确定的单纯评价尺度……日常用语的不确定性，以及在概念领域中相对的不确定性——所谓的模糊性，即能用来担保一个体系所必要的开放性。"[1]

更进一步说，许乃曼并没有注意到概念、类型、原则三种思考形式的区别，他将这三种思考形式组成的体系仍称为"概念体系"，并认为这个"概念体系"中存在"开放的要素"，且基于此提出"开放的体系"或"弹性体系"的主张。

其实，某一体系要素是否"开放"，是相对而言的。对于"概念"之思考形式而言，可以具有开放性，但这个"开放的概念"被包含于"类型"之思考形式中，就"类型"而言，就不是开放的。例如，因果行为与目的行为均是"概念"，它们可以是"开放"的，如不能包括不作为或不能包括过失行为等；但对于"行为"这个"类型"而言，则必然是"封闭"而"完整"的，"行为"（类

---

[1] ［德］许乃曼：《刑法体系与刑事政策》，载许玉秀、陈志辉：《不移不惑献向刑法正义——许乃曼教授刑事法论文选辑》，台北春风煦日论坛 2006 年版，第 255—256 页。

型)必然能包括一切作为与不作为,以及故意行为与过失行为。如果某一
"概念"内涵的变化,超出了"类型"对它的制约,就会产生新的"类型",并产
生新的犯罪体系。在这个新的体系中,新的"类型"仍然是"封闭的"。例
如,如果将"预防必要性"(概念)纳入"罪责"(类型)的考虑,则"罪责"也不
再成其为"罪责",而应是具有法律效果意义的"负责性"(新的类型),这就
是目的理性体系对目的行为体系的突破。

也就是说,对"开放的体系"应予否认,对"开放的要素"应予肯定。对
此,还可作进一步说明。例如,不少学者提出"开放的构成要件"理论,即刑
法法规只规定了部分构成要件要素,其他部分由法官在适用时加以补充。
如过失犯中的注意义务的内容,以及不真正不作为犯中作为义务人的范
围,就是委托于裁判官去判断。[1] 但对于"开放的构成要件",大多学者则
持反对态度,因为它"容易导入法官的任意性判断,损害构成要件的保障机
能,因此,应当弄清楚该刑罚法规所预定的本质要素,这一点,应当从作为
指导原理的社会一般观念出发,对构成要件作补充"[2]。但实际上,更充分
的反对理由仍是体系上的。"封闭的"构成要件能指示违法,在违法性评价
阶段,只审查阻却违法事由就够了;而"开放的"构成要件不能指示违法,该
当构成要件后,是否违法还应积极审查"专门的违法性特征"(即违法要
素),这就使得该违法要素不属故意的认识对象,对其不认识并不阻却故
意,从而不阻却构成要件,这就扩大了纳入刑法评价的范围,也使构成要件
变成无规范关联性的文字描述,不再是违法性的认识根据或存在根据。既
然如此,作为单纯文字描述而不受违法性限制的构成要件为什么"需要补
充的要素"呢?既然"需要补充",就表明该文字表述不能完全展现构成要
件。这就说明,构成要件是完整的,"开放"的仅仅是法条的文字表述本身。
这当中,也蕴含了一个多数人认同的命题:构成要件不是法律条文本身,
而是通过对刑法条文进行解释所得到的观念形象。[3] 而主张"开放构成要
件"的学者,基本上是认为"构成要件就是刑法分则条文",这其实是一种误
解。将构成要件等同于刑法条文,实为费尔巴哈的旨在实行罪刑法定的构
成要件,而犯罪论体系中的构成要件则是由贝林开始的、方法论意义上的
构成要件(详见前文)。

基于以上论述,"开放构成要件"理论虽由韦尔策尔早期提出,但他后

---

① Vgl. C. Roxin, Strafrecht Allgemeiner Teil, Band I, 3. Aufl. , C. H. Beck, 1997, §10, Rn43;
　　[日]大塚仁:《刑法概说(总论)》,冯军译,中国人民大学出版社 2003 年版,第 292—293 页。

② [日]大谷实:《刑法总论》(第 2 版),黎宏译,中国人民大学出版社 2008 年版,第 105 页。

③ 张明楷:《外国刑法纲要》,清华大学出版社 2007 年版,第 71 页。

来也放弃了这一理论。正确的是,某一要素(概念)虽然没有被立法者明文规定为构成要件(类型),或需要价值判断以作补充,但是它仍属于构成要件的要素(如规范构成要件要素),而不属于构成要件之外的违法要素,更不属于体系之外的要素。① 因此,"大体上可以说,只存在开放的刑罚法规,不存在开放的构成要件。"②更准确地说,是只存在"开放的构成要件要素"(概念),不存在"开放的构成要件"(类型),更不存在"开放的体系"。体系,必须是完整的。

概言之,犯罪论体系的要素蕴含着必需的政策考量,因此没有必要在犯罪论体系之外添加其他的政策考量因素。

第二节　体系思维在具体层面的实质合理性

犯罪论体系作为体系思维的工具,地位与作用已不容怀疑,但体系思维的质疑者往往从个案处理结果上找到相反的证据。例如,罗克辛与许乃曼都不否认体系思维的作用,但认为体系思维存在弊端,有时并不能在个案处理上得到正确的、合乎正义的结论,并基于此,提出了"功能主义"的设想,即在体系思维中添加政策考量的要素。罗克辛的目的理性体系正是功能主义体系的代表。为了回应这一问题,笔者首先对目的理性体系进行解读,然后再对具体的个案问题进行回应。

一、个案处理工具的实质合理性

犯罪论体系是个案处理的工具。严格说来,以刑法教义学著称的德国学者极少怀疑体系思维所依赖的工具——犯罪论体系——在功能上是可以完善的,但仍有学者认为某个传统的犯罪论体系在功能上并不完善,因而要进行修正,并提出新的体系构想。正是基于功能合理性的追求,罗克辛提出了新的犯罪论体系的设想——目的理性体系。

罗克辛认为,"法律上的限制和合乎刑事政策的目的,这二者之间不应当互相冲突,而应该结合在一起"。为了达到这一目的,他提倡将"刑事政策的价值选择进入刑法体系中去"③。也就是说,给体系思维增加刑事政

---

① Vgl. C. Roxin, Strafrecht Allgemeiner Teil, Band I, 3. Aufl., C. H. Beck, 1997, §10, Rn43.
② 张明楷:《刑法学》(第四版),法律出版社 2011 年版,第 120—121 页。
③ [德]克劳斯·罗克辛:《刑事政策与刑法体系》,蔡桂生译,中国人民大学出版社 2011 年版,第 15 页。

策学的"质料"。基于此,罗克辛提出了自己的体系构想——目的理性体系。目的理性体系的目的设定(Zwechsetzungen)是指"现代刑罚目的理论的刑事政策基础"。① 也就是说,"功能主义"恰恰意味着传统刑法教义学的反面。如前所述,目的理性体系的实质是在传统的刑法体系中添加政策考量的因素,以获得刑事政策上的合理性。但实际上,这种"添加"只是生硬的"拼接",并且毫无必要。这种刑事政策的添加,是从三阶层的各个阶层独自进行的。这种"添加"完全可以被解构,分述如下:

1. 构成要件阶层

罗克辛认为,处罚不纯正不作为犯——严格来说——是违背罪刑法定的,但却是合乎刑事政策的。为此,他引入了义务犯概念。义务犯具有作为义务,这个作为义务是源于某种身份。例如,母亲与其应当喂养的儿童。对具有这种身份(母亲)的人赋予义务,是出于对某种社会关系的保护。保护这种特定的社会关系,不是刑法的内容,而是刑事政策的内容。义务犯所要求的"结果避免义务"也不是构成要件所规定的,而是法官自由造法产生的。这不是解释问题,而是刑事政策上的造法问题。②

但是,需要法官进行自由的价值判断者,并非作为义务所特有,还包括其他规范的构成要件要素。其实,所谓法官自由判断,也是合乎社会一般人的平均价值观念的,这才能使构成要件发挥警示机能。构成要件的作用也止在于对国民的警示(或呼叮)机能。就目前情况而言,不纯正不作为犯已为公众所熟知。例如,谁也不会对下列的判断感到意外:母亲不喂养孩子致其死亡,构成杀人罪;父亲不救落水的儿子,亦是杀人罪。而且,理论上也普遍认为:作为犯违反命令规范,不作为犯违反禁止规范。因而,处罚不纯正不作为犯,已不复存在逾越罪刑法定的危险。更何况,即使作为犯,也是需要实质判断的,而不仅仅是形式判断,因而也需要法官的价值补充。但这无疑是处于传统刑法教义学的范畴内的,并不是——亦无需——由刑事政策学加以补充。

2. 违法性阶层

(1)"解决社会冲突"

罗克辛认为,在违法性阶层考虑的不是传统的刑法教义学的有无法益侵害,而是刑事政策上的"解决社会冲突"。例如,面对无责任能力者的攻

---

① Vgl. C. Roxin, Strafrecht Allgemeiner Teil, Band I, 3. Aufl. , C. H. Beck, 1997,§7, Rn24 - 25.

② [德]克劳斯·罗克辛:《刑事政策与刑法体系》,蔡桂生译,中国人民大学出版社 2011 年版,第 25—26 页。

击,本是不法侵害,但人们仍然必须选择回避,而不能依据刑法之规定进行正当防卫。

然而,这种说法亦不成立。首先,所谓"解决社会冲突",实际上也包括法益比较,而法益比较(例如,防卫者的法益与攻击者的法益比较)其实也是有无法益侵害的内涵之一。为保护大的法益而损害小的法益,可视为无法益侵害;反之,损害较大的法益却只是保护了较小的法益,则视为有法益侵害。其次,对于正当防卫而言,其教义基础早就由个人保护所强调的"正对不正、无需让步"发展至包括法保护(法确定)原则,即要求对个人权利的保护,必须像法秩序的保护那样,不能滥用权利,这是对正当防卫的社会道德限制。这在德国刑法中也被称为"要求性"原则①,即该行为不仅仅是防卫本身所必要(Erforderlich)的,而且是刑法上的正当防卫所要求的。② 前者重在防卫手段的有效性与适当性,后者则要求在一定条件(尤其是轻微侵害)下放弃防卫手段。该原则在各国均获得认可。可以说,合理避让原是刑事政策的要求,但随着社会的发展,该刑事政策已成为新的教义,被纳入了刑法教义学,成为体系思维的起点。自此以后,再在体系思维之外考虑该政策需求,则显然不合适了。

(2) 被害人教义学

许乃曼认为,功能性犯罪论体系的一个显著学术成果出现在违法性阶层,即被害人教义学(Viktimo-Dogmatik),其将被理解为理性地限制可罚性的最后手段原则。例如,在诈骗罪中,如果陷于错误的被害人不要求保护,则刑法作为最后的保护手段不应予以保护,不能认为该当诈骗罪的构成要件。也就是说,不能将尚存疑(原则上已看破诈术)的被害人与完全轻信的被害人进行同等保护。③

虽然被害人教义学近期引起了较大的学术注意,但是它只是对传统的刑法教义学提供了另一种解释,而不是因为传统刑法教义学存在无法解决的问题。例如,对于正当防卫,是站在被告人的角度说的——刑法教义学就是解决被告人的刑罚可罚性问题的,被告人不承担刑事责任是因为他实施的是正当防卫,并不违法。对此,我们当然也可以从被害人的角度来解释:因为被害人攻击被告人,被害人就使自己处于危险之中,从而放弃了自己法益的保护,其被伤害(因为被告人正当防卫)并没有侵害法益,不应

---

① Vgl. C. Roxin, Strafrecht Allgemeiner Teil, Band I, 3. Aufl., C. H. Beck, 1997, §15, Rn. 53.
② Vgl. C. Roxin, Strafrecht Allgemeiner Teil, Band I, 4. Aufl., C. H. Beck, 2006, S. 683.
③ [德]许乃曼:《刑法体系与刑事政策》,载许玉秀、陈志辉:《不移不惑献向刑法正义——许乃曼教授刑事法论文选辑》,台北春风煦日论坛 2006 年版,第 49—50 页。

追究他人的责任。在诈骗罪中，如果被害人已看破诈术，却仍给付财产，既可以说被害人放弃了法益保护，刑法不应介入——这是从被害人角度出发，亦可从传统的被告人教义学的角度来描述——被告人没有真正地使被害人陷于错误，而只是使被害人心生疑惑，从而被告人的诈骗行为与被害人的给付财产之间并没有形成可归责的关联。

3. 责任阶层

罗克辛认为，传统的第三个阶层，仅考虑罪责要素（可责难性）是不足够的，还应加上预防必要性，而后者是刑事政策上的考量。[①] 因此，不法之后的阶层"罪责"（Schuld）就变更为"负责"（Verantwortlichkeit）[②]，或称"答责性"。而且，犯罪论体系不再仅仅限于传统的刑法教义学的应罚性（Strafwuerdigkeit）问题，而是包含了原属刑事政策（预防必要性）上考虑的需罚性（Strafbeduerftigkeit）问题。因此，其体系称为目的理性的（zweckrational）或功能性的（funktionalen）体系。[③]

但实际上，该做法并无必要，因为传统的刑法教义体系不考虑预防必要性，并不会导致对该要素的忽视，只不过是将之放在刑罚论中考虑，这并无不妥。

综上可见，目的理性体系试图在传统的刑法教义体系中添加刑事政策的考量因素，但这种添加是没有必要的——因为经过长时期的社会历史发展，欲添加的政策考量早已发展为一项新的教义，这就改变了体系思维的起点，而不是改变体系思维本身（例如，正当防卫之教义基础）。有些功能主义概念是刑法教义学体系本身就可以包括的价值考量要素（如不纯正不作为犯中的作为义务），有些功能主义理论则是对传统刑法教义学的另一种解释（如被害人说，又如以"解决社会冲突"代替法益衡量原则）。

二、个案处理结果的实质合理性

由于体系思维的起点（"金字塔的顶端"）是由政策转化而形成的教义，由此顺着"概念金字塔"由上而下的逻辑推导，所得出的结论必然是合乎政策考量的，这使得体系思维的实质合理性是有逻辑保障的。而且，如前所

---

① ［德］克劳斯·罗克辛：《刑事政策与刑法体系》，蔡桂生译，中国人民大学出版社 2011 年版，第 42 页。

② 许玉秀：《当代刑法思潮》，中国民主法制出版社 2005 年版，第 95—96 页。亦译为"答责性"。
［德］克劳斯·罗克辛：《刑事政策与刑法体系》，蔡桂生译，中国人民大学出版社 2011 年版，第 42、79 页。

③ 许玉秀：《当代刑法思潮》，中国民主法制出版社 2005 年版，第 90 页；Vgl. C. Roxin, Strafrecht Allgemeiner Teil, Band I, 3. Aufl., C. H. Beck, 1997, § 7, Rn. 24.

述,体系思维的实质合理性在方法论上已获得论证,但质疑者往往从个案处理结果上,根据"论点思维"对体系思维发出诘难,以下对一些有影响的学者的观点进行评析并反驳(由于我国还没有树立体系思维,个案分析中的政策考量是比较普遍的,因而没有必要在这里进行反驳,对于我国个案处理中的政策考量现象,将在体系思维的适用中进行分析)。

(一) 禁止错误

罗克辛认为,体系思维可能忽略具体案件中的正义性,他以禁止错误为例:1930 年前后的故意理论,故意是罪责形式,包括对构成要件事实的认识和违法性意识,因此任何人发生禁止错误,就阻却故意。若错误可避免,可按过失犯罪受刑罚处罚;若缺乏过失犯罪的规定,则免受刑罚处罚。但目的行为论产生后,故意理论被罪责理论代表,并为立法所接受。此时,故意仅指对构成要件事实的认识,缺乏违法性意识的禁止错误不能阻却故意。如该错误不可避免,仅是排除罪责,而不是故意;如存在错误,只要该错误是可以避免的,仍作为故意犯罪处罚,仅是可以在故意罪的刑罚幅度内选择从轻,明显重于故意理论下的结论(无罪或至多是过失)。也就是说,根据罪责理论,一个欠缺违法意识的人,虽然其本人并不知道自己的行为是违法的,但是因为其错误具有可避免性,就必须作为故意犯罪处罚。这就是把因不够谨慎而产生禁止错误的人与明知违反了法律的人同等看待,就不能令人满意了。因此,这个体系不是作为公正和符合目的的表现出来的。如果人们不是进行体系分析,而是根据具体情况来评价行为人的举止,就会得出一种比较正确的解决方法。①

然而,上述观点是值得商榷的:

(1) 罪责理论并非如罗克辛所说的,过高估计了不法意识对罪责的作用。② 罪责理论认为,罪责的重点不在于"不法意识",而在于"不法意识的可能性"。在禁止错误可避免时,表明行为人虽然不具备"不法意识",但是具备"不法意识的可能性"。这反映了行为人虽无法敌对性,但仍具有法蔑视的态度,这是其罪责的根据。

(2) 对有可避免的禁止错误的人(应知违法)与明知违法的人都按故意处理,并无不妥。因为,在罪责理论下,故意属于构成要件要素,只是对客观构成要件的知和欲,是一种心理事实,仅具类型性的意义,不含非难评价意义,非难评价则由罪责来完成;而在故意理论下,故意是承载着非难评

---

① Vgl. C. Roxin, Strafrecht Allgemeiner Teil, Band I, 3. Aufl., C. H. Beck, 1997, §7, Rn. 40.
② Vgl. C. Roxin, Strafrecht Allgemeiner Teil, Band I, 3. Aufl., C. H. Beck, 1997, §21, Rn. 9ff.

价的规范意义的,因此当然不能同时涵摄"应知违法"与"明知违法"这两种情况。简而言之,两种理论体系下,故意概念的内涵与机能不同,不可仅凭文义进行比较。

(3)罗克辛所谓的正确解决办法,就是对于禁止错误的轻微罪责,除按刑法规定,根据德国刑法第四十九条第一款减轻处罚外,还应根据德国刑法第四十九条第二款进一步减轻刑罚或免责。① 换言之,对于可避免的禁止错误,由于经历了法定减刑(德国刑法第四十九条第一款),已能实现与过失罪相同的刑罚。但罗克辛认为,对于这种情形,其罪责应比过失更轻②,因此需另行"酌定减刑"(德国刑法第四十九条第二款)。对此,本书的看法是:一方面,对于可避免的禁止错误,是否应处比过失罪更轻的刑罚,是一个立法性的价值判断,与体系之适用无关,且其在理论上是否站得住脚是值得推敲的;另一方面,从体系思维看,罗克辛认为,对于可避免的禁止错误应该处罚更轻或免责,这完全是在"罪责"之外加上了"预防必要性"的考虑。他认为,在轻微罪责的情况下,只要从预防的角度看并无不妥,责任就可以被排除。③ 可见,罗克辛是将第十七条规定的"罪责"作广义理解,使之包含了刑法责任的全体,即要考虑预防必要性在内,进而认为目的行为体系的罪责理论仅考虑狭义的罪责,因而存在缺陷。这完全是对目的行为体系的误解。从前述讨论中,我们清楚地知道,罗克辛是将历来作为"需罚性"考虑的"预防必要性"纳入犯罪论体系之中,使"罪责"概念扩大为"责任(答责性)",但不能由此认为,传统的犯罪论体系拒绝"需罚性"的考量,因而存在不足。实际上,传统的犯罪论体系仅以"应罚性"为中心,但在刑事责任的量定上,并不否认"需罚性"的考量,只不过是将这个问题放在犯罪论体系之后的量刑阶段讨论。也就是说,罗克辛虽对罪责阶层的判断增加了新的要素,但从整个刑事责任的判断来看,并无改变,也并未改变体系架构。也正因如此,罗克辛提出的目的理性体系在学理上未被承认为是一种新体系。④

(二)间接正犯与教唆犯的错误

---

① 德国刑法第十七条规定,对于禁止错误,如不可避免,则"不负责任";如可避免,则"依第四十九条第一款减轻处罚"。第四十九条第一款规定了法定减刑("法律规定或许可依本条减刑")的幅度,第二款规定了酌定减刑("法院可依据适用于本条规定的法律酌定减刑")的幅度。

② Vgl. C. Roxin, Strafrecht Allgemeiner Teil, Band I, 3. Aufl., C. H. Beck, 1997, § 21, Rn. 69ff.

③ Vgl. C. Roxin, Strafrecht Allgemeiner Teil, Band I, 3. Aufl., C. H. Beck, 1997, § 21, Rn69.

④ Jescheck, Grundfragen der Dogmatic und Kriminalpolitik im Spiegel der ZStW, ZStW93 (1981),19ff., 24.

　　罗克辛认为,一个从体系中推导出来的结论,从刑事政策角度看,常常是不令人满意的。其给出的例子是:甲给乙一支上膛的枪,让其射丙;甲以为乙知道枪是上了膛的,但乙却不知;乙出于玩笑向丙扣动板机,造成身体伤害。很明显,乙构成过失伤害罪,但甲承担什么责任呢? 由于乙主观缺乏故意,而根据目的论体系,故意是构成要件的主观要素,因此,缺乏一个以故意为构成要件的主行为及其违法性,甲就不能成立教唆犯,也不可能是间接正犯,而只能作无罪处理,这样的结果显然并不合乎政策需求。[①]

　　罗克辛所提问题是"间接正犯与教唆犯的错误",这在刑法理论上素有争议,但罗克辛的上述论证却是值得商榷的。

　　(1)罗克辛所谓的体系缺陷,其实都是针对韦尔策尔的目的论体系而言的。在批判过程中,他亦表示,这些缺陷在古典体系与新古典体系是不存在的。因为在古典与新古典体系中,故意处于责任阶层,构成要件与违法阶层是客观的。在上例中,即使实行人乙是过失杀人,但其构成要件、违法都是"杀人",按共犯成立的限制从属性原则,甲仍可成立教唆犯,只是到了责任阶层时,教唆犯甲与实行犯乙才分别评价。而目的论体系将故意提前到构成要件阶层后,乙在构成要件阶层就已确定不是故意犯罪,甲就不能成立教唆犯,因为共同犯罪应是"共同故意犯罪",正犯乙是过失罪,共犯甲就不能是乙的教唆犯。

　　但这一逻辑有自相矛盾之嫌,共同犯罪应是"共同故意犯罪",这源于立法规定,而非理论的推导。德国刑法第二十六条规定:"故意教唆他人故意实施违法行为的是教唆犯。"这决定了教唆犯与正犯均应为故意犯罪,而理论上的限制从属说只是表明,教唆犯成立之前提条件是正犯之行为该当构成要件并具有违法性,根本不要求正犯之构成要件与违法只能限于故意犯罪。换言之,就本案而言,按限制从属说(理论),目的行为体系与(新)古典体系均是可行的;但按立法规定,非但目的论体系不可行(因为正犯在构成要件阶层就不是故意犯罪,教唆犯亦无法成立),(新)古典体系亦不可行,因为即使将故意过失放在责任阶层考虑,正犯仍不是"故意实施违法行为",也就同样不能成立教唆犯。当罗克辛说目的论体系有缺陷时,其依据是立法规定;说(新)古典体系能避免该缺陷时,其依据是理论(限制从属说)的推导,标准不一,在逻辑上有矛盾之嫌。

　　(2)理论与实务的普遍观点并不认为此种情形存在刑法漏洞:①就连

---

① Vgl. C. Roxin, Strafrecht Allgemeiner Teil, Band I, 3. Aufl., C. H. Beck, 1997, §7, Rn. 44.

罗克辛自己也提出,这种情形下,故意的"幕后人"虽然不能按杀人的教唆人处理,但是可按第三十条第一款第一、二项之规定,基于未遂的教唆而承担义务性从轻的责任。① ②可对限制从属性作出新的理解,即对于正犯行为,只要求其能满足客观的构成要件并具有违法性即可。这样一来,理论与立法均可导致可罚结论。③日本刑法也普遍认为故意是主观的构成要件要素,在共犯处罚依据上也持限制从属说,但却没有学者得出无罪的结论,只不过究竟是按教唆犯还是按间接正犯处罚存在着争议。②

当然,对这种情形的教义学讨论可以进一步展开,但却不应得出体系思维与刑事政策相矛盾的结论。罗克辛对韦尔策尔的批判,是二人所代表的存在论与规范论的对抗的一部分。可以说,罗克辛批判多少有些"个人偏见",而他的学生许乃曼对体系缺陷的思考则比较客观。

(三)阻挠刑罚罪中的亲属身份错误

许乃曼认为,在对德国刑法第二百五十八条(阻挠刑罚罪)第六项的亲属身份产生错误时,体系思维并不能在其自身范围内完全自洽地解决个案问题。

详言之,该条(项)规定,为了图利亲属而使刑罚权的行使陷于瘫痪(藏匿人犯或赃物)者,免除其刑。从体系观点来看,亲属身份是"个人阻却刑罚事由",处于构成要件合致性、违法性及罪责之后的"不法及罪责之外的处罚条件"这个特殊阶层。如犯罪论体系是封闭的,则误认所图利的亲属身份,为刑法上不重要的可罚性错误,因为行为人对构成要件、违法、罪责及其相关事实均无错误,但对于这种"阻却刑罚事由的错误"应如何处理,却无法从体系上推导出来。如要正确处理,只有将体系中的罪责概念由"为他行为之可能性"转变为"为他行为之期待可能性",才能将该错误理解为阻却罪责事由的错误(即期待可能性错误),从而类推适用德国刑法第三十五条第二项之规定(误认为存在阻却责任的紧急避险的情形)阻却罪责,不予处罚;如错误可避免,则减轻处罚。③ 可见,许乃曼并非在批评体系性思维,而是认为体系有被修正的必要与可能,体系应当是"开放"的,因而体系思维是不完整的(即无法是封闭与自洽的)。

但这种看法仍是值得商榷的。

---

① Vgl. C. Roxin, Strafrecht Allgemeiner Teil , Band I, 3. Aufl. , C. H. Beck, 1997, § 7, Rn. 43f.

② [日]木村龟二:《刑法学词典》,顾肖荣等译,上海翻译公司 1991 年版,第 393—394 页;[日]大塚仁:《刑法概说(总论)》,冯军译,中国人民大学出版社 2003 年版,第 292 页。

③ [德]许乃曼:《刑法体系思想导论》,载许玉秀、陈志辉:《不移不惑献向刑法正义——许乃曼教授刑事法论文选辑》,台北春风煦日论坛 2006 年版,第 259—260 页。

（1）许乃曼的分析并不能否定体系的完整性。实际上，他只是建议扩张犯罪论体系中罪责要素的内涵，使之能包括"亲属身份"，从而对此类情形可以按阻却罪责的错误来处理。但如上所述，这只能说明存在"开放的体系要素"（在这里指"罪责"），而不是"开放的体系"。质言之，这其实是具体法律材料与体系要素的涵摄问题，或者说是将具体法律材料（如立法上的"亲属身份"）归为何种体系要素（如体系上的"罪责"或"处罚条件"）的问题，而不是体系本身的问题。

（2）许乃曼称原有犯罪论体系架构无法处理这一错误，亦是误解。在将"亲属身份"仍视为"个人阻却刑罚事由"时，体系化的思考方案如下：虽然"亲属身份"并不真实存在，但是行为人误认为其是"为使亲属免受正在发生的危险，而不得已采取的违法行为"，完全可以适用第三十五条第二款（误想避险）的规定。这是因为，"亲属"既是德国刑法第二百五十八条（阻挠刑罚罪）第六项规定的要素，也是第三十五条第一款（紧急避险）规定的要素；其在前者为"个人的刑罚阻却事由"，在后者则为"罪责阻却事由"，即因为法条的竞合而同时具有双重地位。更精确地说，第二百五十八条（阻挠刑罚罪）中作为"个人的刑罚阻却事由"的是"亲属"，这是一个客观要素；第三十五条第一款（紧急避险）中作为"罪责阻却事由"的却是"为使亲属免受正在发生的危险"（或"为了图利亲属"），这是一个主观要素。在这里，"亲属"在立法上分别被规定在总则与分则条文中，从而具有双重地位。当"亲属"系误认时，不存在客观的"个人的刑罚阻却事由"，但其主观上仍是"为了图利亲属"，仍存在"罪责阻却事由"。正因如此，许乃曼教授将该要素放在罪责阶层处理。但严格地说，并不是"亲属"这一客观的法律材料既是"个人的刑罚阻却事由"，又是"罪责阻却事由"——如果真这样，确实导致了体系架构的混乱，成为"罪责阻却事由"的是另一主观要素"为了图利亲属"。

（3）实际上，我们可以提出一个更精确的体系性解决方案：第二百五十八条（阻挠刑罚罪）第6项规定的是"为了图利亲属，……，不处罚"，而不是"……，若该人是其亲属的，不处罚"。对于后者，"亲属"是"个人的刑罚阻却事由"；而对于前者，"为了图利亲属"在功能上是一个主观的构成要件阻却事由，在内容上是处于构成要件故意之外之目的。该目的要件之该当，完全在于行为人的内心，与"亲属"这一客观事实是否存在无关。因此，只要其主观上是"为了图利亲属"，就充足了主观的构成要件阻却事由，即可"不处罚"，而不必要"罪责"后的"处罚条件"阶层才出罪。只不过，将这里的"亲属"视为"个人的刑罚阻却事由",是理论的通说。① 可见,无论是将"亲属"视为"个人的刑罚阻却事由",还是将"为了图利亲属"视为主观的构成要件阻却事由,都能达到出罪的结论,只不过出罪的阶层不同:前者是在罪责阶层,后者是在构成要件阶层。

(4)严格地说,通说将"亲属"视为"个人的刑罚阻却事由"并不精确,与本书将"为了图利亲属"视为主观的构成要件阻却事由的见解相比,在结论上亦相反。例如,甲不知"他人"是其"亲属"时,不具"图利亲属"之目的,如按第二百五十八条第六项之规定,是难以出罪的,但如按通说,将"亲属"视为"个人的刑罚阻却事由",则仍可出罪,但这毕竟与立法规定不符。在本案情形(误认他人为亲属)下,由于"个人的刑罚阻却事由"的错误是"无关"的错误,错误与否不影响行为人的刑事责任,因而仍要处罚(当然,当另外存在德国刑法总则第三十五条的规定时,则可在罪责阶层出罪,正如上文的分析一样,但这也与第二百五十八条的立法不尽相符)。美国学者弗莱彻(Fletcher)以一个例子,生动地说明了这个问题。如果一个大使馆的工作人员认为其享有外交豁免权,并实施了"醉驾"犯罪,但实际上他的级别并不享有豁免,那么这就是一种"无关的错误"(irrelevant mistake),因为这种错误与行为的违法或行为人的责任无关。即使醉驾者声称,如果他能正确认识自己没有豁免权,他就不会实施这个醉驾行为,这种辩解也并不能增加行为人在道德上的受认可性。这种错误无关实体责任,实质是一种程序性的错误(即将这种豁免理解为不是免责,而是免于被起诉)。② 用大陆法系的术语来理解,这里的"外交人员"就是"个人的刑罚阻却事由",对其不处罚只是刑事政策上的理由,与不法、罪责无关。因此,重要的只是其客观存在与否,与行为人主观认识无关。因此,认识错误不能阻却刑罚(不是"不能阻却罪责",因与"罪责"无关)。这一结论,在体系上也是一致的。

---

① 严格地说,这一通说并不精确。例如,甲不知"他人"是其"亲属"时,不具"图利亲属"之目的,如按第二百五十八条第六项之规定,是难以出罪的,但如按通说,将"亲属"视为"个人的刑罚阻却事由",则仍可出罪,但这毕竟与立法规定不符。

② George P. Fletcher, Basic Concepts of Criminal Law, Oxford University Press, 1998, pp. 148–149.

小结

如上所述,体系思维既具有形式合理性——其在逻辑上是自洽的,不存在矛盾或缺陷,也具有实质合理性——功能自足性,这表明体系思维的功能足以实现政策需求。对此,可分抽象与具体两个层面展开体系思维的实质合理性论证。

第一,抽象层面的实质合理性以方法论的合理性为中心,具体包括:(1)两种法学思维模式——体系思维与论点思维/问题思维——的关系。这部分讨论,主要是针对罗克辛与许乃曼教授对体系思维的实质合理性提出的质疑。在功能上,体系思维并不需要论点思维的修正与补充,二者具有截然不同的特征与作用领域。罗克辛与许乃曼认为体系性思考有诸多缺陷,并认为问题性思考有一定优势。对于前者,二人均举出实例来说明(前文也对其实例进行了再考察);对于后者,二人却未能举出问题性思考具备优势的具体案例。实际上,体系思维与论点思维二者不存在矛盾,将二者分别在不同的领域适用即可,没有必要将二者进行"拼接"。(2)法学方法论视域下体系思维的实质合理性。这部分讨论,主要是针对许乃曼教授提出的对体系思维的质疑。在法学方法论层面,恩吉斯和拉伦兹均未否定体系的作用,他们否定的只是概念的体系,构筑体系的要素除了概念外,还有类型、法律原则。由概念、类型、原则所构建的体系(母体系)是完整的,或者说是"封闭的",在方法论上并无不足。可见,无论从恩吉斯还是拉伦兹那里寻找否定体系思维的论据,都是对其法学方法论的误解。就此而言,许乃曼的论据并不充足。(3)刑法教义学视域下体系思维的实质合理性。作为刑法教义学中体系思维工具的犯罪论体系的思考要素具有全面性,这些要素蕴含着必需的政策考量。因此,没有必要在犯罪论体系之外添加其他的政策考量因素。

第二,具体层面的实质合理性以个案处理的合理性为中心,具体包括:(1)个案处理工具的实质合理性。这部分讨论,主要是针对罗克辛教授所提出的功能主义刑法观。犯罪论体系是个案处理的工具,但罗克辛教授对该工具的传统构造的实质合理性提出质疑,并提出了新的犯罪论体系的设想——目的理性体系。严格说来,这并不是对体系思维所依赖的工具——犯罪论体系——的质疑,而是对传统的犯罪论体系在功能上的质疑,因而以新的体系代之。但是,罗克辛以目的理性体系来修正原有犯罪论体系的做法并不成功,体系思维无需政策考量作为补充。(2)个案处理结果的实质合理性。这部分讨论,主要是针对罗克辛与许乃曼教授所提出的对体系思维在个案处理上的质疑。罗克辛与许乃曼教授认为,体系思维在某些个案的处理上无法获得合乎正义的结果,因而需要政策考量进行修正。笔者对两位教授所举出的具体案例进行讨论,尝试给出体系思维的解决方案,以论证体系思维在个案处理结果上的合理性。

基于以上论述,无论是抽象层面还是具体层面,体系思维均是功能自足的,具有实质合理性。

下 篇
刑法教义学中体系思维的适用

通过上篇的分析,我们首先得出的结论是,刑法教义学的生命力在于体系思维。中国发展刑法教义学,不能仅仅引入德日刑法的术语,而应同时注意该术语背后的体系思维,如该术语的理论根源、所处的体系地位、与其他术语或具体理论的相互关系。其次,我们对体系思维的形式合理性与实质合理性进行了论证,体系思维不仅在逻辑上是自洽的,而且其功能也能满足个案正义的政策。

　　但是,正如前文所表述的,体系思维在我国甚至处于尚未起步的阶段,我国司法习惯于体系思维的反面——论点思维。也就是说,碰到有争议的个案问题(这本应是法学精英展示其刑法教义学智识的机会)时,不是严格按照"金字塔式"的体系进行教义分析,而是进行"由果至因"的政策考量,即从所预想的处理结果(这个结果往往是合乎民意的)出发,如果"教义分析"的结论(这个结论往往是不合乎民意的)与之不符,则修改该"教义分析"的结论,具体表现为:(1)或者直接在司法论领域改变长期以来的裁判经验;(2)或者向上追溯一个层级,在解释论领域改变长期以来的法条解释结论;(3)或者再向上追溯一个层级,在立法论领域提出立法的增加、删除的建议。这些长期以来的裁判经验、解释结论、立法规定,可以说都具有某种"教义"的性质,其权威性是经过长期反复的实践所确立的,如因个案处理结果不合乎政策而轻易地修改这些"教义",无论修改"教义"的理由中包含多少德日式的"精英话语",都不是刑法教义学,只是用德日刑法概念包装的政策考量,与通过大众辩论而获得的答案并无二致,最终起决定作用的是民意——民意正是大众辩论而形成的最大多数人意见。这样一来,司法的安定性就荡然无存了,因为只在极其个别的案件中才存在这种民意,而没有享受民意"恩泽"的其他普通案件,其错误的风险被掩盖了。

　　民意是值得重视的,"虽然人的智慧本来是相对和有限的,但人必须对事物的正确与否作出判断。这是人的宿命。于是,人的判断最终只有在当时社会中大多数人认为是正确时,才能定为基本正确。"[1]是什么引导不同的人得出这一共同结论的?只能是隐藏在同一时代的人们意识中的朴素正义观念。这种相互的正义观念并不一定体现为罪刑法定等刑法教义,而是更多地与作

---

①　[日]西原春夫:《刑法的根基与哲学》,顾肖荣等译,法律出版社 2004 年版,第 39 页。

为裁量结果的刑罚量的大小相关,即体现为罪刑均衡的朴素直觉。它"是人们公平正义意识的表现"①,"恶有恶报、善有善报""以其人之道还治其人之身"等格言正是这种朴素正义的诠释。古希腊著名哲学家亚里士多德在说明刑罚的起源时指出:"倘若是一个人打人,一人被打,一个人杀人,一个人被杀,这在承受和行为之间就形成了不均等,于是就以惩罚使其均等,或者剥夺其利得。"②亚里士多德将正义分为平均正义和分配正义,前者要求刑罚必须具有相当于犯罪的损害,后者要求刑罚应与犯罪及犯罪人的性质相适应。③资产阶级早期刑法思想家们接受这种早就存在的适应人们朴素公平意识的法律思想,并赋予它以新的时代内容,且大力从理论上论证了它的必要性与合理性,将它作为罪刑法定原则的重要内容,奉为立法和司法的一项重要原则。有学者甚至认为,在理论上,罪刑法定的重要性大于罪刑均衡;但在实践上,罪刑均衡的重要性却大于罪刑法定。实际上,这里的罪刑均衡更多是从裁判结果层面来说的政策考量。当刑罚裁量结果被人们的朴素直觉认为"太重了"或"太轻了",就会引发民意,使得人们去怀疑量刑之前的定罪结论是否恰当,并驱使法官或法学家去寻找一个在刑罚上与正义直觉相匹配的罪名。

引发民意与舆论关注的案件,往往被认为是教义分析难以得出合理结论,从而应当进行政策考量,以"司法为民""人文关怀"等理由才能合乎民意的疑难案件。所谓的刑法教义学,就是要在这些由民意决定处理结果的案件中,给出另外一条思路。由刑法教义出发,经由体系思维的分析与推演,同样能够"由因至果"地推导出合乎民意的处理结果。而且,这样的结果的得出,不是"善良"的法官基于"司法为民""人文关怀"等理由的主动选择,而是任何一个法官基于教义体系不得不作出的必然结论,而"司法为民"与"人文关怀"是对这个结论进行检验的标准,而不是导致这个结论的理由。

这就是体系思维的适用问题,体系思维实际上是从刑法教义(这个教义可以表现为立法论上的实定法规定、解释论上的构成要件的含义、司法论上的裁判经验)到具体个案之间的通路。只有构建这一条通路,具体个案的处理结论才是合乎刑法教义的,从而也合乎刑法教义的根源——刑事政策。以下,分别从立法论、解释论、司法论三个维度展开探讨。在每个维

---

① 张明楷:《刑法格言的展开》,法律出版社 1999 年版,第 68 页。
② 〔古希腊〕亚里士多德:《伦理学》,苗力田译,中国社会科学出版社 1990 年版,第 95—96 页。
③ 参见〔日〕木村龟二:《刑法学词典》,顾肖荣等译,上海翻译出版公司 1991 年版,第 8 页。

度之下,都以一些引发学界关注的理论问题或具有舆论影响的具体个案作为讨论样本。笔者先就论点思维/政策考量的分析模式进行评析,然后再尝试给出体系思维/教义分析的解决方案,并对体系思维/教义分析的解决方案是否合乎政策需求进行检验。

第五章　刑法学体系思维之立法论适用

就立法论维度而言,刑法教义学要求,将立法规定作为"教义"一样看待。当一个实定法规定被反复适用,并被认为是合乎正义的,却在某个疑难案件中得出不合乎正义的结果,出现问题的不是立法规定本身,而是该立法规定的适用者——他们没有正确地适用体系思维,将立法规定正确地适用于具体个案。此时,为了某一个案结果的正确性去修改立法是不妥当的,也是没有必要的。

基于政策考量而修改立法,主要表现为增加新的立法规定,以及删除原有立法规定。

第一节　刑法学体系思维与立法之删改

一、分析样本:许霆案

当某一立法规定所导致的个案处理结果与政策需求不符时,该立法规定就饱受质疑,并被要求修改或删除。这是政策考量最典型的做法,但它忽视了另一种解决方案的可能性:个案处理结果不理想,应该受怀疑的,并不是经过长时间反复适用的立法规定,而是从立法规定到个案结论之间的通路——这条通路或许被阻塞了,没能从立法规定推导出理想的处理结论。更值得注意的是,这一忽视往往是由于法律精英所造成的——他们用尽了各种精致的法律概念,仍然无法从立法规定推导出理想结果。于是乎,人们开始怀疑作为源头的立法规定。这当中,一个重要的事实被掩盖了——在这些高深的论述中,或许只有精致的概念,但这些概念却是零散的,对其使用也是抽离式的,而不是从概念"金字塔"中体系性地使用的。这当中,最典型的,莫过于许霆案。

该案的基本情况是:

2006 年 4 月 21 日晚 10 时许,被告人许霆在广州市一商业银行的 ATM 取款机取款,他在先行取出 1000 元后,发现机器出错,取款 1000 元而账户只扣款 1 元,遂连续取款 5.4 万元。当晚,被告人许霆回到住处,将此事告诉了同伴郭安山。两人随即再次前往提款,之后反复操作多次。后经警方与公诉机关提交的银行账单查实,许霆先后取款 171 笔,合计 17.5 万元;郭安山则取款 1.8 万元。事后,二人各携款潜逃,时隔一年被抓获。

2007 年 11 月 20 日,该案由广州市中院一审,以"盗窃金融机构"数额特别巨大为由,定为盗窃罪判处无期徒刑。[①] 后该案被发回重审,仍由广州市中院审判。2008 年 3 月 31 日,广州市中院根据《刑法》第六十三条"特殊减刑",改判为五年有期徒刑。[②]

对同一个事实,同一个法院前后仅四个月时间,判决结果由无期徒刑直接减至五年有期徒刑,这当中的关键是什么呢? 两个判决的差异在哪儿呢?

当时的《刑法》对于盗窃罪的规定为:

第二百六十四条　盗窃公私财物,数额较大或者多次盗窃的,处三年以下有期徒刑、拘役或者管制,并处或者单处罚金;数额巨大或者有其他严重情节的,处三年以上十年以下有期徒刑,并处罚金;数额特别巨大或者有其他特别严重情节的,处十年以上有期徒刑或者无期徒刑,并处罚金或者没收财产;有下列情形之一的,处无期徒刑或者死刑,并处没收财产:

(一)盗窃金融机构,数额特别巨大的;

基于此规定,原审判决认为,许霆"盗窃金融机构,数额特别巨大",依法应"处无期徒刑或者死刑,并处没收财产",最低为无期徒刑,因而一审判处无期徒刑,已是从轻处罚。但从一般人的法直觉来看,这一量刑显属过重。诚如媒体所说:"如有罪,则属'盗窃金融机构',依法最低刑为'无期'。这一量刑显属过重,但法官适用法律并无不当……而如果无罪……又嫌过轻,许霆在明知 ATM 机出错的情形下仍大量取现,其行为确有一定的社

---

① 广东省广州市中级人民法院刑事判决书(2007)穗中法刑二初字第 196 号。

② 广东省广州市中级人民法院刑事判决书(2008)穗中法刑二重字第 2 号;广东省高级人民法院刑事裁定书(2008)粤高法刑一终字第 170 号;以及中华人民共和国最高人民法院刑事裁定书(2008)刑核字第 18 号。

会危害性。"①正因如此，该案引发了舆论广泛关注。

重审判决并没有改变该案的事实认定，但认为：

> 许霆盗窃金融机构，数额特别巨大，依法本应适用"无期徒刑或者死刑，并处没收财产"的刑罚。鉴于许霆是在发现银行自动柜员机出现异常后产生犯意，采用持卡窃取金融机构经营资金的手段，其行为与有预谋或者采取破坏手段盗窃金融机构的犯罪有所不同；从案发具有一定偶然性看，许霆犯罪的主观恶性尚不是很大。根据本案具体的犯罪事实、犯罪情节和对于社会的危害程度，对许霆可在法定刑以下判处刑罚。依照《中华人民共和国刑法》第二百六十四条、第六十三条第二款、第六十四条和最高人民法院《关于审理盗窃案件具体应用法律若干问题的解释》第三条、第八条的规定判决如下：
>
> 一、被告人许霆犯盗窃罪，判处有期徒刑五年，并处罚金二万元。

《刑法》第六十三条第二款是关于"特殊减轻"的规定："犯罪分子虽然不具有本法规定的减轻处罚情节，但是根据案件的特殊情况，经最高人民法院核准，也可以在法定刑以下判处刑罚。"在没有法定减轻情节时，适用该条规定来减轻处罚，这在我国当时的司法实践中是极其罕见的。所谓"从案发具有一定偶然性看，许霆犯罪的主观恶性尚不是很大"，原审判决就考虑过了，所以才判处了法定最低刑——无期徒刑，为什么该情节在重审时获得了截然不同的待遇（由"酌定从轻"到"特殊减轻"）呢？

这个结果无疑是合乎民意的，也合乎一般人的法直觉，但其理由是什么呢？这无疑是一个难题。正是这个难题，使得原审法院陷入舆论漩涡之中，它也使得我国几乎每一个刑法学者都参与思考，甚至民法学、法理学的学者也参与了论辩，在社会上引起极大反响。② 关键在于，如何使得本案可以既符合罪刑法定的刑法教义，又符合一般民众（包括法官、法学家）对于正义的情感诉求，这也是一种政策需求。

---

① 王琳、刘洪、鲁宁：《许霆案背后的司法悖论》，《广州日报》2007年12月25日。

② 据笔者不完全统计，许霆案判决前后公开发表的对该案定罪量刑进行探讨、评议的论文约有1018篇。其中，判决前约300篇；判决之后，学者仍发表论文约700篇进行讨论。在这些文章中，不少文章对判决持批判态度。

二、政策考量的解决方案

对于这个难题的解决方案，我国如同以往一样，习惯性地从政策考量的视角出发，采用了论点思维而非体系思维。参与论辩的学者可谓考虑了"所有解决办法"，这些问题式思考的出发点都是为了使被告能够"减轻处罚"，但所有的观点最终没能达成统一。现择其要者，从方法论上进行剖析。

（一）名义上的教义分析

为了获得一个符合正义情感的轻刑判决，法学研究者提出的方案大多是更换定性的罪名。这种论证往往披着教义分析的外衣，因为它们是从犯罪构成的角度展开分析的，大致有几种观点：（1）诈骗罪；（2）金融凭证诈骗罪；（3）侵占罪；（4）只是民法上的不当得利，不构成犯罪。但这些观点均难以圆说。犯罪构成往往属于教义分析的内容，但这种教义分析只是名义上的。本来，许案"秘密窃取"的特征是显而易见的，但人们对于无期徒刑的裁判结果不能接受，就希望通过否定盗窃罪的定性来否定这不合乎"正义"的判决。出于这种政策考量，这些名义上的教义分析既改变了盗窃罪认定的原有教义，又改变了其他罪名的原有教义。

例如，有人认为，"这案件中，许霆是用自己的银行卡公开合法地取款。卡插入后，卡就被识别，而且是自己的，所以就不存在盗窃"。[①] 其实，这是一种偷换概念的辩解。用自己的卡取款，"公开"的仅是行为人的身份，而非行为的"非法占有"性质。行为人明知自己的卡上并无足够的存款，仍进行恶意取款，就不是合法的了，行为人也不会将此种不合法行为向财物保管人"公开"，否则许霆就不会选择凌晨时间去取款，并在取款后逃匿了。易言之，构成盗窃罪，并不要求行为人"蒙面"，只要求行为人采取"自以为不被发觉"的行为方式。"秘密"评价的不是行为人，而是行为。

还有人认为，被告人许霆是将自己卡上的有关信息输入 ATM 机的信息系统后，因 ATM 机的信息系统出错而将钱款送到 ATM 机外部窗口使之取得的，并非是其将 ATM 机砸毁或撬开后直接从中拿走了现金，因此不可能构成盗窃罪。该说认为，这是机器代替银行工作人员将款交付给行为人，而非行为人将他人占有之下的财物直接拿走。而拾得他人钥匙之后

---

① 参见《许父及法学专家作客谈"许霆恶意取款"（实录）》，资料来源：http://news. dayoo. com/world/gjgd/2007-12/25/content_3202519. htm（大洋网）。

开门取走财物,则是行为人直接将他人占有之下的财物拿走。① 实际上,作为动产物权的公示方法,交付就是占有的移转。但是,必须基于有效的交付意思,才是当事人自愿的履行义务的行为,否则即使物的占有发生了移转,在法律上亦不构成交付。② 进一步说,机器不仅是简单地"交付"(履行义务),而是代替人从事着整个存取款的"交易"。机器在处理交易事项时,亦可作具有法律效力的意思表示。当然,这并非机器本身作为交易主体,而是作为交易主体的人在机器上预设了意思表示程序。如果机器失灵,就不能正确地执行人所预设的意思表示程序,其"交易"或"交付"便不具法律效力。更准确地说,在失灵时,机器"吐钱"就不再是"交易"或"交付",而只是纯粹的物理事象。就如同摇晃果树,果子就从树上掉下来一样,当然不能认为是树将果"交付"给行为人。行为人得知这种物理因果事象,并加以利用取走财物,就是直接拿走他人占有的财物。也正因如此,行为人所获得的是存放在取款机中的银行的财产,并非自己代银行保管的物品或银行遗失的物品,认为行为人的行为构成侵占罪的观点也是站不住脚的。同样,由于获取不当得利必须是意外被动获得,如果采取故意主动的行为去获取利益,就不能认定为不当得利。许某第一次取款获得额外利益,确属不当得利;在受领财产后,许某便知道自己的取得没有合法根据,即属恶意不当得利③,其后 170 余次取款是明知 ATM 机失灵,仍采取主动行为侵吞银行财产,就不再属于不当得利了。

另外,认为上述行为构成诈骗罪或者信用卡诈骗罪的见解也是值得商榷的。机器不能被骗的观点已经受到质疑,行为人欺骗机器就是欺骗作为机器主体的银行,因此该行为应当构成诈骗罪或者信用卡诈骗罪。但是,撇开机器能否被骗的话题不论,单就诈骗类型的犯罪而言,无论是诈骗罪还是信用卡诈骗罪,都必须具备一个基本要件,即行为人具有虚构事实或者隐瞒真相,以使对方陷入错误的诈骗行为。但是,在上述案件当中,行为人在整个行为操作过程中,都是按照银行的要求进行的,使用的是自己名义的真实的银行卡,输入的是自己事先所设定的密码,在整个取款过程中都没有任何的造假或者隐瞒行为。这样,如何能说该行为构成诈骗类型的犯罪呢? 有见解认为,上述行为属于信用卡诈骗罪中的"恶意透支"行为。但是,这种观点也是值得商榷的。撇开这种借记卡是否属于刑法所规定的

---

① 参见刘明祥:《在 ATM 机上恶意取款的定性分析》,《检察日报》2008 年 1 月 8 日。
② 参见马骏驹、余延满:《民法原论》(第三版),法律出版社 2007 年版,第 306 页。
③ 参见张俊浩:《民法学原理(下)》(修订第三版),中国政法大学出版社 2000 年版,第 939 页。

"信用卡"不论,在恶意透支的场合,行为人的实际透支数额和保留在银行的透支记录应当是一致的,透支人透支的金额一目了然;而在利用取款机的故障恶意取款的场合,行为人每次取款,在取款记录上是 1 元,但实际所得是 1000 元。这样,在每次取款过程中,就有 999 元在银行不知情的情况下,被非法转移到了行为人个人手中,这种做法显然不能说是透支行为。①

否定"秘密窃取"以否定盗窃罪,最终回避"盗窃金融机构",以减轻被告人的刑罚,可以说是人们试图为朴素正义找到栖息地的不得已之举。但这些削足适履的做法并不能自圆其说,错误显而易见。对于许案的"定性"(盗窃罪),人们从情感上是可以接受的,只是盗窃罪内部具体条款的适用导致"定量"失衡才遭受诟病。如为"定量"原因,一开始就否认盗窃罪,从而错误"定性",反而会使正义被提前放逐。

亦有学者认为,不应将 ATM 机理解为金融机构,因而盗窃 ATM 机中的资金也不是"盗窃金融机构"。② 这虽然避免了否认"秘密窃取"的尴尬,但是所谓"不应将 ATM 机解释成金融机构"的说法无疑过于牵强。该说法也遭到了其他学者的否定。③

在此,应当指出的是,这些做法表面上是体系思维,是以犯罪构成为分析工具的,但实际上,所有的改变定性的对策都是以量刑作为考虑的出发点的,是为了减轻刑罚而提出来的。这种为了达到特定的直觉的结论而寻求解决办法的思维,恰恰正是政策考量。政策考量为了达到该直觉的结论,其说理是无法令人信服的,这种名义上的教义分析容易造成一种假象,即教义分析本身是任意可变的,教义亦是任意可变的。正如并非刑法学者的苏力教授所提出的:"为什么当教义分析得出的判决与直觉冲突时,必须或应当换另一个教义分析? 法律教义分析本身并没有指示,逻辑上也推不出来。"④这显然贬损了刑法教义学的价值。而且,如接受这种基于政策考量的说理,不但盗窃罪,而且诈骗罪、侵占罪等罪名的构成要件的长期传统理解都需被重新解读,这将影响除了许霆案之外的大量案件。

(二) 直接的政策考量

由于教义分析并未取得理想效果,不少学者直接表明政策考量的立场,从犯罪构成之外入手来解决问题,主要有以下方案:

---

① 参见黎宏:《也谈取款机上恶意取款行为的定性》,《检察日报》2008 年 1 月 18 日。
② 赵秉志:《许霆案尘埃落定之后的法理思考》,《法制日报》2008 年 6 月 1 日周末版。
③ 劳东燕:《能动司法与功能主义的刑法解释论》,《法学家》2016 年第 6 期。
④ 苏力:《法条主义、民意与难办案件》,《中外法学》2009 年第 1 期。

1. 以刑制罪

改变定性罪名,与其说是构成要件分析的结果,不如说是出于对特定刑罚结论的追求,是"由刑至罪",而不是"由罪至刑"。于是,有学者干脆坦诚地提出"以量刑规制定罪"的理论,认为"量刑才是具有实质意义的刑法结论,最终的刑量,而不是罪名,才是被告人和民众关注的核心,把盗窃行为认定为诈骗罪,只要量刑公正,仍然实现了实质公正。"[1]

其思路是,法官先依其法直觉估量一下刑罚量,然后从刑法条文中寻找与该刑罚量相当的最相关罪名,最后再对该罪名展开论证。[2] 这是一种典型的问题思维,它违背了"先定罪后量刑"的原则,完全背离了罪刑法定。这种削足适履的做法,实际上是以一个更大的"破绽"来填补之前的"破绽"。

2. 修改立法

由于现行制度使各种解释碰壁,一些法律界人士对"盗窃金融机构"的罪刑配置提出批判。有人认为,我国盗窃罪的"数额特别巨大"标准,在经历十余年经济高速发展后,已脱离实际,亟须修改。[3] 其言下之意是,经济发展了,盗窃 17 万已不再是"数额特别巨大"了。

但如果某一分则条文已长期多次适用,其罪刑配置一向被认为"均衡",现却因一起个案而受批判,人们更有理由怀疑这种"批判"的正确性。更何况,刑法中以金钱数额作为量刑依据的犯罪极多,如盗窃罪的数额标准修改了,所有这些犯罪的数额标准都必须随之修改,因个案而大面积修改刑法罪名,无疑是荒唐的。

3. 特殊减刑

法院最后采取的办法是,直接依《刑法》第六十三条第二款的"特殊减轻"制度,在法定刑以下处刑。其思路为,既然所有的罪名讨论方案都是为了解决"减刑"问题,还不如直接找到一个"减刑"的条文,根本不用去讨论罪名如何。而当时,该条文自 1997 年《刑法》颁布以来还从未被使用过![4] 实际上,当时的所有讨论均没能从法理上为"减轻"找到有说服力的理由。ATM 机故障并不能成为减轻被告人刑事责任的理由,就像妇女衣着性感并不能减轻强奸犯的责任一样。但在政策考量中,所有的法理论证都是不重要的,关键在于这一法条提供了"减刑"的法律依据,从而解决了问题。法院在长达 18 页的判决书中,对于"在法定刑之下量刑"这一罕见做法的

---

① 高艳东:《量刑与定罪互动论:为了量刑公正可变换罪名》,《现代法学》2009 年第 5 期。
② 苏力:《法条主义、民意与难办案件》,《中外法学》2009 年第 1 期。
③ 陈兴良:《许霆案的法理分析》,《人民法院报》2008 年 4 月 1 日。
④ 许霆案之后,该"特殊减轻"的规定开始逐步得到适用,这也是许霆案解决方案的一个影响。

说理也只有"主观恶性尚不是很大"9个字,对于为何改判幅度如此之大(由无期徒刑改为五年徒刑)则只字未提。这种做法的"后遗症"是巨大的。就连许霆也认为,判决不重,但理由不对,并相继提起上诉和申诉,而且滋生了公众对法院恣意裁量的担心。该案尘埃落定后,学者对判决的文诛笔伐比对该案的讨论更甚。

(三)对政策考量的评价

苏力教授在总结了各种政策考量的方案后指出,重要的是合乎政策的结果,这当中起作用的乃是"立法性质"的政治性判断和政策考虑,而不是体系性的教义分析。他进而认为,大量常规案件都应当也可以通过教义分析、法律论证推理解决,但在"难办案件"中,即使教义分析和法律技能仍然发挥重大作用,它们也不足以独自有效回应难办案件,"起支配或指导作用的仍然是一些政治性判断和政策考量"。

可以说,苏力教授是最直接、最坦率地表明"许霆案的各种学说争议只不过是政策考量"的学者了,它们真实描述了法官在"难办案件"中的裁判"理由",毫不留情地揭下了"教义分析"的遮羞布。由于政策考量并非教义分析,它如何保证案件审理的正确性呢? 苏力教授没有提出有效办法,而是认为要允许司法的"试错"。在刑法适用中,在涉及对个人的最严重侵害——刑罚——的场合,这种论调让人不寒而栗!

应当注意的是,有学者试图以"功能主义"为理由来掩盖这种政策考量的实质。例如,对于"以刑制罪"的做法,有学者指出:

> 刑法体系不只是一个逻辑体系,更是一个价值体系。基于此,个案中的解释结论,不仅需要受形式逻辑的制约,也需要遵守价值层面的体系性要求。当前我国刑法理论中出现的"以刑制罪""量刑反制定罪"等命题,便是将刑法体系视为价值体系的衍生物,属于实质导向的方法论。……存在着逆向地立足于量刑的妥当性考虑而在教义学允许的多种可能选择之间选择一个对应的妥当的法条与构成要件予以解释与适用,从而形成量刑反制定罪的逆向路径。前述"以刑制罪"与"量刑反制定罪"的主张,均承认教义学规则的制约,是在尊重形式逻辑的前提下展开的。由于没有摆脱法教义学的基本分析框架,承认不能突破构成要件的限制,此类命题并不违反罪刑法定原则,也不会导致司法自由裁量权的滥用。①

---

① 劳东燕:《能动司法与功能主义的刑法解释论》,《法学家》2016年第6期。

这一论述是值得商榷的。刑法体系从来都不否认价值的存在,尤其是新古典体系及目前流行的新古典暨目的论体系本身就是立足于规范论的价值体系,价值体系与逻辑体系并不矛盾。刑法教义学要求刑事政策上的价值概念必须纳入一个逻辑体系当中,这个以"价值"为质料的逻辑体系是不允许"逆向"来"由刑至罪"地选择罪名的。如果按照教义学的分析,确实存在几种罪名的选择可能性,那么罪名的选择也是由一定的教义规则支配的,如"重法优先""特殊法优先"等,而不能根据"量刑的妥当性"来选择。当以"量刑的妥当性"为标准时,什么罪名都不重要了,罪刑法定也无足轻重了,重要的只是某个罪的法定刑具有"妥当性"。更何况,许霆案(很多其他案件均是如此)虽然存在罪名争议,但是并不存在"教义学允许的多种可能性"。这些相互竞争的罪名当中,往往只有一个罪名才真正符合教义学规则。

而且,盗窃罪是最常见的罪名。在这个常见罪名上,不采用体系思维,而采用以政策考量为中心的论点思维,这种做法是不合适的,因为该案所涉问题显然不是在罗克辛所说的立法空白的领域的"第一次处理行动"。在政策考量下,所有解决方案都"倒果为因",为一个预设的结果寻找理由。表面上,这些方案都"解决"了问题,但实际上却制造了更大的问题,无异于为"捡芝麻"而"丢西瓜"。

最终的结果是,它导致了立法的修改。2011 年 2 月 25 日,《刑法修正案(八)》第三十九对《刑法》第二百六十四条进行修改,最大的变化在于,删除了"盗窃金融机构"的规定。

三、体系思维的解决方案

要解决前述争议,只能将研究路径由政策考量转向以体系思维为核心的教义分析。我国刑法对盗窃金融机构的情形适用加重的法定刑,是由于银行等金融机构的资金安全被认为对国民经济建设与社会的稳定繁荣具有至关重要的意义,因此需要给予金融资金以特殊的刑法保护。这也是相关的司法解释将"金融机构"限定为金融机构的经营资金、有价证券和客户资金等的实质根据所在。因而,判断是否成立"盗窃金融机构"关键在于,行为的对象是否是金融机构所占有的金融资金。具体而言,它包含两个要件:一是行为针对的必须是金融资金;二是该金融资金必须为金融机构所占有。

如由政策考量转向体系性思考,结局则完全不同。在这里,我们试用三阶层理论来分析。

(一) 构成要件该当性的判断

体系思维的要求是"由罪至刑",任何与刑罚量有关的内容,都不得在此阶段考虑,应考虑的只是构成要件的规定。

(1)对于"盗窃公私财物"的构成要件,许霆的行为无疑是该当的,从而应当构成盗窃罪。该结论是符合罪刑法定原则要求的。

(2)对于"盗窃金融机构"这个"次层级构成要件"是否该当,不能仅从字面语意出发,而应贯彻体系性思考。该思维需回答这个问题:在同样的盗窃数额下,刑法及司法解释①对"盗窃金融机构"设置了更重的法定刑,这是什么原因呢?

有学者从"功能主义解释论"出发,认为对此"只能从相关规定的保护目的入手。我国刑法对盗窃金融机构的情形适用加重的法定刑,是由于银行等金融机构的资金安全被认为对国民经济建设与社会的稳定繁荣具有至关重要的意义,故而需要给予金融资金以特殊的刑法保护"②。对法条的解释,应当"从相关规定的保护目的入手",但对于保护目的的确定,就要放在整个法秩序体系中进行,而不能随意猜想,否则,这种"目的"就不再是"相关规定的保护目的"了。

基于体系思维,答案是这样的:

首先,从整个法秩序体系来看,《宪法》和《物权法》都确立了财产权平等保护原则,不能认为金融机构的财产权就更值得保护。刑法规定也应遵循这一秩序体系。

其次,从刑法秩序体系内部看,在法益侵害程度相同时,"盗窃金融机构"为什么能加重法定刑呢? 这实际是在从"盗窃金融机构"的解释中探寻立法原意。强调探询立法原意的形式的解释论与主观的解释论,应当是当代刑法解释论的基本立场。③ 而探寻立法原意的方法在于构成要件的体系地位。构成要件是违法类型,是立法者将值得处罚的违法类型以文字规定在刑法典中,因此就应弄清立法者在"盗窃金融机构"的构成要件中所预定的不法内涵。

一般认为,不法内涵包括结果无价值与行为无价值两方面。结果无价值强调违法的实质在于法益侵害这种"坏的结果";而行为无价值则侧重行为人反社会、反伦理的主观态度,重在"坏的行为"与"坏的内心"。"盗窃金融机构"只是将财产权受侵害的主体特殊化,与法益侵害程度这种结果无

---

① 参见 1998 年《最高人民法院关于审理盗窃案件具体应用法律若干问题的解释》第六条第二、三项,该规定对"盗窃金融机构"进行了解释。随着 2011 年《刑法修正案(八)》删除了"盗窃金融机构"的规定,该司法解释已无意义,后于 2013 年 4 月 4 日因废止而失效。

② 劳东燕:《能动司法与功能主义的刑法解释论》,《法学家》2016 年第 6 期。

③ 梁根林:《罪刑法定视域中的刑法适用解释》,《中国法学》2004 年第 3 期。

价值无关,其法定刑更重,只能是由于"盗窃金融机构"所隐含的行为无价值。金融机构对其经营的财产(如储户存款)往往采取了十分严格的安全保护措施,盗窃的难度更大,这是众所周知的,如行为人仍执意盗窃金融机构,就表明了其侵害法益的更大决心,体现了更大的主观"恶",这就是对"盗窃金融机构"设置更重法定刑的理由。而只有行为人对保安严密的金融机构财产进行盗窃时,才具有这种行为无价值。如果行为人对明知无严密保安措施的金融机构财产进行盗窃时,与一般盗窃无异,不能表明更大的主观"恶",不该当"盗窃金融机构"。例如,金融机构的办公用品、交通工具也是金融机构财物,但一般而言,金融机构对其并不像储户存款那样采取极严密的保护措施,盗窃这类财物难度相对较小,不能体现特有的行为无价值,所以不符合"盗窃金融机构"这一构成要件。正因如此,最高人民法院《关于审理盗窃案件具体应用法律若干问题的解释》第八条规定,"盗窃金融机构"是指"盗窃金融机构的经营资金、有价证券和客户的资金等,如储户的存款、债券、其他款物,企业的结算资金、股票,不包括盗窃金融机构的办公用品、交通工具等财物的行为"。同理,金融机构的保安设施失灵,不能对储户存款等财产提供应有的保护时,知悉这一情况的人进行盗窃的,也不能体现行为无价值。据此,法条规定的"金融机构",指的是具备正常保护措施的金融机构,不包括因失灵而不能严密保护其财产者。作为金融机构延伸的 ATM 系统也是如此,由于 ATM 机失灵,使得被告人可以用极其简单的方法窃取钱款,对行为人而言,不但没有表明更"恶"的内心,反而是一种"难以抵制的诱惑",因而不能表征刑法所要求的更大的行为无价值,自然不能认为该当"盗窃金融机构"的构成要件,只能认定为一般盗窃"数额特别巨大"。

在这里,笔者并不想介入行为无价值与结果无价值之争。如果一定要采取结果无价值的观点,则可认为"盗窃金融机构"所表征的行为无价值在本质上与期待可能性是异曲同工的。金融机构设置了严密的安保措施,社会完全可以期待行为人放弃"盗窃金融机构"的犯罪意图;如果行为人仍然无法产生反对动机,其对社会期待的背离无疑要重于普通盗窃,刑法在此将期待可能性作为法定刑升格事由(而非超法规的责任阻却事由),许霆盗窃失灵的 ATM,没有体现立法者要求的这种期待可能性,就不能认定为盗窃金融机构。

(二)违法性的判断

由于在构成要件评价阶段已进行违法性的探寻,该当构成要件就推定了违法性,且无违法阻却事由,违法性则可认定。应当注意的是,不能以

"被害人过错"作为违法阻却事由。

在这里,应当注意的是被害人学。被害人学被许乃曼视为违法性阶层的功能主义成果。从体系上看,被害人过错是被害人学的内容,其本来是刑事政策上的概念,欲将其运用到刑法分则的释义,必须先有各构成要件的联结点,否则就只能定位为刑事政策的高谈阔论而已。[①] 对于被害人过错所说明的问题,刑法学总是用另一套术语,从犯罪评价体系上进行思考,如提出被害人学原则的许乃曼通过更狭义地解释构成要件来体现被害人学的考虑。[②] 此外,对于受害者的举止行为对排除不法和罪责的影响,还缺乏一种相应的研究工作。[③] 换言之,在以被告人为中心的刑法适用中,对被害人的关注只有纳入违法、罪责这些中心议题的讨论中,才是有意义的。[④] 因此,不能仅以提及"被害人学"为学术时髦,完全不考虑该学说是否在我国犯罪论体系中已占据一席之地。[⑤]

(三) 有责性的判断

许霆案中,被告人主观上一直认为这是银行的错,而不是他的错,还因此提出申诉。是否有"错"的认识,在刑法学上也被称为"违法意识",是罪责要素。当然,许霆案被告人的这一主观认识明显不正确,也就是存在"违法意识错误",属罪责阻却事由。具有此事由,表明行为人主观上并无"法敌对性"。当然,许霆案中,这一错误完全是可以避免的,不能免除处罚,最多只能减轻处罚。

因此,许霆案中,被告该当盗窃罪之构成要件,但从违法内涵看,其并不该当"盗窃金融机构"的次级构成要件,只能在"十年以上有期徒刑、无期徒刑"的幅度内量刑。从罪责评价看,许霆有可避免的违法认识错误,可减轻处罚,即可在该法定刑幅度内选择较轻的刑罚,如十年有期徒刑。这样一来,民众的朴素正义情感找到了合适的栖所,司法判决也不再左右为难。反之,判处五年有期徒刑,被告就比很多"盗窃数额特别巨大"的同类案件获得了更轻的刑罚,这是没有道理的。

---

① 林钰雄:《刑法与刑诉之交错适用》,中国人民大学出版社 2009 年版,第 431—432 页。
② [德]许乃曼:《刑事不法之体系:以法益概念与被害者学作为总则体系与分则体系间的桥梁》,载许玉秀、陈志辉:《不移不惑献身刑法正义——许乃曼教授刑事法论文选辑》,台北春风煦日论坛 2006 年版,第 207—226 页。
③ Vgl. C. Roxin, Strafrecht Allgemeiner Teil, Band I, 3. Aufl., C. H. Beck, 1997, §14, Rn15ff.
④ George P. Fletcher, The Place of Victims in the Theory of Retribution, 3 Buff. Crim. L. Rev. 51.
⑤ 潘星丞、陈芹:《"罪—刑"关系之分析范式:犯罪评价架构》,《华南师范大学学报》2013 年第 1 期。

综上可见,刑法教义学的本质不在于教义概念,而在于基于教义概念所构建的刑法体系。脱离体系思维的所谓"教义分析",实际上也是政策考量,并不能实现法的安定性。从体系思维出发,刑法教义学完全可以解决许霆案的难题。这样一来,完全不需要删除"盗窃金融机构"这一本来就具有合理性的立法规定,因为具体的个案而修改抽象的立法无疑成本太大。删除该规定后,对于"盗窃金融机构"的行为,由于其违法性或罪责较大,相较于一般盗窃而言,仍应从重处罚,但从重的尺度却失去了可资依据的法条,这将使得刑罚裁量有恣意化的危险。

第二节　刑法学体系思维与立法之增设

一、分析样本: 醉驾案[①]

当用尽了"教义分析"的方案后,原有立法规定仍无法取得合乎政策需求的个案处理结果时,最常见的措施便是通过立法来增加一项可以得出理想结果的规定。对于这种情形,典型的分析样本是因醉驾案而增设的危险驾驶罪。

(一) 醉驾案的罪名变迁

一直以来,我国通说认为,交通肇事罪是过失罪,司机驾驶车辆的行为虽然是故意的,但是对于发生伤亡事故,则是持过失心理,而故意与过失是对犯罪结果(而非行为)的心理态度。但一系列醉驾案(如 2007 年广东省佛山市黎景全案、2009 年四川省成都市孙伟铭案等)引起了民众的关注,这类案件与一般的交通肇事不同,司机是因醉酒而肇事,肇事后果极为严重(往往死伤多人,如黎景全大量饮酒后驾驶面包车致二死一伤,孙伟铭无证醉驾造成四死一重伤),此时仅处以过失的交通肇事罪,刑罚配置极低,从而产生了将醉驾行为认定为故意罪的政策需求。

法院也因应这一政策需求,将这种醉驾案认定为"以危险方法危害公共安全罪",例如:(1)佛山市中院于 2007 年 2 月 7 日认定被告人黎景全犯以危险方法危害公共安全罪,判处死刑;[②]2009 年 9 月 8 日,广东省高院终

---

① 关于这一问题的讨论,亦可参见潘星丞:《交通肇事故意论——以波普尔"试错法"为分析范式》,《东方法学》2010 年第 4 期。

② 广东省佛山市中级人民法院(2007)佛刑一初字第 1 号刑事附带民事判决书。

审判决改判黎景全无期徒刑。(2)2009 年 7 月 23 日,成都市中院一审判处孙伟铭死刑;①2009 年 9 月 8 日,四川省高院二审改判无期徒刑。(3)南京张明宝案亦被认定为"以危险方法危害公共安全罪"。② 这些醉驾案开创了不以"交通肇事罪"定罪,而是认定为"以危险方法危害公共安全罪"并处以重刑的先例。但这个结论饱受争议,焦点在于该类案件的罪过是故意还是过失。③

对此,被评为"2009 十大典型刑事案例"的孙伟铭案一审判决书写道:

> 关于被告人孙伟铭所提其不是故意犯罪的辩解及其辩护人所提被告人孙伟铭的行为应构成交通肇事罪的辩护意见,本院认为,交通肇事罪是对主观上表现为过失,客观上表现为违反交通安全法规,并造成严重后果的行为人行为的评价。以危险方法危害公共安全罪是指行为人以放火、决水、爆炸、投毒或者以其他性质相当的危险方法,严重危害不特定多数人的生命、健康或财产安全的行为,主观上表现为故意。综观本案现有证据和被告人孙伟铭的犯罪事实,被告人孙伟铭在明知自己没有驾驶执照,没有相应的机动车驾驶能力的情况下,仍然长期驾驶机动车辆并多次违反交通法规,反映出其对交通安全法规以及他人生命、健康和财产安全的漠视。且被告人孙伟铭应当知道在醉酒情况下,驾车超速行驶,跨过不能超越的双实线,会危害不特定他人的生命、健康或财产安全,但仍放任结果的发生,其主观心态已不属过失;依据审理查明的事实,本案被害人死伤和公私财产损失,并非系被告人孙伟铭在"疏忽大意"或"轻信能够避免"的情况下造成,而是其故意所致。

但若依这种说理,则所有的交通肇事罪均可认定为以危险方法危害公共安全罪,因为所有的交通肇事罪都是违反了交通法规的,都明知违反交通法规可能造成严重后果。一直以来,此类案件都是认定为过失,以交通肇事罪定性,为什么孙伟铭案就认定为故意了呢? 因此,这一说法并不能

---

① 四川省成都市中级人民法院(2009)成刑初字第 158 号刑事判决书。
② 《南京醉驾司机妻子替夫向受害人家属请罪遭拒》,http://news. qq. com/a/20091226/000124. htm。
③ 《5 名律师上书高法称醉酒撞人获死刑量刑过重》,http://news. 163. com/09/0725/04/5F1QBPT400011229. html。

弥合分歧。孙伟铭称,不能接受司法故意的司法结论;[①]黎景全表示:"我和李洁霞无冤无仇,梁锡全又是我的铁杆兄弟,怎么可能故意杀他们呢?"[②]

对于此类饱受舆论关注的判决,最高法于 2009 年 9 月 8 日以新闻发布会的形式表示认可,并明确指出:"今后,对醉酒驾车,肇事后继续驾车冲撞,放任危害后果的发生,造成重大伤亡,构成以危险方法危害公共安全罪的,应当依照《刑法》第一百一十五条第一款的规定定罪处罚,这样才能有效打击、预防和遏制一个时期以来醉酒驾车犯罪多发、高发的态势。"[③]这一表态的政策考量表露无疑。但司法中,仍有法院将"醉驾"定性为交通肇事罪,如浙江戴天涯案。[④] 甚至,孙伟铭案二审主审法官在改判后建议最高法院尽快出台相关司法解释,以维护公众对法律的尊重和信任。[⑤]

尽管存在争议,但是从此以后,醉驾案件逐渐不按长期以来的交通肇事罪论处,而是被评价为更严重的以危险方法危害公共安全罪。

(二) 政策考量的出发点

有学者指出:"这是司法机关关注公共舆情,根据社会呼声调整刑事政策,进而在法律适用中充分考虑政策导向的结果。根据刑事政策调整故意要素的重心和认定方式,是在构成要件阶层功能性地处理主观归责问题的一个典例。"[⑥]

为什么"醉驾案"会使司法陷入进退两难之境?有学者指出,"醉驾案"存在两个司法困境,即"认定故意与过失的困境"与"坚守罪刑法定与满足民众法感情的困境"。[⑦] 从原因上看,前一困境源于后一困境。交通肇事罪是过失罪,刑罚较轻,民众希望重判"醉驾",这就需要将主观认定为故意,以便按以危险方法危害公共安全罪处罚。而以往判例却将此类案件[⑧]

---

① 《法律样本:孙伟铭案》,http://space. tv. cctv. com/video/VIDE1253173822583889。
② 《男子醉驾撞死两人被判死刑 多次上诉改判无期》,http://news. qq. com/a/20090922/000186. htm。
③ 《最高法:两起醉驾案被告人被判无期妥当(全文)》,http://news. china. com. cn/local/2009-09/08/content_18485570. htm。
④ 《浙江宝马车主醉驾撞死母子逃逸被判 4 年》,http://news. 163. com/09/1016/23/5LPICACM000120GU. html,2010 年 1 月 28 日。
⑤ 《法律样本:孙伟铭案》,http://space. tv. cctv. com/video/VIDE1253173822583889。
⑥ 车浩:《体系化与功能主义:当代阶层犯罪理论的两个实践优势》,《清华法学》2017 年第 5 期。
⑦ 刘远:《危险驾驶的刑事责任问题探究》,《法学论坛》2009 年第 6 期。
⑧ 有学者认为,交通肇事罪最高可判十五年,完全可以做到罪刑均衡。笔者支持这一观点,因为一方面,交通肇事与绑架、杀人的社会危害性相去甚远,若最高刑都为死刑,反而是不均衡的;另一方面,"民意"是自然理性的载体,不能单靠"逢迎"去平息。对被害人的"民意",无法完全靠刑罚去抚慰,《刑法》第三十六条的"赔偿经济损失"更有针对性;而社会大众的"民意",多是将平时难以表达或难以实现的其他诉求"移情"到特定事件中,希望得到宣泄。例如,胡（转下页）

认定为过失的交通肇事罪,这就导致了"认定故意与过失的困境"。

在罪刑法定的限制下,司法者是如何将"醉驾"认定为故意的呢?对此,可从"法律样本"孙伟铭案进行分析。该案中法官的逻辑是,交通肇事罪的客体(法益)是公共安全,而"醉驾"者置公共安全于不顾,主观上是(间接)故意,因此不宜认定为交通肇事罪,而应认定为以危险方法危害公共安全罪。

此逻辑似乎有理,但循此推演,则因为交通法规本就是为保护公共安全而设的,不仅"醉驾"者,而且其他违反交通法规者均是置公共安全于不顾,主观上都是(间接)故意,都应定为以危险方法危害公共安全罪,这样交通肇事罪就名存实亡了。

既然违反交通法规时没有过失的存在余地,通说是如何论证交通肇事罪是过失罪的呢?从学者们对"样本"的探讨可见一斑。争议的双方均认为,"醉驾"者并不希望"出事(造成人员伤亡)"。只不过,一方据此得出主观为过失的结论,主张交通肇事罪;而另一方却进一步认为,"撞死人"本是过失行为,但是无证驾驶、醉酒驾车侵害的是公共安全,主观为(间接)故意,应定为以危险方法危害公共安全罪。[①] 可见,双方在认定主观罪过时,参照标准不同:以"人员伤亡"(人身权)为参照者主张过失论,以"公共安全"为参照者主张故意论。以人身权而非公共安全来衡量肇事主观,从而得出过失的结论,这正是交通肇事过失论的"秘密"!

由此,一个两难命题浮出水面:从交通肇事罪在我国刑法体系所处的地位来看,应以公共安全为客体(法益),一旦违反交通法规就会(必然或可能)对公共安全造成侵害或威胁,明知之仍为之,则表明行为人对危害公共安全持故意(至少是放任)态度,但这个结论与通说相悖,而通说适用多年,似乎并无不妥;如沿袭通说,在衡量主观时"偷梁换柱",以"伤亡"(人身权)为依据,虽可将交通肇事罪认定为过失,但又与立法相悖。

二、教义分析的解决方案

(一) 方案之设想

针对"醉驾"案"故意与过失"的困境,学者付出了诸多努力。有学者认

(接上页)斌飙车案中,引起人们愤慨的是"官员背景""富家子弟",而不是撞死人,甚至服刑期间坊间还传出"替身说",这完全是民众"仇腐""仇不公"和对司法不信任心理的反映,不能单靠刑法去解决。(交通肇事罪的刑罚配置是否合理是另一较复杂的问题,笔者不拟多着笔墨。)

① 《5名律师上书高法称醉酒撞人获死刑量刑过重》,http://news.163.com/09/0725/04/5F1QBPT400011229.html。

为,交通肇事罪和以危险方法危害公共安全罪都以"伤亡实害结果"为要件,以人身权侵害来衡量主观罪过,因此两罪是想象竞合关系。[①] 但这样一来,以危险方法危害公共安全罪也被视为人身犯罪了,而且交通肇事罪因刑罚较轻几乎不再有适用余地。有学者注意到危险驾驶过程中的罪过变化,认为在判断罪过时,应考虑原因行为(危险驾驶)与结果行为(发生事故)的罪过及其心理有无连续性,并按原因自由行为的法理定罪处罚。[②]但其仍是以具体的"他人伤亡"来认定主观罪过,与交通肇事罪侵害公共安全的性质不符。或者,有人会认为"人身伤亡"就是侵害公共安全的形式之一,但这样,侵害人身权罪与危害公共安全罪在法益上就只是种属关系,就不应该并列为两"章",这明显不符合立法实际。

可见,为了破解这一两难命题,只有将交通肇事罪的主观按立法还原为故意。回到本案,对于"醉驾"而言,无须想方设法否定"醉驾"者的故意心态,这样以危险方法危害公共安全罪与交通肇事罪就是普通法与特殊法的法条竞合关系,应适用特殊法优先的原则,即认定为交通肇事罪。当然,即使不对交通肇事的主观方面进行反思,该案也能得出同样的结论。最高人民法院《关于交通肇事刑事案件具体应用法律若干问题的解释》第二条第二款第一、二项明确将酒后驾驶和无证驾驶纳入交通肇事罪的调控范围,"醉驾案"也只能依交通肇事罪论处。交通肇事故意论是另外的一种理论论证思路,最高人民法院的解释无疑是对该理论的"确认"。笔者亦无意纠缠于该"法律样本"的对错,只是以之为切入点,重新审视交通肇事罪的主观特征。

将交通肇事罪视为故意罪,并不是立法论上的建议,而是解释论上的反思。这一与通说截然相反的结论看来不可思议,但如前所述,刑法教义是可以变更的,但基于对教义权威性的尊重,必须注意"信条规则是法学研究的批判性检验的结果,因此不能简单地予以否定,这就是所谓的否定禁止(Negationsverbot)······任何要肢解或替代现有信条的人都必须对此承担辩论责任。"[③]

更改原来的教义,也具有方法论上的合理性。根据波普尔"批判理性主义"知识论,通说也只是一种理论,而不是真理本身;理论只是大胆的猜测,因而在经验上是不可证实的,只能证伪,"可证伪性"(falsifiability)是科学与非科学的分界标准。[④] 凡理论只要是科学的,就必然是能被经验证伪

---

① 张明楷:《危险驾驶的刑事责任》,《吉林大学社会科学学报》2009 年第 6 期。
② 刘远:《危险驾驶的刑事责任问题探究》,《法学论坛》2009 年第 6 期。
③ [德]魏德士:《法理学》,丁晓春、吴越译,法律出版社 2013 年版,第 145 页。
④ [英]卡尔·波普尔:《科学发现的逻辑》,查汝强、邱仁宗译,科学出版社 1986 年版,第 14—15 页。

的。"知识的进步主要在于对先前知识的修改。"①波普尔科学哲学认为，由于一切理论都只是猜想而非真理，"怎样发现理论"是"无关紧要的"，关键在于"怎样检验你的理论"。② 波氏反对自培根开始的古典归纳主义和逻辑实证主义他为此提倡"试错法"（the method of trial and error），认为科学的发展是由不断提出试探性的猜想，并通过反驳和证伪不断排除猜想中的错误而实现的。"试错法"不是简单地对现有理论的一种单纯的否定，而是要通过证伪去达到暂时的"确认"。波氏认为，我们不仅需要对理论进行成功的反驳，而且也"需要我们的某些理论成功，需要从经验上确认……只有通过我们理论的暂时成功，才能相当成功地把我们的反驳归因于理论迷宫的确定部分"。③ 证伪和确认对科学的发展都是不可缺少的：如果没有证伪，科学就会停滞不前；但如果理论所包含的新内容得不到经验的确认，科学就会变得毫无意义。任何一个具体的科学理论，就终极意义而言都是可证伪的；但就相对意义而言，则是可确认的。

在波普尔看来，科学的发展，新、旧理论的更替，就是一个通过探索和批判不断向客观真理接近的过程。为此，他提出了"逼真性"和"逼真度"两个重要概念。④ 所谓"逼真性"（verisimilitude），就是指科学理论具有的不断接近真理的性质。一个理论只要被经验事实确认过，都必然包含一定的真实性内容，虽然它终究必将被证伪。不同理论的"逼真性"程度不同，"逼真度"（the degree of verisimilitude）表明理论接近真理的程度，"逼真度"越高的理论越进步。科学发展的历史，就是理论通过生存竞争而不断提高"逼真度"的历史。

诚然，笔者主张的故意论也只是一种"猜想"，日后也难逃"证伪"的命运，这是知识的宿命，也是科学进化的规律。但故意论是基于对过失论"证伪"而提出的新的猜想，它需要经过"某些新的、严峻的检验"，以获得"暂时成功"，使之具有一定的"逼真性"；而且，这一新理论需要对交通肇事罪的诸多疑难问题作出比旧理论更令人满意的回应，让新理论进一步获得"经验的确认"，使得新理论比旧理论有更高的"逼真度"，从而可以把这一理论替代看作一种"进化"。检验"逼真性"的试错，是对交通肇事故意论的基于体系思维/教义分析的证成；检验"逼真度"的试错，是对交通肇事故意论的

① ［英］卡尔·波普尔：《猜想与反驳》，傅季重等译，上海译文出版社 2001 年版，第 40 页。
② ［英］卡尔·波普尔：《历史决定论的贫困》，杜汝楫、邱仁宗译，华夏出版社 1987 年版，第107 页。
③ ［英］卡尔·波普尔：《猜想与反驳》，傅季重等译，上海译文出版社 2001 年版，第 318 页。
④ ［英］卡尔·波普尔：《猜想与反驳》，傅季重等译，上海译文出版社 2001 年版，第 217 页。

基于政策考量的展开。

（二）体系思维的展开：交通肇事故意论的证成

通过前述分析，在我国的立法体例下，交通肇事过失论已被经验"证伪"了，但其作为一个常见罪名，过失论观点早已根深蒂固。作为与之完全相反的观点，交通肇事故意论欲获得"确认"，必须经过严格检验。为此，笔者层层设问，自问自答，用"试错法"对这一"大胆猜想"进行"小心求证"，以证明"逼真性"，这也是从解释论角度对故意论进行证成的过程。

1. 过失论：域外理论的误读

故意论面临的首要问题，是域外刑法的质疑。大多数国家和地区的刑法均把交通肇事视为过失罪，加之域外刑法理论博大精深，作为与之截然相反理论，故意论能自圆其说吗？这个问题若不解决，所有的论证都如以卵击石，显得过于单薄。

域外的过失论也是以其立法为基础的。与中国不同的是，域外刑法均不把交通肇事规定为危害公共安全罪，而是规定为侵害人身权罪——这正是问题的关键。例如，《日本刑法典》将交通肇事认定为业务上过失致死伤罪（第二百一十一条）、新设立的危险驾驶致死伤罪（第二百零八第之二）[①]，其法益均为人身权；《意大利刑法典》将交事肇事规定为"侵犯人身罪"中的"过失杀人罪"与"过失人身伤害罪"的特殊情形（第五百八十九条第二款、第五百九十条二、三款）；《瑞典刑法典》也将交通肇事犯罪作为"对生命和健康的犯罪"，规定在过失致人死亡罪和过失致人伤害或疾病罪中（第七条第二款、第八条第二款）。

在这种立法例下，应关注的就不再是"不特定"人的抽象的公共安全（社会法益），而是"特定"受害人的人身权（个人法益）；不是"生命、健康的安全"，而是"生命、健康"本身。相应地，主观罪过也不同。细言之，交通肇事可分为两个阶段：（1）行为人违反交通法规时，就是故意侵害公共安全，但这并不是国外刑法所重视的；（2）事故发生时，对"不特定人"安全的侵害已转化为对"特定人"的人身权侵害，这才是刑法所关注的，此时行为人对于特定人的伤亡持过失心态。可见，保护第一阶段的公共安全（公法益）还是第二阶段的人身权利（私法益），是国内外交通肇事罪的区别。

但无疑，中国通说之过失论观点在一定程度上受到域外的影响。除了"偷梁换柱"外，这种影响还表现在法条关系的分析中。如上所述，域外的交通肇事属过失致人死亡等侵犯人身权利罪的特殊情形，二者是特殊法与

① ［日］曾根威彦：《交通事犯与不作为犯》，黄河译，《当代法学》2007 年第 6 期。

普通法的关系,应特殊法优先。我国学者也误以为我国刑法的交通肇事罪与过失致人死亡罪是普通法与特殊法的从属的法条竞合①,亦有学者视为包容的法条竞合②。实际上,按我国目前的立法体例,交通肇事罪与过失致人死亡罪客体(法益)不同,二者只能是想象竞合关系。

固然,将交通肇事罪移入"侵犯人身权利罪"一章中,可以避免前述争论,也符合域外传统理论,但却有两个弊端:第一,我国交通肇事罪除"伤亡"外,"使公私财产遭受重大损失"也可构成,这显然难以被"侵犯人身权利罪"完全容纳。如将"使公私财产遭受重大损失"的情形分拆出来并移入"侵犯财产罪"一章中,也会水土不服,因为过失侵犯财产权利不宜以犯罪论处。第二,如将交通肇事罪移出"危害公共安全罪"一章,则与交通肇事罪类似的其他罪名,也将面临同样命运,如重大责任事故罪等。《意大利刑法典》的过失杀人罪与过失人身伤害罪中均包含了劳动事故犯罪(第五百八十九条第二款、第五百九十条二、三款),《日本刑法典》亦将违反业务上的注意义务而造成死伤责任事故的情形定性为业务上过失致死伤罪(第二百一十一条)③。如果将我国刑法的这些罪名完全按照国外刑法重设,将是一项繁杂的工程,需要充足的理论准备,而现在时机显然未成熟。

"法律不是嘲笑的对象",如果能以新的理论对现行立法作出合理解释,就没有必要修改立法。最大限度地合理解释刑法,正是笔者的努力方向。

2. 故意论——本土理论及其证成

立法差异只是使交通肇事故意论免受域外理论的诘难,人们仍会追问:在我国刑法本土资源的范围内,故意论能与其他刑法理论相契合吗?是否会出现新的矛盾?

(1)故意论会导致罪刑失衡吗?

故意"致人重伤、死亡或者使公私财产遭受重大损失"的交通肇事罪,刑罚远远轻于故意杀人罪、故意伤害罪,这岂不是罪刑失衡?

交通肇事罪的刑罚远远低于故意杀人罪、故意伤害罪,这也是通说认为该罪为过失的理由。但刑罚轻重不仅与主观罪过(有责性)有关,也与法益侵害(违法性)有关。通说忽视了交通肇事罪与故意杀人罪、故意伤害罪的法益根本不同,因而不能通过刑罚轻重来区别主观罪过。进言之,这种

① 张明楷:《刑法学》(第三版),法律出版社 2007 年版,第 371 页;马克昌:《犯罪通论》,武汉大学出版社 2003 年第 3 版,第 367、633 页。
② 陈兴良:《刑法适用总论(上)》,法律出版社 1999 年版,第 795 页。
③ [日]大塚仁:《刑法概说(各论)》(第三版),冯军译,中国人民大学出版社 2003 年版,第 59 页。

由刑罚轻重去推断主观罪过的思路,在潜意识中已将交通肇事罪与故意杀人罪、故意伤害罪的法益视为等同——这在逻辑起点上就已陷入错误之中。

(2) 公共安全包括人身权吗?

有人会提出,公共安全与人身权虽不同,但前者包括后者,后者是前者的表现形式之一,不能将二者截然分开,如有学者指出:"放火罪的法益就涵盖社会法益(公共安全)和个人法益(生命、财产)两方面……行为对生命、身体有威胁或者损害,同时侵犯不特定或者多数人利益的,构成放火罪。"[①]依此思路,交通肇事罪的法益也就包括人身权,与故意杀人罪仍有可比性。这实际上是对公共安全的误解。

公共安全与人身权存在以下区别:其一,性质不同。公共安全仅仅是一种法益,而人身权则是权利。所谓法益,是法所保护的人的生活利益;[②]所谓权利——按德国法学家梅克尔(Merkel Adelt)所主张的法力说(通说)——是主体享受特定利益的法律上之力[③]。法益范围比权利广,对伦理秩序的犯罪就没有侵害权利,权利侵害说因此被法益侵害说代替。如某种法益日益重要,法律将之特定化,则上升为权利。其二,主体不同。公共安全是社会法益,是"被抽象化、被观念化的应该称为复合的个人性利益这种社会利益"[④],其主体是抽象人(即不特定或多数人);而人身权则是个人法益,主体是具体人。其三,内容不同。"生命、健康"与"生命、健康的安全"是不同概念,公共安全侵害是对"虚"权益的侵害,人们只是感到"不安",而身体无损伤;人身权(此指生命权、健康权)侵害是对"实"权益的侵害,发生伤亡后果。其四,侵害顺序不同。犯罪行为往往先侵害抽象人的"安全",然后再侵害具体人的"人身权"。违反交通法规时,抽象人的"安全"就已受到侵犯;发生事故时,受害者才特定为具体人,其人身权才受到侵害。如果将公共安全视为不特定或多数人的人身权或财产权本身,一开始就混淆了虚实之间的界限。

(3) 危害公共安全罪都是危险犯吗?

有人会进一步质疑:如将公共安全与人身权截然分开,"危害公共安

---

① 周光权:《刑法各论》,中国人民大学出版社 2008 年版,第 5—13 页。

② Vgl. F. v. Liszt/E. Schmidt, Lehrbuch des deutschen Strafrechts, 26 Aufl. Gruyter, 1932, S. 4f.

③ 郑玉波:《民法总则》,中国政法大学出版社 2003 年版,第 42—43 页。

④ [日]大塚仁:《刑法概说(各论)》(第三版),冯军译,中国人民大学出版社 2003 年版,第 346 页。

全罪"岂不都成了危险犯？其实,这恰是对公共安全正确理解的必然结论。对此,还可从以下两方面论证:首先,从立法用语看,"安全"与"危险"相对,"安全"是法益,那么"危险"自然就是法益侵害了。如此说来,危害公共安全罪都应该是危险犯。其次,从立法例看,国外刑法理论普遍将危害公共安全罪视为危险犯。德日刑法中,危害公共安全的犯罪又称为"公共危险罪"(gemeingefährliche Delikte),公共危险罪都是危险犯(危殆犯)(Gefährdungsdelikte)。所谓危险犯,是与侵害犯(实害犯)(Verletzungsdelikte)相对应的概念,不需要现实地侵害法益,仅仅存在侵害危险就足矣,可分为具体危险犯和抽象危险犯。同样,公共危险罪被区别为具体的公共危险罪(konkrete gemeingefährliche Delikte)和抽象的公共危险罪(abstrakte gemeingefährliche Delikte)。前者特别把公共危险规定为犯罪的要件,因而发生具体的公共危险才成立犯罪;后者在法律上并未表示需要公共危险的旨意,只要存在相当于构成要件的事实,就拟制当然存在抽象的公共危险。① 日本学者大塚仁在论述危险犯概念时明确指出:"作为具体危险犯的例子,有刑法第 109 条第 2 项的放火罪;作为抽象危险犯的例子,有第 108 条的放火罪。"②在论及放火罪时,大塚仁进一步指出:"放火及失火的犯罪,原则上是抽象的公共危险罪,但是,第 109 条第 2 项、第 110 条、第 116 条第 2 项、第 117 条的犯罪,在构成要件上特别需要发生'公共的危险',因此,被认为是具体的公共危险罪。"③

然而,将我国的危害公共安全罪都视为危险犯,还必须回答以下问题:

第一,危险犯能配置重刑吗?

一般认为,危险犯的处罚应轻于实害犯,但我国危害公共安全罪一章的 43 个罪名中就有 14 个死罪,是死刑比例较高的一章(仅次于危害国家安全罪和军人违反职责罪),这些重罪怎么会是危险犯呢?

实际上,从各国立法看,危险犯的刑罚不一定轻。例如,《日本刑法典》第一百零八条的放火罪是抽象危险犯,但却配置了死刑。但是,这并不意味着日本刑法的放火罪法益包含人身权。日本判例以独立燃烧说作为放火罪既遂之标准(与我国相同),当建筑物等能独立燃烧时,放火罪即已既遂,而此时,还未烧及建筑物之内的人,根本不会侵犯其人身权,只是危及其"安全"(这才是放火罪的法益)。如果建筑物内的人逃离建筑物,放火罪

---

① 〔日〕大塚仁:《刑法概说(各论)》(第三版),冯军译,中国人民大学出版社 2003 年版,第 346 页。
② 〔日〕大塚仁:《刑法概说(各论)》(第三版),冯军译,中国人民大学出版社 2003 年版,第 120 页。
③ 〔日〕大塚仁:《刑法概说(各论)》(第三版),冯军译,中国人民大学出版社 2003 年版,第 356 页。

也不成立未遂。正因为公共安全并不包括人身权在内,因此"以杀人或者伤害的故意放火,杀伤了人的,是放火罪与杀人罪或者伤害罪的观念竞合。"①放火中常伴随的伤亡结果,只是独立燃烧既遂后的一个严重情节,而非构成要件"结果",与犯罪成立无关,只是在量刑时考虑,为此刑法配置了死刑。在这里,由于放火罪没有将伤亡结果规定为法定刑上升条件,因此只能将其作为放火罪的酌定情节之一,在理论上可认为其被放火罪吸收。② 通过惩罚放火罪等危害公共安全罪,确实也可以起到保护人身权的作用,但放火罪仍以"安全"为法益,对人身权、财产权的保护只是次要或间接的保护。③

第二,如何理解危害公共安全罪中的实害犯?

我国通说认为,危害公共安全罪既有危险犯,也有实害犯。以放火罪为例,它既包括第一百一十四条的危险犯,也包括第一百一十五条的实害犯。第一百一十五条明确规定了伤亡结果,怎么能说是危险犯呢?

关于我国《刑法》中第一百一十四条与一百一十五条的关系,争议较大,有以下三种观点:(1)危险犯与实害犯;(2)未遂犯与既遂犯;(3)基本犯与结果加重犯。前文已论证所有危害公共安全罪都是危险犯,故第一种观点难以成立;由于分则以既遂为模式,第一百一十四条就不应是未遂犯,第二种观点也不应获得支持;因而第一百一十四条与一百一十五条之间应是基本犯与结果加重犯的关系。我国也以"独立燃烧说"为既遂标准,第一百一十五条就不能是以"伤亡结果"为成立要件的实害犯,独立燃烧即为既遂,"伤亡"是加重结果,而不是基本犯结果。当然,第一百一十四条与一百一十五条分属两个法条,与结果加重犯通常的立法方式不同,这也是让人误认二者分别为危险犯和实害犯的原因。在分析时,不能仅以法条的表现形式为根据,而应从其实质内容出发,探求立法真义。

外国刑法的公共危险罪,也有规定伤亡结果的,这在理论上也被视为结果加重犯。例如,《日本刑法典》第一百二十六条第一、二项规定了颠覆、破坏火车等罪(相当于我国的破坏交通工具罪),第三项的颠覆火车罪等致人死亡罪中紧接着规定:"犯前两项之罪,因而致人死亡的,处死刑或者无期惩役。"对于这里的"致人死亡",日本刑法视为结果加重犯的结果,而非本犯结果。④ 类似地,《德国刑法典》第三百零六条规定的放火罪是危险

---

① 〔日〕大塚仁:《刑法概说(各论)》(第三版),冯军译,中国人民大学出版社2003年版,第356页。
② 〔日〕大谷实:《刑法各论》,黎宏译,法律出版社2003年版,第297页。
③ 〔日〕大谷实:《刑法各论》,黎宏译,法律出版社2003年版,第270页。
④ 〔日〕大谷实:《刑法各论》,黎宏译,法律出版社2003年版,第297页;〔日〕大塚仁:《刑法概说(各论)》(第三版),冯军译,中国人民大学出版社2003年版,第386页。

犯,第三百零六条 c 就是以"造成他人死亡"为要件的结果加重犯。

危害公共安全罪全是危险犯,这是就基本犯而言的,不能因结果加重犯的存在而否认这一点。正如不能因为故意伤害罪中规定了"致人死亡"的结果加重犯,就否认故意伤害罪应以健康权为法益。

另外,也不能认为危险犯必须经由结果犯,才过渡到结果加重犯。危险犯是与实害犯相对应的概念,而结果加重犯是与基本犯相对应的概念。

第三,过失的危害公共安全罪也是危险犯吗?

危害公共安全罪一章中,过失罪较多,虽然有些过失罪应被视为故意罪(如交通肇事罪),但是仍有失火罪等过失罪存在。而传统理论上,过失罪以发生危害结果为要件,如何能成为危险犯呢? 其实,过失罪与危险犯并不矛盾,因为危险犯不是行为犯,而是与实害犯同为结果犯。[1] 结果犯之结果,既可以是实害,也可以是危险。[2]

国外刑法中的过失危险犯也为数不少。《德国刑法典》在第二十八章"危害公共安全的犯罪"和第二十九章"污染环境的犯罪"中集中规定了十多种过失危险犯,如第三百零六条 d 的失火罪、第三百零八条的过失引爆炸药罪等;再如,《日本刑法典》的第一百一十六条失火罪、第一百一十七条之一的过失爆炸罪、第一百二十二条过失水淹建造物等罪等。在我国,《刑法》第一百二十四条过失损坏广播电视设施、公用电信设施罪,以及第三百三十条妨害传染病防治罪等也被视为过失危险犯。而且,越来越多的学者支持过失危险犯,如马克昌教授指出:"对那些主观恶性比较重,损害结果虽未发生,但发生的可能性极大,且可能造成的损害巨大的严重过失行为,可考虑在分则中特别规定为危险状态构成的过失犯罪。"[3]

至此,将"危害公共安全罪"视为危险犯已不存在任何障碍。具体到交通肇事罪,由于交通法规为公共安全而设,违反交通法规时,对公共安全的"危险"已拟制成就,无须司法证明,应视为抽象危险犯。

第四,如何看待交通肇事罪中的"伤亡结果"?

我国的交通肇事,只有"致人重伤、死亡或者使公私财产遭受重大损失"才处罚。如何理解这里的"伤亡结果"呢? 如前所述,该结果属人身权侵害,而非公共安全侵害,因而不是交通肇事罪的构成要件。同时,该结果是交通肇事罪的起刑点,但不能视为结果加重犯的结果。

---

① 高铭暄主编:《中国刑法学》,中国人民大学出版社 1989 年版,第 169—170 页。
② 陈朴生主编:《刑法专题研究》,台湾政治大学法律印书馆 1988 年版,第 41 页。
③ 马克昌:《犯罪通论》,武汉大学出版社 2003 年版,第 351 页。

这一并非构成要件的"伤亡结果"被作为起刑点,成为发动刑罚权的条件,外国刑法理论称之为"客观处罚条件"(Objektive Bedingungen der Strafbarkeit)。一般认为,"有罪必有罚",犯罪成立则具有刑罚可罚性,但客观处罚条件就是一种例外。基于某种政策的理由,当犯罪成立时,可不处以刑罚,因此该事由与违法、罪责无关,亦无需认识。易言之,客观处罚条件是刑罚阻却事由,与犯罪成立无关,其作用是限制刑罚权发动。不存在该条件,犯罪仍成立,只是刑罚被阻却,这是基于某种政策的理由而规定的处罚阻却事由。德国刑法也以之限制刑罚权的发动,认为客观处罚条件与犯罪行为本身无关,也与故意和过失无关。[1] 例如,对互殴行为的处罚条件是由于互殴而导致有人死亡或重伤(第二百二十七条);只有当婚姻因破坏而破裂时,破坏婚姻行为始受处罚(第一百七十二条)。

由于客观处罚条件与过失犯之结果都规定在罪状之中,语言表述上没有差别,所以"如何在实践中认定可罚性的客观条件,是一个非常棘手的问题。"[2]这在理论上也常常发生混淆。我国学者正是误将此处的伤亡结果视为构成要件结果,才误认为交通肇事罪是过失罪。

对此,有人或许会提出,如果将该"伤亡结果"理解为与犯罪成立要件无关的客观处罚条件,将会出现"有罪无刑"的局面,这岂不是违背刑法原理? 其实,在以保障人权为主旨的罪刑法定原则下,构成要件的功用主要在于限制刑罚权,而非发动刑罚权,客观处罚条件完全符合限制刑罚权的宗旨;并且,我国刑法也设置了非刑罚处罚方法,"有罪无刑"早已有之。另外,国外行政刑法十分发达,即便是对轻微的违反行政法规的行为,也往往规定刑罚,但刑罚较轻缓,如日本的违反限制速度罪(《日本道路交通法》第二十二条第一项);[3]相比之下,我国犯罪圈较小,但刑罚严厉,因而更有必要设立客观处罚条件,以限制对一般的行政违法(包括交通违法)行为启用刑罚。

其实,客观处罚条件理论在我国早已被逐步承认,周光权教授直接使用了"客观处罚条件"的称谓。[4] 更多的是,不少学者用其他称谓来指称这一理论,如张明楷教授称之为"客观的超过要素"[5],而陈兴良教授称之为

---

[1]　Vgl. F. v. Liszt/E. Schmidt, Lehrbuch des deutschen Strafrechts, 26 Aufl. Gruyter, 1932, S. 293ff.

[2]　[意]杜里奥·帕多瓦尼:《意大利刑法学原理》,陈忠林译,法律出版社 1998 年版,第 387 页。

[3]　[日]曾根威彦:《交通事犯与不作为犯》,黄河译,《当代法学》2007 年第 6 期。

[4]　周光权:《论内在的客观处罚条件》,《法学研究》2010 年第 6 期。

[5]　张明楷:《"客观的超过要素"概念之提倡》,《法学研究》1999 年第 3 期。

"独立的罪量要素"①,但对之均不要求主观认识。储怀植教授则用"复合罪过"理论来处理这种现象,认为行为人对于法益侵害结果与作为客观处罚条件的严重后果持两种不同的主观心态。② 除了交通肇事罪,还有很多犯罪规定了客观处罚条件。例如,滥用职权罪的法益(客体)为国家机关的公务秩序,对公务秩序的侵害即为犯罪结果,"致使公共财产、国家和人民利益遭受重大损失"并非该罪的结果要件,而是客观处罚条件——任何滥用职权的行为都会侵犯公务秩序,若不加以限制就违背刑法谦抑原则。因而,滥用职权罪的主观方面是故意,要求造成伤亡等"严重后果"才能立案③,但其刑罚却比故意杀人罪(或故意伤害罪)轻得多。再如,丢失枪支不报罪所处罚的是丢失枪支不及时报告的行为,即令枪支继续处于失控状态,造成侵害公共安全的结果,此乃本罪直接的、无实体对象的结果④,是本罪主观应认识的内容;而"造成严重后果"往往指枪支流入第三人手中并被其用以实施严重犯罪等间接结果,并不要求行为人对之有认识与希望或放任的态度。

由于"伤亡结果"与犯罪成立无关,可以认为,从罪名上看,"交通违法罪"的称谓比"交通肇事罪"更为精确。同时,交通肇事罪只注重了公共安全保护,对于人身权侵害,应另以过失致人死亡(重伤)罪评价,两罪是想象竞合,应按较重的交通肇事罪处罚。

第五,故意论是否会对已生效判决产生影响?

这种担心是多余的。(1)故意论只是对立法的解释,而不是立法本身;对于同一案件事实,故意论与过失论只是判断主观罪过的侧重点不同,但都定性为交通肇事罪。(2)故意论不以"伤亡结果"为构成要件,即便这样放宽了犯罪成立条件,但其以"伤亡"为限制刑罚权的条件,也不会导致刑罚滥用。而且,如前所述,根据当今流行的犯罪理论,客观处罚条件虽不是构成要件,但仍是犯罪成立条件,只不过不要求主观认识而已。这样,在成立犯罪与否的判断上,故意论与过失论无异。

因此,故意论和过失论的定罪量刑多数情况下是一致的,这也是人们觉得过失论似乎并无不妥的原因。但二者对交通肇事罪的理解不同,隐含了产生争议并导致法律适用错误的可能(如"醉驾案")。

至此,通过层层"试错",交通肇事故意论已在解释论上圆满证成。这

① 陈兴良:《作为犯罪构成要件的罪量要素》,《环球法律评论》2003年秋季号。
② 储怀植、杨书文:《复合罪过形式探析》,《法学研究》1999年第1期。
③ 参见最高人民检察院2006年7月26日《关于渎职侵权犯罪案件立案标准的规定》。
④ 张明楷:《刑法学》,法律出版社2016年版,第716页。

一结论虽与通说迥异，却与我国立法相符，是立足于本土刑法资源的正确结论。

三、教义分析方案对政策需求的回应

以上基于体系思维的教义分析，使故意论获得了一定的"逼真性"，但其是否具有更高的"逼真度"呢？波普尔强调，一个"逼真度"高的理论取代一个"逼真度"低的理论，它应当"总是可以充分解释旧理论的成就。在所有旧理论获得成功的地方，它也必须获得与旧理论同样的结果，而且最好是更好的结果"[①]。为此，需要利用故意论对交通肇事罪的疑难问题进行新的探索，这是检验"逼真度"的"试错"，是从功利论角度对交通肇事故意论进行展开。

（一）是否存在过失共同犯罪？

可以说，我国关于过失共犯的争论源于对交通肇事罪的理解。按《刑法》规定，无过失共同犯罪的存在空间。但是，《关于审理交通肇事刑事案件具体应用法律若干问题的解释》规定，交通肇事后指使肇事人逃逸（"指使逃逸"）的，可构成交通肇事罪共犯（第五条第二款），指使、强令他人违章驾驶（"指使违章"）的，也以交通肇事罪定罪处罚（第七条），这就在交通肇事罪中引入了"共犯"概念，从而引发了过失共犯的激烈讨论。

关于过失共犯的讨论，沿两种进路展开：（1）肯定说。有学者引用国外立法和理论，论证过失共犯的合理性。但这与我国立法不符，只能是立法论上的建议，并没有从解释论上消除人们对司法解释的困惑。（2）否定说。该说坚持共同犯罪仍应以故意为必要，反对过失共犯理论。对于司法解释，该说认为，交通肇事罪一般情况下由过失构成，不存在共犯；特殊情况（"逃逸"）下由故意构成，可以成立共犯。[②]黎宏教授进一步指出，司法解释实际上已修改立法，将"逃逸"在某些情况下由犯罪情节上升为犯罪成立要件。[③]显然，按否定说，司法解释侵犯了立法权，而且一种具体的犯罪包含两种罪过形式是不可思议的。在不同罪过支配下实施相同的危害行为，其社会危害性及程度都不同，是不同罪质的犯罪。[④]可见，解释论的各

①　[英]卡尔·波普尔：《猜想与反驳》，傅季重等译，上海译文出版社2001年版，第336页。
②　孙军工：《关于审理交通肇事刑事案件具体应用法律若干问题的解释的理解与适用》，中华人民共和国最高人民法院刑事审判第一、二、三、四、五庭主办：《刑事审判参考》，法律出版社2001年版，第76—79页；储怀植：《读"因逃逸致人死亡"司法解释》，《人民法院报》2001年1月23日第3版。
③　黎宏：《"过失共同正犯"质疑》，《人民检察》2007年第14期。
④　高铭暄：《刑法专论（下编）》，高等教育出版社2002年版，第891页。

种努力并未能破解难题。面对这一困境,张明楷教授认为,只有修改立法,从立法论上肯定过失共同正犯才能解决这一问题。①

若将交通肇事罪视为故意犯罪,这一难题便迎刃而解。交通肇事既然是故意罪,当然可以成立共犯。(1)"指使违章"成立教唆犯或间接正犯。(2)"指使逃逸"时,指使人虽然没有实施先前的肇事行为,但是"逃逸"本身也是一种违反交通法规的行为。《道路交通安全法》第七十条规定,发生事故后,车辆驾驶人应立即停车,保护现场,并抢救伤者,报告交警部门。这样,"指使逃逸"就成立交通肇事罪的教唆犯,但必须满足"致人死亡"这一客观处罚条件才处罚,并且不能要求指使者对之前的肇事负责。

(二)"逃逸"是否必须独立成罪?

《刑法》第一百三十三条规定,交通肇事后逃逸的,加重刑罚。有学者认为这是不科学的,理由是:逃逸行为在主观上是故意,在客观上损害的是事先受伤者的生命健康权而非公共安全,与交通肇事罪不属同一罪质,不能作为情节加重犯,而应构成其他犯罪。②

而按照交通肇事故意论,即使将逃逸认定为故意,主观上也与交通肇事罪一致。剩下的问题就是,从客观上看,逃逸与肇事侵害的法益是否相同。这其实是应如何理解"逃逸"的问题。

肇事侵害公共安全,逃逸也是交通违法行为,也应侵害公共安全。我国台湾学者也认为,任何肇事者都有义务监控其造成的公共危险状态,而且肇事逃逸使得车祸责任的判断变得艰难,也可能使得被害人的损害赔偿请求权落空,"所以处罚肇事逃逸,主要在保护公共安全,次要在保护当事人的财产权"。③我国有学者认为,刑法将逃逸规定为法定刑升格的情节,是为了促使行为人救助被害人,应当以不救助被害人为核心来理解逃逸。④然而,这种观点显然错误。(1)在只造成财产损失而逃逸时,完全与救助伤者无关,但仍然成立"逃逸"。(2)交通肇事罪的法益是公共安全,而非人身权,处罚逃逸就不可能单纯为了救助伤者(尤其在只造成财产损失而逃逸时),而应基于保护公共安全的考虑。其理由正如我国台湾学者所说,不少肇事虽未造成死伤,但所形成的公共危险可能大于死伤的车祸,如大货车撞断电线杆,电线杆横压在马路上。大多数车祸,无论是否有人死伤,都会留下残破的现场让人惊惧,也会引发后续的公共危险。任何肇事

---

① 张明楷:《共同过失与共同犯罪》,《吉林大学社会科学学报》2003年第2期。
② 黄河:《论"交通肇事后逃逸"的罪名化》,《政治与法律》2005年第4期。
③ 林东茂:《一个知识论上的刑法学思考》(增订三版),中国人民大学出版社2009年版,第81页。
④ 张明楷:《刑法学》,法律出版社2016年版,第723页。

者都有义务监控其造成的公共危险状态,而逃逸就会危害公共安全。[①]
(3)犯罪后逃逸,本不具有期待可能性,一般不加重其刑罚,但交通肇事后
的逃逸与肇事行为一样,也属于交通违法行为,再次侵害了公共安全,而不
是单纯的躲避,因而可加重其刑。可见,"逃逸"危害的仍是公共安全,与交
通肇事罪的罪质相同,不用独立成罪。

　　另外,在过失论下,逃逸只是依附于交通肇事罪的情节加重犯,这在理
论及实践上均不妥当。理论上,逃逸系一种罪后表现,无法成为其先前已
经成立的交通肇事罪的情节,国外也无将逃逸作为交通肇事情节加重犯的
立法例。[②] 实践上,由于情节加重犯的适用必须以基本犯的成立为前提,
这就形成了处罚间隙。如果先前肇事撞人只造成轻伤,或虽造成重伤但只
负同等或更低的责任(如撞伤高速公路横穿的人),此时尚不构成犯罪,即
使"逃逸致人死亡",也不可能依据《刑法》第一百三十三条追究责任。[③] 这
也是学者建议逃逸行为独立成罪的理由。而在故意论下,逃逸是与违章驾
驶并列的另一种违反交通法规的行为,其本身就符合交通肇事罪的构成要
件,不是交通肇事的情节加重犯。这样,既避免了情节加重犯的理论矛盾,
又避免了处罚间隙。当然,"因逃逸致人死亡"中的"致人死亡"仍是客观处
罚条件,只不过是"七年以上有期徒刑"的条件。该处罚比一般肇事的"三
年以下有期徒刑或拘役"重,这是因为行为人连续实施两个违法行为(撞人
和逃逸),从而加重了其责任。

　　故意论不仅能圆满解释逃逸行为的处罚规定,而且还比将逃逸独立成
罪的观点更具理论价值。一方面,将逃逸独立成罪,只能解决"指使逃逸"
之共犯问题,对于"指使违章"之共犯问题仍须另觅途径解决。另一方面,
将逃逸独立成罪,虽然符合国外的通常做法,但是却难以契合我国理论和
立法现状。(1)在修订《刑法》之前,交通肇事罪中并无"逃逸"的规定,司法
上将"逃逸致人死亡"按不作为的间接故意杀人罪处理。即使现在,仍有人
如此建议。这与国外做法相比,显然过重了。国外对于肇事后逃逸不救助
伤者的行为,虽也将其视为不作为犯罪,但很少视之为杀人罪,而是多作为
轻罪,如"违反救助义务罪"(《日本道路交通法》第一百一十七条、《加拿大
刑法典》第二百五十二条第一款)、"逃离事故现场罪"(《德国刑法典》第一
百四十二条第一款、《俄罗斯刑法典》第二百六十五条)等,我国台湾也是作

---

① 林东茂:《一个知识论上的刑法学思考》(增订三版),中国人民大学出版社 2009 年版,第 81 页。
② 黄河:《论"交通肇事后逃逸"的罪名化》,《政治与法律》2005 年第 4 期。
③ 李朝晖:《交通肇事后逃逸行为独立犯罪化刍议》,《郑州大学学报(哲社版)》2007 年第 4 期。

违背义务的特别遗弃罪处理,与肇事逃逸罪是想象竞合关系。① 之所以相差悬殊,与我国不作为理论的研究现状有关。对于作为义务的来源,我国仍以"形式四分说"为通说②,立法上也未专门设置违背救助义务的罪名;而国外刑法却从法益侵害的"等价性"上探讨,认为"不救助"之"不作为"与刺杀、绞杀等"作为"的危险性程度不同,不宜认定成立不作为的杀人。国外的做法无疑更加科学。将"逃逸"规定在交通肇事罪中,应该说是考虑了我国的理论和立法现状的,其中就有不将"逃逸"按间接杀人处理的旨意。肇事又逃逸,应加重其刑,但仍未达到故意杀人之程度,不宜认定为杀人罪。(2)即使"逃逸"独立成罪,在交通肇事罪仍属危害公共安全罪的立法体例下,独立的逃逸罪也不知何去何从:如为危害公共安全罪,其无法将肇事罪评价在内,而且其反伦理性和社会危险性不会高于先前的肇事罪,刑罚应更低;如两罪并罚,虽可稍微加重刑罚,但仍难以达到现行刑法规定的程度,无法罪刑均衡;如为侵犯人身权罪,虽可认为其法益比公共安全重要,可以配置更重的刑罚,但这样一来,逃逸罪就难以独立于杀人罪、过失致人死亡罪等人身犯罪,失去独立成罪的意义,甚至回到了旧刑法将"逃逸"视为不作为杀人罪的老路。而且,逃逸罪与交通肇事罪分属两章,理论上岂不更混乱? 在目前的立法和司法语境中,如能通过故意论消除矛盾、维护立法现状和司法传统,又何乐而不为呢?

(三) 司法解释是否侵犯立法权?

在交通肇事过失论的语境中,上述司法解释常被批评超出司法权限,侵犯了立法权。

首先,过失论将《刑法》第一百三十三条的"致人重伤"理解为犯罪结果,但根据司法解释第二条规定,在"一人以上重伤"时,还需要具有酒后驾驶、无证驾驶、事后逃逸等六种情形之一,才能构成犯罪。这样不得不认为,司法解释修改了《刑法》第一百三十三条交通肇事罪的罪状。

有学者针对这六种情形中的"逃逸"指出,"逃逸"在现行刑法中仅仅是一个量刑情节,而在司法解释中还被赋予了定罪情节的意义。在"逃逸"被作为构成要件的场合(即致一人以上重伤、负事故全部或者主要责任,后逃逸),交通肇事罪是故意而非过失。③ 如按此观点,依据司法解释,不仅"逃逸"被作为定罪之构成要件,其他五种情形也被作为构成要件,从而使司法

① 林东茂:《刑法综览》(修订五版),中国人民大学出版社 2009 年版,第 394 页。
② 高铭暄、马克昌:《刑法学》(第三版),北京大学出版社、高等教育出版社 2007 年版,第 72 页。
③ 黎宏:《"过失共同正犯"质疑》,《人民检察》2007 年第 14 期。

权侵入立法，违背了司法解释的基本原则。

但是，按照笔者观点，将交通肇事罪视为故意的抽象危险犯，只要实施交通违法行为，即推定危险已发生，该罪即告成立，但需要符合一定的条件始处罚之。客观处罚条件并非构成要件，其具有政策性，可以随社会情势变化而灵活规定。本来，"致一人以上重伤"即符合《刑法》第一百三十三条规定的处罚条件，但司法解释进一步限定处罚，即在"致一人以上重伤，负事故全部或者主要责任"的情况下，还需符合其他六种情形之一才能处罚。这六种情形就是进一步限制处罚之客观条件，而不是新的构成要件；其使处罚范围较刑法规定窄，是对被告人有利的司法解释，完全符合罪刑法定原则，不会形成司法权侵犯立法权的现象。

其次，对于《刑法》第一百三十三条的"使公私财产造成重大损失"，司法解释细化为："造成公共财产或者他人财产直接损失，……无能力赔偿数额在30万元以上的……"这里的"无能力赔偿数额"的要求，引发诸多反对，反对理由集中于两点：一是这一"以钱买刑"的规定将刑事责任转换为民事责任，突破刑法基本规则[1]，也违背了法律面前人人平等原则；二是这一规定将赔偿与构成犯罪联系起来，赔偿损失就不构成犯罪，明显改变了刑法原有规定，实际上是创制了一个新的法律规范，超出了司法解释的权限范围。[2]

可以说，在过失论下，"使公私财产造成重大损失"确属犯罪成立之结果要件，这些批评是成立的。但是，根据交通肇事故意论的观点，上述缺陷就不复存在了。"使公私财产造成重大损失"不是犯罪结果，而仅仅是客观处罚条件，与犯罪成立无关；针对它的司法解释，自然也与犯罪成立无关，也就谈不上改变原来的犯罪构成要件与超出司法解释权限了。进而言之，司法解释实际上是将这一处罚条件进一步限制，要求造成损失且无法赔偿的情况下才发动刑罚，完全符合刑法谦抑原则，符合交通肇事罪刑事政策的发展趋势[3]，而不是阻却犯罪成立意义上的刑事责任与民事责任的互换。

综上所述，交通肇事故意论既能轻易破解"醉驾案"的难题，是符合我国立法的解释结论，又能消除现行立法内部及其与司法解释之间的矛盾，对交通肇事罪的诸多疑难问题提供了更合理的解答，无疑是知识的"进化"。

---

[1]　杨忠民：《刑事责任与民事责任不可转换》，《法学研究》2002年第4期。

[2]　刘东根：《论刑事责任与民事责任的转换——兼对法释[2000]33号相关规定的评述》，《中国刑事法杂志》，2004年第6期。

[3]　[日]北川佳世子：《交通事故和过失论》，黎宏译，载高铭暄、赵秉志：《过失犯罪的基础理论》，法律出版社2002年版，第68页。

四、政策考量的后续影响

如上所述,体系思维可以避免立法与民意之间的冲突,但是我国的司法实践并不习惯于体系思维,而是更擅长于政策考量,最终的结果是,在立法上催生了危险驾驶罪。[①] 2010 年 8 月,按照全国人大常委会的立法计划,有关部门已经启动了《刑法修正案(八)》的研究起草工作,将醉酒驾车相关内容写入刑法修正草案,增设了介于以危险方法危害公共安全罪与交通肇事罪之间的危险驾驶罪。后《刑法修正案(八)》获得通过,危险驾驶罪成为一个常见罪名,但其引起的争议却从未停止。

在犯罪的主观方面,冯军教授认为,醉驾型危险驾驶罪的主观罪过只是过失,其理由为:(1)能够均衡罪刑关系。增设危险驾驶罪是为了填补以危险方法危害公共安全罪与交通肇事罪之间的处罚漏洞,如果将危险驾驶罪理解为故意罪就会使得罪刑失衡,因为危险驾驶罪是抽象危险犯,若是故意罪,它应该轻于作为故意的具体危险犯的以危险方法危害公共安全罪,重于作为过失实害犯的交通肇事罪。这样一来,危险驾驶罪的法定刑就应该重于交通肇事罪,轻于以危险方法危害公共安全罪,但这并不符合事实。(2)如危险驾驶罪是故意罪,完全可以将之视为以危险方法危害公共安全罪的未遂犯,没有必要新设罪名。[②] 张明楷、梁根林教授则认为,该罪是故意罪。[③] 例如,张明楷教授反驳冯军教授的观点,指出因为危险驾驶罪之故意所针对的是抽象危险,而《刑法》第一百一十四条以危险方法危害公共安全罪针对的是具体危险,危险驾驶罪并不是以危险方法危害公共安全罪的未遂犯,所以其不是过失罪,而是故意罪。[④] 还有学者指出,该罪既可是故意罪,也可是过失罪。[⑤]

在犯罪的客观方面,该罪与以危险方法危害公共安全罪、交通肇事罪是什么关系呢?张明楷教授指出,"以其他危险方法"仅限于与放火、爆炸等相当的方法,而不是泛指任何具有危害公共安全性质的方法。张明楷教授认为,交通肇事罪是危险驾驶罪的结果加重犯。[⑥] 一方面,醉驾毫无疑问是"与放火、爆炸等相当的方法",否则就不可能有醉驾的案例被认定为

---

①　车浩:《体系化与功能主义:当代阶层犯罪理论的两个实践优势》,《清华法学》2017 年第 5 期。

②　冯军:《论刑法第 113 条之 1 的规范目的及其适用》,《中国法学》2011 年第 5 期。

③　张明楷:《危险驾驶罪的基本问题》,载《政法论坛》2012 年第 6 期;梁根林:《刑法第 133 条之一第 2 款的法教义学分析》,《法学》2015 年第 3 期。

④　张明楷:《危险驾驶罪的基本问题》,《政法论坛》2012 年第 6 期。

⑤　谢望原、何龙:《"醉酒型"危险驾驶罪若干问题研究》,《法商研究》2013 年第 4 期。

⑥　张明楷:《危险驾驶罪及其与相关犯罪的关系》,《人民法院报》2011 年 5 月 11 日。

以危险方法危害公共安全罪；另一方面，结果加重犯（以故意伤害致死为例）的法定刑不仅重于加重结果的过失罪（过失致人死亡罪），也重于基本结果的故意罪（故意伤害罪），而且基本结果的故意罪（故意伤害罪）本身就重于加重结果的过失罪（过失致人死亡罪）。为了在基本结果的故意罪（故意伤害罪）的基础上加重处罚，才有必要设置结果过失犯，但危险驾驶罪与交通肇事罪之间的关系显然与此不同。

可见，司法上的疑难并没有因增设危险驾驶罪而减少，反而更多了。如果从体系思维的角度认可交通肇事罪是故意罪的结论，这一切困惑都可迎刃而解。一方面，交通肇事罪是故意罪，其更正确的罪名是交通违法罪（罪名的确定与变更是司法层面的认定，并不会产生太大的变更成本），它本身就可以包含危险驾驶罪的内容，只不过在没有发生严重结果时，只定罪不处刑，这对于轻微罪行具有足够的威慑力。增设危险驾驶罪之后，醉驾现象明显减少，不是因为该罪的力度大——该罪的处罚力度甚至没有行政处罚大，而是因为该罪作为故意罪，使得公务员、律师等相关行业从业者今后不能再从事原有职业。因此，只认定交通违法罪（交通肇事罪）而不处刑，也能达到相同效果。另一方面，交通违法罪（交通肇事罪）是故意罪，因而可以成为以危险方法危害公共安全罪的特殊罪，二者是法条竞合关系。立法者之所以对交通违法罪（交通肇事罪）规定了较轻的法定刑，是因为随着交通工业的发展，交通的风险已为国民所熟知，其危险性逐步被容忍。但是，这并不代表交通违法罪（交通肇事罪）在发生伤亡结果时只能处以轻刑，因为该罪只是重在保护公共安全。在发生伤亡结果时，行为人还同时构成侵害人身安全的犯罪，如故意杀人罪，两罪成立想象竞合，按从一重的规则，亦能实现罚当其罪。

小结

在我国，基于政策考量的立法修改并不少见，这是由于立法规定与个案结论之间的张力无法从教义分析中获得释放，因此人们将解决方案寄托于政策考量。该考量借由民意压力，迫使立法进行修改。除了上述的许霆案与醉驾案之外，毒奶粉案催生了食品监管渎职罪的增设[1]，官员嫖幼案

---

[1]　参见潘星丞：《论食品安全监管的刑事责任——监督过失理论的借鉴及"本土化"运用》，《华南师范大学学报（社会科学版）》2010 年第 3 期。

导致了嫖宿幼女罪的废除①,等等。然而,从体系思维看,这些立法修改都是没有必要的。

在现代文明国家,立法是民意的体现,不能因个案需要而任意修改。立法的修改(删除或增加)亦是受民意的推动,这种民意推动往往是从个案出发的,是源于政策考量的。对此,笔者认为,错不在民意,而在于脱离体系思维的政策考量本身。

一方面,民意具有合理性,任何时候都不能以教义分析为幌子,制造脱离民意的"精英话语"。更何况,在这些导致立法修改的案件中,"民众"与"精英"往往共享同样内容与同样诉求的民意,这样的民意有其"理性"成分,不容忽视。

(1) 自然法理念的深刻影响,使朴素正义观念得以成为罪刑均衡的判断标准。正义是自然法的基本内核,而"法律便是关于正义与不正义问题的法规"。② 朴素正义与刑法的关系,实质上就是自然法与实定法的关系。所谓实定法,"就是现实中以条文形式存在而又有效的法规范。……相比之下,自然法就是不为人的行动所左右的,接近人类自然本性的理想秩序"。③ 自然法往往被人们归结为"正义""理性""人性",其"所以称为自然法,是因为它们是单纯渊源于我们生命的本质"。④ 在西方法律发展的长河中,法观念的变迁经历了自然法、规则法、活的法三个阶段。⑤ 其中,自然法像幽灵一样,时隐时现,从未中断过,如一根红线贯穿其中,在西方法学中占据重要地位。⑥ 自然法对实定法具有解释理念和立法理念机能,正如日本刑法学者西原春夫所表述的,"看不见的自然法"作为"应有的法","是本来就有的,它或是以解释的形式对实定法作补充,或是以立法的形式实现实定法化"。⑦ 因此,存在于人们意识中的朴素正义观念,虽然不能像成文法那样直接作为判决依据,但是能成为罪刑均衡的终极判断标准。这一命题潜藏着深厚的哲学底蕴,正如智者普罗泰戈拉提出的古老命题——"人是万物的尺度"。

---

① 参见潘星丞、陈芹:《"罪—刑"关系之分析范式:犯罪评价架构——以嫖宿幼女与奸淫幼女之争为切入点》,《华南师范大学学报(社会科学版)》2013 年第 1 期。

② [英]霍布斯:《利维坦》,黎思复、黎廷弼译,商务印书馆 1986 年版,第 206 页。

③ [日]西原春夫:《刑法的根基与哲学》,顾肖荣等译,法律出版社 2004 年版,第 39 页。

④ [法]孟德斯鸠:《论法的精神(上)》,许明龙译,商务印书馆 1982 年版,第 3—4 页。

⑤ 严存生、郭军明:《自然法·规则法·活的法——西方法观念变迁的三个里程碑》,《法律科学》1997 年第 5 期。

⑥ 参见薄振峰:《当代西方综合法学思潮》,法律出版社 2005 年版,第 8—9 页。

⑦ [日]西原春夫:《刑法的根基与哲学》,顾肖荣等译,法律出版社 2004 年版,第 38 页。

（2）刑法本原的"理性人"假设，是朴素民意具有理性成分的法理依据。"刑法是以规制人的行为为其内容的，任何一种刑法规范，只有建立在对人性的科学假设的基础之上，其存在与适用才具有本质上的合理性。因此，刑法的本原性思考，必然将理论的触须伸向具有终极意义的人性问题。"①可以说，"对人性的理解决定了刑法学的性质。"②"现代学派刑法理论的基本架构，实为旧派（即古典学派——引者注）所建构的。"③而刑事古典学派以"理性人"为理论假设，以自然法为哲学基础，认为法典是理性的外在表现形式。由于人是"理性"的，普遍一致的民意自然有其理性成分，当个案的审理结果与之相背时，我们有理由认为"某些东西是不正确的"，或者"某些东西需要进一步思考"。"人的判断最终只有在当时社会中大多数人认为是正确时，才能定为基本正确。"④

另一方面，立法规定与个案结论之间之所以会产生矛盾，原因往往不在于立法规定，而在于缺乏一条顺畅的道路，使得立法规定可以合乎逻辑地推导出理想的处理结果。这条道路，就是体系思维，体系思维正是教义分析的核心。因此，当一个案件的处理结论并不合乎我们作为"理性人"的直觉时，我们首先不应怀疑作为教义的立法规定，而应怀疑法律适用过程，即该法律适用并不正确，它缺乏由立法到个案的体系思维，因而不能由合乎政策的立法推导出合乎政策的个案结论。面对这种情况，我们所需要做的，是将研究路径由政策考量转向教义分析，由论点思维转向体系思维。

---

① 陈兴良：《刑法的人性基础》，《法学研究》1994年第4期。
② ［日］大塚仁：《犯罪论的基本问题》，冯军译，中国政法大学出版社1993年版，第2页。
③ ［日］大塚仁：《刑法中的新旧两派的理论》，日本评论新社1957年版，第11页。
④ ［日］西原春夫：《刑法的根基与哲学》，顾肖荣等译，法律出版社2004年版，第39页。

第六章　刑法学体系思维之解释论适用

就解释论维度而言,体系思维要求,对某一构成要件的解释,应当既符合其立法背景,又能逻辑自洽地处理与之相关的所有案件,同时还能与刑法罪名体系中的其他构成要件相互协调。要实现这一目标,就应在构成要件的解释上采用演绎法,而非归纳法;在思考进路上"由因至果",而非"由果至因"。

与之相反,政策考量往往采用归纳法,并且是"由果至因"的,其解释结论难以自圆其说,因此为了使解释符合政策目标,不得不反复修改解释的结论。

对此,可以从形式解释与实质解释两个方面,结合典型样本加以分析。

第一节　刑法学体系思维与形式解释

所谓形式解释,是指对于表述构成要件的文字进行解释,在解释的过程中并不考虑其所保护的法益,不从规范保护目的进行解释。我国刑法学者均认为,形式解释不能脱离实质解释,但一方面,形式解释是解释的必经阶段;另一方面,如果两罪的法益完全相同,对两罪的界分,重点就在于形式解释。形式解释虽然只是字面解释,但是亦应秉持体系思维才能得出正确结论。

一、分析样本:盗窃与诈骗的界分①

可以说,我国刑法对于盗窃与诈骗的界分完全是出于论点思维的。对此,可以区分三种不同情形:

(一)双边关系中盗窃与诈骗的界分

双边关系的侵财行为是最常见的,仅存在被告人与被害人双方,不存

---

① 关于这一问题的讨论,亦可参见潘星丞:《竞合论视角下盗窃罪与诈骗罪的界分》,《政治与法律》2019 年第 7 期。

在第三人,这涉及普通盗窃与传统诈骗的界分。由于盗窃罪与诈骗罪也是两个常见罪名,二者构成要件的规定极其简单,盗窃罪的构成要件是"盗窃"二字,诈骗罪的构成要件是"诈骗"二字,法定刑配置也大致相同,两罪又都是财产罪,因而不可能通过刑法规范所保护的法益进行实质解释来区别二者,只能通过形式解释来寻找两罪的界限。

所谓形式解释,主要是根据构成要件的法律规定文本进行字面解释。"盗窃"与"诈骗"的文字并不能提供太多有用的信息,只是表明行为性质。由于盗窃与诈骗规定在同一章中,因此在其他方面均无法区别的情况下,人们往往习惯于从个案经验中归纳出两罪在行为性质上的区别,并由此演变出层出不穷的学说。从研究路径看,这些学说可以分为客观说与主观说两大阵营,分别评析如下:

1. 客观说:以处分行为为中心

不少学者将处分行为作为盗窃与诈骗的区分标准,并从客观上寻找处分行为的特征及与盗窃行为的区别。最典型的是,将处分行为解释为交付行为,并将盗窃行为解释为夺取行为或拿走行为。例如,日本学者平野龙一认为,盗窃罪与诈骗罪的区别取决于"交付的有无"。被害人交付财物,是诈骗罪;被害人没有交付财物而是夺取财物,是盗窃罪。因此,盗窃与诈骗没有竞合的余地。[①] 基于此,盗窃是他损罪而诈骗是自损罪,盗窃是夺取罪而诈骗是交付罪,二者的行为性质截然不同。

客观说的不足之处在于,从行为性质看,同一个行为,既可以说是被害人交付/处分财物,也可以说是被告人利用被害人作为不知情的工具而夺取/拿走财物。从立法论看,诈骗本来就是双边关系的间接盗窃的立法拟制,而拟制的前提在于,诈骗行为本来就是盗窃行为的一种。立法之所以能将诈骗从盗窃中"剥离"出来,是因为二者在客观的行为性质上存在着竞合的基因,因此从客观的行为性质上根本无法区分二者。

2. 主观说:以处分意识为中心

主观说认为,只有具备处分意识的处分行为才是诈骗罪的处分行为,这就是处分意识必要说,它试图从主观角度来界定行为性质。反之,处分意识不要说认为,处分行为不以处分意识为必要。然而,处分意识必要说实质上仍是以判断处分行为为要旨,不但逻辑的出发点错误,其结论亦不妥当。

其一,从学说根源上看,处分意识必要说源于对处分行为的误解。处

---

① 张明楷:《诈骗罪与金融诈骗罪》,清华大学出版社 2006 年版,第 12 页。

分意识必要说的经典表述是,有无交付行为,取决于有无"基于意思的占有转移",无此意思则非交付行为,不能成立诈骗,只能成立盗窃。① 这种观点存在以下误解:一是判断立场的错位。根据主客统一的原则,具有处分意识的行为才是处分行为,但主客统一原则应适用于被告人的责任认定,而不能扩及被害人。处分行为源于诈骗罪的结构"欺骗—错误—处分—损失",但该结构强调的是因果流程,即"处分"是"损失"的原因,这种因果流程完全是客观的,对于"处分"无需添加主观成分。二是民刑概念的混淆。在民法中,处分行为是使权利发生变动的民事法律行为,要求意思真实才能产生相应的法律效果;但在刑法中,诈骗罪的处分行为无论如何不能产生民法上的处分效果,因而不能像民法一样,要求处分行为的意思真实。诈骗罪中的被害人同意,本来就是一种瑕疵的被害人同意。

其二,从学说内容上看,处分意识的内容究竟为何,学界并未形成一致意见,这有可能造成定性的不同。例如,在电话回拨案中,被害人手机收到来电,但响一声即挂断,被害人回拨,实际上回拨至吸费电话,从而遭受话费损失。但被害人的意识内容只是"回拨未接号码",而不是"回拨付费号码",处分意识必要说认为后者才是处分意识,因为它包含对电话资费的处分,本案被害人没有这种意识,其行为不是处分行为。但从客观看,被害人的回拨行为是由于"不知情"的错误而引起的,并直接导致了损失结果,回拨行为无疑就是诈骗结构中的处分行为,完全可以将"回拨未接号码"作为处分意识。被害人没有产生"回拨付费号码"的意识,正是因受骗而产生错误的表现,或者说他客观上"处分"了话费而主观上却不知道。行为的实施必然伴随着某种意识,因此处分意识必要说与处分意识不要说的争议,可以说是处分意识内容的争议。由于双方主张的处分意识内容不同,因此并非"根本性对立"。② 在具体结论上往往不存在特别差异,因此二者的对立呈现表面化的局面。③

其三,从立法现状看,我国立法已明确采取处分意识不要说。例如,贷款诈骗罪中,被害人并没有"给"的意识(类似于转移所有权),只有"借"的意识(类似于转移使用权),但这并不妨碍被告人成立贷款诈骗罪。

其四,从司法习惯看,处罚意识不要说更符合我国的司法习惯。例如,上述电话回拨案,在我国定性为诈骗并无太大争议。又如,谎称借书,事后

---

① [日]山口厚:《刑法各论》,王昭武译,中国人民大学出版社 2011 年版,第 299 页。

② [日]山口厚:《刑法各论》,王昭武译,中国人民大学出版社 2011 年版,第 302 页。

③ 张明楷:《诈骗罪与金融诈骗罪》,清华大学出版社 2006 年版,第 164 页。

非法占为己有（借书案），或将被害人的书谎称是自己的，让被害人递给自己（递书案），也是如此。虽然被害人没有相应的处分意识（转移所有权），但依然应认定为诈骗罪，没有必要改变国民的语言和思维习惯，强行认定为盗窃罪。否则，诈骗只剩下一种情形：谎称买书，对方给书后未付款而逃逸或支付假币（买书案），这就将诈骗的方法仅限于谎称等价交换，相当于在诈骗的构成要件中添加了不成文的构成要件要素，其理由并不充分。进而言之，这种争议场合多是"先骗后盗"，否定诈骗者，往往是重视后行为而忽视了前行为。例如，借书案是先"借书"后"藏匿"，严格说，"藏匿"才是盗窃，但"借书"实际上已导致损失，已可成立诈骗，前者进行评价后，后者往往成为事后不可罚行为。又如，A 知道 B 的书中夹有珍贵邮票，谎称借书，B 忘了曾将邮票夹在书中，将书借给 A，A 将邮票取走（书内邮票案）。德日的判例与通说都认为构成诈骗，而我国有学者认为是盗窃，理由是借书时 B 并无"处分邮票"的意识。[①] 但严格说来，A 借书（前行为）后还实施了取走书内邮票的行为（后行为），前行为是诈骗而后行为才是盗窃。实施前行为（借书）时已导致 B 对邮票失控，后行为（取走）则成为不可罚的事后行为，因而认定诈骗是较妥当的。刑法处罚的不是被告人"取得财物"，而是被告人"使他人丧失财物"。

可见，基于互斥论的行为性质标准无法正确区分盗窃与诈骗，其实质是对两罪的构成要件行为进行字面解释，只是转移问题，而非解决问题。（1）客观说将"盗窃"解释为"拿走"或者"夺取"，将"诈骗"归结为"处分"或者"交付"，但这只是同一行为方式的称谓变换而已；（2）为了区分"拿走"与"处分"，只好对"处分"继续进行解释，主观说随之产生，认为"处分"要求具有处分意识；（3）由于盗窃与诈骗在行为性质上无法区分，处分意识也无法与其他的行为意识相区分，客观说只能进一步对"交付"进行解释，主观说只能进一步对处分意识的内容进行解释。为了解释一个概念，就必须进一步解释由此产生的另一个概念，这种递进解释是无止境的，越解释越生僻，离构成要件越远，越不便于司法掌握。例如，有观点提出，诈骗罪的处分行为以交往沟通为前提，应从"交往沟通型犯罪"与"排除沟通型犯罪"来把握诈骗与盗窃的区别；[②]还有学者认为，应将诈骗罪的"处分"重构为"交易基础信息的操纵"：行为人在财产交易沟通过程中操纵交易基础信息—对被害人施加影响以使其作出有利于行为人的财产交易或安排—行为人非法

---

① 张明楷：《刑法的私塾》，北京大学出版社 2014 年版，第 497 页。
② 蔡桂生：《新型支付方式下诈骗与盗窃的界限》，《法学》2018 年第 1 期。

获利(或被害人遭受财产交易损失)。[①]

严格说来,这些解释并非对构成要件的解释,往往具有不完全归纳法的属性。[②] 其思路是由单称命题到普遍命题,而单称命题源于具体个案。因此,实际上是由个案结论到构成要件,而不是由构成要件到个案结论。甚至,"盗窃与诈骗是互斥的(互斥论)"这一传统命题也是归纳出来的,因为一般情形下,我们可以在个案中区分这两个罪名。

但这明显违背了体系思维的"由上至下"的"推导"原则,是典型的论点思维。在论点思维下,由于具体个案层出不穷,因归纳而得出的两罪的区分标准就不断更新,但始终未形成一致结论。对同一案件的定性,盗窃说与诈骗说常常相持不下,往往两种观点都能言之成理。

(二)三角关系中盗窃与诈骗的界分

对于构成要件的解释结论,应当适用于该构成要件所能适用的一切情形,但由于我国刑法学界对于盗窃与诈骗的界分标准是从个案归纳出来的,因此当个案出现不同特点时,就要适用新的界分标准。与此相关的新型个案,突出表现在出现了第三人的三角关系的侵财行为中,这涉及盗窃罪的间接正犯(间接盗窃)与三角诈骗的界分。

三角侵财行为中,三角诈骗应当认定为诈骗罪,属于"自损",但该损失是第三人行为所导致,就同时具备了"他损"的特征,与被告人利用第三人的间接盗窃具有相同的性质,从而三角诈骗与间接盗窃存在竞合之可能。

在经归纳而得到的传统的互斥论的影响下,间接盗窃与三角诈骗界分的重点在于第三人行为性质的认定,如第三人行为可认定为"处分",则为三角诈骗,否则就是间接盗窃。第三人的行为如何才能认定为"处分"呢?此时,学者们仍然习惯于依赖归纳法,并形成不同学说。

在讨论间接盗窃与三角诈骗的界分时,德国的车库案具有典型意义。[③] 该案中,甲与乙原本关系密切,乙有一车停放于公共车库,依照惯例,车主将一把钥匙交给管理员丙,如车主遗忘钥匙,也可将车开出。甲曾多次获乙同意,向管理员丙拿钥匙开车。之后,甲乙感情生变,甲未获乙同意,向管理员丙谎称乙同意借车,丙像往常一样将钥匙给甲,甲将车开走,据为己有。联邦法院认为,第三人丙属于实际支配人,其受骗而处分了乙

---

① 王莹:《诈骗罪重构:交易信息操纵理论之提倡》,《中国法学》2019 年第 3 期。
② 秦新承:《认定诈骗罪无需"处分意识"——以利用新型支付方式实施的诈骗案为例》,《法学》2012 年第 03 期;蔡桂生:《新型支付方式下诈骗与盗窃的界限》,《法学》2018 年第 1 期。
③ BGHSt 18,221.

的车辆,因而属于诈骗。① 该案对于如何认定"第三人处分",衍生出几种代表性的学说:②(1)贴近理论(Nähethorie)。当第三人与财物有贴近关系(如空间距离较近)从而可以直接支配财物时,第三人的行为是处分行为,成立三角诈骗。丙持有备用钥匙,与车辆具有这种贴近关系,因而其行为是处分行为,本案是三角诈骗。(2)阵营理论(Lagertheorie)。如第三人与被害人关系更为亲近(处于同一阵营),则第三人的行为可视为处分行为。车库管理员丙与乙的关系更为亲近,处于同一阵营,因而丙的行为是处分行为。(3)权限理论(Befugnistheorie)。第三人具有法律上的处分权限,其行为才能视为处分行为。车库案中,丙对于乙的车辆并无法律上的处分权限,其行为并非法律上的处分行为,不能认定为三角诈骗。此外,还有主观说(第三人主观上是为了被害人利益而处分)、审核义务说(第三人经审核后确信自己有处分权限)等。③ 阵营理论是德日通说。

这些学说的问题在于:(1)从内容上看,贴近关系、亲近关系、处分权限均非诈骗罪的构成要件要素,或者说"与诈骗罪的本质要素缺乏必然联系"。④ 其中,处分权限似乎与诈骗罪所要求的"处分行为"有关,但有学者指出,权限理论与阵营理论为表里关系,有无处分权限应依据阵营理论来判断,处于同一阵营才有处分权限。⑤(2)从论证思路上看,既然这些学说不是从构成要件推导出来的,其逻辑根源是什么呢? 这是不明确的。实际上,这些学说是从具体案件中归纳出来的,各种学说都为了追求在具体案件中获得"合理的"处理结果而不断修正。例如,贴近说过于宽泛,在行李案中,被害人将其行李放在酒店大堂后去洗手间,被告人对酒店服务员谎称这是自己的行为,让服务员帮把行李拿到自己车上。服务员与行李的空间距离自然较近,但认定诈骗并不妥当。为此,贴近说修正为"从社会一般观念来判断事实上的贴近关系",这样往往要求第三人对于财物的事实支配在行为人实施欺骗行为之时就已存在。⑥ 行李案中,在行为人欺骗之

---

① 在车库案中,管理人有无处分意识并不具有法律重要性,他只有"将车借给甲使用"的意识,没有"将车给甲"的意识,但并不妨碍诈骗罪的成立,这印证了笔者前述对于处分意识标准的评论。

② Vgl. Hillenkamp, 40 Problemeaus dem Strafrecht:BesondererTeil, 12. Aufl. , München, 2013, S. 160ff.

③ 车浩:《盗窃罪中的被害人同意》,《法学研究》2012 年第 2 期。

④ 张明楷:《诈骗罪与金融诈骗罪》,清华大学出版社 2006 年版,第 134 页。

⑤ 张明楷:《论三角诈骗》,《法学研究》2004 年第 2 期;张明楷:《诈骗罪与金融诈骗罪》,清华大学出版社 2006 年版,第 135 页。

⑥ Vgl. Kindhäuser, Strafrecht Besonderer Teil II, 9. Aufl. , Nomos, 2016, S. 234ff.

前,服务员尚未持有被害人的行李,其行为就不是处分,不能认定为三角诈骗。权限说强调法律上的处分权限,对于成立诈骗来说过于严格,因而修正为"根据社会的一般观念,第三人具有处分权限"。[①] 严格说,这不是基于刑法教义的体系性思维,而是基于政策考量的论点式思维[②],是由结果倒推出具体学说,因而难以具有刑法教义上的说服力。

上述困境的根源在于,所有学说都预设间接诈骗与三角诈骗在行为性质上是互斥的,而这个互斥的结论并不是从一个体系中推导出来的;而且,争论的双方均将重点放在考察第三人的行为性质,如属处分行为,则为三角诈骗,否则就是间接盗窃[③],有学者甚至在"处分行为"之内讨论三角诈骗与间接诈骗的区分[④]。第三人行为性质的认定,又是按归纳法来讨论的,但如前所述,盗窃与诈骗在行为性质上本来就存在竞合可能,因此根本无法作为区分标准。

(三)网络关系中盗窃与诈骗的界分

随着互联网的普及,支付宝、微信等新型支付方式已成为人们日常生活的一部分,与之相关的侵财行为呈现新的特点,其中以转帐窃财为典型。从行为对象看,帐户资金被认为是债权(财产性利益),因而该行为就与"盗窃债权"或"盗窃财产性利益"相联系;从行为方式看,该行为往往是通过机器(计算机或 ATM)实施的,因而又与"诈骗机器"相关。这使得盗窃与诈骗的界分往往表现为"盗窃债权"与"诈骗机器"的界分。在这个新问题上,原有的依据归纳法而得出的界分标准又一次要进行更新。更新的办法仍是归纳法,但这一次的归纳开始不久,所选择的样本明显太小,从而所得出的结论更易产生争议。为了阐明这一现象,笔者亦先从个案进行观察,发现问题之后,再进行演绎分析。当然,笔者的个案观察将选择一个更大的样本,使之不仅仅是偶然个案,而是裁判经验。与民意一样,裁判经验具备更多的合理性,如果基于偶然个案的理论研究与之不符,只能说明该理论研究存在问题。

现有研究对于互联网背景下与新型支付方式相关侵财犯罪的探讨,虽然注意以个案为论证素材或论证的切入点,但是关注的个案数量极少。例

---

① 张明楷:《论三角诈骗》,《法学研究》2004 年第 2 期;张明楷:《诈骗罪与金融诈骗罪》,清华大学出版社 2006 年版,第 134 页。

② 参见潘星丞:《比较视域中的犯罪论体系:由差异至普适》,法律出版社 2006 年,第 378 页以下。

③ 张明楷:《论三角诈骗》,《法学研究》2004 年第 2 期。

④ 张明楷:《诈骗罪与金融诈骗罪》,清华大学出版社 2006 年版,第 123—133 页。

如,对于银行帐户转帐窃财,不少学者将 2008 年金星案[①]、2014 年臧进泉案[②]作为例证;[③]对于支付帐户转帐窃财,不少学者将 2016 年徐雅芳案[④]作为讨论对象。[⑤] 这在论证上有以偏概全的风险,容易将偶然个案当作经验样本,由此获得的理论结论就是自说自话,理论逻辑与裁判经验完全相悖。

1. 理论与实践之间的分歧

笔者从中国裁判文书网收集了大量的转帐窃财判例进行观察,发现了一个令人吃惊的现象:裁判经验与理论逻辑分歧巨大。

对于转帐窃财案件,主张盗窃定性的观点(盗窃说)多与盗窃债权关联,主张诈骗定性的观点(诈骗说)多与诈骗机器相关。通说对盗窃债权持肯定态度,对诈骗机器则持否定态度(机器不能被骗的法理)。但实证研究表明,通说已受到普遍反对。对于转帐窃财的定性,逻辑与经验不仅立场对立(盗窃说 VS 诈骗说),而且均因帐户类型不同而变换立场,具体如下:

(1)银行帐户转帐窃财:盗窃债权 VS 信用卡诈骗。银行帐户资金属于债权,就盗窃财产性利益尤其是盗窃债权而言,目前理论的多数说为盗窃罪。例如,张明楷教授明确指出,侵入银行信息系统或用其他方法转走他人对银行享有的债权,构成盗窃罪[⑥],黎宏教授亦持同样观点[⑦]。但裁判经验却几乎一致地根据《刑法》第一百九十六条第(三)项"冒用他人信用卡"之规定,认定为信用卡诈骗罪。也就是说,对于转帐窃财的两种属性(盗窃债权 VS 诈骗机器),理论与实践各执一端。裁判经验没有受到"机器不能被骗"的质疑,或许是因为银行帐户是信用卡帐户,而信用卡诈骗罪可视为对"诈骗机器"的法律拟制。但同样令人不解的是,理论上的盗窃债权并没有获得裁判的支持。近几年,鲜有像 2008 年金星案那样认定为盗

---

① 江苏省无锡市中级人民法院(2008)锡刑二终字第 20 号。

② 浙江省高级人民法院(2011)浙刑三终字第 132 号。

③ 引用文章有蔡桂生:《新型支付方式下诈骗与盗窃的界限》,《法学》2018 年第 1 期;王钢:《盗窃与诈骗的区分——围绕最高人民法院第 27 号指导案例的展开》,《政治与法律》2015 年第 4 期。

④ 一审:浙江省宁波市海曙区人民法院(2015)甬海刑初字第 392 号;二审:(2015)浙甬刑二终字第 497 号。

⑤ 引用文章刘宪权、李舒俊:《网络移动支付环境下信用卡诈骗罪定性研究》,《现代法学》2017 年第 6 期;石坚强、王彦波:《将他人支付宝账户内资金私自转出构成诈骗罪》,《人民司法(案例)》2016 年第 11 期;赵运锋:《转移他人支付宝钱款行为定性分析——兼论盗窃罪与诈骗罪的竞合关系》,《华东政法大学学报》2017 年第 3 期;吴波:《秘密转移第三方支付平台资金行为的定性——以支付宝为例》,《华东政法大学学报》2017 年第 3 期;蔡桂生:《新型支付方式下诈骗与盗窃的界限》,《法学》2018 年第 1 期。

⑥ 张明楷:《论盗窃财产性利益》,《中外法学》2016 年第 6 期。

⑦ 黎宏:《论盗窃财产性利益》,《清华法学》2013 年第 6 期。

窃罪的判例。① 基于此,应当追问:"盗窃债权"何以被否定?

(2) 支付帐户转帐窃财:诈骗机器 VS 盗窃。对于支付帐户(支付宝、微信等)的转帐窃财行为,裁判经验的结论为盗窃罪,鲜有依前述徐雅芳案定性为诈骗罪的判例②,但理论逻辑再次与裁判经验分道扬镳,存在着肯定"诈骗机器"的强烈冲动。不少论文将徐雅芳案作为诈骗之例证,这种理论冲动与支付帐户的新型性有关。由于支付帐户并非信用卡帐户,不存在与信用卡诈骗罪类似的法律拟制,因此不得不面对"机器不能被骗"的限制。但不少学者认为,随着新型支付方式的普及,"机器不能被骗"已不合时宜,盗窃罪定性只是权宜之计。③ 对于这种思潮,有必要反思:"诈骗机器"何以被肯定?

2. 理论与实践的内部分歧

司法实践是无法避免理论的影响的,但由不完全归纳法得出的理论,使得不但理论与实践之间,而且理论与实践内部也出现了分歧。

(1) 理论逻辑的内部分歧:盗窃债权 VS 诈骗机器。同是转帐窃财,对于银行帐户,大多数研究通过盗窃债权而肯定盗窃罪;但对于支付帐户,则通过突破"机器不能被骗"的法理而肯定诈骗罪。

(2) 经验素材的内部分歧:①诈骗说 VS 盗窃说。对于银行帐户采诈骗说(信用卡诈骗罪),对于支付帐户则采盗窃说。②裁判经验 VS 偶然个案。对于银行帐户,裁判经验虽采诈骗说,但存在采盗窃说的偶然个案(如金星案);对于支付帐户,裁判经验虽采盗窃说,但存在诈骗罪的偶然个案(如徐雅芳案)。由于这些偶然个案已被误当成裁判经验并作为理论例证,因而有必要澄清。

综上,基于实证观察可以发现,裁判经理与理论逻辑之间分歧巨大,但对于司法而言,逻辑与经验与其说是敌人,毋宁说是盟友。④ 这种现象表明,基于偶然个案归纳出来的理论结论,根本无法适应司法实践的政策需求。

---

① 例如,以下两案与金星案一样,都是利用病毒截获他人网银密码进而转帐窃财,均定性为信用卡诈骗罪:(1)2016 年吴波良案,甘肃省甘南藏族自治州中级人民法院(2016)甘 30 刑终 16;(2)2017 年王闯案,广东省东莞市中级人民法院(2017)粤 19 刑终 600 号。

② 例如,以下两案情形与徐雅芳案大致相同,均认定为盗窃罪:(1)2017 年占彦陈案,江西省南昌市青山湖区人民法院(2017)赣 0111 刑初 277 号;(2)2018 年刘康睿案,上海市第二中级人民法院(2018)沪 02 刑终 98 号。

③ 蔡桂生:《新型支付方式下诈骗与盗窃的界限》,《法学》2018 年第 1 期。

④ [美]博登海默:《法理学——法律哲学与法律方法》,邓正来译,中国政法大学出版社 2004 年版,第 518 页。

传统刑法理论认为,盗窃与诈骗是互斥关系(互斥论),盗窃是他损罪而诈骗是自损罪,盗窃是夺取罪而诈骗是交付罪,二者的行为性质截然不同,似乎没有竞合的余地。在互斥论视角下,理论与实务一直尝试从行为性质上区分两罪,但始终未形成一致结论。对同一案件的定性,盗窃说与诈骗说常常相持不下,往往两种观点都能言之成理,这在一定程度上表明两罪存在竞合的可能。

更有甚者,在近期的一系列学术论战中,两罪竞合已成为争议双方共同的"潜逻辑"。这场学术论战以新型支付方式下的侵财行为的定性为中心,以盗窃说与诈骗说的较量为主要内容,学界的密集讨论与司法判例的积累,使得我们获得了丰富的实证素材,它揭示了一个与互斥论完全不同的现象。

从定罪的结论看,"同种行为、两种罪名"已被理论与实践普遍认可。在判例上,同样的新型支付侵财行为,如涉及银行帐户,多认定为诈骗(信用卡诈骗罪);如涉及支付帐户(如支付宝帐户等),多认定为盗窃。在理论上,结论则完全相反:如涉及银行帐户,主流学说为盗窃(张明楷教授[①]、黎宏教授[②]等均持此观点);如涉及支付帐户,理论上存在着肯定"诈骗机器"的强烈冲动(如刘宪权教授[③]、蔡桂生博士[④]等均持此观点)。总体观之,对于相同行为,两种定性均获得了支持,判例认定为盗窃者,理论多认定为诈骗;而判例认定为诈骗者,理论多认定为盗窃。个别观之,在判例与理论内部,二者均认为,相同行为,既可是诈骗,也可是盗窃,罪名不同只是由于帐户性质的原因,与行为性质无关。

从定罪的思路看,盗窃与诈骗竞合的逻辑,已被不少学者下意识地运用于个案分析。在司法中,两罪形成想象竞合时,如其中一罪因障碍无法成立,就按另一罪论处。例如,在认识错误中常讨论的毁坏财物未遂与过失毁坏财物的竞合,常因为过失毁坏财物罪无法成立,最终只能认定为毁坏财物未遂或不罚。竞合论的这一思路,在新型侵财行为的定性论辩中尤其明显。在不少学者看来,此类案件最终认定为一罪,也是由于立法或理论上的障碍。就立法障碍而言,有学者指出,对于银行账户的侵财行为,定性为诈骗是因为存在"信用卡诈骗罪"的立法拟制;对于支付账户的侵财行

---

① 张明楷:《论盗窃财产性利益》,《中外法学》2016年第6期。
② 黎宏:《论盗窃财产性利益》,《清华法学》2013年第6期。
③ 刘宪权:《论新型支付方式下网络侵财犯罪的定性》,《法学评论》2017年第5期。
④ 蔡桂生:《新型支付方式下诈骗与盗窃的界限》,《法学》2018年第1期。

为,定性为盗窃是因为我国不存在"计算机诈骗罪"的立法拟制。[①] 就理论障碍而言,有学者认为,若基于"财产利益不能成为盗窃罪对象",就成立诈骗;反之,若基于"机器不能被骗",就成立盗窃。这种在定罪上非此即彼的思路受到批评。[②] 但批评者并没有注意到,这种思路实际上是以盗窃与诈骗的竞合为前提的。

对于以上现象,我们有理由追问:在定罪结论上,为什么会出现"同种行为、两种罪名"的现象? 为什么理论与实践会出现巨大分歧? 在定罪思路上,为什么盗窃与诈骗竞合的司法逻辑被广为接受?

基于以上追问,笔者对盗窃与诈骗互斥的传统命题进行反思,对二者究竟有无竞合关系展开探索,并在此基础上,重新构建两罪的界分标准,尝试回应上述追问及与之相关的理论争议。笔者的探讨将分立法论、解释论、司法论三个维度,分别以双边关系(被告人与被害人)的侵财行为、三角关系(被告人、被害人、第三人)的侵财行为,以及网络侵财行为为中心。

以上论证将表明,盗窃与诈骗的竞合是互斥表象掩盖下的本来面貌,只有将研究视角由互斥论转向竞合论,才能正确区分盗窃与诈骗,并对相关争议进行妥当回应。

二、基于体系思维的形式解释

由于盗窃与诈骗所保护的法益相同,很难从实质解释来区分二者。但是,形式解释不能只从构成要件的文字本身来展开,否则就容易陷入论点思维了。体系思维要求:(1)纵向上,将该构成要件向上"回溯"至其立法背景,向下"推导"至每一类具体情形,不论是双边关系、三角关系,还是网络关系中的侵财行为,都应适用同一标准。(2)横向上,将该构成要件放到整个刑法罪名体系中去考察其特点,而不只限于财产罪体系。由论点思维转向体系思维,将会得到一个重要的发现:盗窃与诈骗不是互斥关系,而是竞合关系,两罪的界分也要从竞合的背景出发。

(一) 双边关系中盗窃与诈骗的界分

1. 盗窃与诈骗界分的立法背景

就立法规定而言,盗窃与诈骗同属财产罪,同一章的罪名之间一般不存在竞合关系,但从体系思维出发,则可发现盗窃与诈骗的立法具有特殊性,正好可以成为二者竞合的根源,具体如下:

---

① 蔡桂生:《新型支付方式下诈骗与盗窃的界限》,《法学》2018 年第 1 期。

② 徐凌波:《置换二维码行为与财产犯罪的成立》,《国家检察官学院学报》2018 年第 2 期。

其一,从宏观的罪名体系看,不同的财产罪之间具备竞合的可能。财产罪的罪名体系在逻辑上与人身罪有极大的不同:人身罪是按具体的人身法益区分为杀人罪、伤害罪、侮辱罪等,罪名的互斥关系是由法益的不同(结果无价值)来保证的,只要法益不同,几无竞合可能;但财产罪之法益大多相同,只能根据行为性质(行为无价值)来区分,行为无价值不能脱离结果无价值而独立存在,行为要件的描述也不能完全脱离法益侵害,当法益侵害相同时,就存在竞合的可能。例如,对于"用刀砍"的行为,如无法从法益上区别,仅就行为本身观之,既是杀人罪之行为,也是伤害罪之行为,即法益侵害相同时,一行为同时该当两罪,从而产生竞合。盗窃与诈骗侵害的法益相同,其行为本来就存在竞合的可能,而且从行为方式看,两罪都属于和平方式实施的转移罪,竞合的可能性就更大了。

其二,从微观的罪名关系看,诈骗是从盗窃中"剥离"出来的特殊情形。各国的财产罪立法大多以盗窃罪为基本构成要件(Grundtatbestand),诈骗、抢夺等其他罪名是在对盗窃罪修改的基础上形成的变体构成要件(abgewandter Tatbestand)。就盗窃而言,被告人可以自己盗窃,也可以利用他人作为"不知情的工具"来盗窃,前者是盗窃的直接正犯(亦称普通盗窃),后者是盗窃的间接正犯(亦称间接盗窃)。间接盗窃又可细分为两类:一是利用第三人作为"不知情的工具",这是间接正犯的一般形式,涉及第三人(三角关系),这种情形多放在刑法总则的共犯论中讨论;二是利用被害人自身作为"不知情的工具"的间接盗窃,这是间接正犯的特殊形式,并不涉及第三人(双边关系),是一种特殊的盗窃行为,多放在实行行为论中讨论,因而也属刑法分则的构成要件范畴。双边关系的间接盗窃,实际上就是诈骗。因此可以说,盗窃与诈骗天生就是竞合的。如果立法不设置诈骗罪,对于诈骗的事实情状,完全可以按照盗窃的间接正犯处罚。诈骗就是由双边关系的间接盗窃拟制而来,拟制的方法是:将间接盗窃所要求的"被害人不知情",重新表述为"被告人虚构事实、隐瞒真相",后者正是诈骗罪的要素。立法设置诈骗罪后,间接盗窃就只能是三角关系的间接盗窃,不再包括双边关系的间接盗窃。

其三,从法条竞合与法条互斥的刑法教义看,二者实为一体两面。从上述分析不难发现,盗窃与诈骗的关系,就是普通法与特别法的关系,即普通盗窃与双边的间接盗窃的关系,这和"诈骗罪与合同诈骗罪"的关系一样,没有实质区别。那么,为什么"诈骗罪与合同诈骗罪"的关系被普遍认为是"普通法与特别法"的竞合,而非互斥呢? 对此,可从三个方面递进解释如下:(1)实际上,当合同诈骗罪从诈骗罪中"剥离"出来后,该当合同诈骗罪的事实情状也不能再以诈骗罪论之;反之,如某一情状被定性为诈骗罪,它也必须处于合同诈骗罪的涵摄范围之外。严格说来,二者也是互斥的。从这个意义上看,"盗窃与诈骗"的关系与"诈骗与合同诈骗"的关系,并无不同,既是竞合也是互斥。(2)进而言之,所有的法条竞合均可称为法条互斥,反之亦然。关于法条竞合,德国刑法通说认为,实际该当的法条只有一个,另一个法条只是疑似该当,实际上并未该当,其该当只是"假象"而已,因而也称为假性竞合(Scheinbare Konkurrenz),或不真正竞合(unechte Konkurrenz)。更有学者指出,法条竞合(Gesetzeskonkurrenz)的称谓有误导性,更准确的称谓是法条单一(Gesetzeseinheit)。[①] 因为,在特别关系的法条竞合中,两个构成要件中只有一个能对具体情状的不法内涵进行完全评价,另一构成要件所规范的内容无法涵盖所评价的对象。例如,加重窃盗罪除包括普通窃盗罪之规定外,尚有其他加重条件,因而该当加重窃盗罪者,其情状必然不能为普通窃盗所涵盖。[②] 法条竞合多是日本刑法的称谓,而德国刑法更倾向法条单一,认为法条竞合只是假象,互斥才是实景。(3)称谓不同,与两国的构成要件理论有关。日本的犯罪论体系以三阶层为主流,构成要件是形式的,违法与有责是实质的,形式的构成要件可以进行形式逻辑的分析,因此可以形成竞合。例如,从形式逻辑上说,诈骗罪能包括合同诈骗罪,而该当合同诈骗罪,自然也该当诈骗罪。德国的犯罪论体系则更倾向二阶层。自从梅兹格(Mezger)提出构成要件的违法类型说后,该理论遂在德国成为通说[③],构成要件与违法性合并为不法构成要件(Unrechtstatbestand)"[④],它不仅是形式的行为类型,而且描述具体的不法内涵。从不法内涵的角度看,诈骗罪与合同诈骗罪必然是不同的,诈骗无法包括合同诈骗的全部不法内涵,不可能出现一个评价对象同时该当两个规范的现象;其适用一个规范,是因为只该当一个规范,而不是同时该当两个规范后再进行选择。因此,法条的竞合与互斥(即法条单一)本来就不矛盾,只是考察视角不同的两种称谓而已,竞合与互斥实为一体两面。

---

① Vgl. Jescheck/Weigend, Lehrbuch des Strafrechts Allgemeiner Teil, 5. Aufl., Duncker&Humblot, 1996, S. 732.;Baumann/Weber/Mitsch, Strafrech, Allgemeiner Teil: Lehrbuch, 12 Aufl. §36, Rn. 6.

② 柯耀程:《刑法竞合论》,中国人民大学出版社 2008 年版,第 115—116,114 页。

③ [日]大塚仁:《刑法概说(总论)》(第 3 版),冯军译,中国人民大学出版社 2003 年版,第 112 页。

④ Vgl. Jescheck/Weigend, Lehrbuch des Strafrechts Allgemeiner Teil, 5. Aufl., Duncker&Humblot, 1996, S. 207.

可见,从立法看,诈骗是由双边关系的间接盗窃拟制而来,该拟制使得原来的竞合(盗窃与双边关系的间接盗窃)转化为互斥(普通盗窃与传统诈骗)。但由此而形成的法条互斥,与法条竞合实为一体两面;而且,从立法过程看,竞合是"因"而互斥是"果"(立法将诈骗从盗窃中"剥离"后,二者才由竞合转为互斥),因此竞合论可以成为正确界分普通盗窃与传统诈骗的立法背景。

2. 盗窃与诈骗的具体界分标准

对两罪的构成要件,不能仅从字面含义进行形式解释,并围绕文字表述进行相互辩论,而应结合立法原意与刑法教义进行实质解释,这就要求由互斥论转向竞合论。基于竞合论,两罪的区分标准不在于行为性质,而在于行为归属。

从立法原意看,诈骗是对双边关系的间接盗窃的立法拟制。一方面,基于罪责自负的原则,刑法分则对构成要件行为的描述,应以被告人为基点,而不能以被害人为基点。一般情况下,双边关系间接盗窃中的"被害人不知情"不宜作为构成要件要素,因此立法者将其转换为"被告人诈骗",并从盗窃罪中剥离出来,更合乎刑事立法的原则。另一方面,"被害人不知情"就是有瑕疵的"被害人同意"。在一般情形下,被害人同意是消极的犯罪阻却事由,但在诈骗罪中,被害人同意却是积极的犯罪成立要件,失去了阻却事由的本来面目[1],不复是刑法总则问题,而成为刑法分则问题。被害人同意的刑法地位变化,只能是立法拟制的结果。可见,诈骗是从盗窃罪中"剥离"出来的,两罪的界限也应从这个立法背景中寻找。两罪的区别,就是直接盗窃与间接盗窃的区别,也就是直接正犯与间接正犯的区别,因而区别的关键不在于转移财产的行为性质,而在于转移财产的行为人。如果是被告人,则为盗窃;如果是被害人,则为诈骗。即普通(直接)盗窃就是"他损"罪,而间接盗窃(诈骗)是"自损"罪,"他损 VS 自损"是两罪区分的标准。认定诈骗罪的重点不在于"有无处分",而在于"谁处分",是被告人处分还是被害人处分;两罪的区分不应从行为的性质入手,而应从行为归责的主体入手。如果是被害人行为(或行为应归属于被害人),则为诈骗罪所要求的"处分";如果是被告人行为(或行为应归属于被告人),则不为诈骗罪所要求的"处分",而是盗窃罪所要求的"拿走"。

从刑法教义看,刑法作出这种拟制具有实质合理性,它源于刑法教义的需要。表面上,即使不规定诈骗罪,也能将诈骗行为按盗窃罪之间接正

---

① Vgl. Amelung/Eymann, Die Einwilligung des Verletzten im Strafrecht, JuS 2001, S. 944.

犯处罚,形式上不会产生处罚漏洞,为什么立法还要多此一举? 这不仅是由于形式合理性的需要——将这种双边关系的盗窃称为"诈骗"更合乎语词的通常含义,更是由于实质合理性的需要——在盗窃罪中,被害人同意(Einverständnis)往往具有阻却客观构成要件的效果。[①] 与阻却违法性的被害人承诺(Einwilligung)不同,有瑕疵的被害人承诺无效,但有瑕疵的被害人同意仍然有效,不论该同意是基于动机错误,还是法益关系错误,被害人同意均能阻却盗窃罪的客观构成要件该当。[②] 这使得双边关系的间接盗窃,由于被害人同意的法理而难以处罚。为了填补处罚漏洞,立法只能将具有可罚性的"有瑕疵的被害人同意的盗窃"另行规定为诈骗罪。但被害人同意与间接正犯实为一体两面,在不涉及第三人的犯罪中,所谓间接正犯,是指被告人(幕后者)利用被害人的自我损害行为,将被害人的行为纳入自己的归责领域,被害人行为可视为被告人行为的"延长";所谓被害人同意,是指被害人将被告人的行为纳入自己的归责领域,被告人行为可视为被害人行为的"延长"。也就是说,同样的行为,如果纳入被告人的归责范围,则为间接正犯;如果纳入被害人的归责范围,则为被害人同意。因而,盗窃(间接正犯)与诈骗(被害人同意)的区别,就不在于行为性质的认定,而在于行为归责的主体,或者说行为效果归属的主体,这正是"他损 VS自损"的标准。

可见,对于两罪的界分,基于竞合论的行为归属标准"他损 VS 自损",既符合立法原意,也符合刑法教义。现有理论对该标准几无反对意见,但却不是从行为归责主体,而是从行为性质上解读,将"他损"理解为"拿走",将"自损"理解为"处分",这就又回到了互斥论的递进解释路径,并不妥当。只有将视角由互斥论转向竞合论,将重心由行为性质转向行为归属,才能正确理解"自损 VS 他损"。

(二) 三角关系中盗窃与诈骗的界分

1. 盗窃与诈骗界分的立法背景在三边关系中的表现

三角侵财行为中,三角诈骗应当认定为诈骗罪,属于"自损",但该损失是第三人行为所导致,就同时具备了"他损"的特征,与被告人利用第三人的间接盗窃具有相同的性质,从而三角诈骗与间接盗窃存在竞合之可能。

对此,有学者提出:"如果认为同时是窃盗与诈欺,那么,究竟是法条竞合,

---

① Vgl. Krey/Hellmann/Heinrich, Strafrecht Besonderer Teil 2, 17. Aufl., Kohlhammer, 2015, S. 14.

② Vgl. Roxin, Strafrecht Allgemeiner Teil, Band Ⅰ, 3. Aufl., C. H. Beck, 1997, S. 457ff.

还是想象竞合？假如认为是法条竞合，要用什么标准决定哪一个法条必须优先适用？倘若认为是想象竞合，又该如何圆说：被破坏的法益只有一个？"①该质疑很有代表性。此外，对于三角关系的侵财行为而言，竞合论还必须回答：这种场合的竞合，与双边侵财中的竞合有何关系？以下逐一回答。

其一，三角诈骗与间接盗窃的关系不是法条竞合，而是想象竞合。法条竞合与想象竞合的区别，是一个极具争议的问题。实际上，有德国刑法学者认为，法条竞合的概念很难与想象竞合、实质竞合严格区分开来；②甚至有学者建议，将法条竞合与想象竞合作同等处理。③但这多少有回避问题的意味，亦不符合我国理论现状。我们可以统称"竞合"，但仍有必要区分是何种竞合，否则"竞合"可能是一个伪命题。三角关系的侵财行为只能是想象竞合，理由是：（1）法条竞合是法条形态，与具体的案件事实无关，它是指不同法条规定的构成要件之间存在全部或部分的重合关系（如诈骗罪与合同诈骗罪），法条互斥即表明法条之间不存在重合（如杀人罪与伤害罪）；而想象竞合是一种行为形态，是在具体案件中产生的，是指行为人实施一个行为却触犯不同构成要件，如开一枪，打死一人、打伤一人，这使得在法条上互斥的杀人罪与伤害罪在实际案件中出现竞合。同样，对于三角关系的侵财行为的定性，是盗窃罪与诈骗罪的适用问题，即法条如何适用于具体案件的问题，而不是法条本身的关系问题，因而不是法条竞合，而是想象竞合。（2）如前所述，德国刑法认为法条竞合就是法条单一，是假性竞合，此时的一行为只可能该当一个构成要件，如果一行为该当两个构成要件，必然属于真实竞合（wirkliche Konkurrenz），真实竞合包含两种类型：一是复数行为的实质竞合（Realkonkurrenz）；二是单数行为的想象竞合（Idealkonkurrenz）。三角关系的侵财案件只有一个行为，只能是想象竞合。

其二，三角诈骗与间接盗窃成立想象竞合，与被害法益的单一性并不矛盾。想象竞合往往侵害数个法益，涉及数个不同的被害人（如开一枪，打死一人、打伤一人），而在三角关系的侵财行为中，被侵害法益与被害人都是同一的，但这并不妨碍想象竞合的成立。对于想象竞合而言，成立条件仅有两个：一是行为单数；二是该当复数构成要件。④侵害复数法益并非

---

① 林东茂：《一个知识论上的刑法学思考》，中国人民大学出版社2009年版，第143页。
② Vgl. Roxin, Strafrecht Allgemeiner Teil, Band Ⅱ, C. H. Beck, 2003, S. 847.
③ Vgl. Jakobs, Strafrecht Allgemeiner Teil: Die Grundlagen und die Zurechnungslehre Lehrbuch, Gruyter, 1983, S. 881－883.
④ Vgl. Jescheck/Weigend, Lehrbuch des Strafrechts Allgemeiner Teil, 5. Aufl., Duncker & Humblot, 1996, S. 718; Vgl. Roxin, Strafrecht AllgemeinerTeil, Band Ⅱ, C. H. Beck, 2003, S. 817.

必要要件,毋宁说它只是想象竞合的常见(却非必要)特征而已。法益是立法者设立构成要件的重要依据,但其本身并非描述具体的不法内涵的构成要件要素,因而不能以抽象的法益代替构成要件而为判断。① 同理,复数被害人也只是想象竞合的常见特征,而非必要条件。对此,有德国学者也明确指出,三角关系的侵财行为可以同时成立盗窃罪的间接正犯与诈骗罪。② 第三人的行为既可视为诈骗罪中的"财产处分",也是盗窃罪中的"取走"。第三人不论对财物是共同的保管(Gewahrsam),还是居于下位的保管(Gewahrsamsdiener),他的行为不但是诈骗罪中的处分(Verfügung)行为,而且对其他的保管人来说,也是一个破坏保管的行为(Gewahrsamsbruch),所以是一行为触犯两个罪名的想象竞合。③

其三,三角侵财中想象竞合与法条竞合的关系。虽然间接盗窃与三角诈骗是想象竞合,但是历来的司法却较少从这个角度展开思考,即使承认想象竞合的德国人也很少按"从一重"的原则处理,这与想象竞合和法条竞合的关系相关。当一行为该当数个构成要件时,无法以一个构成要件涵盖具体情状的全部不法内涵,因此需通过数个构成要件的相互适用,达成完整评价的目的。④ 因而,创立想象竞合犯的初衷在于,既能对行为人的不法内涵进行全面评价(明示功能),又可在罪责上作出比数个行为更轻的评价(只是从一重,而不是数罪并罚)。⑤ 但对于三角侵财行为而言,由于盗窃与诈骗在行为性质上存在法条竞合的基因,与双边关系的侵财行为类似,"利用不知情的第三人"(间接盗窃)与"欺骗第三人"(三角诈骗)只是表述的不同,对应的事实情状却是同一的,无论哪种表述都足以涵盖三角关系侵财行为的全部不法内涵,根本没有必要通过想象竞合犯来解决完整评价的问题。因此,这种情形虽然符合想象竞合犯的形式特征,但是基于想象竞合的目的设定,刑法理论试图在想象竞合之前解决问题,其方案是:通过对两罪的构成要件的解释,使三角侵财行为只能该当其中一罪,从而避免对想象竞合的适用。这可以说是竞合理论的自我限制,但从根源上看,则是两罪在行为方式上的法条竞合,限制了两罪在三角关系中想象竞合的适用。因为,两罪在行为方式上的法条竞合,使得两罪具有相同的不

① 林山田:《刑法通论(下册)》,元照出版有限公司2008年版,第315页。
② Vgl. Schönke/Schröder, Strafgesetzbuch: Kommentar, 28. Aufl., Beck, 2010, § 263, Rn. 67.
③ Vgl. Welzel, Das deutsche Strafrecht: Eine systematische Darstellung, 11. Aufl., Gruyter, 1969, S. 372; Lackner/Kühl, Strafgesetzbuch Kommentar, 28. Aufl., Beck, 2014, § 263, Rn. 67.
④ 柯耀程:《刑法竞合论》,中国人民大学出版社2008年版,第100—101页。
⑤ Vgl. Jescheck/Weigend, Lehrbuch des Strafrechts Allgemeiner Teil, 5. Aufl., Duncker& Humblot, 1996, S. 718.

法内涵。虽然在双边侵财行为中，这种竞合由于立法拟制而被隐藏了，但是在超出立法预设的三角侵财行为中，这种竞合的特征又显现出来了，它使得这种场合的想象竞合没有必要适用，因此三角诈骗与间接盗窃的想象竞合未能进入司法领域，较少被谈及。

可见，在三角侵财行为中，间接盗窃与三角诈骗本属想象竞合，但由于两罪在行为方式上的法条竞合，想象竞合未能进入司法领域，这也是两罪法条竞合作为立法背景发挥影响的一种方式。

2. 盗窃与诈骗界分的具体标准在三边关系中的表现

三边关系虽然超出立法预设，但是对间接盗窃与三角诈骗的区分，仍应从立法出发，适用竞合论视角下的界分标准，这是将该标准进行扩大解释而适用的过程。从竞合论视角观之，区分间接盗窃与三角诈骗的重心也应当是行为归属，而不能是行为性质。

其一，从行为性质无法区分二者。第三人转移财物的行为，其性质就是对物的处分。如果硬要说部分转移财物行为是"处分"，就必须对"处分"赋予新的含义，即对之进行解释（如"有权限者始为处分"），于是递进解释就不可避免（如进一步解释如何判断权限）。

其二，从行为归属区分二者具有合理性。行为归属标准的合理性在前文已论证，但在这里，重点在于"第三人"的行为归属，即第三人的行为效果可归属于谁。如果能将第三人行为视为被害人行为，则相当于"自损"，就可以认定为三角诈骗，否则就认定为间接盗窃。这就维持了"他损 VS 自损"标准的一致性，只不过该标准经历了扩大解释："自损"的"自"不仅包括被害人，还扩张至具有行为归属关系的第三人；"他损"的"他"，不仅包括被告人，还包括不具行为归属关系的第三人。但一般情况下，每个人对其行为自负其责，将第三人的行为效果归属于他人是否具有合理性？也就是说，对"他损 VS 自损"进行扩大解释是否具有合理性？实际上，其合理性源于民法规则。从民法看，能将第三人（处分者）行为效果转嫁给本人的情形包括有权代理、表见代理、无因管理等。之所以会产生行为归属的效果，是因为第三人 C 与本人 B 已结成某种"关系共同体"（B＋C）。在这种"共同体"中，第三人实际获得了本人的授权（有权代理），或善意相对人（社会一般人）有理由相信第三人具有代理权（表见代理），或法律为了社会善良风俗而作了特别规定（无因管理）。在刑事案件中，当被告人利用这种"关系共同体"的行为归属效果而实施欺骗行为时，其针对的就不是"单个体被害人"（B），而是"共同体被害人"（B＋C）。只要诈骗行为使得该"共同体被害人"（中的 B）受骗后产生瑕疵同意并作出处分，造成"共同体被害人"（中的 C)的损失,就符合了诈骗罪的构成。如果第三人与被害人不能形成这种"共同体",就不具有行为归属关系,第三人处分财物的行为对于被害人来说就是侵权行为,并且在三角关系中,第三人就是被告人实施侵权行为的"工具",这就是间接盗窃。

其三,现有学说虽属行为性质标准,但多呈现出向行为归属标准靠拢的趋势。可以说,前述的权限说、阵营说、贴近说等,都是从某一角度描述了"关系共同体"的表面特征。例如,无因管理往往是因为存在事实贴近关系(对应的是贴近说),表见代理往往是因为双方存在亲近关系(对应的是阵营说),有权代理多是基于授权(对应的是权限说)。其中,阵营说与"关系共同体"较为类似,这也是阵营说能成为德日通说的原因。但阵营说也是从具体案件中归纳出来的,具有不完全性。为了涵摄所有的行为归属情形,不少学说在表述上都呈现出综合性的趋势,逐渐向行为归属标准靠拢。例如,我国有学者将阵营说表述为:"只要根据法律、交易惯例或者社会一般观念,受骗者处于被害人阵营,就应肯认其具有处分或转移被害人财产的一般性权限,其行为属于处分行为,欺骗者行为成立诈骗罪。"①这里的"法律、交易惯例或者社会一般观念"可以分别对应有权代理、表见代理、无因管理。亦有学者主张权限理论,但将之进行了扩张,不仅包括法律权限,还包括事实权限。事实权限是从"社会一般观念"来判断,只要依据社会一般观念,可将第三人的行为视为"基于被害人意志"的行为即可。② 有学者将权限说与主观说相综合,主张"客观权限+审核义务"理论,即第三人客观上有权限,或主观上认为自己有权限并尽到了相应的审核义务,其行为就可视为获得了被害人同意的行为。③

综上,对于三角诈骗与间接盗窃的区分,应将视角由互斥论转向竞合论,将重心由第三人的行为性质转向第三人的行为归属,这使得"他损 VS 自损"经扩大解释后,得以适用到三角关系的侵财案件中,再次印证了基于体系思维的竞合论标准的正确性。

(三) 网络关系中盗窃与诈骗的界分

1. 网络侵财行为的特殊性

网络侵财行为是特殊的三角关系侵财行为,其第三人具有双重属性,以该第三人为中介而实施的侵财行为,可以同时归属于被告人与被害人,

① 陈洪兵:《盗窃罪与诈骗罪的关系》,《湖南大学学报(社会科学版)》2013 年第 6 期。
② 张明楷:《三角诈骗的类型》,《法学评论》2017 年第 1 期。
③ 车浩:《盗窃罪中的被害人同意》,《法学研究》2012 年第 2 期。

既是"他损"也是"自损",即使按"第三人行为归属"标准,也无法避免两罪(想象)竞合。这个竞合关系,是基于归纳法而得出的行为性质标准所无法发现的,因而在区分网络关系的盗窃与诈骗时,造成了前述的理论与实践之间及其内部的分歧。基于体系思维的行为归属标准,仍可一以贯之地适用于这种情形,并可避免上述分歧。

双重属性的第三人,以银行为典型,银行既是资金管理人,也是交易平台。当银行作为资金管理人时,其行为效果就应当"归入"被害人/用户一方。对于资金安全来说,用户的身份是重要的,冒用用户身份而转移其财产,就是典型的三角诈骗。但当银行担当交易平台的角色时,其行为效果就不能归属于用户一方。因为,为了交易便捷,交易平台并不重视用户的身份。例如,发卡行的银行卡章程、领用合约等文件往往规定"凡密码相符的交易均视为本人(合法)交易"。ATM 机也仅仅要求验证密码,无需持卡人身份证号等信息。实际上,银行要求该身份信息无疑更利于用户的资金安全,在程序上也不复杂,之所以没有这样做,是因为资金安全已让位于交易便捷,任何一个输入密码的人,都可以对帐户进行操作,这与持卡人身份无关。因此,该交易平台能够成为被告人利用的工具,在性质上可"归入"被告人一方,成立间接盗窃。这样,三角诈骗与间接盗窃的竞合就无可避免了。

导致这种现象的原因有二:一是智能机器的出现,它可作为第三人的延伸,代替第三人处理财产事务。例如,ATM 机被学者称为"电子代理人",具有"机器人"属性。[①] 第三人与智能机器虽通过网络连接,但在空间上是"人机分离"的。二是财产的网络化。例如,实物现金转化为数字化的帐户资金,或 Q 币、游戏装备等虚拟财产。原来的实物财产掌握在第三人手中,只能通过第三人才能侵害财产,但财产网络化及"人机分离"后,通过第三人或其所利用的机器均能侵害财产。这样一来,"利用不知情的第三人(工具属性)"与"欺骗第三人(管理人属性)"两种不法内涵,不仅可以同时存在,而且在空间上是可以分离的,只用一个构成要件就无法完全评价两种不法内涵,只能按想象竞合处理。

在司法定性时,针对网络侵财行为形成竞合的两个原因,应重点考虑两个问题:(1)网络财产能否成为盗窃罪对象?如果不能,盗窃罪就无法成立。(2)智能机器能否成为诈骗罪对象?如果不能,诈骗罪就无法成立。网络侵财行为所涉及的竞合,主要是盗窃网络财产与诈骗智能机器的

① 刘宪权:《论新型支付方式下网络侵财犯罪的定性》,《法学评论》2017 年第 5 期。

竞合。

如今,网络侵财行为(如盗窃 Q 币、盗窃游戏装备等)已成为普遍现象。其中,最典型的是与新型支付方式(如 ATM 机、支付宝等)相关的侵财行为。银行与 ATM 机是最初级的"人机分离"的第三人,而帐户资金也是最典型的财产网络化的产物。近来,新型支付方式的侵财案件产生了诸多判例,理论上也一直相持不下,以之作为讨论样本,既可获得丰富的实证素材,检验笔者的讨论结果能否回应现有的理论争议,也能因其典型意义,对其他网络侵财行为的处理提供有益的参考。

2. 体系思维的贯彻

当盗窃网络财产与诈骗智能机器竞合,而这种竞合又无法被限制时,两罪的界限问题实际上就是对竞合进行处理后的罪名选择问题。对此,应当考虑三点:一是盗窃网络财产能否成立盗窃罪;二是诈骗智能机器能否成立诈骗罪;三是最终的罪名选择。在这个分析过程中,体系思维要求:一是将之前所获得的盗窃与诈骗的区分标准一以贯之地适用于此种新的情形;二是应注意民法规则与刑法规则之间的协调,即从整个法秩序体系(而不再局限于刑法体系)获得逻辑自洽性。

(1) 盗窃网络财产能否成立盗窃罪?

帐户资金是最典型的财产网络化的产物,完全可以成为诈骗对象,但是这种无形的网络财产能否成为盗窃对象? 对此,不仅理论上存在两种对立观点,实践也与理论截然不同(详见前文)。从裁判经验看,侵犯银行帐户资金,普遍认定为诈骗(信用卡诈骗罪);侵犯支付帐户(支付宝、微信等)资金,则大多认定为盗窃。这与网络财产的法律性质有关,网络财产可以是债权或物权,分述如下:

① 盗窃无形债权:以银行帐户资金为中心

银行帐户资金是债权,属于财产性利益,它能否成为盗窃罪对象呢? 目前的争论主要是围绕财产性利益的事实特征来展开的。肯定说注重"财产性"(行为对象的功能属性),具有财产性者可成为财产罪对象,因而可以成为盗窃罪对象。[①] 问题在于,"能成为财产罪对象"不一定"能成为盗窃罪对象"。否定说侧重于"利益",利益是无形的(行为对象的物理属性),不能占有、转移,因而不能成为盗窃罪对象。[②] 如承认观念化的占有与转移,

---

[①] 张明楷:《论盗窃财产性利益》,《中外法学》2016 年第 6 期。

[②] 车浩:《占有不是财产犯罪的法益》,《法律科学》2015 年第 3 期;刘明祥:《窃取网络虚拟财产行为定性探究》,《法学》2016 年第 1 期。

就会牺牲盗窃罪构成要件的定型性。[1] 问题在于,否定说是建立在误解德日刑法的基础上的,它认为德日盗窃罪的对象仅限于有体物,不包括利益,因为利益是无形的,无法占有、转移。但是,德日刑法中,利益(主要是债权)"具有与'物'同样的转移性"[2],因此利益能成为诈骗罪对象,诈骗罪与盗窃罪都是转移罪;另外,德日盗窃罪的"占有"是指"事实上的支配",而非"物理支配",不仅包括物理占有,还包括观念性占有[3]。显然,德日刑法不以利益作为盗窃罪对象,并非因为利益无形而不能占有、转移。

进而言之,现有理论争议关注的只是抽象的"财产性利益",而非具体的债权;注重的只是行为对象的事实特征(功能属性或物理属性),而非法律特征,因而缺乏说服力。盗窃与诈骗都是转移罪,二者的区别不在于"能否占有转移",而在于转移的原因:诈骗罪是"基于意思的占有转移",属于交付罪;而盗窃罪的占有转移是违反占有人意思的,属于夺取罪。[4] 就债权而言,虽可转移,却不可能未经权利人同意而转移,因为从法律特征看,债权是对人的请求权(相对权),只能存在于特定的权利人与义务人之间,其权利内容为"请求",这决定了它只能由特定的债权人基于自己的意志行使(包括放弃、转让),未经债权人同意,其请求权是不可能转移的。这区别于对物的支配权(绝对权),被告人可不经物权人同意而转移其物(盗窃),获得对物的支配。"盗窃债权"是难以想象的,盗窃欠条也不是盗窃债权,债权人的债权仍然存在,只是缺乏书面债权凭证而已。若盗窃欠条的是债务人以外的第三人,第三人也不可能因持有欠条而向债务人行使债权,这也证明了债权不可能盗窃。盗转银行帐户资金与此类似,用户丧失的只是电子记录形式的债权凭证,其债权并未丧失;行为人获得的是以自己为债权人的新债权,而不是用户的原债权;当然,如用户无法证明债权的存在,则仍会遭受损失,但这是证据问题,而非盗窃的直接后果。

可见,债权的占有转移一定是基于债权人意志的,包括因受骗而产生的瑕疵意志。因此,债权无论如何不能成为盗窃罪对象。正是因为如此,德日刑法在面对"盗窃债权"这个处罚漏洞时,并不是像增设"诈骗利益罪"那样增设"盗窃利益罪",而是增设了"利用计算机诈骗罪"。正是因为对债权的处分需要权利人同意,定性为盗窃并不符合教义逻辑,定性为盗窃并不符合教义逻辑,定性为诈骗才更合适(后文详)。

---

[1] 徐凌波:《虚拟财产犯罪的教义学展开》,《法学家》2017 年第 4 期。
[2] [日]山口厚:《刑法各论》,王昭武译,中国人民大学出版社 2011 年版,第 289 页。
[3] [日]山口厚:《刑法各论》,王昭武译,中国人民大学出版社 2011 年版,第 204—206 页。
[4] [日]山口厚:《刑法各论》,王昭武译,中国人民大学出版社 2011 年版,第 297—299 页。

以上反思结论("盗窃债权"无法成立盗窃罪)是否符合我国现行立法呢?这就要求仔细审查我国有无"盗窃债权"的刑法规定,如果我国存在"盗窃债权"的拟制规定,那么笔者以上的分析或许存在问题。为此,应对以下几个规定加以分析:

第一,"盗窃电信码号"(《刑法》第二百六十五条)。由于"盗窃电信码号"是按所欠资费来认定盗窃数额,因而有被误认为"盗窃债权"的可能。但是,电信码号实际上是无体物(电信资源),对其使用表现为支配权而非请求权,使用发生的资费只是无体物价值的计算方式,这与盗窃电力后对电力价值的认定方式一样,不能误解为是对使用资费的盗窃。盗用码号时已盗窃既遂,无需等到欠费时才既遂。

第二,"盗窃有价票证"。2013年的两高《关于办理盗窃刑事案件适用法律若干问题的解释》第五条规定,"盗窃有价支付凭证、有价证券、有价票证"的,按票面金额(或兑现金额、损失额)计算盗窃数额。该规定被认为是从司法上认可"盗窃债权",但有学者对其合理性提出了质疑。[1] 更合理的解读是,有价票证并不是一般的债权凭证,它具有极强的流通性和物权性;"有价票证"是指"票证"这一载体本身"有价";而不是票据记载的债权"有价",有价票证亦被称为货币证券,即在一定范围内相当于货币本身,甚至在没有兑现为现金之前就可以流转,用于支付交易,因而盗窃有价票证可视为盗窃货币,并按票面金额计算盗窃数额。但对于流通性没那么强的债权凭证(如欠条),由于不具有物权性,盗窃后还要实施"兑现"行为才能造成损失,因此宜按事后的"兑现"方式来定罪(如诈骗),而不能依据盗窃凭证的行为认定为盗窃罪。

第三,"盗窃信用卡并使用"。《刑法》第一百九十六条第三款规定,"盗窃信用卡并使用的",依盗窃罪定罪处罚。有学者认为,"盗窃信用卡并使用"可分两种情形:盗窃信用卡后在自动柜员机上提款的,构成盗窃罪,此时《刑法》第一百九十六条第三款是注意规定;盗窃信用卡后对自然人使用的,则构成诈骗罪,此时《刑法》第一百九十六条第三款是法律拟制(拟制为盗窃罪)。[2] 这是否是对"盗窃债权"的法律拟制呢?笔者对此持反对意见。首先,盗窃信用卡的行为本身相当于盗窃债权凭证,不宜认定为盗窃罪(即使卡内有1万元,但卡本身的价值极低),否则行为人盗卡后不使用也构成盗窃罪,但被害人还未损失卡内的1万元;如行为人盗卡后将卡丢

① 姚万勤、陈鹤:《盗窃财产性利益之否定——兼与黎宏教授商榷》,《法学》2015年第1期。
② 张明楷:《刑法分则的解释原理》(第二版),法律出版社2011年版,第637—638页。

弃,认定为盗窃1万元或毁坏财物1万元,显然是荒谬的。其次,行为人盗卡后在柜员机上提款的场合,反对"盗窃债权"的德日刑法亦认定为盗窃罪,只不过盗窃的是现金而非债权,针对的是银行而非存款人[①],这在我国也是一样的。正因如此,如存款人能举证卡未离身,仍可从银行获赔。再次,在行为人盗卡后将盗窃的信用卡对自然人(如银行工作人员)使用的场合,造成债权人损失的已不是盗窃行为(前行为),而是冒用行为(后行为),因而应适用《刑法》第一百九十六条第一款第(三)项"冒用他人信用卡"的规定,认定为信用卡诈骗罪而非盗窃罪。同时,也没有必要将这种情形视为盗窃债权的法律拟制,否则同一个"冒用"行为,就存在两种不同的定性规定,立法就存在矛盾了。如因为前行为的不同而定性不同,这也是荒谬的。这样一来,刑法第一百九十六条第三款"盗窃信用卡并使用"就只是注意规定,只适用于盗窃信用卡后在ATM机提取现金的情形[②],从而避免了将不符合教义逻辑的内容理解为法律拟制的做法。以上论证结论,与2009年两高《关于办理妨害信用卡管理刑事案件具体应用法律若干问题的解释》第五条的规定相符,该规定将"窃取、收买、骗取或者以其他非法方式获取他人信用卡信息资料,并通过互联网、通讯终端等使用的"视为"冒用他人信用卡"的情形。

可见,我国刑法并不存在"盗窃债权"的规定,从而进一步印证了"债权不能成为盗窃罪对象"的理论反思结论。因而,裁判经验否定"盗窃债权"的做法,不仅具有教义逻辑上的合理性,而且与实定规范并不矛盾。

② 盗窃虚拟物权:以支付帐户资金为中心

"盗窃债权"不成立盗窃罪,但司法裁判对侵犯支付帐户资金的行为普遍定性为盗窃罪,这是因为支付帐户与银行帐户的法律性质不同,其资金不属于债权,而属于虚拟财产(物权)。

中国人民银行于2015年12月28日颁布的《非银行支付机构网络支付业务管理办法》第七条规定:"支付账户所记录的资金余额不同于客户本人的银行存款,不受《存款保险条例》保护,其实质为客户委托支付机构保管的、所有权归属于客户的预付价值。该预付价值对应的货币资金虽然属于客户,但不以客户本人名义存放在银行,而是以支付机构名义存放在银行,并且由支付机构向银行发起资金调拨指令。"该办法第九条规定:"支付

---

① [日]山口厚:《刑法各论》,王昭武译,中国人民大学出版社2011年版,第321页。
② 如后所述,这种情形也成立信用卡诈骗罪,针对的对象不是银行现金,而是用户债权;两罪竞合按"从一重"的原则,仍应认定为盗窃罪。

机构不得经营或者变相经营现金存取等业务。"由此可以看出支付帐户资金的法律性质。

首先,支付帐户资金属于物权。支付帐户资金"所有权归属于客户",这表明它属所有权(而非债权)的标的物,所有权属于物权,毫无疑问能成为盗窃罪对象,这与银行帐户资金存在根本的不同。

其次,支付帐户资金是虚拟物权。支付平台的"代收代付"服务与银行"现金存取业务"不同,客户往支付帐户 X"充值"并不是"存款",而是客户将其银行账户 A 内的资金转移到支付机构的银行帐户 B;"提现"也不是"取款",而是将支付机构的银行帐户 B 内的资金再转回客户的银行帐户 A。"充值"或"提现"时,对应的资金只是在银行帐户 A 与 B 之间流转,支付帐户 X 里从未存在任何资金。所谓"资金余额",是指未被"提现"到客户的银行帐户 A 而沉淀在支付帐户 X 的余额,该余额已被存放在支付机构的银行帐户 B 中,在支付帐户 X 中什么都没有,有的仅是"余额记录",因而支付帐户 X 内的"资金"完全是虚拟的。该"记录"之所以有价值,是因为它是客户以支付机构名义存放在银行的资金的"记录",可用于对外付款。付款时,客户银行帐户 A 的存款余额不会发生减少,只是其支付帐户 X 内的"记录"减少。这相当于客户已"预付"了该款项,因而该"记录"就是客户的"预付价值"。这种虚拟且具有价值的"记录",实质上是虚拟财产(虚拟货币)。客户的虚拟财产一旦形成,就相对于银行存款而独立,因此客户用支付帐户 X 的余额收付款、发抢红包等行为均不影响自己银行帐户 A 的余额。我国刑法对于 Q 币之类的虚拟财产能否成为财产罪对象存在争议,焦点在于虚拟财产有无确定的交换价值[①],但这种争议对支付帐户资金则不存在,其作为"预付价值的记录",价值与真实货币相对应,因而完全能成为盗窃罪的对象。

(2) 诈骗智能机器能否成立诈骗罪?

新型支付方式下,被告人欺骗的第三人往往表现为网络计算机,这就要考虑"机器能否被骗"。这并不是一个新问题,但随着人工智能的发展,这个问题日益尖锐。

对于利用机器的侵财行为,盗窃说强调"机器不能被骗",主张以盗窃定性[②],信用卡诈骗罪只是"诈骗机器"的法律拟制,无普遍意义;诈骗说则

---

① 陈兴良:《虚拟财产的刑法属性及其保护路径》,《中国法学》2017 年第 2 期。
② 张明楷:《也论用拾得的信用卡在 ATM 机上取款的行为性质——与刘明祥教授商榷》,《清华法学》2008 年第 1 期;张明楷:《非法使用信用卡在 ATM 机取款的行为构成盗窃罪——再与刘明祥教授商榷》,《清华法学》2009 年第 1 期。

认为,诈骗对象不是机器而是"机器背后的人"。[①] 但随着人工智能的发展,更多学者倾向于突破"机器不能被骗"的法理,认为诈骗的对象是机器,并将机器拟人化为"电子代理人"或"机器人",从而可以被骗;[②]有的学者直接认为,彻底贯彻"机器不能诈骗"已不合时宜,应对诈骗机器进行法律拟制,借鉴德日立法设立"利用计算机诈骗罪"[③]。

不难发现,双方争议的焦点在于机器有无认识能力。然而,这不但会陷入自然科学的争议,而且也毫无意义。如认为机器有认识能力,则成立对机器的诈骗;如认为机器无认识能力,也可成立对"机器背后的人"的诈骗。因此,应当首先确定诈骗的对象究竟是机器,还是机器背后的人?

完整的认识过程是"认识客体—认识标准—认识主体",即认识主体基于一定目的,按照一定标准,对认识客体作出判断。在判断认识客体(假硬币)是否符合认识目的(真硬币)时,认识者不可能将"假硬币"与"真硬币"进行全面比对,只能根据经验来选取"真硬币"的某些特征(如"一定图案、大小的圆铁片")作为预设的比对标准。只要"假硬币"符合这个标准,认识者就会认为"它是真硬币",从而产生认识错误。为了执行预设的认识标准,认识者可以借助机器作为认识工具,也可以自己判断(相当于将具有一定经验的自己作为认识工具,作为认识工具的"人"是认识标准的执行者,不同于作为认识目的设定者的"人",后者才是认识主体)。就认识标准执行者而言,无论是机器还是人,考虑的只是认识客体(假硬币)是否符合认识标准(圆铁片),从而都不可能产生错误;受骗必然与认识目的(真硬币)相关,受骗者只可能是设定认识目的之认识主体。"机器不能被骗"中的机器是认识标准的执行者(认识工具),"自然人才能被骗"中的自然人是认识目的之设定者(认识主体),二者根本不在同一层面。从认识标准来看,人与机器都不可能被骗;从认识目的来看,人自己判断或通过机器判断都可能受骗,人工收钱与验钞机收钱都可能收到假币。

进而言之,如不论及"机器背后的人",不但无法认定诈骗,亦无法认定盗窃。盗窃是违背占有人意志的夺取罪,如仅考虑机器,只要输入正确的密码就获得了机器的预设同意,也不可能违背机器的意志,从而排除了盗

① 刘明祥:《用拾得的信用卡在 ATM 机上取款行为之定性》,《清华法学》2007 年第 4 期;刘明祥:《再论用信用卡在 ATM 机上恶意取款的行为性质——与张明楷教授商榷》,《清华法学》2009 年第 1 期。

② 车浩:《盗窃罪中的被害人同意》,《法学研究》2012 年第 2 期。

③ 蔡桂生:《新型支付方式下诈骗与盗窃的界限》,《法学》2018 年第 1 期。

窃罪的构成。既不能构成诈骗,也无法成立盗窃,只能构成侵占罪①,该结论显然欠妥。这反过来证明了,无论是诈骗还是盗窃,都必须以"机器背后的人"为对象。

这样一来,诈骗机器与传统诈骗,只是受骗者使用的认识工具不同,但都是作为认识主体的自然人受骗,具有实质相同性。二者的差异在于,在诈骗机器的场合,作为认识主体的自然人(机器背后的人)并不在场,其作出的处分同意是一种预设同意,而非当场同意。预设同意理论之目的正在于表明这种差异性,而非"回避机器被骗的法理"。② 预设同意与当场同意的差异只是形式上的,只要认识客体符合预设标准,认识主体无论在场与否,都只能同意。二者之间具有实质相同性(都是欺骗自然人)及形式差异性(预设同意 VS 当场同意),因此诈骗机器可称为"准诈骗",既应定性为诈骗类犯罪,又与传统诈骗罪有所区别,这已被普遍认可。例如,《日本刑法典》第二百四十六条普通诈骗罪、第二百四十六条之二利用计算机诈骗罪;《德国刑法典》第二百六十三条普通诈骗罪、第二百六十三条 a 利用计算机诈骗罪,等等。我国的信用卡诈骗罪虽不是为了解决"诈骗机器"而提出的方案,但其功能完全相当于德日的利用计算机诈骗罪。一方面,诈骗对象都是作为认识主体的人;另一方面,受骗人的同意都只是预设同意。

基于以上分析,诈骗智能机器可以成立"准诈骗"罪,这并不存在任何理论障碍,亦无设立新罪名的必要。

(3) 想象竞合下的罪名选择

在一般的网络侵财行为中,诈骗智能机器与盗窃网络财产形成竞合关系。诈骗机器能成立诈骗罪,这并不存在理论障碍,即使人工智能进一步发展,诈骗的对象也始终不是作为认识标准的机器,而是设定认识目的之"机器背后的人"。而盗窃网络财产能否成立盗窃罪,就要视网络财产的法律性质而定:如为债权(如银行账户资金),则无法成立盗窃罪,对于竞合而言,只能按诈骗(如信用卡诈骗罪)论处;如为虚拟物权(如支付帐户资金,也包括 Q 币等虚拟财产),则可成立盗窃罪,此时盗窃与诈骗两罪均可成立,应"从一重"按盗窃罪论处。这既与我国新型支付方式类侵财案件的裁判经验(详见前文)相吻合,也较好地解构了目前理论与实践之间的分歧:理论上肯定诈骗机器并无不妥,但不应忽视与盗窃的竞合;实务中以盗窃或诈骗定性不是单纯地与理论相矛盾,而是往往契合于竞合的处理结

---

① 车浩:《盗窃罪中的被害人同意》,《法学研究》2012 年第 2 期。
② 徐凌波:《虚拟财产犯罪的教义学展开》,《法学家》2017 年第 4 期。

果。这充分表明,竞合论是处理网络侵财行为的正确思路,不但合乎裁判经验,也合乎理论逻辑。

应当注意的是,财产在网络化的过程中,其性质是不断变化的。例如,现金物先转化为债权(银行帐户资金),又进一步转化为虚拟物权(支付帐户资金)。每一步转化均对盗窃罪的成立产生影响,并最终影响想象竞合的定性。而且,财产网络化后虽发生性质变化,但都是由同一财产演变而来,彼此关系密切,由此可能产生新的竞合,这需要从民刑交叉的角度仔细分析,大致有以下两种情形:

其一,网络化前的财产与网络化后的财产之间的竞合。这以"利用他人信用卡在ATM取款"为典型,该行为不仅侵犯了无形的债权(网络化后的财产权),还获得了有形的现金(网络化前的财产权),侵犯了物权。被盗的现金具有双重属性,既是银行所有权的标的物,也是用户债权/银行债务所指向的对象,定性分析也应分别从这两种属性出发。①该现金作为银行所有权的标的物时,构成盗窃罪。此时,应遵循物权变动法定原则,作为所有人的银行("机器背后的人"),对于行为人利用用户银行卡取钱的行为并不存在预设同意,只能认定为盗窃。这如同偷配钥匙开锁入室盗窃,行为人能顺利开锁并不是由于获得了屋主的预设同意。盗取现金的行为侵害了银行的物权,银行最终无损失,是因为该行为不但取走了银行现金,还修改了银行用户的债权记录,使银行获得了与"债的履行"同等的利益。但如果用户能证明自己妥善保管信用卡和密码,银行仍可能要向用户履行债务。②该现金作为债的对象时,是盗窃债权与信用卡诈骗产生竞合。此时,银行不是作为现金所有人,而是作为用户债权的管理人与交易平台。就管理人而言,也不存在预设同意,是盗窃债权;就交易平台而言,不重视核实用户身份,更注重交易便捷,因而存在预设同意,成立诈骗机器。盗窃债权与诈骗机器的竞合,只能论以诈骗机器(信用卡诈骗罪)。由于现金既是银行所有权的标的,也是用户债权的对象,这两种属性的罪名再次形成竞合,即针对银行现金的盗窃罪与针对用户债权的信用卡诈骗罪(盗窃债权与机器诈骗竞合的处理结果)再产生竞合,应从一重,最终应认定为盗窃罪。

其二,网络化后债权与物权之间的竞合。这以侵犯支付帐户资金为典型,虽是侵犯虚拟物权,但这种虚拟物权又与债权相关联。客户向收款人的银行帐户转帐,实质就是客户对支付机构发出请求,支付机构据此向银行发出调拨指令,调拨以支付机构名义存放在银行的客户资金,这使得支付机构的银行帐户内的债权余额减少,客户的支付帐户内的"预付价值"余额也相应减少(但客户的银行帐户内的债权余额仍不变)。因此,侵犯支付帐户资金,既是对客户"预付价值"(虚拟物权)的侵财行为,也是对作为支付机构的银行债权的侵财行为,二者成立想象竞合。而且,两种侵财行为自身内部也有竞合关系。对客户"预付价值"的侵害,成立盗窃与三角诈骗(第三人为支付机构)的竞合,应认定为盗窃罪;对作为支付机构的银行债权的侵害,成立盗窃债权与信用卡诈骗的竞合,只能认定为信用卡诈骗罪。因而,最终是盗窃罪(对预付价值)与信用卡诈骗罪(对银行债权)的想象竞合,应认定为盗窃罪。

综上所述,基于体系思维进行构成要件解释,要求"回溯"至该构成要件的立法背景,并考虑该构成要件所属的"章"(财产罪)的体系、整个刑法规则体系(除了财产罪之外,还有人身罪),甚至整个法秩序体系(除刑法体系外,还包括民法体系)之间的逻辑上的协调关系。体系思维可以回应明确区分两罪的政策需要,使盗窃与诈骗两罪的界分获得合理的标准。该标准不仅能统一适用于双边关系的普通盗窃与传统诈骗的界分,以及三角关系的间接盗窃与三角诈骗的界分,而且能为日益普遍的网络侵财行为的定性提供正确的思路,消除相关争议及理论与实践的分歧。

第二节 刑法学体系思维与实质解释

所谓实质解释,即将构成要件与违法性相联系,从构成要件的规范保护目的出发,或者说从构成要件所保护的法益出发,对构成要件进行解释。实质解释是一种目的解释,但在刑法教义学中,目的解释也应遵循体系思维。最典型的是,对某一构成要件要素的解释,不能直接由法益保护的需要而得出结论,而应经由构成要件的中介,即由"罪之法益"到"罪之构成",再到"罪之要件"。某一法益保护的任务不是由某一构成要件要素来完成的,而是由该罪的整个构成要件来完成的。如果脱离"罪之构成",在思维上就存在跳跃,无法体现体系性的"由上而下"的"推导"。这种解释,往往以政策考量为直接依据,由果至因地推导出解释结论。即使政策考量与该罪的保护法益——规范保护目的——相一致,最终也无法满足政策需求。

一、分析样本:受贿罪"为他人谋取利益"的认定①

受贿罪"为他人谋取利益"(下称"谋利")的认定,一直是困扰我国司法

---

① 关于这一问题的讨论,亦可参见潘星丞:《"为他人谋取利益"的实证分析与理论重构》,《山东大学学报(哲学社会科学版)》2019 年第 4 期。

的难题,相关的理论争议不断,司法解释制定频繁。通过实证考察可以发现,对于谋利要件的解释,我国刑法界一直采用政策考量的方法,从受贿罪法益出发,为了扩大处罚而不断地修正谋利要件的内涵。因而,受贿罪谋利要件的解释可作为一个典型的分析样本。

(一) 基于政策考量的实质解释

1. 政策考量的新尝试

关于受贿罪的"谋利",现有研究形成了四种代表学说,最初的旧客观说要求实施谋利行为(实施说),难以满足处罚需要,遂发展出新客观说(承诺说)与主观说,二者相持不下,另外还产生了取消论。笔者如加入论战,易造成研究重复;如全然不顾现有研究,亦不明智。所幸的是,2016 年 4 月 18 日,《关于办理贪污贿赂刑事案件适用法律若干问题的解释》(下称《解释》)第十三条对"谋利"进行了详细规定,它体现了对该问题的最新理论成果与最权威司法认知,是进一步研究的基础。而以《解释》作为考察标本,则是一个事半功倍的选择,因为《解释》全面体现了当前的理论认知,还反映了一种新的司法尝试,具有研究标本的意义。

第一,《解释》全面囊括了关于"谋利"的四种代表学说,考察《解释》就是全面考察现有的研究成果,而且能通过《解释》的适用情况来观察现有学说对实践的影响,避免空谈理论的不足。详言之,《解释》第十三条规定了四种谋利情形:(1)客观谋利:"实际或者承诺谋利的"(第一款第一项),这体现了旧客观说与新客观说;(2)主观谋利:"明知他人有具体请托事项的"(第一款第二项),该规定源于 2003 年最高法《全国法院审理经济犯罪案件工作座谈会纪要》(下称《纪要》),但不同在于,《纪要》将这种情形推定为承诺谋利,严格来说仍属新客观说,而《解释》将这种情形直接作为"谋利"看待,明显采取了主观说;①(3)事后受贿:"履职时未被请托,但事后基于该履职事由收受他人财物的"(第一款第三项);(4)礼金受贿:"国家工作人员索取、收受具有上下级关系的下属或者具有行政管理关系的被管理人员的财物价值三万元以上,可能影响职权行使的,视为承诺谋利"(第二款)。事后受贿与礼金受贿实际上吸收了取消论的观点,但不是从立法上,而是从司法上取消"谋利"。对于事后受贿,行为人履行职务时,尚不存在为对方谋利的意图,不能称为谋利行为,事后受财时,已无需再实施谋利行为,将这种情形认定为受贿罪,相当于将刑法中的谋利要件取消了;礼金受贿的

---

① 陈兴良:《为他人谋取利益的性质与认定——以两高贪污贿赂司法解释为中心》,《法学评论》2016 年第 4 期。

规定中根本就没提及"谋利",相当于以司法解释的形式变相取消了刑法规定的谋利要件。①

第二,更重要的是,《解释》体现了对"谋利"认定的一种新尝试,即由理论争议转向实用主义。对这种尝试加以考察,可获得更全面的研究视角,这种尝试表现在两方面:

(1)搁置学说争议,以统一司法适用。四种代表学说之间的争议由来已久,不可能在短期内得出具有说服力的结论,但反腐的实践需要又迫在眉睫。对此,《解释》采取的方案是搁置争议,将各种学说的主张都规定在第十三条中,以求最全面地扩大处罚,使得所有的"谋利"情形均可统一适用《解释》。

(2)突破罪刑法定,以提高反腐效益。《解释》一出台就受到罪刑法定的诘难,事后受贿与礼金受贿被认为突破了法条的限制,不是"释法",而是"造法"。② 但该质疑在《解释》起草过程中已被提出,起草者却认为,事后受贿与事前受贿没有实质的不同③,而且"谋利"的立法规定并不合理,《解释》可以弱化该规定,是收紧法网以追求反腐效果的必然选择。④ 这表明,在政策需求下,罪刑法定已被置于次要地位。其实,这种做法并非始于《解释》,从旧客观说发展至新客观说时,将谋利行为由"实施"扩大为"承诺",已受到罪刑法定的诘难⑤,但仍被普遍接受,正是基于实用主义的考虑。《解释》则进一步扩大了实用主义,被认为不受罪刑法定限制,仅根据政治正确或政策需求来形成结论。

但笔者认为,罪刑法定的诘难过于表面。实用主义不但具有政治正确性,而且能在一个新的基础上激活理论思考,回避罪刑法定的批评。事实上,这一思考已经开始。为了对《解释》规定的事后受贿与礼金受贿提供理论支持,两种新的学说已悄然产生:(1)客观处罚条件说,即谋利行为只是受贿罪的客观处罚条件,并不必然也不需要与非法收受财物的故意相对应。⑥ 该说将谋利行为从构成要件中驱逐出去,变为客观处罚条件,使之不能对受贿故意发生规制作用,从而客观的谋利行为与主观的受贿故意无

---

① 陈兴良:《为他人谋取利益的性质与认定——以两高贪污贿赂司法解释为中心》,《法学评论》2016 年第 4 期。

② 叶良芳:《"为他人谋取利益"的一种实用主义诠释》,《浙江社会科学》2016 年第 8 期。

③ 裴显鼎、苗有水、刘为波等:《〈关于办理贪污贿赂刑事案件适用法律若干问题的解释〉的理解与适用》,《人民司法(应用)》2016 年第 19 期。

④ 苗有水:《通过解释刑法收紧惩治受贿犯罪的法网》,《人民法院报》2016 年 9 月 7 日第 6 版。

⑤ 梁根林:《受贿罪法网的漏洞及其补救——兼论刑法的适用解释》,《中国法学》2001 年第 6 期。

⑥ 孙国祥:《"礼金"入罪的理据与认定》,《法学评论》2016 年第 5 期。

须同时存在。这样,对于事后受贿而言,行为人实施谋利行为时不需要具有对应的受贿故意。当行为人事后受财时,只要意识到该财物是事前的谋利行为的对价,就具备了受贿故意,就该当受贿罪。(2)心理联想说,即一般情况下,"谋利"以承诺为标准,但对熟人社会中的承诺应作扩大解释。对于事后受贿,只要行为人在履职时具有"事后收受职务行为对价的期待或心理联想"即可;对于礼金受贿,行为人往往会产生"将来为对方谋利的心理联想",因而成立受贿罪。① 该说保留"谋利"在构成要件中的地位,但为了与受贿故意对应,将受贿故意扩大解释为"心理联想"。

　　这些新的学说是否正确暂且不论,但可以说明,罪刑法定的矛盾是可以通过理论创新来化解的,因而更重要的是实用主义的目标能否达成。如果能达成,则《解释》的尝试是成功的,它可以激活理论创新,也可以为立法修改积累经验素材。

　　2. 实用主义尝试的失败

　　《解释》的新尝试是否能达到实用主义的目标,不能单凭逻辑推论,而应进行实证考察。《解释》的目标有二:(1)统一司法适用,这是一切司法解释的共同目标,旨在约束司法人员,它是《解释》的主观目标;(2)提高反腐效益,这是《解释》的特定使命,是《解释》的客观目标。但经实证检验,这两个目标都落空了:从客观上看,《解释》无助于受贿预防;从主观上看,《解释》受到法官集体的冷遇,几乎被虚置。

　　(1) 客观目标之落空:《解释》无助于受贿预防

　　《解释》对于"谋利"的突破在于事后受贿与礼金受贿,二者的贿赂形式均表现为礼品礼金,在《解释》前都不构成受贿罪,只能依据党纪政纪处理。《解释》充分考虑了与《中国共产党纪律处分条例》的衔接,将事后受贿与礼金受贿纳入刑法处罚。② 如果说《解释》的适用效果符合预期,那么国家工作人员收受礼品礼金的现象会大为减少(假设 1)。为检验这一假设,我们以《解释》实施的时间(2016 年 4 月 18 日)为界,将其实施前一年(2015 年 4月至 2016 年 4 月),与实施后一年(2016 年 4 月至 2017 年 4 月)的情况进行对比。"违规收受礼品礼金"是违反中央八项规定精神的情形之一,笔者根据中央纪委监察部网站公开的中央八项规定精神情况月报表,就礼金问题在《解释》实施前、后一年的发案情况(这个时间段的选择能充分反映《解

---

① 黎宏:《贿赂犯罪的保护法益与事后受财行为的定性》,《中国法学》2017 年第 4 期。
② 裴显鼎、苗有水、刘为波等:《〈关于办理贪污贿赂刑事案件适用法律若干问题的解释〉的理解与适用》,《人民司法(应用)》2016 年第 19 期。

释》的制度性效果,后详),分别制作绝对值与相对值的线状图与趋势线(线性),从中可以看出《解释》对于事后受贿与礼金受贿是否产生了预防效果。

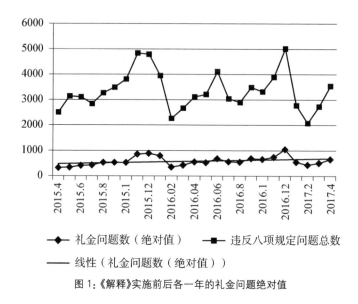

图 1:《解释》实施前后各一年的礼金问题绝对值

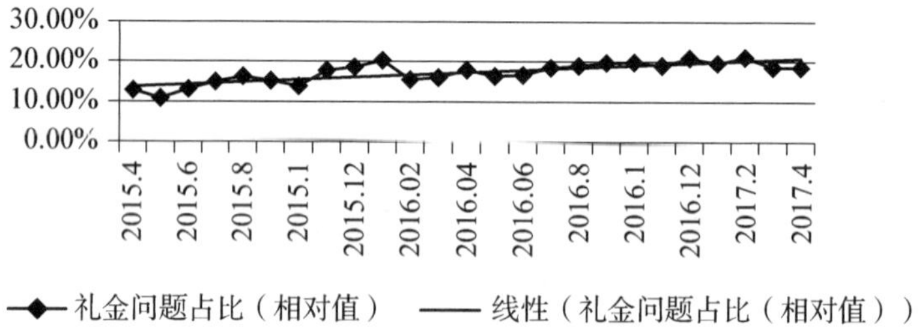

图 2:《解释》实施前后各一年的礼金问题相对值

以上两图揭示出,《解释》实施后,礼金问题不但没有缓解,其绝对值与相对值还都呈上升趋势。通过平均数可以更清楚地发现这一点:《解释》实施前 12 个月(2015 年 4 月至 2016 年 4 月),每月平均查处礼金问题数为 583 件,每月平均查处"违反八项规定"的总问题数为 3697 件,礼金问题占比为 15.78%;《解释》实施后 12 个月(2016 年 4 月至 2017 年 4 月),每月平均查处礼金问题数为 634 件,总问题数为 3343 件,礼金问题占比为 18.96%。也就是说,《解释》实施后,总问题数下降了(这从侧面显示了"八项规定"的成效),但礼金问题的绝对值与相对值都不降反升,对比鲜明。这表明,"假设 1"被证伪,《解释》对于事后受贿与礼金受贿并未产生预期效果。

另外,客观谋利与主观谋利的规定原已有之,但实践效果一直不如人意,《解释》沿用原有规定并未作任何修改,其效果亦不可能改观。因此,可得出结论:《解释》规定的四种谋利情形,均未能产生预期效果。这表明,《解释》所代表的四种学说未能满足政策需求。

(2) 主观目标之落空:《解释》几乎被法官虚置

从主观目标看,若《解释》能统一司法适用,则受贿罪"谋利"的认定均应适用之,其司法适用率极高(假设 2)。为检验这一假设,笔者从中国裁判文书网进行采样分析,样本采集的标准如下:(1)案由为"受贿",并以"关于办理贪污贿赂刑事案件适用法律若干问题的解释"为关键词进行全文检索,这可以将《解释》实施后的所有受贿案选入样本,因为《刑法修正案(九)》删除了原《刑法》规定的贪污受贿罪的量刑标准,受贿罪的定罪量刑必须适用《解释》。(2)将样本的裁判日期设置为"2016 年 4 月 19 日至2017 年 4 月 18 日",即《解释》实施的第一年,这是因为《解释》虽然已实施两年,但考虑到裁判文书上网的滞后性,选取其实施后一年期间的数据,裁判文书全部上网的概率较大,容易形成《解释》适用一年期间的全样本 A;[①]同时,我们的目标在于构建有效的反腐机制,以《解释》实施的第一年为样本,能较真实地反映《解释》实施的制度化、法治化效果,并最大限度地避免其他非法治因素(如后续出台的反腐政策或持续的反腐态势)的影响,可将我们的研究对象限定在法治反腐,而非运动反腐或政策反腐(前述礼金问题实证数据的时间段选择也是基于这个考虑);就法治反腐而言,这样的期间选择完全具备随机性,从而在任何时期均可作为《解释》实施情况的观察样本。(3)再以"第十三条"为关键词进行第二次全文检索,由此采集的样本将是《解释》实施后一年内被适用于"谋利"认定的全样本 B。全样本的意义在于,可以杜绝抽样误差,使结论更为可靠。如"假设 2"为真,则适用《解释》第十三条认定"谋利"的全样本 B 与受贿案的全样本 A 应完全相同或大致相同。但实际情况却大相径庭,全样本 A 为 5024 例,而全样本 B 只有 508 例[②],仅占 10.11％。这表明法官在认定"谋利"时,适用《解释》第十三条的热情不高,该规定的援引率极低,"假设 2"被证伪。

对此现象,勉强合理的解释是,大多数情形(89.89％)下,法官依据日常语义或学说理论就可以对"谋利"进行认定,无须援引《解释》第十三条。

---

① 样本采集日期为 2017 年 12 月 10 日。

② 搜索到裁判文书 540 份,除去重复的 31 份,以及无关的 1 份(全文中有"《解释》"及"第十三条",但却非"《解释》第十三条"),有效样本共 508 份。

那么,法官必须适用《解释》第十三条的情形主要包括两种:(1)事后受贿与礼金受贿,因为这是《解释》的"突破性规定",必须依据《解释》才能认定,由此可以建立一个新假设,即全样本 B 多为事后受贿与礼金受贿(假设3)。若"假设3"为真,则表明《解释》第十三条能在原来的基础上扩大法网,有助于提高反腐效益。(2)如果控辩双方存在"谋利"认定的争议,则有必要援引《解释》来进行判决说理,从而全样本 B 对《解释》的援引应主要出现在裁判文书的"判决说理"部分(假设4)。若"假设4"为真,则表明《解释》第十三条的作用主要在于平息争议,有助于统一司法适用。

为检验这两个新假设,我们深入这 508 件受贿案内部,查明第十三条的具体援引内容及对应的谋利情形(检验"假设3");并查明具体援引位置究竟是出现在"判决说理"中,还是"判决依据"中,抑或仅仅出现在判决正文之后的"判决附录"中(检验"假设4")。统计结果如下:

援引内容	谋利类型	援引频次	总体占比	援引位置的频次及内部占比
第十三条	含四种谋利情形	240	46.69%	判决说理:47(19.58%) 判决依据:183(76.25%) 判决附录:10(4.17%)
第十三条第一款	含三种谋利情形	113	22.03%	判决说理:20(17.70%) 判决依据:93(82.30%)
第十三条第一款第一项	客观谋利	30	5.85%	判决说理:6(20%) 判决依据:24(80%)
第十三条第一款第二项	主观谋利	36	7.02%	判决说理:14(38.89%) 判决依据:22(61.11%)
第十三条第一款第三项	事后受贿	21	4.09%	判决说理:11(52.38%) 判决依据:10(47.62%)
第十三条第二款	礼金受贿	47	9.16%	判决说理:25(53.19%) 判决依据:22(46.81%)
第十三条第一款第一、二项	客观谋利 主观谋利	24	4.68%	判决说理:5(53.19%) 判决依据:19(46.81%)
第十三条第一款第二、三项	主观谋利 事后受贿	2	0.39%	判决说理:0(0%) 判决依据:2(100%)
合计		513①	100%	判决说理:128(24.95%) 判决依据:375(73.10%) 判决附录:10(1.95%)

表 1:《解释》第十三条的适用情况统计

---

① 508 份裁判文书中,有 5 份由于存在不同犯罪事实,援引了两项"第十三条"的具体条款,故援引频次总计 513 次。

从上表可以得出几个结论：(1)"假设 3"被证伪。事后受贿的援引频次仅为 21 次,在全样本 B 的 508 份裁判文书中占 4.09％,在全样本 A 的 5024 份裁判文书中仅占 0.41％;礼金受贿的援引频次为 47 次,在全样本 B 的 508 份裁判文书中占 9.16％,在全样本 A 的 5024 份裁判文书中仅占 0.94％。这表明《解释》对于扩大法网几无助益,这与前述对礼金问题(假设 1)的实证分析结论是相吻合的。而其他援引《解释》的谋利类型多是传统类型(客观谋利、主观谋利),即使未制定《解释》,也完全可以按《纪要》来解决。(2)"假设 4"被证伪。在 508 份裁判文书中,"谋利"仍是受贿罪认定中最重要的争点,但是法官在对这个争点问题进行说理时,较少援引《解释》。从援引位置看,该规定在"判决说理"被提及的情形仅占 24.95％,更多是在"判决依据"被提及(占 73.10％)。可以说,《解释》对于"谋利"争议的解决并无明显作用,判决对其援引,更多是象征性的。有一个现象更能说明这一点:上述 508 份裁判文书中,有 10 份裁判文书在"判决说理"与"判决依据"部分均未提及《解释》第十三条,而是在裁判文书正文后的"判决附录"部分列举了《解释》第十三条。(3)"假设 2"被进一步证伪。如前所述,《解释》的援引频次仅占 10.11％,"假设 2"已被证伪,但实际情况更糟——从援引内容看,司法实践较少按《解释》区分四种谋利情形。例如,援引频次最多的仅指明"第十三条"(包含四种谋利情形),共 240 次,占 46.69％;其次是"第十三条第一款"(包含三种谋利情形),共 113 次,占 22.03％,二者合计 68.72％。也就是说,裁判文书在认定"谋利"时,对《解释》的援引大多是粗线条的,这从实质上"架空"了《解释》第十三条,因为不加区分地粗线条援引《解释》,与不适用《解释》而直接适用《刑法》并无区别。这表明,为数不多的援引(10.11％)中,竟然多半只是徒具形式而已。

基于以上论述,我们可以得出一个让人意想不到的结论:《解释》第十三条虽然尽最大努力回应司法难题,但是却受到司法人员冷遇,其在司法中实际上已被虚置,对统一司法适用几无助益。这还进一步表明,《解释》所采纳的四种代表学说对于实务的影响极为有限。

(二)"谋利"认定遭遇失败的原因查明

在"谋利"的认定上,现有研究提出了四种学说却未能解决问题,《解释》转向实用主义仍遭遇失败,主观上"统一司法适用"与客观上"提高反腐效益"的两大目标均告落空。对此,有必要查明其原因,包括:(1)直接原因,即是何种制度缺陷导致失败;(2)深层原因,即制度缺陷是如何形成的。只有这样,才能找到解决办法。

1. "统一司法适用"何以落空

(1) 直接原因:《解释》存在"入罪难"与"区分难"

《解释》兼采众说,本欲统一司法适用,但在司法中却几乎被法官虚置,这是因为,基于《解释》,"谋利"认定仍然存在两个难题:

难题一:"入罪难"。有些谋利情形符合权钱交易的本质,但按《解释》却难以入罪,这表明《解释》存在"遗漏子项"的缺陷,法官不得不突破《解释》,根据自己的理解来裁判。

例如,对于主观谋利,《解释》规定为"明知他人有具体请托事项",这是从"明知"推定"谋利意图",外延比主观说更大(包括了虽"明知"但不打算为对方谋利的情形)。同时,《解释》强调"具体",这与主观说是吻合的,主观说的"谋利意图"必然指向"具体"事项(否则难以称之为"意图")。因此,请托事项若不"具体",则不符合主观谋利之规定,难以定罪。例1:在何某某受贿案中①,法院认为,"何某某在春节前后收取上述各单位一把手的钱款或礼品等行为,并不是因为有具体的请托而收受。何某某收受上述礼金属一种不良陋习、不正之风,依法不应认定为受贿。"但是,在很多场合下,即使请托事项不"具体",也往往符合受贿本质,会让法官产生突破《解释》的冲动。例2:在龚某某受贿案中②,辩护人提出"在公诉机关指控的第六起犯罪事实中被告人龚某某没有'谋利'",法院认为:"经查,被告人龚某某在收受陈某某的财物时明知陈某某希望在工程监督、签证、工程验收、工程款拨付等方面得到其关照,根据《解释》第十三条第一款第二项规定,被告人龚某某的行为应当认定为'谋利'。故辩护人的该点辩护意见,理由不当,不予采纳。"判决书虽然援引了"《解释》第十三条第一款第二项",但"陈某某希望在工程监督、签证、工程验收、工程款拨付等方面得到其关照"正好表明,其请托事项并不"具体",更类似于礼金受贿,只不过双方并不存在上下级关系或行政管理关系,无法构成礼金受贿;为了能按照主观谋利入罪,只能忽视请托事项"具体"的要求。两个判例相比,后者对《解释》的"忽视"反而显得更有司法智慧。总之,这种司法现象极为普遍。

又如,对于礼金受贿,《解释》放弃了"谋利"的规定。为了体现权钱交易的本质,《解释》将行、受贿双方限制在"具有上下级关系的下属或者行政管理关系的被管理人"之间。即便如此,仍存在"入罪难",法官不得不突破

---

① 福建省龙岩市中级人民法院(2016)闽08刑终354号刑事判决书。
② 福建省上杭县人民法院(2015)杭刑初字第432号刑事判决书。

《解释》进行判决。例3：在范汝雄受贿案中①，一审认定："2004年至2014年，上诉人范汝雄在先后担任肇庆市公路局局长、封开县县委书记、高要市市委书记及肇庆市副市长等职务期间，利用职务上的便利，先后为商人梁某彬在封开县、高要市等地承建建筑工程、开发房地产项目等事项上提供帮助和关照，多次索取或者收受对方贿送的123万元港币……"对此，行贿方表示，多次送钱给上诉人，"主要是想和他拉近关系，为以后的工程得到他的关照打好基础"。由于行贿时并无工程招投标，不可能存在具体的请托事项，完全是礼金受贿，且双方既非上下级关系，亦未形成行政管理关系，依《解释》是难以认定的，但一二审都认定为受贿，行为人亦未提出异议。

难题二："区分难"。在不少场合，即使司法人员适用《解释》，也难以区分涉案的"谋利"究竟是《解释》规定的哪一种情形，这表明《解释》第十三条存在"子项重叠"的缺陷。

例如，客观谋利与主观谋利难以区分。例4：在洪某甲受贿案中②，被告方辩称："洪某甲在受其侄儿洪某乙请托帮江某某后，收受洪某乙送的现金1万元是洪某乙自己拿出来的，不能认定为受贿金额。"法院认为："根据《解释》第十三条第一款第二项的规定，明知他人有具体请托事项，应当认定为'谋利'，洪某甲事前接受洪某乙请托为江某某帮忙，事后洪某乙明确告知是因江某某的事情送洪某甲1万元，应认定洪某甲利用职务之便'谋利'，其行为符合受贿罪的构成要件，应当认定为受贿金额，被告人及辩护人的相关辩解辩护意见，本院不予采纳。"本案虽援引了主观谋利的规定，但行为人已实施谋利行为，更应认定为客观谋利。主观谋利与客观谋利经常发生竞合。例如，受托并已实施谋利行为时，究竟应适用哪一条规定来认定"谋利"就成为问题，因为受托时行为人即使"明知"，也因尚未收钱而不成立受贿罪；"谋利"并收受贿赂后，就同时构成主观谋利与客观谋利了。

又如，事后受贿与礼金受贿难以区分。例5：在徐某受贿案中③，辩护人称："被告人在2012年下半年收受了工程建筑商李某某现金20000元，但未为其谋取不正当利益，不应计算在受贿金额之内。"法院则认为："经查，该20000元是工程建筑商李某某为了感谢被告人徐某之前在审计上的帮助以及希望在以后多加照顾。依照《解释》第十三条第一款第三项'履职

---

① 广东省高级人民法院(2016)粤刑终1377号刑事裁定书。
② 四川省资阳市雁江区人民法院(2015)雁江刑初字第318号刑事判决书。
③ 四川省青川县人民法院(2015)青川刑初字第90号刑事判决书。

时未被请托,但事后基于该履职事由收受他人财物'的规定,该行为应当认定为'谋利'。故辩护人的该辩护意见本院不予采纳。"不难看出,该贿赂款20000元兼有事后受贿与礼金受贿的性质,法院仅认定为事后受贿,可见其仅考虑了"该20000元是工程建筑商李某某为了感谢被告人徐某之前在审计上的帮助",却没有考虑它还有"以及希望在以后多加照顾"的作用,后者完全符合礼金受贿的特点。

进而言之,《解释》同时采纳四种学说,"区分难"是不可避免的,因为这些学说中,除旧客观说的处罚范围明显过于狭窄外,其他三种学说都是基于扩大处罚而提出的,都企图涵摄所有的谋利情形。在新客观说看来,所有谋利情形都包含必先经承诺(明示或默示);主观说则认为,所有谋利情形必存在谋利意图;代表司法取消论的事后受贿与礼金受贿,分别是事前谋利与事后谋利,二者可以包括所有谋利情形。这使得《解释》规定的四种"谋利"必然存在竞合,导致司法适用仍必须进行学说选择,根本不可能统一适用。但学说选择是一直未获解决的理论难题,因此司法判决尽量回避对《解释》第十三条的适用(如上所述,适用率仅为 10.13%),即使适用,大部分(68.72%)也都是粗线条的形式"适用"。

(2)深层原因:以政策考量为研究路径

对于"谋利"的四种学说,均是基于扩大处罚的政策考量而提出的。《解释》将这一政策考量升华到极致,同时采纳了四种学说,但仍然存在"入罪难"的制度缺陷,无法满足政策需求,这表明了政策考量之研究路径的失败。详言之,除了最初的旧客观说是按字面解释的结论外,其他三种学说都是按照政策考量的路径,"由果至因"地建构出来的,即先根据政策需求确定案件处理结果,进而对法条作出符合该处理结果的解释,解释结论是否合乎刑法教义则在所不问。最初的旧客观说将"谋利"按字面解释为"实施谋利行为"[①],其缺陷在于,"收钱办事"构成受贿罪,更恶劣的"收钱不办事"反而不能构成受贿罪[②]。为满足政策需求,理论建构方案呈现为两大阵营:(1)客观主义。首先产生的是以"承诺"为标志的新客观说,但该说依然不能处罚符合权钱交易本质的事后受贿与礼金受贿,于是《解释》基于实用主义将这两者纳入处罚;接着,为其提供理论支持的客观处罚条件说应运而生,但这样一来,"谋利"就不再是构成要件要素,与受贿罪的成立毫无关系(只与处罚相关),权钱交易的本质无从体现。(2)主观主义。为了

---

① 参见林准主编:《中国刑法教程》,人民法院出版社 1989 年版,第 640—641 页。

② 苗有水:《通过解释刑法收紧惩治受贿犯罪的法网》,《人民法院报》2016 年 9 月 7 日第 6 版。

扩大处罚,主观说认为,谋利行为只要存在于主观意图中即可;为了规避刑法教义上的构成要件的故意规制机能,主观说进一步主张,谋利意图不是主观责任要素,而是主观违法要素,即不以客观的谋利行为为条件①,但该说仍不能包括事后受贿与礼金受贿;为进一步扩大处罚,心理联想说出而匡之,该说认为,在事后受贿与礼金受贿的情形下,如存在谋利的"心理联想",就有侵害职务行为公正性的危险,就存在实施谋利行为之"承诺"②,这不但将受贿罪变为危险犯,而且将客观的"承诺"与主观的"心理联想"等同。这也说明,为了满足处罚需要,客观说与主观说只不过是在玩更换概念的文字游戏,实质区别不大。而取消论只是无奈之下提出的修法建议。如前所述,《解释》将取消论纳入后,客观处罚条件说与心理联想说分别从客观与主观方面为其提供支持。为了进一步扩大处罚,《解释》兼采以上学说。可以说,基于扩大处罚的政策需求,理论与司法的办法已然用尽,但仍然存在"入罪难",这揭示了一个更深层次的问题,即政策考量作为一条研究路径已彻底失败。

进而言之,面对《解释》的"入罪难",法官的处理却出奇一致:根本不适用《解释》(适用率仅占 10.11%,不适用情形占比 89.89%),即使适用,也多是形式上或名义上的"适用",实则以粗线条援引的方式架空《解释》(占比 68.72%),或在为数不多的具体适用(占比 31.28%)中屡屡突破《解释》(如例 2 龚某某受贿案、例 3 范汝雄受贿案等)。而且,面对由于学说竞合而导致的"区分难"时,法官完全弃用《解释》或粗线条适用之,从未依据某一学说来展开判决说理,更不进行学说选择。这再次表明,因政策考量而提出的各种学说对于司法并无实际影响力。

在认定"谋利"的过程中,法官往往通过不予适用、形式性"适用"、突破性"适用"等方式将《解释》束之高阁。《解释》遭受冷遇,实际上是《解释》背后的四种学说遭受冷遇。这种现象并非个例,而是已成为普遍的裁判经验,它表明法官集体在认定"谋利"时,仍有一个客观标准,这个标准完全不同于现有研究提出的任何一种学说。该标准存在于法官集体的理性直觉中,将之挖掘出来,则成为笔者的任务。

2．"提高反腐效益"何以落空

（1）直接原因:《解释》存在"取证难"

---

① 陈兴良:《为他人谋取利益的性质与认定——以两高贪污贿赂司法解释为中心》,《法学评论》2016 年第 4 期。

② 黎宏:《贿赂犯罪的保护法益与事后受财行为的定性》,《中国法学》2017 年第 4 期。

适用程度不高的原因主要在于规范层面,与法官对"谋利"的理解相关,而反腐效益不高的原因则主要在于事实层面,是对"谋利"难于取证所致。这不是《解释》独有,而是从旧客观说以来就存在的司法难题,《解释》只不过提供了一些不成功的解决方案。

旧客观说将谋利要件的认定系之于"谋利行为",而"谋利行为"与"履职行为"难以区分,如不证明"履职行为"时的谋利意图,很难将其认定为"谋利行为",但谋利意图往往难以证明,严格来说只能作无罪处理。例6:在何发兴受贿案中①,上诉人何发兴及其辩护人辩称,一审认定何发兴收受郑某8万元系贿赂款错误,该8万元是郑某送给何发兴之子的结婚礼金,与何发兴帮助其办理采矿证等事项无关,即何发兴为其办理采矿证只是正常履职行为,不是谋利行为。对此,二审法院认为:"证人郑某的证言证明,该8万元系其送给何发兴之子的结婚礼金,与何发兴帮助其办理采矿证等事项无关……侦查机关未能进一步核实证人郑某证言的真实性,即不能排除合理怀疑,故原判认定此情节为受贿证据不足,应予纠正。"但很多时候,为了定罪,裁判者往往不证明谋利意图,直接将"履职行为"认定为"谋利行为",这种做法从旧客观说以来就一直存在,严格说是存在瑕疵的。

《解释》为此提供了一个新的方案:难以证明"谋利行为",实际上是难以证明与"履职行为"同时存在的"谋利意图",可以按第十三条第一款第二项之规定,将证明难题转移到对具体请托事项的"明知"上,实际上是以"明知"来推定"谋利意图",因为"明知"(认识因素)比"谋利意图"(意志因素)更容易证明。例7:在陈斌受贿案中②,一审认定,2010年至2013年,被告人陈斌在担任福建省仙游县医院药剂科药品负责人期间,利用本院使用的药品、医用消毒剂由药剂科负责统一计划采购和供应的职务之便,为他人谋取利益,非法收受他人财物共计人民币76000元。陈斌上诉称"其系正常履职,没有为他人谋取不当利益",二审法院则认为:"根据《解释》第十三条第一款第二项之规定,明知他人有具体请托事项,应当认定为'为他人谋取利益',上诉人陈斌是否正常履职,不影响受贿罪的认定。"在这里,行为人虽已实施职务行为,本应按旧客观说,认定为《解释》第十三条第一款第一项"实施谋利行为",但法院却适用第十三条第一款第二项之规定,认定为主观谋利,这正是将证明难题转移的结果。

如果"谋利行为"的取证难是一个普遍问题,那么陈斌案式的转移处理

---

① 福建省高级人民法院(2016)闽刑终348号刑事判决书。
② 福建省莆田市中级人民法院(2015)莆刑终字第627号刑事判决书。

也将是一个普遍的司法现象。换言之,认定为主观谋利的受贿案,很多已实施职务行为,是因客观谋利所需的"谋利意图"难以证明而转移过来的(假设5)。但主观谋利的"明知"也是极难证明的,在无法证明时,法官仍然定罪,表明支撑法官心证的理由实际是"实施职务行为",而不是"明知",这导致适用主观谋利规定的有罪判决虽认定"明知",但大多并未证明"明知"(假设6)。同时,由于"明知"的证明难度大,真正应当适用主观谋利的情形(即未实施职务行为,只能适用主观谋利来定罪的情形)极为有限,而且对于这种只能依靠"明知"来定罪的情形,由于证明难题无可回避,证据数量也必然增加(假设7)。以下,我们结合经验素材,对假设5—7加以检验。

在上述样本中,法院适用主观谋利规定的仅有36例,占全样本B(共508例)的7.20%,占全样本A(共5024例)的0.74%,这也与"明知"证明难导致适用率不高的推测吻合。而且,深入这36个样本内部,真相更让人震惊:(1)"假设5"被证实。36个样本中的31个(占88.57%),法院虽按"明知请托事项"来认定谋利,但被告人实际上已实施职务行为(如陈斌受贿案)或已作出承诺(如陈某受贿案[1])。对此,完全可以也应当按《纪要》以来就已多次适用的"实际或承诺谋利"来认定,根本无需亦不应按《解释》新规定的"明知请托事项"来认定。判决作出这种选择,只能是将谋利行为所需的谋利意图的证明难题转移的结果(从裁判文书的表述看,这些判例的争议焦点多与陈斌案一样,是"履职行为"与"谋利行为"的争议)。(2)"假设6"被证实。前述31个样本,裁判文书均未展现对"明知"的证明(如陈斌案),法官之所以敢于定罪,只能是基于行为人已实施履职行为的事实(尽管难以证明这个履职行为就是谋利行为)。另有2个样本(刘某受贿案[2]、夏某甲受贿案[3]),法院直接适用了《刑法》第三百八十五条第二款之规定,即"国家工作人员在经济往来中,违反国家规定,收受各种名义的回扣、手续费,归个人所有的,以受贿论处"。该规定并不要求"谋利",判决适用主观谋利之规定本身就多此一举,当然法官也没有证明"明知"。这样一来,在主观谋利的36个样本中,对"明知"未加证明的共有33个,占比91.67%。(3)"假设7"被证实。除去前述33个样本,真正的主观谋利只剩3例。对于这3例,由于被告人没有实施职务行为,法院的认定是非常谨慎

---

[1]　安徽省庐江县人民法院(2016)皖0124刑初251号刑事判决书。

[2]　刘某受贿案,四川省喜德县人民法院(2016)川3234刑初23号刑事判决书。

[3]　浙江省衢州市开化县人民法院(2015)衢开刑初字第225号刑事判决书。

的,对"明知"往往要求有行、受贿方一致的证言证明。例8:在唐小华受贿案中①,对于辩护人提出的"唐小华收受罪犯赵夫金亲属10万元以及收受罪犯顾慧亲属2万元后,没有为请托人谋取利益",法院认为:"经查,唐小华的供述及证人郭宏、夏某、张某等人的证言均证实,赵夫金、顾慧亲属送钱给唐小华的目的是请求为赵夫金办理保外就医,为顾慧办理病残。"因此,法院主张应当按《解释》第十三条第一款第二项的规定,认定为"谋利"。该案的"明知"事实,除了行为人主动供述外,还有多名证人证言共同证实,行、受贿双方一致承认,但证据如此充分的情形并不多见,一年仅3个样本,相对于5204个受贿案而言,适用率微乎其微,几乎没有统计学上的意义。

可见,为了将"履职行为"证明为"谋利行为",需要证明实施履职行为时之"谋利意图",但主观意图的证明是困难的,《解释》尝试以"明知"来代替之(假设5);但"明知"的证明亦是困难的,因而真正的适例不多(假设7);为了定罪,法官往往在无法证明"明知"的情况下,仍根据履职行为来定罪(假设6),这就又回到了问题的原点:如何证明履职行为是谋利行为?因此,这个难题仍未获解决,从而导致难以提高反腐效益。

(2)深层原因:以论点思维为研究原点

从实质上看,"取证难"源于这样的观点:将"谋利行为"作为谋利要件的必要要素,并且在这个要素中,"谋利"是依附于"行为"而存在的行为属性。这种观点可称为行为属性说,这是在政策考量之前运用论点思维而得出的结论。解释者想当然地认为"为他人谋取利益"是一种行为——这一结论并未经过任何体系推导,只是对孤立的"点"的当然解释;接下来再以此为研究原点,去争论这种行为的具体表现形式——由此开展了各种政策考量方案的较量。

可以说,行为属性是各种学说的研究原点,各种学说只不过是为了扩大处罚范围而不断改变"谋利行为"前的限定语,但从未改变"谋利行为"这个中心词。详言之,谋利要件由"实施谋利行为"(旧客观说)变为"承诺实施谋利行为"(新客观说)、"意图实施谋利行为"(主观说),这实际上只是改变"谋利行为"在受贿罪构成要件体系中的层级,它可以是一级要件(如旧客观说的"实施谋利行为"),也可以是一级要件内部的子要件(如新客观说的"承诺实施谋利行为"、主观说的"意图实施谋利行为");或是变换"谋利行为"的体系地位,如客观说先将之视为客观构成要件,后变为客观处罚条

---

① 江西省景德镇市中级人民法院(2016)赣02刑终95号刑事裁定书。

件,而主观说先将之放在主观责任要素中讨论,后又转变为主观违法要素。无论如何变换,"谋利行为"始终是一个必要要素,正是这一要素导致了"取证难"。因为在"谋利行为"中,"谋利"被视为"行为"的属性,是与行为同时存在的主观要素,即谋利意图(或以"明知"推定的谋利意图),而这种主观要素是极难查明的。换言之,"谋利行为"被理解为"谋利意图+履职行为"。客观说重"履职行为",但并非无视"谋利意图",而是将之放在客观构成要件之外,作为主观意图来讨论,否则就是"履职行为"而非"谋利行为";主观说重"谋利意图",但并非忽视"履职行为",其"谋利意图"必然以"履职行为"为内容,否则就不具备受贿的主观特征。因此,主、客两大不同阵营只是侧重点不同,内部要素都包含"履职行为"与"谋利意图",由"谋利意图"导致的"取证难"也就一直存在。《解释》兼采各种学说,自然沿用了行为属性说,"取证难"就仍然存在。

但从裁判经验看,即使未能完成行为属性的证明任务,只要存在履职行为,多数法官仍然予以定罪,这表明法官集体的司法直觉中存在另外一个"正确学说",它不将"谋利"当作行为属性来理解,因而无须面对证明难题。这种实践经验说明,只要继续将谋利行为作为研究原点,将"谋利"当作行为属性来理解,无论理论如何创新,均不可能解决问题。

综上,"谋利"认定遭遇失败的直接原因是《解释》及现有学说存在制度缺陷("入罪难""区分难""取证难"),但深层原因则在于现有学说的研究路径(政策考量)与研究原点(论点思维)存在问题。

二、体系思维下"谋利"的认定:由政策考量转向教义分析

对于"谋利"的认定,经验素材表明,现有的各种学说,以及兼采各种学说、追求实用主义的《解释》均未获成功。由于司法实践仍需理论供给,理论重构就成为必然选项,但实证分析同时揭示,政策考量的研究路径已遭遇失败。因此,理论重构必须从长期形成的政策考量的"路径依赖"中挣脱出来,转向教义分析。

政策考量是根据政策需求来确定谋利要件的内涵,其进路是由果至因,这实际上不是刑法解释,而是规则创建。相反,以体系思维为核心的教义分析则是由因至果的刑法解释,它从刑法条文出发,对谋利要件进行解释,再将解释结论适用于司法实践,如无法满足政策需求,则承认这当中存在难以逾越的"李斯特鸿沟",就有必要进行立法修改,而不能按政策需求来随意解释立法。教义分析应以受贿罪法益为基础(罪之基础),并将谋利要件放到受贿罪构成中进行解读,其展开进路是"受贿罪法益(罪之基

础)——→受贿罪构成(罪之整体)——→谋利要件(罪之部分)",这三个环节由抽象至具体,逐层细化,缺一不可。旧客观说仅就谋利要件自身进行形式解释,未能充分体现受贿罪法益,处罚范围过窄;对旧客观说进行修补的新客观说、主观说、取消论虽根据受贿罪法益来对谋利要件进行实质解释,但忽视了受贿罪构成这一中介环节,往往被批评违背了罪刑法定。受贿罪法益并不是由谋利要件单独体现的,其必须由受贿罪构成来体现;对谋利要件的实质解释(以受贿罪法益为基础),一定要以形式解释(基于受贿构成整体而非谋利要件自身)为前提。

体系思维的正确性能够进行回溯性的检验,即将谋利要件的解释结论放入受贿罪的教义体系中,如能与其他教义结论相吻合,则表明其具有正确性。检验的进路与教义分析展开的进路相反,是"谋利要件(罪之部分)——→受贿罪构成(罪之整体)——→受贿罪法益(罪之基础)"。

(一)体系思维之展开:受贿罪法益——→受贿罪构成——→谋利要件

1. 体系思维之起点:受贿罪法益

对于受贿罪法益,存在三种不同观点,即源于罗马法的不可收买说、源于日耳曼法的公正性(纯洁性)说,以及在二者基础上形成的其他学说,其中最著名的是清廉义务说。我国通说原为廉洁性说,该说与清廉义务说同源,后不可收买说占据上风,但近期有学者开始提倡公正性说(下详)。

笔者无意就具体观点进行辩论,而是尝试从论证思路切入。受贿罪的本质是权钱交易,三种法益学说之目的均在于将所有的权钱交易纳入处罚范围。本来,三者所指示的刑罚圈由小至大分别为公正性说、不可收买说、廉洁性说,分别对应渎职犯罪、受贿犯罪、贪污犯罪(尤其是巨额财产来源不明罪)。就权钱交易的本质看,不可收买说是最适合的[1],其他两种学说往往据此进行相应调整。(1)廉洁性说通过限缩,向不可收买说靠近。廉洁性说原是我国通说,批评意见认为,廉洁性究竟是"职务行为的廉洁性",还是"公职人身份的廉洁性",并不明确。[2] 但为了与巨额财产来源不明罪等贪污类犯罪相区别,我国的廉洁性说只能是"职务行为的廉洁性",即"公职人员以职务上的作为或不作为索取、收受他人财物,就侵害了职务的廉洁性"。[3] 这显然是根据受贿罪权钱交易的本质对廉洁性说进行限缩的结果,限缩后与不可收买说区别不大。正因为如此,廉洁性说的通说地位逐

---

[1] 张明楷:《法益初论》,中国政法大学出版社 2003 年,第 627 页。
[2] 张明楷:《刑法学》,法律出版社 2016 年,第 1203 页。
[3] 高铭暄、马克昌主编:《刑法学》,北京大学出版社、高等教育出版社 2016 年版,第 629 页。

渐被不可收买说取代。(2)公正性说通过扩张,亦可达到同样效果。例如,近期有学者认为公正性才是受贿罪法益,但刑罚圈过于狭窄。为了解决这一问题,该说对公正性作了扩大解释,不仅包括传统理解的职务行为裁量结果的公正性,还包括裁量过程的公正性,甚至包括裁量过程中不当使用裁量权的危险性。[1] 侵害不可收买性就产生了这种危险,因此这与不可收买说在实质上等同了。可见,三种观点并无实质区别,"无论哪一种学说,都认为贿赂罪的基本成立要件是设定了'职务行为与贿赂之间的对价关系'。"[2]为了体现这个对价关系,限缩廉洁性说或扩张公正性说,还不如直接采纳不可收买说。

但是,为了对现行立法有足够的解释力,不可收买说也受到了挑战。(1)为了解释普通受贿中的谋利要件,有学者主张将"职务行为的不可收买性"扩展到"公民对职务行为不可收买性的信赖"(信赖说),因为未实施谋利行为也该当谋利要件。[3] (2)为了解释斡旋受贿、影响力受贿中的"谋取不正当利益",有学者主张受贿罪法益由不可收买说转变为公正性说,因为"谋取不正当利益"明显侵犯了职务行为的公正性,斡旋人利用的是其他国家工作人员的职务行为,不存在自己的职务行为被收买的问题;影响力受贿的行为人甚至无职务行为可被收买,只能说侵害了其他国家工作人员的职务行为的公正性。[4] 但从思维方式看,这两个新观点难以成立。新观点所讨论的已是方法论的法益概念(刑法解释之结论),而非之前讨论的刑事政策的法益概念(刑法解释之起点),口径不一,陷入概念诡辩。根据实定法中的谋利要件的解释去修改作为政策预设的受贿罪法益,是违背教义思维的,不但倒果为因,而且也跨越了作为中间环节的受贿罪构成。我们既不能直接根据受贿罪法益来解释谋利要件,也不能直接根据谋利要件来选择受贿罪法益。

2. 体系思维之中介:受贿罪构成

如上所述,现有研究习惯于根据受贿罪法益对谋利要件进行实质解释,忽略了作为中间环节的受贿罪构成,这在思维方法上是错误的。若谋利要件能单独体现受贿罪法益,其他受贿要件就是多余的了。因此,应将受贿罪构成作为连结受贿罪法益与谋利要件的中间环节来考虑。

(1)受贿罪法益"职务行为的不可收买性"的厘清。首先,它区别于以

---

① 黎宏:《贿赂犯罪的保护法益与事后受财行为的定性》,《中国法学》2017 年第 4 期。
② 〔日〕山口厚:《刑法各论》,王昭武译,中国人民大学出版社 2011 年版,第 719 页。
③ 张明楷:《刑法学》,法律出版社 2016 年版,第 1204 页。
④ 黎宏:《贿赂犯罪的保护法益与事后受财行为的定性》,《中国法学》2017 年第 4 期。

实际职务行为(履职行为)为基础的公正性说。不可收买说的重点在于职务行为的"不可收买性",而不在于"职务行为"本身,其"职务行为"是否实施或意图实施均无关紧要,只要就该"职务行为"设定对价进行买卖,就侵犯了不可收买性。进而言之,作为收买对象的"职务行为"无需是事实层面的,只需是规范层面的。事实层面的职务行为是履职行为,它是具体的,重点在"行",既可存在于客观事实中(行为人实施履职行为),也可存在于主观事实(行为人意图实施履职行为)中;而规范层面的职务行为重点在"权",可称为"职务权限",职务权限表明职务者有权实施何种职务行为,它是抽象的,存在于对职务权限进行规定的单位内部的规章制度中(如职责规定文件),其内容及有无完全可以由一般人从该职责规定来判断,与案件的具体事实(被告的行为或意图)无关。例如,日本受贿罪中"就职务上的事项"就重在强调公务员所拥有的、能成为贿赂对价的职务权限;①我国受贿罪要求"利用职务上的便利"来谋利,也就是要求通过职务权限而非通过履职行为来谋利。事实层面的履职行为以规范层面的职务权限为前提,即使意图谋利也以职务权限为前提。规范层面的职务权限可转化为事实层面的履职行为,但在转化之前,已可对之设定对价,进行权钱交易。受贿罪不是禁止受贿人为行贿人谋取利益,而是禁止双方设立贿赂与职务权限的对价关系;将职务权限现实化,只是设立对价关系之后的一个盖然性事件。② 如要求规范上的职务权限转化为事实上的履职行为,则是行为与金钱之间的"行钱交易",而不再是"权钱交易",不但可能推后受贿既遂的时点,还可能不当缩小处罚范围。其次,它也区别于以职务身份为基础的廉洁性说。受贿罪法益之所以被表述为"职务行为的不可收买性",而不是"职务的不可收买性",这是因为后者更为抽象,具有身份属份。能成为贿赂对价的,不是更为抽象的职务身份,而是因该职务身份而享有的具体的职务权限,该权限总是以规范上职务行为的形式表现出来。为了避免与以职务身份为基础的廉洁性说相混淆,不可收买说通常被表述为"职务行为的不可收买性"。从身份属性的"职务",到规范上的"职务行为",再到事实上的"履职行为",三个概念递进具体化,以之作为收买或交换对象,体现的法益分别为廉洁性、不可收买性、公正性,分别对应贪污犯罪、受贿犯罪、渎职犯罪。基于以上论述,不难发现,将受贿罪法益中的"职务行为"误解为

---

① ［日］西田典之:《日本刑法各论》,刘明祥、王昭武译,中国人民大学出版社 2007 年版,第382—384 页。

② 参见车浩:《行贿罪"谋取不正当利益"的法理内涵》,《法学研究》2017 年第 3 期。

事实上的履职行为,是现有研究常有犯的错误。

（2）受贿罪法益的厘清对于受贿罪构成的影响。由于受贿罪法益的"职务行为"只是规范上的职责规定,受贿构成中的谋利要件似乎就是多余的了。即使不存在事实层面的谋利行为（行为人未实施、未承诺实施,甚至未意图实施谋利行为）,也不影响受贿罪的成立,因为仍有规范层面的职务行为可作为贿赂之对价。然而,如取消"谋利",我国的受贿罪构成还能否体现权钱交易的本质特征? 仅靠"利用职务上的便利"能否表征对"职务行为不可收买性"的侵害? 答案是否定的。对于谋利要件的理解,不能仅从受贿罪法益推断,而应考虑受贿罪构成中各要件的相互关系。现有研究已注意到,中外受贿罪构成在谋利要件的有无上存在差异,但一直忽略了二者职务要件内涵的不同。国外受贿罪一般不规定谋利要件,只有职务要件,但其职务要件强调职务与贿赂的对价性（对于行贿人而言）;而我国受贿罪的职务要件却更注重职务的便利性（对于受贿人而言）:立法上,职务要件被表述为"利用职务上的便利",这区别于日本刑法的表述"就其职务上的事项";理论上,对于贪污罪与受贿罪职务要件的区别,关注点一直在于二者"便利"的差异。[①] 例如,有观点认为,贪污罪的职务指向"公共财物",而受贿罪的职务指向"公共事务"[②],这都是站在受贿人的角度考虑的。可见,我国的受贿罪的职务要件并不能涵盖对价性的内容,从而就需要另外一个概念来补充,这就是谋利要件。因此,"谋利"仍应是我国受贿罪的必要要件,其功能在于,与职务要件结合,使之能体现权钱交易的本质,从而使我国受贿罪构成与域外立法或公约只存在形式差异,却保持实质一致,这是在不修改我国立法的前提下履行《联合国反腐败公约》的有效方法。

3. 体系思维之终点:谋利要件

谋利要件在我国受贿罪构成中的功能设定（体现职务要件的对价性）,决定了其体系地位:它是从属于职务要件的子要件（二级要件）,而非与职务要件并列的独立要件（一级要件）;体系地位又进一步决定了其本质属性:谋利要件并非行为之属性,而是职务之属性。现有研究将谋利要件定位于行为属性,其作用在于使事实层面的履职行为被定性为谋利行为,不论"实施""承诺实施"还是"意图实施",其对象均是"谋利行为"。但若将谋利要件作为职务属性,其修饰的就不是事实层面的履职行为,而是规范层

---

①　王作富:《贪污受贿"利用职务便利"有何不同》,《检察日报》2003 年 5 月 8 日。

②　邹兵建:《论贪污罪中的"利用职务上的便利"》,《政治与法律》2016 年第 11 期。

面的职务行为,从而成为受贿罪构成要件的,就不是事实上的"谋利之行为",而是规范上的"职务权限的可谋利性"或"职务的谋利可能性"。这样一来,受贿罪构成就只剩下受财行为一个行为,"谋利行为"无论是客观的还是主观的,均是不必要的,这相当于取消了"谋利行为"要件,并且在职务要件中添加了新的内容,即在便利性之外增加了谋利性。进而,我国的受贿罪构成"利用职务上的便利,索取他人财物的,或者非法收受他人财物,为他人谋取利益",更应解读为"利用职务上的便利,为他人谋取利益,索取他人财物的,或者非法收受他人财物"。将"利用职务上的便利"与"为他人谋取利益"放在一起理解,无疑是更合理的。实施受财行为根本不需要利用职便,甚至可以由受贿人的亲属代为收受,但"谋利"一定是与职便要件相联系的。这样还能清楚表明,不可收买性的对象只是"谋利之职便",而不是"谋利之行为",这与前述的对受贿罪法益"职务行为的不可收买性"的理解相吻合,即"职务行为"是规范上的职务权限,而非事实上的履职行为。

该结论是从受贿罪法益出发,经由受贿罪构成内部的要件关系推导出来的。与原有研究相比,发生变化的不是"谋利"的文义,而是其体系地位与性质:由独立于职务要件的一级要件转变为从属于职务要件的二级要件,由行为之属性转变为职务之属性,即由"谋利行为"变为"职务权限的可谋利性"。为讨论方便,可将该结论称为职务属性说。

职务属性说在研究原点上就不同于一直以来的行为属性说,谋利行为不再是构成要件之内容,因而无需证明行为的谋利属性,无需将履职行为证明为谋利行为。在实践效果上,职务属性说优于行为属性说之处在于:(1)司法认定简单明了。职务属性说无需从行为人的具体事实(客观或主观)中考察是否存在谋利行为,只需从职责规定文件中判断行为人的职务权限是否具备为行贿人谋利的可能性,完全不存在认定困难。(2)处罚范围更加广泛。职务权限的可谋利性,是一切主客观谋利行为的基础,甚至在行为人未实施、未承诺或意图实施谋利行为时,职务属性说也能成立受贿罪。

实际上,职务属性说在《解释》中已有体现。例如,礼金受贿表面上取消了谋利要件,但却要求"可能影响职权行使的"。这种"影响"显然是对行贿人有利的,但只要求"可能"即可,这与职务权限的可谋利性相一致。同时,职务属性说也是隐藏在法官集体的司法直觉中的"正确理论",使得法官集体即使不遵循《解释》与现有学说,仍然能得出一致结论,有些判决将这种思路明显表现出来。例9:在许某某受贿案中①,对于上诉人否定谋利

_____

① 福建省高级人民法院(2015)闽刑终字第 14 号刑事判决书。

的抗辩,二审法院认为:"经查,证人马某的二次证言与上诉人归案后的供述证实上诉人许某某收受了陆海公司人民币 88000 元。在案的相关书证证实,上诉人许某某作为陆海工程咨询公司相关测量项目及支付该项目款项的审核人及批准人,对该项目及支付款项进行审核和批准,说明其具有职便,其收受陆海公司贿送的人民币 88000 元,其行为已构成受贿罪。上诉人及其辩护人的诉、辩意见无理,不予采纳。"该案法官根本未说明行为人有无实施谋利行为、有无承诺或意图谋利,也未区分事前还是事后受贿,只查明了行为人收受财物,以及其所拥有的职务权限,并且在确定该权限具有谋利可能性后,就作出了有罪判决。这与职务属性说的做法完全一致。

这种现象并非个例,对照实证分析,不难发现,职务属性说就是前文所说的,存在于法官集体的理性直觉中的"正确学说",它使得法官集体抛开《解释》及其背后四种学说的羁绊,作出肯定谋利要件的判断。因此,该理论的可操作性具有广泛的实践基础。笔者的理论重构只是通过教义分析的方式将之推导出来,使之由不确定的司法直觉转变为明确的教义理论,使之在实践中由偶然的隐性适用变为必然的显性适用。

(二)体系思维之检验:谋利要件——→受贿罪构成——→受贿罪法益

职务属性说是对谋利要件进行教义分析的结论,如果具有正确性,就必然能与受贿罪的其他教义结论相吻合,这种吻合应体现在受贿罪之犯罪构成与法益两个层面。对谋利要件的结论进行检验的过程,也是对受贿罪法益的回溯和还原过程。

1. 受贿罪构成层面的检验

在行为属性说下,研究者根据受贿罪法益对谋利要件进行实质解释,不断扩大其内涵,却忽略了作为中间环节的犯罪构成,从未注意到谋利要件的解释结论与受贿罪的其他要件的关系,在受贿罪构成内部产生诸多矛盾。只有将行为属性说转向职务属性说,这些矛盾才能消解,详述如下:

(1)谋利要件与职务要件的关系。传统理论下,二者并列而独立,受贿罪是职务犯罪,职务要件是必要要件,谋利要件则不然,它只是收贿受贿的要件,而非索贿受贿之要件,这受到不少学者的批评。[①] 其实,索贿与收贿只影响罪责程度,而不影响法益侵害的有无及大小。即使索贿,也必须将职务行为的可谋利性作为对价,才存在受贿罪的法益侵害,否则就是敲诈勒索而不是受贿了。索贿时,行为人无需承诺谋利,这是因为行为人的

---

① 叶良芳:《"为他人谋取利益"的一种实用主义诠释》,《浙江社会科学》2016 年第 8 期。

索贿行为表明其已将"谋利"作为砝码,无需再以"承诺"来建立对价关系;即使在收贿场合,"承诺"也只是设置对价的手段,而非对价关系本身,故亦非必备要素(如事后受贿),而且"承诺"也以职务权限的可谋利性为前提,否则就是诈骗而非受贿。因此,无论是索贿受贿还是收贿受贿,"谋利"都是必要要件,而"承诺"皆非必要要件。只有将"谋利"由与职务要件并列的行为要件(行为属性说),转变为依附于职务要件的可谋利性(职务属性说),才能使之既是收贿与索贿皆必备的要件,又无需表现为行为(如承诺)。

（2）谋利要件与受财要件的关系。在行为属性说下,谋利要件与受财要件都是行为要件,这与渎职型受贿的处罚原则不符:无论是按牵连犯从一重处罚(如《刑法》第三百九十九条第四款),还是数罪并罚(如《解释》第十七条),都要求存在两个独立成罪的行为,成立实质数罪;但如果"谋利"是谋利行为(行为属性说),就不可能成立实质数罪,因为受贿罪的谋利行为同时也被评价为渎职罪的渎职行为,受贿罪与渎职罪只能是交叉型的法条竞合或想象竞合关系,是实质一罪,按牵连犯或数罪并罚处理,都是对谋利行为进行重复评价了。换言之,只要对渎职型受贿按数罪并罚或牵连犯处理,受贿罪构成就不可能包括谋利行为。而采职务属性说,谋利行为并非受贿罪要件,受贿罪就只剩下受财行为一个行为要件,如有谋利行为,则应评价为受贿罪之外的渎职罪行为,这样渎职型受贿才存在两个独立成罪的行为,才能适用数罪并罚或牵连犯的处理原则。

（3）谋利要件与故意要件的关系。在行为属性说下,如将谋利行为视为客观构成要件(客观说),其与故意要件的关系应遵循两个原则:故意规制机能与同时存在法理,即受贿故意与谋利行为必须同时存在,且受贿故意的认识对象必须包括谋利行为,这使得受贿故意的认定出现困难。例如,对于无约定的事后受贿,行为人实施履职行为时,尚无受贿故意,而收受财物时,虽有故意,但履职行为已实施完毕,受贿故意与谋利行为始终无法同时存在,既难说这种履职行为是谋利行为,也难说这种故意是受贿故意,从而难以认定受贿罪。[1] 学者们为之设计了诸多解决方案,但均不理想。如有学者认为,认定受贿故意的关键,在于行为人受财时是否认识到该财物是对谋利行为的酬谢,而不在于实施履职行为时是否预料到将来会有此酬谢[2],但这种观点完全忽略了同时存在原则;还有观点认为,如行为

---

[1] 于志刚主编:《新型贿赂犯罪争议问题研究》,中国方正出版社 2011 年版,第 298 页。

[2] 张明楷:《法益初论》,中国政法大学出版社 2003 年版,第 639 页。

人事后受财时,内心必定会与先前的谋利行为产生联想,这种内心联想就是受贿故意[①],或认为如能推定行为人在实施谋利行为时,具有事后收受对价的内心期待或联想,则可认定受贿故意。[②] 这实际上是为了满足同时存在原则,将事前期待或事后联想当作受贿故意,导致故意的认定过于宽泛,而且极难取证。如将谋利要件理解为意图谋利(主观说),该意图无法产生于谋利行为之后,基于同时存在法理,无约定的事后受贿亦难以认定为受贿罪。但按职务属性说,这些难题就迎刃而解了:谋利行为根本就不是受贿罪之构成要件,不具有故意规制机能,受贿故意亦无须与谋利行为同时存在,只须与受财行为同时存在,因此只要行为人受财时,认识到该财物是职务权限的对价即可。

2. 受贿罪法益层面的检验

在行为属性说下,受贿罪法益不可收买说因难以完全涵摄所有的谋利情形而受到质疑,但谋利要件由行为属性转变为职务属性后,受贿罪构成的覆盖范围将扩大,从而无需改变作为政策预设的受贿罪法益。

(1)就普通受贿而言,受贿罪构成中职务要件的便利性与谋利性均是针对规范上的职务行为(权限),后者正是权钱交易的对象。作为规范上的具有谋利可能性的权限,它可以作为贿赂的对价直接进行权钱交易(礼金受贿),也可以在收受对价后转化为客观的谋利行为(客观谋利),或转化为实施谋利行为之意图(主观谋利),甚至可以先转化为客观的谋利行为后再收受该权限的对价(事后受贿),从而可以将所有的谋利情形纳入处罚,没有必要将受贿罪法益由不可收买说扩大到信赖说。

在处罚范围上,职务属性说与信赖说大体一致,不同在于:职务属性说是谋利要件理论,在坚持预设的受贿罪法益(不可收买说)的前提下,通过改变谋利要件的体系地位与性质来扩大受贿罪构成的涵摄范围;而信赖说则是受贿罪法益理论,为了将所有的谋利情形都纳入处罚,将受贿罪法益由客观的不可收买性扩大到主观的信赖感。有学者认为,"信赖"内容模糊、主观色彩浓厚,不宜作为受贿罪法益。[③] 更重要的是,信赖说是政策考量的结论,有削足适履之嫌,不可避免地存在如下教义缺陷:其一,倒果为因。不是根据受贿罪法益来解释谋利要件,而是根据谋利要件来选择受贿罪法益。其二,偷换概念。根据法定的谋利要件来确定的法益是方法论法

---

① 孙国祥:《"职后酬谢型受财"行为受贿性质的理论证成》,《人民检察》2015 年第 1 期。

② 黎宏:《贿赂犯罪的保护法益与事后受财行为的定性》,《中国法学》2017 年第 4 期。

③ 黎宏:《受贿犯罪保护法益与刑法第 388 条的解释》,《法学研究》2017 年第 1 期。

益,其机能重在解释立法,而作为受贿罪立法基础的法益是政策性法益,其机能重在检验、批判立法。以在后的方法论法益之结论来修改在先的政策性的法益预设,既是偷换概念的诡辩,也是以司法层面之政策需求来修改立法层面之政策预设,随意侵入立法权范畴。其三,论证阙如。信赖说是由结果倒推出来的,缺乏正面论证,论者从未关注民众是否真正存在"对职务行为不可收买性的信赖"。如果腐败盛行,民众是否具有这种"信赖"都值得怀疑,而且司法对于"侵害信赖"也根本无法取证。实际上,只有客观的不可收买性受到较全面的保护,民众才会产生这种主观信赖。因此,只将重点放在客观的不可收买性即可。而职务属性说正好能扩大谋利要件的涵摄范围,使不可收买性受到更全面的保护。

(2)就斡旋受贿与影响力受贿而言,不可收买性所针对的,既不是斡旋人的职务行为(斡旋人"利用职权或地位所形成的便利条件"比"利用职务上的便利"宽泛得多,已超出规范上职务行为的范畴),也不是关系人之影响力(影响力与职务行为相去更远),而是第三人(其他国家工作人员)的职务行为,理由是:(1)受贿罪法益"职务行为的不可收买性"并不限于"自己的"职务行为,任何国家工作人员的职务行为均是不可收买的。(2)刑法要求斡旋人具有"职权或地位所形成的便利条件",表明其具有将第三人的职务行为设定对价,并以此侵害其"不可收买性"的可能。若无此身份却冒充,以收受请托者财物,应构成诈骗罪或介绍贿赂罪。这样理解,使得不可收买说能统一适用于普通受贿、斡旋受贿、利用影响力受贿等情形,没有必要将受贿罪法益转变为公正性说①,也没有必要区别对待,认为普通受贿侵害不可收买性,而斡旋受贿与影响力受贿侵害公正性②。当然,后两种受贿是对不可收买性的间接侵害,其危害性小于普通受贿的直接侵害,因而刑法以"谋取不正当利益"来限制处罚范围,这只是以侵害不可收买性为前提的限缩,不能认为这两种受贿的法益转变为公正性,否则将遭遇如下尴尬:①如行为人受财后未斡旋,只能成立诈骗罪,斡旋了反而成立更轻的受贿罪。②行为人受财后斡旋但第三人不同意的,如成立未遂,就会导致"已受财却未遂",与受贿既遂的传统法理相悖;如成立既遂,则根本没有发生侵害公正性的危险。③如第三人同意,则已具备侵害公正性之危险,应成立既遂(危险犯)③,但同意后实际谋利侵害公正性(实害犯)仍适用同

---

① 黎宏:《受贿犯罪保护法益与刑法第 388 条的解释》,《法学研究》2017 年第 1 期。
② 张明楷:《受贿罪的保护法益》,《法学研究》2018 年第 1 期。
③ 黎宏:《贿赂犯罪的保护法益与事后受财行为的定性》,《中国法学》2017 年第 4 期;张明楷:《受贿罪的保护法益》,《法学研究》2018 年第 1 期。

样刑罚,显失均衡;而且,这种情形下,行为人还应成立普通受贿的教唆犯,根据想象竞合从一重的原则,行为人根本不可能认定为斡旋受贿或影响力受贿,只能认定为普通受贿的教唆犯,因为后者处罚更重,这导致斡旋受贿或影响力受贿失去适用可能。

三、体系思维的解释结论对政策需求的回应

职务属性说是教义分析的结论,结论推导的过程并不考虑政策需求,因此该结论即使具有刑法教义上的正确性,也应进一步追问:它是否具有刑事政策上的合理性,能有效实现"统一司法适用"与"提高反腐效益"两大目标? 这需要对职务属性说的实践效果进行评估,而且该评估也将回答一个方法论的问题,即教义分析能否回应政策需求。

(一) 对"统一司法适用"的回应

对于"谋利"的认定,《解释》与之前的司法解释一样,希望"统一司法适用"却遭遇失败,再制定新的司法解释既过于频繁,亦难保证效果,而理论重构得出的职务属性说则能在维持法安定性的前提下实现这一目标。

1. 提供了"统一司法适用"的实质基础

职务属性说将谋利要件视为"职务权限的可谋利性",而非"谋利之行为",从而可以使《解释》第十三条规定的各种谋利情形具有本质上的共通性:(1)对于客观谋利而言,重点不在于实施或承诺本身,而在于其前提——该职务权限是可为他人谋利的。只要承诺谋利并收受财物,就是以"职务权限的可谋利性"进行了权钱交易,事后是否将规范上的职务权限转化为事实上的谋利行为均不影响已完成了的权钱交易。(2)对于主观谋利而言,"他人有具体请托事项"就表明行为人的职务权限具有为他人谋利的可能性,即对价性。行为人对此"明知"并收受财物,就既具备了受贿故意,也完成了客观的权钱交易。(3)对于事后受贿而言,作为贿赂对价的,不是已实施的谋利行为,而是该行为所体现的"职务权限的可谋利性"。这种"可谋利性"即使不付诸实施也是存在的,但只有以之作为对价而收受财物,才侵害了职务行为的不可收买性。(4)对于礼金受贿而言,"上下级关系"与"行政管理关系"的作用是表明行为人的职务权限具有为他人谋利的可能性,可以成为贿赂的对价。若以此收受贿赂,则形成了权钱交易。

这样一来,《解释》的四种情形都能被"谋利"涵摄在内,避免了罪刑法定的诘难。更重要的是,职务属性说使上述四种情形有了共同的前提或"内核",使其背后的学说争议再无必要,从而为"统一司法适用"提供了实

质基础。

2. 消解了"统一司法适用"的形式障碍

从形式看,"统一司法适用"的障碍在于,《解释》存在"入罪难"与"区分难",而职务属性说能够有效地消解这些实践困境。

在现有的行为属性说的视角下,《解释》第十三条的规定是以"谋利行为"为中心的,但将"谋利"性质由行为属性变更为职务属性后,该规定的性质也随之变更:"谋利行为"只是将"职务权限的可谋利性"进一步付诸实施而呈现的外部表征,而不是"可谋利性"本身,从而第十三条只是对"可谋利性"的权钱交易可能出现的四种情形进行列举,即只是对"谋利"的提示性列举,而不是对"谋利"的概念解释。从文义看,这种理解也是正确的,该规定的表述为"具有下列情形之一的,应当认定为'为他人谋取利益'",这与《纪要》不同,《纪要》规定"为他人谋取利益包括承诺、实施和实现三个阶段的行为"。后者是概念解释,而非提示性列举。

《解释》第十三条的性质由概念解释转变为提示性列举,导致其适用方法与要求发生变化:(1)"提示性"表明该规定并非强制适用,在司法判决中就可不加以援引,直接适用刑法条文即可,这就有效消解了《解释》适用程度不高的诘难。(2)"提示性列举"仅限于典型情形,可以不包含所有子项,因此只要属于对"职务权限的可谋利性"进行交易的情形,即使未被《解释》列举,亦可纳入处罚,从而不存在"入罪难"。例如,"上下级关系"与"行政管理关系"以外的礼金受贿亦可纳入受贿罪范围。同时,司法适用也不必在《解释》列举的四种情形中苦苦区分,"区分难"不复存在。

这样一来,司法人员在判断"谋利"时,司法逻辑就发生了变化。当第十三条是对刑法条文的概念解释时,司法适用是由刑法条文到《解释》再到个案事实;当第十三条仅是提示列举时,司法适用就可以直接由刑法条文到个案事实。司法者完全可以根据谋利要件的本质属性来进行判断,而不受《解释》限制。这样一来,在"谋利"的认定上"统一司法适用",就不再要求从形式上统一援引《解释》,而是要求从实质上使用同一判断标准,这个判断标准就是职务属性说。当然,这并不表明《解释》没起到作用,只不过其作用不体现在判决援引上,而体现在它提示性地列举了该当"谋利"的若干形式,激活了对"谋利"本质的思考,职务属性说正是由此挖掘出来的。

(二) 对"提高反腐效益"的回应

我国的反腐效益不高,集中表现为受贿罪预防不力,这是否与行为属性说有关呢?采用职务属性说能否提高预防效果?对此,笔者借助经济分析方法来评估。[①]

1. 经济分析模型的构建

波斯纳认为,行为人在作出犯罪决策时,预先会进行经济分析,只有预期收益大于预期成本(刑罚惩罚),行为人才会实施犯罪。[②] 因此,设计预防犯罪的刑法措施,应以增大犯罪的预期成本为中心。笔者预期刑罚成本(EC)与刑罚严厉性(S)、刑罚可能性(P)相关,即 $EC=S \times P$。刑罚可能性 P 是指被抓获和受惩罚的可能性,P 值的决定因素有二:一是程序上的可能性 P1,主要指司法资源等追诉成本的投入。提高侦查水平、增加警力等,都能增加行为人受刑罚惩罚的可能性,我国近期监察委的设置,就是通过资源优化来提高 P1。二是实体上的可能性 P2,主要指入罪标准,即具体构成要件的设置。入罪门槛越低,行为人受刑罚惩罚的可能性越高。前述公式可进一步细化为:$EC=S \times P=S \times P1 \times P2$,这就是犯罪预防的经济分析模型,该模型中各变量的特点及相互关系如下:

(1)关于 S 值(刑罚严厉性)。一般而言,S 越大,犯罪预期成本越大,但法定刑的设计不能脱离罪刑均衡的社会观念,如对偷一只鸡的行为处以死刑,就产生了更大的"恶";而且,在国际社会普遍主张"轻刑化"与"废除死刑"的今天,S 值不能随心所欲地提高。

(2)关于 P 值(刑罚可能性)。相对于 S 值(刑罚严厉性),P 值(刑罚可能性)意义更大。贝卡利亚认为,严酷的刑罚违背了开明理性所萌生的善良美德,也违背了公正和社会契约的本质,对于罪犯最强有力的约束力不是刑罚的严酷性,而是刑罚的必定性。[③] 但 P 值的提高也不是任意的。对于 P1 而言,增加司法资源的投入要受经济效益原则制约;对于 P2 而言,要提高入罪可能性,有两条途径,即修改立法与改变对立法的解释,但均受到法安定性、法益原则、罪刑法定原则等的制约。

(3)在刑罚成本 EC 确定的情况下,P 与 S 呈反相关关系:P 值越小,S 值必须越大;P 值增大,则 S 值可相应减小,这为降低刑罚严厉性提供了替代方案;同样,在 P 值确定的情况下,P1 与 P2 也是反相关关系:P2 越大,P1 就可以越小,这为节省司法资源的投入提供了思路。

2. 受贿预防的经济分析

就我国受贿犯罪的预防而言,其一,S 已达峰值,我国受贿罪设置有死

---

① 潘星丞:《刑法反腐对策之调整:由完善立法到能动司法》,《学术研究》2014 年第 8 期。

② R. A. Posner: Eeonomic Analysis of Law, N. Y. : Wolters Kluwer Law & Business: Aspen Publishers, 2007. p221.

③ [意]贝卡利亚:《论犯罪与刑罚》,黄风译,中国大百科全书出版社 1997 年版,第 11、59 页。

刑,这在世界范围来说都是很罕见的,虽然有学者提议取消贪污贿赂等非暴力犯罪的死刑,但是由于贿赂犯罪一直高发,民众保留死刑的呼声极高,死刑被一直保留着;其二,P1 值也几乎增至极限,尤其十八大以来,反腐投入日益增加。因此,受贿罪预防效果不佳,只能从 P2 上找原因;欲提升预防效果,也只能从 P2 上找对策。

P2 是指实体的入罪条件。就受贿罪的构成要件而言,"谋利"是控辩双方最大的争议点,该要件难以认定是导致受贿罪难以认定的重要原因,这使得受贿罪的刑罚严厉性极高、司法投入极大,但刑罚可能性相对较低,甚至承受这种"受贿成本"(刑罚处罚)只是一种偶然事件。在巨大的"受贿收益"的诱引下,预防效果自然不佳,反腐呈现间歇性、运动性的特征,甚至越反越烈。十八大以来,基于"着力构建不敢腐、不能腐、不想腐的体制机制"的要求,有必要从制度层面提高反腐效益。

相比之下,国外刑法并不存在因"谋利"而导致刑罚可能性降低的问题,因此其刑罚虽然不如我国严厉,但是受贿罪的预防效果较好。可见,为使我国反腐能收到制度化的长期实效,就必须提高 P2。欲提高 P2,有两条进路:一是立法进路,即修改立法以提高入罪可能性,取消"谋利"的建议就基于此,但这样一来,如前所述,就要连带修改另一要件"利用职务上的便利",成本极高,也不利于法的安定性,且与我国长期的刑法理论与司法习惯不符;二是司法进路,即对法定的"谋利"进行解释,使之更适合司法的入罪需要,这是一条较务实的进路。现有研究与司法解释正是基于提高入罪可能性的考虑,不断扩大"谋利"的涵摄范围。这一努力的初衷是好的,但却采用了错误的研究方法,只重视政策需求,忽视了教义分析,不可避免地产生前述的"谋利"认定困难,从而无法提高入罪可能性 P2,犯罪的预期成本 EC 仍然极低,预防效果不佳。而职务属性说可以有效地消解"谋利"认定的困难,尤其是"取证难"问题。"取证难"的根源在于将"谋利"定义为"谋利行为"(行为属性说),如该"谋利行为"存在于承诺或意图之中,则难以查明其内容;如"谋利行为"已实施,则难以与履职行为相区别。正因为如此,在司法判例中,"没有谋利行为"是最常见的辩护理由。但如采职务属性说,"谋利"只是职务的可谋利性,是职务要件而非行为要件,对其证明将非常简单明了,只需查明职务权限之规定,就可以客观地判断该职务有无"可谋利性"。

可见,职务属性说可以有效消解"谋利"的认定难题,从而提高 P2 值(实体入罪的可能性),使得预期刑罚成本(EC)增加,最终实现预防目的。而且,从经济分析模型看,职务属性说既然提高了实体的入罪可能性(P2),

就可以适当降低刑罚严厉性(S),为将来受贿罪废除死刑提供了可能,条件成熟后还可相应节约司法资源的投入(P1),使司法运作更加高效。

综上,对于"谋利"的认定,只有从政策考量转向教义分析,从论点思维转向体系思维,其解释结论才能既符合刑法教义原则,又满足"统一司法适用"与"提高反腐效益"的政策需求,实现教义分析与政策考量的统一。在方法论层面,这种统一并非偶然或巧合。在个罪的具体要件的认定中,教义分析的起点(法益)指示着刑罚边界,刑罚边界是立法论范畴,与政策需求具有一致性,因此教义分析的结论如果正确,就必然能够回应政策需求,这也是教义分析的生命力所在。

小结

综上所述,在刑法解释论的领域,无论形式解释还是实质解释,均应当应用体系思维,只有如此,才能保证解释结论的逻辑自洽性,而且才能最终实现作为解释目的的政策需求。

第一,就形式解释而言,虽然只是指对于表述构成要件的文字进行字面的解释,在解释的过程中并不考虑其所保护的法益,但是亦应秉持体系思维才能得出正确结论。体系思维要求:(1)解释者"回溯"至该构成要件的立法背景。(2)解释的结论应放到具有层级关系的"概念金字塔"的体系中,获得协调一致的认识。这种层级体系是一系列由小到大的"金字塔":最小的是该构成要件所属的"章"(如财产罪)的罪名体系;中间层次的是整个刑法规则体系,如除了财产罪之外,还应考虑人身罪;更高一层级的是整个法秩序体系,如除了刑法规则体系外,还要考虑民法规则体系,以便运用民刑交叉知识,获得逻辑自洽的结论。(3)由体系思维得出的解释结论,应当能够一以贯之地适用于所有个案情形,并消除相关争议及理论与实践的分歧。

第二,就实质解释而言,应将构成要件与违法性相联系,从构成要件的规范保护目的,或者说从构成要件所保护的法益来进行解释。实质解释是一种目的解释,但在刑法教义学中,目的解释也应遵循体系思维,体系思维要求:(1)纵向上,对某一构成要件要素的解释,不能直接由法益保护的需要而得出结论,而应经由构成要件的中介,即遵循"由上至下"的"推导"路径:罪之法益—罪之构成—罪之要件。并且,该解释结论能够进行"由下而上"的"回溯"检验:罪之要件—罪之构成—罪之法益。这样可以保证实质解释的结论能够有效地回应政策需求,实现对法益的保护。(2)横向上,对于某一构成要件要素的解释结论,应与该构成要件的其他要素相协调,避免相互之间的理论冲突,从而各构成要素能有机地形成一个构成要件,以该构成要件来表征法益侵害,进而实现法益保护的规范目的。

第七章　刑法学体系思维之司法论适用

就司法论维度而言,体系思维要求,对于定罪与量刑均应从既有的教义体系中"自上而下"地"推导"出来,而不能仅凭政策考量直接得出处理结论。

对此,可以从司法所涉及的两个重要问题——"罪之有无"与"刑之轻重"——出发,结合典型样本,分别加以分析。

第一节　刑法学体系思维与"罪之有无"

在司法中考虑"罪之有无",从广义来说,既包括有罪与无罪的认定(狭义的"罪之有无"),也包括此罪与彼罪的界分。由于此罪与彼罪的关系大多属于刑法解释论问题,笔者在此不拟重复讨论,而是将研究视角移向构成要件阶层之后的违法或罪责阶层,重在讨论狭义的"罪之有无"。

一、分析样本:于欢案①

对于狭义的"罪之有无"而言,于欢案是一个恰当的分析样本。

由于欢案引发的对正当防卫制度的讨论,是我国近期一个重要的学术热点。我国的正当防卫制度在司法实践中长期处于"休眠"状态,沦为"僵尸条款",这与正当防卫"紧迫性"的认定过于严格相关。于欢案正是这样的典型,不少学者就此提出纠偏方案,2018年6月20日最高院还将该案列为第93号指导案例,希望能"有效激活正当防卫制度的适用",但笔者首先对于欢案及该案前后的裁判经验进行实证考察,发现纠偏方案并不成功;接着,厘清"紧迫性"判断对象,发现防卫限缩的合理成分及其在"紧迫性"判断上的两难处

---

① 关于这一问题的讨论,亦可参见潘星丞:《正当防卫中的"紧迫性"判断——激活我国正当防卫制度适用的教义学思考》,《法商研究》2019年第1期。

境,进而发现这是各国面临的共同难题,从而将域外经验纳入我国的解题思考;从中可以发现,纠偏之所以难获成功,正是因为纠偏方案是在政策考量的基础上设计出来的,它一开始就偏离了教义分析所要求的体系思维的方向。

2017 年的于欢故意伤害案虽已尘埃落定,但如何以此为契机,"有效激活正当防卫制度的适用"? 问题的关键在于正当防卫前提条件"紧迫性"的认定,于欢案一审否定防卫、二审肯定防卫之理由皆在于此。"紧迫性"即不法侵害"正在进行"①,该要件在实践中往往难以认定,由此导致正当防卫的限缩。于欢案一审只是众多防卫限缩案例之一,其代表性在于,案发时,"现时侵害"轻微(仅是指向人身自由的拦阻行为)。虽然根据案发前的"过去侵害"(围堵六小时、打脸、辱母等),可以推知严重的"未来侵害"(指向生命健康权)即将发生,但是一审判决不得不认为:"过去侵害"的防卫时机已过;"现时侵害"轻微,不具防卫的紧迫性;"未来侵害"虽严重但尚未发生,亦不存在防卫的紧迫性。② 从刑法教义看,这样的司法逻辑具有一定的合理性,从而导致因无法认定"紧迫性"而造成防卫限缩的判例屡见不鲜。可以说,于欢案并未制造新的问题,只是提醒我们解决原有难题的重要性。

有学者认为,防卫限缩存在两大司法误区:一是"将不法侵害限定为严重侵害";③二是"认为只有暴力侵害发生的一刹那,才能实行防卫"。④ 学者们据此提出纠编方案,而于欢案二审恰好为这些纠偏方案提供了演练场所。纠偏方案有二:一是轻微侵害防卫说,即不法侵害虽轻微,亦可进行防卫。例如,二审时检察机关指出,一审判决书只关注生命健康权,忽视了对人身自由、人格尊严等合法权益的保护,是对正当防卫保护对象的错误理解,对非法拘禁,公民也可以进行防卫。二是持续侵害防卫说,即不法侵害不限于防卫发生的瞬间,还包括持续性的侵害行为。⑤ 于欢案中多种不法侵害行为(包括 2016 年 4 月 1 日非法侵入住宅、2016 年 4 月 14 日案发当天的辱母行为,以及辱母后二十分钟的阻拦行为)"具有持续性且不断升级……必须整体把握"。⑥ 基于这两个方案,二审判决肯定了正当防卫的紧迫性。⑦ 这两个

---

① 陈子平:《刑法总论》,中国人民大学出版社 2009 年版,第 190—191 页。
② 参见山东省聊城市中级人民法院(2016)鲁 15 刑初 33 号刑事附带民事判决书。
③ 周光权:《论持续侵害与正当防卫的关系》,《法学》2017 年第 4 期。
④ 陈兴良:《正当防卫如何才能避免沦为僵尸条款——以于欢故意伤害案一审判决为例的刑法教义学分析》,《法学家》2017 年第 5 期。
⑤ 周光权:《论持续侵害与正当防卫的关系》,《法学》2017 年第 4 期。
⑥ 最高人民检察院:《最高检公诉厅负责人就于欢故意伤害案有关问题答记者问》,http://www.spp.gov.cn/zdgz/201705/t20170529_191751.shtml,2017-12-01。
⑦ 山东省高级人民法院(2017)鲁刑终 151 号刑事附带民事判决书。

方案也被纳入最高院 93 号指导案例的裁判要点：裁判要点 1 为"对正在进行的非法限制他人人身自由的行为……可以进行正当防卫"，这显然是轻微侵害防卫说的主张；裁判要点 2 指出"对非法限制他人人身自由并伴有侮辱、轻微殴打的行为，不应当认定为……'严重危及人身安全的暴力犯罪'"，显然是将警察到现场前的殴打、侮辱行为均作为侵害行为，这正是持续侵害防卫说的主张。

但该纠偏方案在刑法教义上难以自洽：（1）如坚持轻微侵害防卫说，允许对轻微侵害（如辱骂）进行防卫，则杀死侵害者也只是防卫过当，必须减免处罚，刑期只能在十年以下，这与法实践、法感情均不相符。盗窃后的拒绝返还行为也是一种轻微侵害，如允许防卫（不是对盗窃的防卫，而是对拒不返还行为的防卫），显然难以让人接受。实际上，禁止对轻微侵害进行防卫是有一定理论依据的，即防止防卫权滥用的"社会伦理限制"（sozialethische Einschränkungen），这在德国刑法中被称为"要求性"原则，该行为不仅仅是防卫本身所必要（Erforderlich）的，而且是刑法上的正当防卫所要求的。[1] 前者重在防卫手段的有效性与适当性，后者则要求在一定条件（尤其是轻微侵害）下放弃防卫手段。该原则在各国均获得认可，在我国亦如此（后详）。（2）持续侵害防卫说实际上是将"过去侵害"并入"现时侵害"，以增加"现时侵害"的严重性。这虽可避免轻微侵害防卫说的尴尬，但将多个不法侵害行为合并为一个"持续侵害行为"，颠覆了行为单复数原理，还容易将事后报复认定为防卫行为。例如，二审判决虽肯定于欢的捅刺行为的防卫性质，却不得不承认，该行为与辱母侵害已间隔二十分钟，带有报复情绪。

这些纠偏方案在实践上也未获成功。（1）就于欢案本身而言，该案二审虽"力争使'纸面上的'法律规定，通过'有温度的'裁判被人民群众所认可"[2]，却被怀疑是舆论的胜利。有学者指出，若非媒体报道，于欢案也会像其他案件一样，无声无息地消失于汪洋之中。[3] 因为，于欢案二审结论虽被最高院列为指导案例，但与长期的裁判经验相矛盾。笔者从中国裁判文书网采集与于欢类似的案例[4]，共采集到 17 起，其中 14 起均否定防卫

---

① Vgl. C. Roxin, Strafrecht Allgemeiner Teil, Band I, 4. Aufl. , C. H. Beck, 2006, S. 683.

② 中国法院网：《山东高院负责人就于欢故意伤害案答记者问》，http://www.chinacourt.org/article/detail/2017/06/id/2901713.shtml，2017 - 12 - 1。

③ 陈兴良：《正当防卫如何才能避免沦为僵尸条款——以于欢故意伤害案一审判决为例的刑法教义学分析》，《法学家》2017 年第 5 期。

④ 样本采集时间为 2018 年 7 月 13 日，采集条件为：全文关键词"人身自由""正当防卫"，案由"刑事案由"，总样本数为 101 例。其中，除于欢案外，共有 17 起因追索债务而"非法限制人身自由"并导致武力反抗的刑事案件。

的紧迫性(不少案件的不法侵害程度都远甚于于欢案①),仅有 3 起肯定紧迫性并认定成立防卫过当,但这 3 起除限制人身自由外,均伴有其他的侵害行为,如殴打②、强行带走被告人③。也就是说,同类案件中尚无仅因"非法限制人身自由"而肯定紧迫性的判例,于欢案二审明显"同案不同判"。(2)就于欢案之后的裁判看,司法显然没有受到于欢案的"示范"影响,而是继续沿袭防卫限缩的经验。一方面,轻微侵害的防卫紧迫性仍然被否定。例如,许海成故意伤害案中④,法院认为,被害人对被告人的阻止和推搡行为不具有防卫的紧迫性,因此被告人用啤酒瓶致被害人轻伤的行为不属于防卫过当。又如,张卫兵故意伤害案中⑤,法院认为,被害人用拳头殴打被告人的行为并不具有造成严重结果的紧迫性,因而被告人持棍致被害人轻伤的行为不构成防卫过当。另一方面,持续侵害防卫说仅在于欢案中昙花一现,并未在其他案件中获得运用。例如,王万英故意杀人案中⑥,邱某长期对其妻子王万英实施殴打、辱骂等严重家庭暴力,导致被告人多次受伤。2017 年 1 月 31 日,邱某在饮酒后再次殴打、辱骂,并使用剪刀捅刺被告人。次日凌晨 4 时许,被告人因无法忍受邱某的长期虐待,遂趁邱某熟睡之际,用木棍反复击打邱某头面部,致邱某当场死亡。对于辩护人提出的防卫过当的辩护意见,法院也因为无法肯定防卫之紧迫性而不予采纳。

现有的纠偏方案未获成功,那么对于"紧迫性"的判断而言,怎么样才能激活正当防卫制度的适用呢? 在这个问题上,政策考量与教义分析的解决方案截然不同,效果上亦存在差异。

二、基于政策需求的解决方案

(一)讨论之前提:"紧迫性"判断对象之厘清

纠偏方案未获成功,但其对防卫限缩的批判则应引起注意。在"紧迫性"判断上,二者的结论为何截然相反? 挖掘个中原因是进一步研究的基础,而这与"紧迫性"判断对象的理解相关。

① 例如,侯建文故意杀人案,安徽省黄山市中级人民法院(2015)黄中法刑初字第 14 号刑事判决书。该案与于欢案极为类似,被害人为追索高利贷,将被告人非法拘禁于其工地办公室 3 日,其间多次钢管殴打,令其下跪、舔脚,强迫其自拔眉毛,威胁派人强奸其家人,其侵害远甚于于欢案,但法官也否认了防卫抗辩。
② 例如,徐和文故意伤害案,湖北省襄阳市中级人民法院(2018)鄂 06 刑终 75 号。
③ 例如,任某故意伤害案,浙江省德清县人民法院(2012)湖德刑初字第 92 号。
④ 广东省珠海市香洲区人民法院(2017)粤 0402 刑初 1379 号刑事判决书。
⑤ 广东省汕头市潮阳区人民法院(2017)粤 0513 刑初 820 号刑事判决书。
⑥ 山东省滕州市人民法院(2017)鲁 0481 刑初 307 号刑事判决书。

仔细观察不难发现,防卫限缩与纠偏方案对"紧迫性"的结论差异源于判断对象的不同。防卫限缩重在"未来侵害",因而倾向于否定"紧迫性";纠偏方案重在"现时侵害",因而更易肯定"紧迫性"。为了获得正确的讨论基础,首先应当厘清"紧迫性"的判断对象,而这恰恰是常受误解的问题。对此,应从以下三个方面加以澄清:

第一,判断时点:现时侵害 VS 未来侵害。从形式上看,判断对象的理解差异以判断时点为标志。在对抗性防卫的场合,这种差异并不明显;在非对抗性防卫的场合,"未来侵害"并不立即发生,二者容易产生分歧。以"未来侵害"为对象者,会因为"现实危险性较小"而否定紧迫性。例如,于欢案一审否定的是对于未来的生命健康权侵害的紧迫性;以"现时侵害"为对象者(如于欢案二审),虽肯定紧迫性,但"现时侵害"轻微时,不得不认可对轻微侵害的防卫,或将"现时侵害"扩大为持续侵害,这都是违反刑法教义的。表面上看,刑法规定的"正在进行的不法侵害"是指"现时侵害",但这种形式解释并不符合防卫者意图。以于欢案为例,引起民愤的并非"现时"的拦阻行为,而是辱母行为。该行为虽是"过去侵害",但也是极可能再次发生的"未来侵害"。被告之所以要反抗,不是因为"现时侵害"(拦阻),而是在担心这一极可能发生的"未来侵害",若回避这一事实,于情不符。因此,对于判断对象的选择而言,有必要追问判断时点差异背后的实质原因,这与判断基准和判断本位相关。

第二,判断基准:侵害行为 VS 侵害结果。从实质上看,"现时侵害"与"未来侵害"的区别不在于时间,而在于判断基准。"现时侵害"指正在发生的侵害者的侵害行为,其基准是"侵害行为",是判断侵害者行为的紧迫性;"未来侵害"指对于防卫者的法益侵害,其基点是对于防卫者的"侵害结果"。基于防卫制度之设立目的,"紧迫性"判断只能是针对未来的侵害结果而言的,防卫一定是在侵害结果发生之前实施的,否则就是事后报复。这个结论不但适用于防卫行为与未来侵害结果间隔较长的"非对抗性防卫/预期防卫",如于欢案;也适用于防卫行为与未来侵害结果间隔极短的"对抗性防卫/即期防卫",如侵害人用刀刺向被告人,侵害行为针对的是生命权,但生命权的侵害结果在防卫之时并没有发生,只是即将发生而已,否则防卫者的生命权被侵害了,就不可能再进行防卫了。若被刺了一刀而进行防卫,防卫的对象也不是这一刀,而是有可能发生的第二刀(如果侵害者只打算砍一刀,砍完了就不可能再防卫了);若这一刀已插入身体 1 厘米时进行防卫,防卫的只能是该刀子有可能进一步深入身体达到 2 厘米或更深。在持续侵害(如非法拘禁)中,之所以允许防卫,不是因为已实施了长时间的拘禁,而是从已长时间拘禁的过去事实可以推断,拘禁仍将继续。

第三,判断本位:侵害人本位 VS 防卫人本位。从根源看,判断对象理解的不同是因为判断本位的不同。以"现时侵害"为对象者,是以侵害者为本位,把侵害者的行为当作被刑法评价的犯罪行为一样进行构成要件判断,并从侵害行为"着手"作为紧迫性的参照,对此存在三种不同标准[①]:未遂说把紧迫性与侵害行为未遂的"着手"同等看待;预备说认为,当侵害已进行预备,若不防卫则以后不可能再进行防卫时,就具有紧迫性;折中说从未遂与预备中间寻找紧迫性的时点。这三种标准均受到批判,未遂说失之过迟,预备说失之过早,折中说则未提供明确标准。以"未来侵害"为对象者,是以防卫者为本位,认为正当防卫制度的目的在于使防卫者能在紧急情况下保护自己的法益,而不是授权防卫者去规制他人的不法行为(这基本上是国家的任务),防卫者关注的重点应是自己的法益是否即将遭受侵害,而非侵害者的行为是未遂还是预备。侵害者近距离挥刀砍来具备紧迫性(未遂说),从远处持刀冲过来也具备紧迫性(折中说),为杀人而伸手去拨刀也具备紧迫性(预备说),即使侵害者的行为因不属于刑法规定的任何构成要件而不存在所谓未遂与预备,只要它侵害法益,就可能具备防卫的紧迫性。"紧迫性"判断旨在评价防卫者的行为(能否阻却违法),而不是评价侵害者的行为(是未遂还是预备),因而判断本位就应基于防卫者而非侵害者,因此刑法所要求的"正在进行"就不能从形式上理解为描述侵害行为实施进程的时间概念,而是一个规范概念,它表明防卫行为具有阻却违法之基础。

综上,"紧迫性"的判断对象不是"侵害者实施的现时的侵害行为",而是"防卫者防卫的未来的侵害结果"。若在判断对象上发生偏离,关注"侵害者的不法侵害行为正在进行",则有可能完全抛弃"紧迫性"原则。侵害行为不是在具备"紧迫性"的瞬间才突然变为不法的,在"紧迫"之前已属不法;防卫行为的正当性也不必然以不法行为已变得"紧迫"为条件,尤其是警察武力的使用是可以先发制人的,不必等到"紧迫"条件成就。[②]

厘清"紧迫性"判断对象后可发现,防卫限缩以"未来侵害"为对象,在判断基础上符合刑法教义,但在判断结论上却无法满足政策需求,从而陷入两难。这也从一个侧面反映了刑事政策与刑法教义之间的"李斯特鸿沟",如何跨越鸿沟,实现情与法的统一,则是激活我国防卫制度适用的关

---

① Vgl. C. Roxin, Strafrecht Allgemeiner Teil, Band I, 4. Aufl. , C. H. Beck, 2006, S. 665f.

② Whitley R. P. Kaufman, Self-Defense, Imminence, and the Battered Woman, 10 New Criminal Law Review, 353(2007).

键。在"紧迫性"判断中,如思考之起点(判断对象)正确,但思考之终点(判断结论)却不理想,我们应当审查起点与终点之间的思考路径——判断方法,而不应随意变更作为讨论基础的判断对象。纠偏方案的做法一开始偏离了正确轨道,不是解决问题而是回避问题,它表明我国对"紧迫性"的研究还未真正开始,这增加了笔者研究的难度,但也使笔者获得了更广的研究视域:防卫限缩既然具有正确的讨论基础,其关于"紧迫性"判断的两难就必然具有普遍性;通过观察发现,防卫限缩确实并非我国独有,与之相关的"紧迫性"判断是各国面临的共同难题,尤其是在非对抗性防卫/预期防卫中(如于欢案);而且,在现代反恐背景下,先发制人地应对未来侵害已成为普遍需求,这使得"紧迫性"判断已成为多国的研究热点,研究目标是放松"紧迫性"要求,使得防卫条件更容易成就,从而改变防卫限缩的现状。① 这场大范围的学术讨论,完全可纳入我国的解题思考。

(二) 政策考量的具体方案

厘清"紧迫性"的判断对象是讨论之基础,找到合适的判断方法则是解题方案之核心,这也是域外研究之重点。在政策需求与刑法教义的两难选择中,迫于追求个案正义的民意压力,现有理论往往基于政策需求来设计"紧迫性"的判断方法,在"情与法"的对立中,更侧重于"情"。

这种努力集中体现在"被虐妇女杀夫案"中,代表案件是美国的Norman案。被告连续二十年受到丈夫虐待,不仅被殴打,还被强迫做妓女赚钱,学狗叫,吃猫狗残食,睡水泥地。每当她逃跑,总被丈夫找回,虐待更甚。案发前一日,丈夫变本加厉地对其进行虐待(用烟烫胸部、令其睡地上、威胁要杀死她)后午休,被告用枪射死了正在午睡的丈夫。② 在庭审中,被告提出自卫抗辩,但法庭并未采纳,因为她丈夫正在睡觉,她并未处于一个"紧迫的"威胁之中。被告被判误杀罪,处六年监禁。③ 虐妇案把于欢案式的"紧迫性"难题进一步放大了,具有分析样本意义。此类案件在我国亦多有发生,除前述王万英案外,还有曹瑰案④、甄春芳案⑤、陆忠丽案⑥等。判决均否定防卫的"紧迫性",但人们普遍希望通过肯定"紧迫性"来赋

① Fletcher, Domination in the Theory of Justification and Excuse, 57 University of Pittsburgh Law Review, 567(1996).

② State v. Norman, 89 N. C. App. 384 - 89,366 S. E. 2d 586 - 89.(N. C. Ct. App. 1988).

③ Whitley R. P. Kaufman, Self-Defense, Imminence, and the Battered Woman, 10 New Criminal Law Review, 342,347(2007).

④ 参见浙江省高级人民法院(2015)浙刑一终字第133号刑事裁定书。

⑤ 参见甘肃省高级人民法院(2016)甘刑终64号刑事裁定书。

⑥ 参见广东省高级人民法院(2015)粤高法刑四终字第188号刑事裁定书。

予被告最基本的自卫能力,并基于这一政策需求设计了多种解题方案。

这些解题方案在"紧迫性"的判断对象(讨论基础)上是正确的,这一点不同于前述纠偏方案;但与纠偏方案一样,这些方案下的"紧迫性"判断规则都是基于政策需求,采用问题思维"设计"或"创造"出来的。问题思维亦称论点式思维,它以解决问题的答案作为思维起点,其进路是"由果至因",即在具体问题上先肯定某个符合政策需求的结果,再寻找论据,也就是先有答案再找理由。论据不是从某种体系关联中导出,亦无需大规模的逻辑推演,其产生方式是:先一次性地把可以设想的全部理由提出来,然后通过赞成与反对的讨论作出一致的决定,讨论标准是"健康人的理解"或"公道",不受刑法教义的限制[1],因而常常面临法理困境。兹对几种代表性的解题方案评析如下:

1. 回避"紧迫性"的判断要求

该方案主张通过立法或司法的途径来回避"紧迫性"的判断要求,详述如下:

(1)以立法途径回避"紧迫性"判断。有学者提出,法律承认正当防卫概念的目的,是要让防卫者可以保护法益,因此正当防卫中所谓的现在侵害不是时间概念,不是说侵害正在发生,而是指侵害即将发生,已经到达防卫者最后的有效的防卫时间点,如果超过此一时间点,防卫者无法达到防卫的目的。由于"现在"二字容易形成直觉上的僵硬标准,不合于法益保护的需求,应当删除。[2] 该观点已初步意识到"紧迫性"的判断对象应是"未来侵害"而非"现时侵害",但只是提出修法建议,而没有回答"紧迫性"如何认定的问题,也没有说明删除"现在"二字后,"紧迫性"要件应如何体现。

(2)以司法途径回避"紧迫性"判断。英美刑法理论中的防卫应同时具备"紧迫性"与"必要性"两个要件。有学者认为,诉诸武力的"必要性"才是自卫的本质要素,而"紧迫性"没有独立意义,二者冲突时,"必要性"应当优先考虑。[3] 当"必要性"具备时,不能以"紧迫性"来否定自卫武力的使用。[4] 理由是:社会并不要求其所应避免的侵害必须是"紧迫的","紧迫

---

① Vgl. C. Roxin, Strafrecht Allgemeiner Teil, Band I, 4. Aufl., C. H. Beck, 2006, S. 219f.

② 黄荣坚:《论正当防卫》,《台大法学论丛》第 24 卷第 2 期。

③ Richard A. Rosen, On Self-defense, Imminence, And Women Who Kill Their Batterers, 71 North Carolina Law Review, 371 (1993); Shana Wallace, Beyond Imminence: Evolving International Law and Battered Women's Right to Self-Defense, 71 The University of Chicago Law Review, 1749,1761(2004).

④ Jeffrey Murdoch, Is Imminence Really Necessity? Reconciling Traditional Self-Defense Doctrine with the Battered Woman Syndrome, 20 Northern Illinois University Law Review, 191,212(2000).

的"侵害也不一定大于"不紧迫的"侵害。虐妇案虽不具备"紧迫性"——因为被告的丈夫正在睡觉,但却具备"必要性"——除了在丈夫熟睡时杀死他之外,很难想象被告有其他任何办法防止丈夫杀死或严重伤害自己。[1] 但这种方案受到反对,因为存在着"紧迫性"与"必要性"不一致的情形:一是"紧迫而不必要",如被害法益很小或防卫人应退却的情形;二是"不紧迫但必要",此时个人应求诸国家保护,而不允许诉诸武力。因此,"紧迫性"的作用在于,它严格区分了两种武力使用的条件:就个人而言,其武力使用应同时具备"紧迫性"与"必要性";就国家而言,仅有"必要性"就已足够。[2]如果一项威胁尚不"紧迫"就先进行自卫,这种自卫将丧失道德上的正义性;"紧迫性"可以确保武力是防卫性的,因而从道德上是正当的。[3]

2. 降低"紧迫性"的判断标准

该方案主张降低"紧迫性"的判断标准,使之更容易成就。因为"紧迫性"判断是防卫人的主观判断,该判断是否合理,不能仅从客观方面考虑,而应综合考虑防卫人的生活经历、个人能力、当时所处的环境等因素。简言之,"紧迫性"的判断标准不是一般人,而是行为人。虐妇案中的行为人处于"被虐妇女综合症"(Battered Woman Syndrome, BWS)状态。BWS由临床医生 Lenore Walker 博士提出[4],并产生了极大影响。该症状有两个典型特征:(1)被丈夫反复虐待的妇女会产生"习得无助感",相信自己无法控制这种局面,于是变得消极、屈服,因为她们一旦试图求助于他人或逃跑,就会遭受更严重的暴力,减少被虐待的最有效、快速的办法是更加顺从,这较好地解释了受虐妇女为何不离开或不采取其他手段对抗施虐者。(2)受虐者对施虐者的行为更为敏感,比一般人更有理由确信施虐者的威胁是真实的,并且即将对自己实施,这种确信是基于"创伤后压力应激障碍"(Post-Traumatic Stress Disorder),其是一种精神病。质言之,BWS 的作用在于,为被告合理相信"紧迫性"的存在提供新的临床证据。这种观点曾获得司法支持。[5]

---

[1]　Richard A. Rosen, On Self-defense, Imminence, And Women Who Kill Their Batterers, 71 North Carolina Law Review, 375 – 76(1993).

[2]　Whitley R. P. Kaufman, Self-defense, Imminence, and The Battered Woman, 10 New Criminal Law Review, 351 – 52(2007).

[3]　Kimberly Kessler Ferzan, Defending Imminence: From Battered Women to Iraq, 46 Arizona Law Review, 213,258 – 259(2004).

[4]　Lenore E. Walker, Battered Woman Syndrome And Self-defense, 6 Notre Dame Journal of Law, Ethics & Public Policy, 321(1992).

[5]　State v. Leidholm, 334 N. W. 2d 811(N. D. 1983).

但实际上,BWS仅仅是一种免责事由,而非正当化事由,因为BWS并不表明受虐妇女杀夫是正确的,只是因其理智与意志受损才予以免责。进一步说,BWS的作用在于降低"紧迫性"的判断标准,使之由"理性的一般人"转变为"具体的行为人(精神病人)"。但这就改变了"紧迫性"的体系地位,使之由违法问题转变为罪责问题。违法判断是针对行为的一般判断,其判断标准为"一般人"或"理性人",而责任判断是针对行为人的具体判断,其判断标准为"具体人"或"行为人"。BWS证据所指向的是行为人的精神状态,并非行为本身,它解释的是:为什么我们因同样的行为谴责他人,而不谴责被虐妇女?它所传递的信息是被告人已陷入疯狂,因而值得同情,而不是被告人的行为是正当的。由于正当防卫是违法阻却事由而非责任阻却事由,BWS的"紧迫性"概念与违法阻却事由显然不相容,而且还在一定程度上包含着对被告人的贬损评价,不符合人们的法感情,因此BWS方案在刑法教义与政策考量上均难以自洽,已被弃用。

3. 转移"紧迫性"的判断阶层

这种方案坚持"紧迫性"判断是客观判断而不是主观判断,并认为:如果"紧迫性"判断过于宽松,会导致武力的滥用;虐妇案并不具备"紧迫性",不是防卫行为;然而,被告的行为虽不正当却可免责。[①] 这其实是转移了"紧迫性"判断的阶层,即不是在违法性阶层通过肯定"紧迫性"来使被告行为正当化,而是在罪责阶层通过"免责"来使被告免受处罚。

难题虽被转移,却未消灭。如上所述,"免责"对于受虐妇女带有贬义评价,因此为避免这一点,该方案不得不对免责理论进行"创新":行为人因其行为而受谴责的前提是,他有实质的能力和机会去自由选择违背法律。因此,当行为人实施违法行为时,如果缺乏实质的能力或公平的机会去认识其行为的事实情况及其社会危害性,或者缺乏能力或机会使其行为顺从法规范,则不应受责备。由于"缺乏能力"对被虐妇女存在贬意,表明其在犯罪时陷入一种病态,因而这种做法并不可取;而"缺乏机会"的免责抗辩则是一个可接受的选项,它并没有传递贬损信息,且合乎我们的道德直觉,因为它表明,外部因素导致行为人缺乏公平的机会使其行为合乎法规范,错不在于行为人,而在于外部环境。这种抗辩是制定法上的"胁迫"抗辩,它可以传递正确的道德信息:我们并不希望被告杀死熟睡的丈夫,但由于被告所面临的外部因素,我们仍宽恕被告。不过此论者也承认,典

---

① Joshua Dressier, Battered Women and Sleeping Abusers: Some Reflections, 3 Ohio State Journal of Criminal Law, 462,469 – 470(2006).

型的"胁迫"是指胁迫者要求被胁迫者去伤害第三人的情形,将"胁迫"用于虐妇案,确实扩大了"胁迫"的内涵。

综上可见,基于政策需求的解决方案的实质是,如刑法教义与政策目标不符,则予以修改或回避。但这样一来,"我们对于这个问题的决定,可能会有和自己先前已作出的其他决定相互扞格的危险。"虽然实现了个案正义,但却"没有实现法律适用的一个重要诉求:平等意义之下的正义"①。例如,回避"紧迫性"实际上是有意忽视立法规定;改变"紧迫性"的判断标准,违反了正当防卫作为违法阻却事由的本质;将"紧迫性"判断难题转移至罪责阶段,不但没有解决问题,还造成罪责理论的混乱。问题思维片面追求社会效果却不顾法理教义,可谓因小失大。

三、体系思维的方案及其蕴含的政策考量

基于政策需求的解题方案失败了,转向刑法教义进行理论重构就成为唯一选项。教义分析崇尚体系思维,"刑法学必须自成体系,因为,只有将体系中的知识系统化,才能保证有一个站住脚的统一学说,否则,法律的适用只能停留在半瓶醋的水平上。"②体系思维的进路是"由因至果",即从"紧迫性"的教义基础出发,推导出具体的判断规则,再适用于更具体的实践个案。

与问题思维不同,体系思维的解题方案不是根据政策需求"设计"或"创造"出来,而是从刑法教义"推导"出来,由抽象到具体的体系推演可以保证个案处理的一致性。但是,个案处理结果是否符合政策需求,并不是体系推导时应考虑的因素,这就难免令人忧虑:体系思维是否只注重僵硬的刑法教义,难以兼顾个案正义? 实际上,这种担心并无必要,因为刑法的教义体系是以违法、有责为核心建构的,是将各种政策考量因素纳入既定的体系架构之中。例如,比例原则、法益衡量、期待可能性均属政策考量,分别被纳入体系化的三阶层之中。可以说,由教义体系推演得出的结论,必然是合乎政策需求的。③ 当个案显失公正时,我们不应随意修改刑法教义,而应重新检视该教义是否经由体系思维被贯彻于个案判决之中。当

---

① Vgl. I. Puppe, Kleine Schule des juristischen Denkens, 3. Aufl. , Vandenhoeck & Ruprecht, 2014, S. 272.

② Vgl. F. v. Liszt/E. Schmidt, Lehrbuch des deutschen Strafrechts, 26 Aufl. Gruyter, 1932, S. 2.

③ 潘星丞:《比较视域中的犯罪论体系:由差异至普适》,法律出版社 2016 年版,第 392—397 页。

然,教义分析能否实现情与法的统一,不能只进行抽象的说明,而应结合具体问题加以检验。因此,笔者在依据教义分析对"紧迫性"进行理论重构时,同时指明其所蕴含的政策考量。笔者对于"紧迫性"判断规则的重构,从质与量两个维度展开,质的维度侧重于确定"紧迫性"所需要素的种类及其内涵,量的维度则进一步考虑这些要素的大小和相互关系。另外,具体的判断规则还应考虑本国立法模式的影响。

（一）质的维度：判断要素的确定及其内涵

从质的维度看,认定"紧迫性"需要哪些要素呢？这应从正当防卫的教义基础中寻找。在这里,重要的不是形式的立法规定,而是为立法提供依据的实质理由。

正当防卫早期的教义基础是"正对不正、无需让步",该原则对我国刑法影响颇深,前述纠偏方案主张的轻微侵害防卫说也是以此为基础的。但是,随着正当防卫制度的发展,"正对不正、无需让步"原则已受到限制。例如,各国司法对轻微侵害的防卫多持否定态度,这体现了社会对于个人滥用武力的担心。现代正当防卫的教义基础包括两个原则：个人保护（Individualschutz）与法保护（Rechtsbewährung）。[①] 后者亦有人译为法确证原则。个人保护也称自我保护（Selbschutz）[②],重在对不法侵害进行有效防卫,以保护法益。就此而言,防卫行为不应受任何限制（此即"正对不正、无需让步"）。法保护原则要求,即使国家机关不在场,也应按照国家的法定秩序来对抗法益侵害,这就对个人保护原则进行了一定限制,"紧迫性"正是这种限制的产物。我国的纠偏方案恰恰忽视了这一变化,因而在"紧迫性"判断上不可避免地产生误解。

在"紧迫性"的限制下,个人保护原则必须满足如下条件：（1）之所以要保护,是因为法益侵害即将发生,从而有保护之必要。（2）之所以要个人自我保护,是因为国家无法提供有效保护。现代国家垄断了武力使用权,法益保护也成了国家的任务,只有国家无法提供有效保护时,武力使用权才回归个人。[③]（3）之所以允许个人使用武力来保护。是因为该法益侵害较严重,值得动用武力来保护,在法保护必要性降低（如小孩的攻击）或极其微弱（如法益侵害轻微）的情形下,就无武力"保护之必要性,即使国家无法保护,也要求个人先行避让或容忍。也就是说,"紧迫性"对个人保护设

---

① Vgl. C. Roxin, Strafrecht Allgemeiner Teil, Band I, 4. Aufl. , C. H. Beck, 2006, S. 654.

② Vgl. H. Jescheck/T. Weigend, Lehrbuch des Strafrechts Allgemeiner Teil, 5. Aufl. , Duncker& Humblot, 1996, S. 337.

③ ［日］大谷实：《刑法总论》,黎宏译,法律出版社 2003 年版,第 210 页。

定了三个限制条件：(1)不法侵害的可能性较大；(2)国家保护的有效性降低；(3)不法侵害严重。这三个条件表明，法益侵害即将发生而国家无法有效保护，且法益侵害严重，法秩序不要求个人容忍。这三个条件正好揭示了"紧迫性"判断的三要素：不法侵害的可能性 P、不法侵害的严重性 S、国家保护的有效性 E。这三个要素分别对应着"紧迫性"判断对象的三个侧面：不法侵害的可能性是对"未来侵害"的估计；不法侵害的严重性是针对"侵害结果"的评价；国家保护是否有效是站在"防卫者"立场来说"的。

"紧迫性"虽然是从正当防卫的教义基础中推导出来的，但是从政策考量的视角来看也具有合理性。"紧迫性"的功能在于对国家与个人之间的武力使用进行合理分配，如个人在不具"紧迫性"时对将来可能的侵害者进行先发制人的打击，他就超出了公民的权限。只有当威胁具有"紧迫性"，没有时间请求国家保护，个人才被允许未经事先授权而使用武力。① 这表明，教义分析与政策考量可以得出一致结论，教义分析并不排斥政策考量；相反，教义分析可以将"紧迫性"的政策考量更为精细地划分为三个要素。

而且，对于这三个要素的具体内涵之把握，也应按教义分析及相应的政策考量来进行：

(1)不法侵害的可能性 P。不法侵害严格说来只能是"未来侵害"，对于现在而言，它只是一种可能性，那么如何判断这种可能性呢？有学者认为，紧迫的侵害必须是在真实世界里实际发生的，只有这样，自卫才不是侵略，而是对侵略的合法反应。② 但这一观点是值得商榷的。侵害的可能性虽然是推断的，但是并不一定是主观的，关键在于如何推断。对此，有三个不同标准：一是纯粹客观说，即根据事后观察者的立场与全部客观情事来判断侵害之可能性是否存在，上述观点即采此说；二是具体客观说，这是以处于行为人地位的一般人为判断标准，判断素材除了时间间隔外，还要考虑行为人所面临的一切客观情状，过去侵害也是推定未来侵害的客观素材；三是主观说，即从行为人主观认识上去进行"紧迫性"判断，"被虐妇女综合症"正是采取这种方案，强调被虐妇女的主观理性，只要行为人理性地认为具有"紧迫性"即可，即使客观上并不"紧迫"。纯粹客观说失之过窄，

---

① George Fletcher, Self-Defense and Relations of Domination, 57 University of Pittsburgh Law Review, 553,560,570(1996).

② George Fletcher, Self-Defense and Relations of Domination, 57 University of Pittsburgh Law Review, 570－571,568(1996).

要求防卫者是事后的、全知的判断者,这不是保护防卫者而是保护侵略者,这种标准适合于评价侵略者的行为,而不是赋予防卫者防卫权,在判断本位上根本错误;主观说实际上是责任范畴,失之过宽;只有具体客观说才是违法性判断,才是正当防卫这一违法阻却事由应当秉持的判断标准。以防卫的行为人为标准,体现个人保护的要求,行为人应是客观的行为人,从而体现法保护的要求。"紧迫"是侵害的危险,该标准与危险判断的具体危险说是一致的。

具体客观说不仅是教义分析的结果,也蕴含着政策考量。在可能性判断中,时间间隔是一个重要因素。一般而言,在时间间隔较短的"即期防卫"中,侵害发生的可能性往往达到必然性的程度,而"预期防卫"的侵害可能性判断则存有误差空间。例如,虐妇案中的丈夫极有可能在睡醒后继续实施虐待行为,但也存在不继续虐待的可能性(尽管这种可能性较小)。有学者据此提出,如允许杀死一个正在睡眠中的人来"防卫",将使得致命性暴力使用的合法化过度扩张,削弱"生命神圣"的理念。[1] 然而,在这类案件中,被虐妇女进行防卫的"机会窗口"是稍纵即逝的。如果说"不允许预期防卫是因为我们看重生命价值",也意味着"我们看重可能的侵害者的生命价值",那么"可能的被害人"就要承受被错误对待的风险。[2] 与其让被害人来承担这种风险,不如让侵害者承担这种风险,这就是一个政策考量的选择。具体客观说本来就不是纯粹客观判断,而是一种客观的"事后预测",这种"预测"是以客观的防卫人(而非客观的一般人)为基准的,自然是有利于客观的防卫人的。

(2) 不法侵害的严重性 S。当不法侵害比较轻微时,情况并不紧迫,被告应当容忍,不能进行防卫。从刑法教义看,这是法保护原则的要求。在轻微侵害的情形下,法保护的利益是很轻微的,"以至于人们能够很过分地要求对它加以容忍"[3]。在德国刑法理论中,这属于正当防卫的"要求性"的内容;在英美刑法中,则属"必要性"原则的内涵。[4] 该判断要素也包含着对风险分配的政策考量:当防卫所造成的损害较大,而所防止的损害轻

---

[1] Joshua Dressier, Battered Women and Sleeping Abusers: Some Reflections, 3 Ohio State Journal of Criminal Law, 457,468(2006).

[2] Shana Wallace, Beyond Imminence: Evolving International Law and Battered Women's Right to Self-Defense, 71 The University of Chicago Law Review, 1771,1770(2004).

[3] Vgl. C. Roxin, Strafrecht Allgemeiner Teil, Band I, 4. Aufl., C. H. Beck, 2006, S. 683, 696.

[4] Whitley R. P. Kaufman, Self-Defense, Imminence, and the Battered Woman, 10 New Criminal Law Review, 351 - 52(2007).

微时,防卫者与侵害者的风险是不对等的,法秩序有理由要求防卫者忍受较小的损害。该要求是对"正对不正、无需退让"的限制,已被现代刑法普遍接受。[①] 我国刑法理论也接受这一限制,司法判决常以"侵害轻微"来否定"紧迫性"。例如,"(被害人)只是实施了轻微的暴力行为,这种不法侵害不具有紧迫性,不存在实施防卫的必要性"[②]"(被害人)实施了一般性的拉扯、推打及拳脚殴打,并未对李颖涛造成实质损害。在被害人的侵害行为性质并不严重的情况下,不存在采用对被害人人身造成严重损害的方法维护其合法利益的紧迫性和必要性"[③]。

值得注意的是,最高院 93 号指导案例裁判要点表明,对于"非法限制人身自由"的行为可以正当防卫,但实际上,这不能一概而论,关键仍在于侵害是否严重。笔者从中国裁判文书网采集了相关案例共 36 例[④],其中为了逃脱传销窝点而使用武力的有 10 例,有 9 例因肯定防卫的紧迫性而成立防卫过当(占 90%);其余 26 例(其中有 17 例是因追索债务而引起,前文已述)中,仅有 6 例肯定防卫的紧迫性(占 23.08%),这 6 例均同时伴随有其他的不法侵害行为(如殴打、强行带走)。可见,对于"非法限制人身自由",司法裁判只有在逃脱传销窝点时才承认防卫之紧迫性,其理由正在于:传销窝点的"限制人身自由"往往时间长,具有严重性,而其他情形(如追索债务)的"限制人身自由"往往较轻微。

(3)国家保护的有效性 E。基于法保护原则,个人保护是国家专有的法律保护的例外,即使不法侵害的可能性极大,也仍要考察国家保护的有效性。国家保护的有效性可以从两个层次上理解:一是前提的有效性,即存在国家保护的可能性,只有这种可能性不存在时,才允许个人使用武力自卫。在"即期防卫"的场合,我们不去关心国家保护可能性,因为时间短促,该可能性明显不存在。但在"预期防卫"中,国家保护可能性就有必要进行独立判断。从刑法教义上看,"个人保护"之所以要受"法保护"的限制,是因为没人能成为自己的法官,对他人使用武力的决定必须由客观公正的机构作出。因此,国家保留了对过去的侵害及将来的侵害使用武力的权力的垄断,唯一的例外是,威胁的"紧迫性"使得依据外力保护成为不可

---

① Vgl. H. Jescheck/T. Weigend, Lehrbuch des Strafrechts Allgemeiner Teil, 5. Aufl., Duncker& Humblot, 1996, S. 336.
② 何文杰故意伤害案,广东省高级人民法院(2016)粤刑终 948 号刑事判决书。
③ 李颖涛故意伤害案,广东省高级人民法院(2016)粤刑终 829 号刑事判决书。
④ 样本采集时间为 2018 年 7 月 13 日,采集条件为:全文关键词"人身自由""正当防卫",案由"刑事案由",总样本数为 101 例;除去无关案例,共 37 例因"非法限制人身自由"而进行防卫的刑事案件;除去比对标本于欢案,共 36 例。

能时,才允许个人使用武力。① 从政策考量上看,"紧迫性"是为了平衡国家与个人之间武力分配的措施。如果存在国家保护的可能性,仍允许个人自卫,则国家对武力的垄断就会落空。二是结果的有效性,这是指国家保护不仅是可能的,而且应当是有效的。所谓"无效",是指国家保护的可能性并非不存在,但却是无效的。例如,在虐妇案中,警察措施只能暂时停止侵害,但事后被告受到的虐待更严重,这表明警察对于被告人不再能够有效地履行国家保护的职能,个人保护的功能由此启动。②

对于国家保护的有效性,我国的正当防卫理论较少涉及,一是因为常见的"即期防卫"无需过多关注这一要素,二是因为我国学者多将正当防卫视为对个人权利的保护,对国家角色关注较少。但这一要素应是理所当然的,民事的自力救济必须以公力救济来不及为前提。举轻以明重,刑事的正当防卫自然以国家保护不可能为前提。如果尚有机会请求国家保护,国家也能进行有效保护,那么就表明该侵害并不紧迫,此时进行防卫就有可能是事前防卫。

(二) 量的维度:判断要素的大小及其关系

现有研究对于"紧迫性"的判断,只是从质的维度考虑所需要素的"有无",却极少从量的维度考虑这些要素的"大小"。然而,"紧迫性"判断的三个要素不是独立的,"紧迫性"(I)与不法侵害的可能性(P)、严重性(S)呈正相关关系,与国家保护的有效性(E)呈反相关关系,即 $I=S\times P/E$。这 公式显示,三个要素在量上是相互制约的,使得"紧迫性"判断呈现出动态平衡的特征,这种动态平衡也同时符合教义分析与政策考量的要求。

(1) 如 S 值较小,表明侵害轻微,往往没有防卫之必要(如多数"非法限制人身自由"的行为),从而难以肯定"紧迫性",这已被刑法教义与司法实践认可。衡量 S 的大小不仅要考虑绝对值,而且要考虑相对值,与防卫行为相对比来判断,司法判决常常采取这种方法。例如,在孙辉雄故意伤害案中,法院认为:"当时被害人一方仅是用拳脚对孙辉雄进行殴打,被告人孙辉雄在此情况下即拿出随身携带的刀具对三名被害人进行捅刺的行为并不具有正当防卫的紧迫性,故其行为并不符合防卫过当的构成要件。"③又如,刘国领故意伤害案中,"当两被害人下车追逐刘国领一方时,

① Whitley R. P. Kaufman, Self-defense, Imminence, and The Battered Woman, 10 New Criminal Law Review, 342,354,359 – 360,369(2007).

② George Fletcher, Self-Defense and Relations of Domination, 57 University of Pittsburgh Law Review, 570(1996).

③ 广东省中山市中级人民法院(2014)中中法刑一初字第 69 号刑事判决书。

两被害人均系赤手空拳,双方力量对比并无明显差异",刘国领"便先后捅刺二人要害部位多刀……直至一死一重伤。显然刘国领持刀伤害对方时,面临的并非是危及其人身安全、身体健康等具有现实紧迫性的侵害行为"。[①]

(2) 如 S 值较大(侵害严重),则有必要进一步考虑 P 值与 E 值的大小,对此可分两种情形:①"即期防卫"中,侵害结果发生的可能性几近于必然性,P 值极大,对于侵害严重性 S 的预计基本是正确的,国家保护的有效性 E 也几乎不存在,从而可以肯定"紧迫性"。②"预期防卫"中,P 值相对较低,对于未来侵害的严重性 S 与国家保护有效性 E 也存在错误估计的风险,这时合乎政策考量的风险分配方案是:与其让防卫者承受风险,不如让侵害者承受风险,因而仍可以肯定"紧迫性"。[②] 但是,法保护原则在这种场合下提出了更多的限制:其一是避让原则。由于侵害发生的可能性 P 低于"即期防卫"的场合,法保护的利益相对降低,就要求"被侵害者必须躲避,只要这种躲避没有危险并且可能"[③],这是为了防止正当防卫权滥用的一种"社会伦理性限制",也是为了平衡风险分配的政策考量安排。将躲避原则适用于虐妇案,则是被虐者若逃跑极有可能被抓回来,并受到更严重的虐待,因而躲避是危险且不可能的,这样才能肯定"紧迫性"。该原则在我国司法实践中亦有体现。例如,陈文杰等故意伤害案中[④],被害人跳上了陈文杰等人驾驶的汽车后斗,但未持有任何工具,法院否认防卫的紧迫性,理由在于:"陈文杰等人完全可以采取停车或关闭车窗等方式予以躲避。但陈文杰却持棒球棒击打被害人头部等要害部位,致被害人重型颅脑损伤死亡。"其二是比例原则。由于"预期防卫"存在对"紧迫性"要素错误判断的风险,因此还应受比例原则的限制,这与紧急避险类似,其正当化的根据在于保护具有更高价值的利益。[⑤] 应注意的是,这里的比例原则比即期防卫的限度要求更严格,更接近于紧急避险的限度要求。

S、P、E 三个要素之间的相互制约关系,使得"紧迫性"的判断不再是"要件耦合"式的静态判断,而是"此消彼长"式的动态判断。而且,它使得正当防卫的"紧迫性"要件与其他要件(如防卫限度)也呈现出此消彼长的

---

① 广东省高级人民法院(2015)粤高法刑四终字第 372 号刑事裁定书。

② Shana Wallace, Beyond Imminence: Evolving International Law and Battered Women's Right to Self-Defense, 71 The University of Chicago Law Review, 1776(2004).

③ Vgl. C. Roxin, Strafrecht Allgemeiner Teil, Band I, 4. Aufl., C. H. Beck, 2006, S. 666.

④ 参见广东省高级人民法院(2015)粤高法刑一终字第 428 号刑事裁定书。

⑤ Vgl. H. Jescheck/T. Weigend, Lehrbuch des Strafrechts Allgemeiner Teil, 5. Aufl., Duncker & Humblot, 1996, S. 337,351,361.

动态关联,从而更能适应复杂多样的实践个案。

(三) 立法模式对"紧迫性"判断的影响

"紧迫性"的判断规则必须由正当防卫的教义基础推导出来,这些教义基础是现代文明各国共同认可的。因此,"紧迫性"的判断规则具有实质上的共通性,但其具体表现形式则受到各国立法模式的影响。

在质的判断方面:(1)对于未来侵害的可能性 P,各国刑法均将其视为"紧迫性"要件的内涵。(2)对于侵害结果的严重性 S,德国刑法将之作为正当防卫的"要求性"内容;而英美法系将之作为"必要性"的内涵,[①]与"紧迫性"并列。但在我国正当防卫的话语体系中,该内容并不是一个独立的要件,因而应放在"紧迫性"中,作为一个子要件来讨论。(3)对于国家保护的有效性 E,尤其是国家保护的可能性,英美国家往往放在"必要性"中讨论,国家保护不可能时,才有个人防卫之必要;而大陆法系往往将之作为"紧迫性"要素,因为该要素表明国家来不及制止侵害行为,无法对防卫者提供有效保护,从而允许启动个人保护。我国刑法并未将"必要性"作为独立要件,因而亦应在"紧迫性"中判断该要素。可见,这三个要素均可从我国《刑法》第二十条"正在进行的不法侵害"之规定出发,根据正当防卫的教义基础进行实质解释而获得。

在量的判断方面,由于各国立法的紧急权体系不同,对"紧迫性"的程度要求亦不同。例如,对于"预期防卫",从防卫对象看,是对不法侵害的反击,即"正对不正",因而具有正当防卫的属性;从防卫手段看,必须遵循避让原则与比例原则,从而具有紧急避险的属性。双重属性使之可纳入不同的制度体系,英美法系将之视为防卫权[②],而德国则将之作为紧急避险的一种特殊情形。这是因为,德国刑法中紧急防卫的"紧迫性"比紧急避险的"紧迫性"更严格。防卫中的侵害必须是"立即发生"的,而避险中的侵害则可以是"不远的将来"(如几个小时后)发生的。[③]"预期防卫"不具备防卫的"紧迫性",但具备避险的"紧迫性"。[④] 这种紧急避险不是针对第三人的攻击性避险(Aggressivnotstand),而是针对危险者本人的防御性避险(Defensivenotstand)。有学者亦主张,我国应引入防御性避险制度来解决

① Whitley R. P. Kaufman, Self-Defense, Imminence, and the Battered Woman, 10 New Criminal Law Review, 351 – 52(2007).

② Jane Campbell Moriarty, Imminence, and Anticipatory Self-Defense, 30 New York University Review of Law & Social Change, 1,15,25(2005).

③ Markus D. Dubber & Tatjana Hörnle, Criminal law: A Comparative Approach, Oxford University Press, 2014, p. 444.

④ Vgl. C. Roxin, Strafrecht Allgemeiner Teil, Band I, 4. Aufl. , C. H. Beck, 2006, S. 763

"预期防卫"的难题。[1] 但是,防御性避险并不能为我国的紧急避险所包含,因为我国紧急避险与正当防卫的区别不在于"紧迫性"程度的不同,而在于前者是"正对正",后者是"正对不正"。"预期防卫"具有"正对不正"的特征,在我国只能也应当在正当防卫的范畴内讨论。这在我国刑法理论中亦有体现,如传统理论认为:"当不法侵害尚未实施,但不法侵害者的行为已经对合法权益形成现实的紧迫性危害,即不法侵害转入实施阶段后防卫者即刻丧失有效防卫可能性的条件下,应当认为防卫行为符合正当防卫的时间条件。"[2]

四、体系思维之评价

综上可见,对于正当防卫"紧迫性"的判断,教义分析与传统研究相比,在研究结论、思维模式及政策效果三个方面均有显著变化:

首先,在研究结论上,教义分析带来的变化体现在"质"与"量"两个维度。(1)质的维度:由形式判断转向实质判断。我国传统的正当防卫理论是对刑法条文的形式解释,解释方法是将《刑法》第二十条进行拆分,拆分后的每个词汇都是一个防卫条件。例如,"正在进行"是时间条件,"不法侵害"是起因条件,等等。从教义基础推导出的防卫条件则具有实质解释的属性,与刑法条文的词汇不存在一一对应关系。实质解释与形式解释的标准不一,一个实质要件可能与几个形式要件相关。例如,"紧迫性"是实质要件,其判断要素不但涉及形式的时间条件(正在进行),还涉及起因条件(存在现实的不法侵害)、限度条件等。反之,一个形式要件也可能与几个实质件相关,如形式的时间条件就与不法侵害的可能性 P、国家保护有效性 E 等相关。两种解释得出的防卫条件的整体涵摄范围必然是相同的,但实质判断将形式判断下的要素重新排列组合,使之更能体现正当防卫的本质。当然,在实质判断下,防卫条件除了"紧迫性"外,还包括其他内容。例如,形式上的限度条件也可以转化为实质上的防卫必要性,从而获得更丰富的内容。[3] (2)量的维度:由静态判断转向动态判断。与原有研究相比,实质判断不但要考虑各要素的"有无",还要考虑各要素的"大小"及其相互关系,从而使得防卫条件的判断不再是"要件耦合"式的静态判断,而是"此消彼长"式的动态判断。

---

[1]　陈璇:《家庭暴力反抗案件中防御性紧急避险的适用》,《政治与法律》2015 年第 9 期。

[2]　高铭暄、马克昌:《刑法学》(第七版),北京大学出版社、高等教育出版社 2016 年版,第 133—134 页。

[3]　周光权:《正当防卫的司法异化与纠偏思路》,《法学评论》2017 年第 5 期。

其次,在思维模式上,由问题思维转向体系思维。在传统的问题思维中,"紧迫性"判断三要素已有体现。例如,轻微侵害(S 低)、假想防卫(P 低)、事前防卫(E 高)情形下,"紧迫性"均被否定,而体系思维能将这些零碎的思考纳入一个体系中,并保证其正确适用。以于欢案为例,代表司法经验的一审判决正是零碎适用"紧迫性"三要素的典型,其否定"紧迫性"的理由是:(1)"虽然当时其人身自由权利受到限制,也遭到对方辱骂和侮辱,但对方均未有人使用工具",表明不法侵害轻微(S 低);(2)"派出所已经出警",表明具有国家保护的可能性(E 高);(3)"被告人于欢和其母亲的生命健康权利被侵犯的现实危险性较小",表明侵害发生的可能性较小(P 低)。错误在于,其得出 P 低的结论时,判断对象是对生命健康权的"未来侵害",但 S 低的结论则是针对人身自由的"现时侵害",判决对象并没有一以贯之;另外,作出 E 高结论的判断标准是纯粹客观说,而非"一般人标准",不符合违法性判断的要求。如按体系思维,结论应是:(1)S 高:防卫者关注的法益不是人身自由权,而是生命健康权;(2)E 低:据判决书记载,从 2016 年 4 月 1 日被强行索债,至 2016 年 4 月 14 日案发,被告已经历 4 次报警、警察 4 次到场均未有效处理,其间还多次拨打市长热线求助未果,处于被告情境的一般人完全有理由认为其无法从国家获得有效保护;(3)P 高:由于 S 高、E 低,处于被告情境的一般人完全有理由认为,对生命健康权的未来侵害有较大的可能性,从而应肯定"紧迫性",只不过这种"预期防卫"应受比例原则限制,造成严重伤亡结果应属防卫过当。由此看来,二审判决虽然结论正确,但是其说理却不合乎刑法教义,因而被认为只是"舆论的胜利"。

第三,在政策效果上,由情法两难到情法统一。在"紧迫性"的判断上,司法实践在判断对象上坚持刑法教义,但在判断方法上却由于传统的形式判断的局限,难以在判断结果上满足政策需求,从而导致防卫限缩,这已成为各国面临的共同难题。对于此难题,传统研究虽顾及政策需求,却始终面临情法两难的"李斯特鸿沟"。(1)我国的纠偏方案为满足政策需求而改变"紧迫性"判断对象,一开始就偏离了正确的基础,难以被司法接受;(2)域外的解题方案虽在判断对象上正确,并将研究重点转向"紧迫性"的判断方法,但这些方案提出的判断规则均是从政策需求的目的预设中倒推出来的,忽视刑法教义,亦未获成功。只有基于刑法教义,对"紧迫性"的判断规则进行理论重构,才能消解这一两难命题,改变正当防卫"僵尸条款"的现状,实现情法统一。更重要的是,这种统一能够由刑法教义蕴含的政策考量来保证,因为"法律能够,并且应当只是实施从普通人情感中提炼出来的理性法则。这并不是说法律应向情感妥协,但法律迈向理性之路也不能忘记法律是服务于人类的。"①刑法教义与政策考量是不应当也不允许冲突的,冲突的消除也不允许顾此失彼。

第二节　刑法学体系思维与"刑之轻重"

对于司法而言,"刑之轻重"具有决定性的意义,它也常常被作为政策考量的出发点,最容易引起民意关注,由此甚至导致立法修改(如许霆案)。但从体系思维来看,"刑之轻重"只能是"由罪至刑",而不能"由刑至罪"。在具体个案中,若量刑违背朴素的罪刑均衡观念、不合乎政策需求,则应当被怀疑的,不是作为体系思维起点的立法规定,而是由起点(立法规定)到终点(刑之轻重)之间的推导过程——该推导过程偏离了体系思维,因而未能导致正确结论,是司法适用发生了问题,而不是立法发生了问题。

一、分析样本:毒奶粉案②

可以作为分析样本的,是毒奶粉案。

2009 年前后,我国食品安全事故频发,从山西假酒案、广东致癌毒大米案、安徽阜阳劣质奶粉案,到标志性的"三鹿奶粉"事件,无不触目惊心。余波未平,"地沟油事件"再次牵动民众神经。强化食品安全监管,追究行政监管不当行为的刑事责任,对于保障公众健康与生命安全具有重大意义。但在重大食品安全事故中,行政监管人员的刑事责任常常缺位。以"三鹿奶粉案"为例,虽然"蛋白粉"提供者、奶商、三鹿集团负责人均被定罪处刑,但是没有行政监管人员被追究刑事责任。涉案的毒奶粉竟然是经检验"合格"的名牌产品,监管失职是不言而喻的。"奶商判死,放生高官",引起了人们广泛质疑。如仅追究行政责任,忽视刑事责任,既违反罪刑均衡,有包庇之嫌,又不利于该类事故的防范。

这里的监管责任,是指监管人员对于因监管失职而造成重大事故所应负的责任,它不同于渎职责任。不少法律人士认为,对于食品监管不当行为,按玩忽职守罪追究刑事责任即可。然而,这种看法是不全面的。(1)

---

① George Fletcher, A Crime of Self-Defense, University of Chicago Press, 1990, p. 16, 83.

② 关于这一问题的讨论,亦可参见潘星丞:《借鉴监督过失理论加强食品安全监管者责任》,《中国社会科学报》2012 年 6 月 11 日。

《食品安全法》以"保障公众身体健康和生命安全"(第一条)为宗旨,追究食品安全监管不当行为的刑事责任也应服务于这一宗旨,这使监管刑事责任区别于渎职罪责任,二者不能相互替代。③玩忽职守罪是渎职罪,重在保护职务行为的正当性,与监管刑事责任所关注的公共安全相去甚远。例如,安徽阜阳劣质奶粉案中,两工商所长被判徇私舞弊不移交刑事案件罪④,该罪是一种特殊的玩忽职守罪,属行为犯,只关注渎职行为本身,未侵害公共安全也可成立本罪,根本谈不上对"公众身体健康和生命安全"的保护。而一般的渎职罪(滥用职权罪、玩忽职守罪)法定刑较轻,其规定为:"国家机关工作人员滥用职权或者玩忽职守,致使公共财产、国家和人民利益遭受重大损失的,处三年以下有期徒刑或者拘役;情节特别严重的,处三年以上七年以下有期徒刑。"

因而,如何才能追究渎职人员的监管责任(而不仅仅是渎职责任),成为使之承受与严重后果相均衡的刑罚评价的关键。在一系列食品安全事故后,2011 年的《刑法修正案(八)》增设了食品监管渎职罪,规定:"负有食品安全监督管理职责的国家机关工作人员,滥用职权或者玩忽职守,导致发生重大食品安全事故或者造成其他严重后果的,处五年以下有期徒刑或者拘役;造成特别严重后果的,处五年以上十年以下有期徒刑。"该罪比一般的渎职罪(滥用职权罪、玩忽职守罪)配置了更重的法定刑,但仍然是较轻的。但渎职罪的刑罚配置不可能无限加重,因此单纯依靠修改立法已无法在"刑之轻重"的问题上满足政策需求。

也就是说,这个问题不可能采用"许霆案"式的解决方式(修改立法)。此时,就需要——也只能——从刑法教义出发,依据体系思维来寻找正确的方案。

二、基于体系思维的解题方案

(一) 讨论的前提:确定真正的难点

或许有人认为,玩忽职守罪以"重大损失"为要件,因而也包含了对公共安全的保护。但实际上,"重大损失"并非玩忽职守罪的构成要件。因为,失职之时就已侵害职务,不论是否发生"损失","损失"是职务侵害外的另一危害结果。可以说,职务侵害才是本罪构成要件结果,而"重大损失"只是构成要件之外的"客观处罚条件"。客观处罚条件是刑罚阻却事由,与犯罪成立无关;不存在该条件,犯罪仍成立,只是刑罚被阻却。① 因此,玩

---

① Vgl. F. v. Liszt/E. Schmidt, Lehrbuch des deutschen Strafrechts, 26 Aufl. Gruyter, 1932, S. 293ff.

忽职守罪的成立与"重大损失"无关,也与公共安全的侵害无关。其实,客观处罚条件在我国早被认可,只是称谓不同,或称为"客观的超过要素"①,或称为"独立的罪量要素"②。

即使纠正以上理论误区,在我国现行刑法理论框架下,追究监管不当行为的刑事责任仍然存在障碍。因为追究监管刑事责任(如上所述,不同于渎职责任)是对公共安全的保护,应以侵害公共安全(即造成公众伤亡或重大财产损失的后果)为犯罪构成要件。监督人对这一构成要件至少要有预见可能性,才能成立过失。因为,过失以注意义务为核心,注意义务又以预见可能性为前提。传统理论认为,预见可能性应是"以特定的构成要件性结果为对象"的"具体性预见可能性",必须在某种程度上"容易地"预见到结果的发生。③ 就食品安全监督而言,监督人不直接经营,对由被监督人直接导致的危害结果难以产生"具体的预见可能性",从而难以成立过失。

而在玩忽职守罪中,"重大损失"(包括公共安全侵害)仅是客观处罚条件而非构成要件,客观处罚条件与被保护的法益、行为的实施方式无关,处于违法与责任之外④,从而与故意、过失无关,对之不要求主观认识⑤,亦可无障碍地成立渎职犯罪;如强将"重大损失"视为构成要件,同样难以认定主观过失,最终连玩忽职守罪也无法成立。需要指出的是,对这种客观处罚条件,我国有学者将之视为客观的超过要素,亦是不需要主观认识的。⑥

因此,正确的做法是,将玩忽职守罪视为渎职责任,并另外寻找监管刑事责任的实现途径。此做法必须解决食品安全监管中过失认定的难题,而这也是真正的难点所在。

(二)体系思维下解决方案的任务:借鉴监督过失理论

大陆法系国家多通过监督过失理论来破解这一难题。监督过失理论源于日本,首次援用监督过失理论的,是日本昭和 48 年(1973 年)的"森永毒奶粉案"。森永是一家生产婴儿奶粉的工厂,其曾购进含有砒霜的乳品添加剂,未经检验即加入奶粉中出售,造成多名婴儿中毒。当时的厂长和

① 张明楷:《客观的超过要素"概念之提倡》,《法学研究》1999 年第 3 期。
② 陈兴良:《作为犯罪构成要件的罪量要素》,《环球法律评论》2003 年第 3 期。
③ 〔日〕西田典之:《日本刑法总论》,刘明祥、王昭武译,中国人民大学出版社 2007 年版,第 218 页。
④ Vgl. Jescheck/Weigend, Lehrbuch des Strafrechts Allgemeiner Teil, 5. Aufl. , Duncker&Humblot, 1996, S. 551f.
⑤ 张明楷:《客观的超过要素"概念之提倡》,《法学研究》1999 年第 3 期。
⑥ 张明楷:《"客观的超过要素"概念之提倡》,《法学研究》1999 年第 3 期。

制造课长以业务过失致死伤罪被起诉。法院认为,被告人未尽业务上的注意义务,没有指示、监督工作人员对购入的添加剂进行必要检查,因而负有监督上的过失责任。对于预见可能性,法官认为:"这种场合的预见可能性……虽然不能确定究竟是什么,但并非完全没有某种危险,因而不能无视这种危险,只要具有这种危惧感即已足够(危惧感说)。"①日本学者在此基础上发展出监督过失理论,并通过一系列判决加以肯定,相关的理论研究取得了重大进展且方兴未艾。但仅有危惧感就课以预见、避免结果的注意义务,会极端扩大过失犯的成立范围。② 为此,超新过失论者多主张监督过失理论只适用于现代型的过失犯罪,如由产业废弃物引发的公害或药品食品事故、工厂等的爆炸事故、医疗事故等。

可见,监督过失理论是一种过失认定方法,与危惧感说是同义语,主要用来解决重大灾难事故中"领导者"的责任问题,避免"地位越高,离现场越远,越没有责任"的不合理现象。但我国学者往往忽视这一点,将其误解为一种独立的责任形式,是"监督人过失责任"的简称。误解有两个层面:(1)解释论误解,认为刑法中只要规定了处罚负责人的就是对监督过失理论的运用。③ 实际上,在以负责人为主体的犯罪中,负责人对结果有"定型"的具体预见可能性,无须以监督过失理论认定其过失;单位犯罪中处罚负责人,是基于"两罚"原理,也与监督过失理论无关。(2)立法论误解,认为监督人本不属犯罪主体,但因其具有过失,所以需要以监督过失理论将犯罪主体扩大到监督人。这是对法定构成要件的变更,有的学者甚至认为监督过失罪是一种新的罪名。④ 这就根本颠倒了监督过失论与过失认定的因果关系。

以上误解,是由于我国学者根本未注意到监管刑事责任的困境,这使得监督过失理论在我国失去"用武之地"。即使"借鉴",也有名无实,大多只提监督过失理论,较少提及"危惧感说",甚至反对"危惧感说"。这种"借鉴",无助于食品安全监管刑事责任的实现,应当警惕。

(三) 体系思维下解决方案的具体展开:监督过失理论的本土化

监督过失责任是一个域外的刑法教义学理论,虽有借鉴价值,但理论

---

① [日]西田典之:《日本刑法总论》,刘明祥、王昭武译,中国人民大学出版社 2007 年版,第209页。

② [日]山口厚:《刑法总论》(第2版),付立庆译,中国人民大学出版社 2011 年版,第240页以下。

③ 陈伟:《监督过失理论及其对过失主体的界定——以法释[2007]5号为中心》,《中国刑事法杂志》2007年第5期。

④ 冯殿美、曹延生:《论监督过失罪在我国的设立》,《山东大学学报》2009年第6期。

的借鉴不是简单的移植,而应将之纳入我国的刑法理论体系当中,使之与我国的原有理论相协调,这是体系思维的要求。

我国正处在工业高速发展时期,食品安全事故频发,与"森永毒奶粉案"具有相同的社会背景,也面临着过失认定的难题,这使得监督过失理论于我国有借鉴意义;但两国过失论的差异,又使得这一理论在中国应有不同的进路。

过失是对注意义务的违反,而注意义务由结果预见义务与结果避免义务组成。日本过失论发展经历了三个时期:[①](1)旧过失论。该论以结果预见义务这一"内心要素"为中心,将过失仅视为责任问题,完全没有考虑过失的"行为"性质,从而可能无限扩大过失犯的处罚范围,故以"具体的预见可能性"限制处罚。(2)新过失论。进入工业社会后,为防止将有益的风险行为纳入处罚,过失论转为以"结果避免义务"为中心,进一步限制处罚,认为即使有预见可能性,只要履行了结果回避义务,也不成立过失犯。该论将遵守"社会生活上必要的注意的行为"设定为标准行为,这样过失就不仅是责任问题,同时也是违法性及构成要件问题,是"偏离标准之行为";过失不仅是一种责任心理,更是一种违法行为,主观和客观两方面均应加以限制。新过失论仍要求具体的预见可能性,因为若无具体的预见可能性,就无法决定应当采取什么样的结果避免措施。(3)超新过失论。20 世纪 60 年代开始,风险进一步增加,公害犯罪大量产生,超新过失论应时而生,它将新过失论所要求的"具体的预见可能性"转变为抽象的"危惧感",从而扩大处罚。可见,随着过失论演变,处罚边界也随之"宽—严—宽"。由于经历了新过失论限制处罚的阶段,因此监督过失理论只是在公害犯罪领域扩大处罚,既适应社会需要,又不至于打击过宽。

而我国的过失论仍停留在旧过失论阶段,没有经历新过失论。传统理论将过失作为主观罪过,仅是一种责任形式;只重视过失心理,从未重视过失行为,自然也谈不上从客观行为上对过失进行限制。同时,我国刑法往往没有规定过失犯的实行行为,传统理论将所有与结果有因果性的行为作为对象,处罚难免泛化。此时,若监督过失理论进一步扩大处罚,则有侵犯人权之虞。这决定了我国既应借鉴监督过失理论来扩大过失认定范围,又应设计出限制处罚的"本土化"方案。

监督过失理论为我们提供了追究食品安全监管刑事责任的基础,解决了责任"有无"的问题,但两国刑法理论背景不同,这一舶来品需"本土化"

---

① 马克昌:《外国刑法学总论(大陆法系)》,中国人民大学出版社 2009 年版,第 137—144 页。

后,才能在我国适用。

1. 以客观归责论限制食品监管刑事责任之行为

前面提及,我国旧过失论将所有与结果有因果性(条件关系)的行为作为对象,这实际上是因果理论中的条件说。条件说被批判过于扩大了处罚范围,但支持条件说者认为,因果关系是指实行行为与危害结果之间的关系,非实行行为不能纳入考虑。① 可见,我国的旧过失论也可以通过限定过失犯的实行行为来限定处罚,可称为"修正的旧过失论"。日本新过失论将过失理解为"行为",以"客观注意义务"限制过失(行为);而我国将过失理解为"心理",不是限制过失,而是在过失之外,通过限定条件(实行行为)来达到限制处罚的目的,可谓殊途而同归。

如何确定实行行为呢? 传统理论认为,符合刑法规定的构成要件的行为是实行行为(形式客观说),但刑法往往没有规定过失犯的行为要件。为此,有学者认为,只有具备发生构成要件结果的一定程度的实质危险的行为,才是过失犯实行行为(实质客观说)。但是,以什么标准来判断"实质危险",仍位于模糊地带。

对此,可借助德国的客观归责论。客观归责论也属因果理论范畴,它将因果关系问题与归责问题相区别。因果关系以条件说为前提,在与结果有条件关系的行为中,只有"制造法所不容许的风险"者才是可被归责的对象。客观归责论被视为实质的构成要件理论,其以"制造法所不容许的风险"来解释"实施构成要件行为"②,尤其适用于实行行为性较弱的过失行为。而且,相对于日本的新过失论而言,其以"制造不被容许的风险"取代"违反注意义务"的概念,将虽违反注意义务但不存在引发结果危险性的行为排除在外,更限制了处罚。

在监督过失中,如何判断监管人的行为是否制造了"法所不容许的风险"? 风险的禁止性来源于法律对行为的规制,因此必须通过该行为对规范的违反和被违反的规范所保护的法益来判断。原《食品卫生法》以"食品卫生"为法益,监管失职行为只对"卫生""制造了不被允许的危险",而不一定对公众安全"制造了不被允许的危险",难以纳入刑法评价。但新通过的《食品安全法》以"食品安全"为法益,重在"保障公众身体健康和生命安全",这与刑法保护的法益"公共安全"一致。监管失职行为对公共安全"制造了不被允许的危险",就构成危害公共安全犯罪的实行行为,必须纳入刑

① 张明楷:《刑法学》,法律出版社 2016 年版,第 184 页。
② 许玉秀:《主观与客观之间——主观理论与客观归责》,法律出版社 2008 年版,第 206 页。

法评价。

　　2. 结合法人实在说确定食品监管刑事责任之主体

　　在日本,监督过失多与"企业组织体责任论"一起适用,主要用于追究企业高管人员责任。例如,"森永毒奶粉案"即认定森永厂长和制造课长构成业务过失致死伤罪,但未涉及行政监管人员责任。我国借鉴该理论,却将行政监管人员视为责任主体,是否合适?

　　监督过失责任之主体如何确定,与各国的法人理论有关。日本民法未规定法人的行为能力,理论对于法人本质采取法人拟制说的立场,认为法人只是法律拟制的"技术性主体"。法人机关是为弥补法人行为能力的欠缺而建立的代理机关,是法人的代理人,二者是不同主体(代理说)。这反映在刑法上:一方面,刑法典信奉"法人无犯罪能力"的原则,对法人犯罪未作规定,即使 20 世纪 70 年代起,刑法典之外的行政法规规定了处罚法人的"两罚规定",理论上仍认为法人只具有受刑能力,或者作为解释论,仅在"两罚规定"的范围内肯定法人的犯罪能力;[1]另一方面,法人机关与法人相独立的观点影响至深,如企业组织体说认为,只要企业组织体的活动客观上是不妥当的,就应根据危惧感说,对没有采取措施防止危害行为发生的高层管理人员,追究其违反注意义务的责任。可见,该说将法人机关与法人(组织体)的行为分开,独立地进行把握,二者是监督人与被监督人的关系,法人机关自然就是监督过失责任的主体。

　　而我国《民法通则》明确规定法人的行为能力,显然采取法人实在说的立场,认为法人有独立人格,是适合于为权利义务行为的组织体(组织体说)。法人机关是法人的代表人,而不是代理人,其人格被法人吸收,不复独立(代表说)。我国甚至将法人实在说极端化,法人人格权几乎与自然人等同。[2] 在这种理论背景下,我国刑法毫无争议地将法人视为犯罪主体。法人犯罪中,法人是唯一的行为能力者,法人机关无独立人格,其行为视为法人自身行为,对其追究责任既非自然人责任,也非监督责任,而是法人自身的责任。这样,监管人就应在法人之外寻找。《食品安全法》明确规定行政部门的监管义务,正好为确定监管刑事责任主体提供了依据。

　　可见,监督过失责任的"监督人—被监督人"关系,在日本表现为"法人机关—企业组织体",而在我国表现为"行政监管人员—法人(组织体)",二者的本质是一致的。在我国,应将行政监管人员视为监督过失责任主体。

---

① 黎宏:《单位刑事责任论》,清华大学出版社 2001 年版,第 72 页。
② 龙卫球:《民法总论》,中国法制出版社 2001 年版,第 369 页。

3. 不能以中断论限制食品监管刑事责任之客体

监管刑事责任之客体，是指监督的对象，即被监督人的行为（中间项）。关于被监督人行为的性质是过失行为，还是连故意行为、无过失行为也包括在内，理论上有不同见解，我国学者多限制为过失行为，其理由为：如果被监督人与危害结果之间存在故意的心理，就中断了监督人原来过失行为的因果进程。[①] 但依此见解，我国的监管刑事责任将会落空，因为在食品安全事故中，被监督人多构成故意犯罪（如生产、销售伪劣产品罪），这样就不能适用监督过失理论。但是，细加推敲，该见解根本无法成立。

首先，从中断论看，其要求介入因素必须是异常的[②]，而被监督人的不当行为（包括故意行为），往往是监督人疏于监管引起，并非异常现象。如监督人尽了监督职责，就能防止或减少被监督人不当行为及其结果的发生，则因果关系并不中断；如果监督人的监督无助于防止这种不当行为，即使不当行为是过失的，也不能对监督人归责。中断论是条件说内部的理论，只有采取条件说，才能主张中断论，而前文已述，我们应以客观归责论来限制过失之实行行为，中断论无适用余地。从客观归责论看，只要监督过失行为提高了结果发生的风险，而这个风险又现实地发生在构成要件结果中，就应将结果归责于监督人（风险增高理论）[③]，不论被监督人的行为是故意还是过失。

其次，从判例看，监督过失理论也适用于故意的介入行为。以德国著名的"阁楼房屋案"为例，该案中，被告人在屋顶阁楼处违章建房，并且出租。后来可能是第三人故意放火而引起火灾，由于违章建筑构造不合理，导致租客无法逃脱并死亡，被告因此被判过失致死罪。帝国法院是这样认定因果关系的："被告人对于房屋的居住者而言制造了火灾发生之际无法从火势中逃脱的危险状况……即使是第三人意图放火杀人的场合，被告人所设定的原因也不会由于第三人的故意行为而中断。因为，即使在该情形下，被告人所设定的原因对于被害人死亡这一违法结果的发生而言，是共同发生作用。"[④]

最后，从我国现实看，商业诚信普遍不高，为此《食品安全法》才强化行政监管。因此，不仅要防止经营者的过失行为，更应防止其为追求商业利益而故意侵害公众健康的行为。

---

① 李薇宏：《监督过失理论研究》，《刑事法评论》2008 年第 2 期。

② 马克昌：《犯罪通论》，武汉大学出版社 1991 年版，第 228 页。

③ Vgl. Roxin, Pflichtwidrigkeit und Erfolg bei fahrlässigen Delikten, ZStW, 1962(74), S. 431.

④ ［日］松宫孝明：《过失论的现代性课题》，成文堂 2004 年，第 5—8 页。

4. 食品安全监管刑事责任的具体罪名

确定监管刑事责任的适用条件,只是在"面"上划定可纳入刑法评价范围的监督过失行为,但具体应按何种罪名处罚,还应进行由"面"至"点"的精细化思考。

(1) 监督人罪名与被监督人罪名无关

首先,监督人与被监督人不是共同犯罪,二者罪名不一定相同。①不是共同过失犯罪。在监管责任中,监督人是过失;很多情况下,被监督人也是过失。因此,有学者认为,监督人与被监督人构成共同过失犯罪。但是,被监督人的注意义务在于避免自己行为造成危害结果,要求对结果有"具体的预见可能性";而监督人注意义务在于避免因自己行为引起被监督人的不当行为并进而导致危害结果,对于危害结果仅要求有"危惧感"就够了。二者的注意义务根本不同,不构成共同过失;二者的行为对于结果的发生均有影响,是"多因一果",两种过失并存。②不是共同故意犯罪。监督人对于危害结果仅有"危惧感",对被监督人的具体行为不要求有认识,因此对于被监督人的故意犯罪而言,监督人并不成立共犯。

其次,被监督人无罪,监督人仍可能构成犯罪。由于被监督人是食品经营单位,单位犯罪只在刑法有规定的情况下才构成,法无特别规定时,即使造成危害后果也不成立犯罪。而监督人是自然人,只要对危害后果具有监督过失就成立犯罪,不受单位犯罪对主体的限制。"森永毒奶粉案"也是如此,工厂虽不成立犯罪(日本刑法未规定单位犯罪),但监督人构成刑法上的业务过失致死伤罪。

可见,对于监管刑事责任,应根据监管人的行为及其危害结果来确定罪名,而不应受被监督人罪名的影响。由于监管人存在监督过失,并发生了危害公共安全的后果,应构成过失以危险方法危害公共安全罪。

(2) 监管刑事责任罪名与渎职责任罪名存在想象竞合关系

如前所述,监督人违反《食品安全法》规定的监管职责,应承担渎职责任,构成玩忽职守罪;如因违反职责造成危害公共安全的严重后果,还应同时承担监管刑事责任,构成过失以危险方法危害公共安全罪。这属于一个行为侵害两种法益,触犯两个罪名的想象竞合犯,应按"从一重"的原则定罪处罚。两罪都有轻、重两个刑度,两个刑度的法定刑都相同,但过失以危险方法危害公共安全罪以重刑度为基本刑度,玩忽职守罪以轻刑度为基本刑度,故一般应按危害公共安全罪处断,以突出对公共安全的保护。当然,在危害公共安全情节较轻,而玩忽职守情节特别严重时,应按玩忽职守罪定罪处罚。[①]

可见,在追究食品安全监管刑事责任时,应以监督过失理论为基础,解决责任"有无"问题;然后,将该理论"本土化",确定责任适用范围,解决责任"面"的问题;最后,应结合我国立法,确定监管刑事责任的具体罪名,解决责任"点"的问题。

在这个过程中,体系思维的作用体现在:①从犯罪论体系出发,确定问题所在。具体来说,是确定渎职罪中的"重大损失"的体系地位(客观处罚条件),使之与监管责任的"重大损失"的体系地位(构成要件结果)相区分,从而确定努力的方向。②将可资借鉴的域外刑法理论进行本土化改造,使之适合于我国原有的刑法理论体系,而不只是某种简单的概念移植。

小结

司法实践的工作重在定罪与量刑,为了在"罪之有无"与"刑之轻重"的问题上获得合乎政策需求的结果,就必须适用体系思维。体系思维要求从"金字塔顶端"的"最一般"的教义出发,由上至下地"推导"出个案处理结论。在无需改变构成要件的立法规定与构成要件的解释结论(这是前两章所讨论的内容)的场合,这种"推导"必然能达致合乎政策的解决方案,因为处于"金字塔顶端"的"最一般"的刑法教义本来就是刑事政策的内容之一。如果无法达致合理结果,只可能是刑法教义与个案结论之间的"通路"出现阻塞。

"通路"问题就是体系思维的适用问题。由于刑法理论已经历长时间的发展,各种概念层出不穷,体系思维的实现并不是自然而然的,在这种情况下,我们往往需要司法经验的借鉴。在经验借鉴中,应当注意两个方面:

一方面,如果某一司法经验是出于政策考量而设计的(如英美对于防卫"紧迫性"的认定方案),则只是逻辑上的单称命题,不具有推广价值,这时就应当另寻他途。如果没有类似经验借鉴(如对于防卫"紧迫性"的认定,英美的经验只是出于政策考量的,但德日由于立法及理论传统的差异,也不存在类似问题),就只能从我国的刑法理论体系出发,设计合乎刑法教义的解决方案。

[①] 潘星丞:《论食品安全监管的刑事责任——监督过失理论的借鉴及"本土化"运用》,《华南师范大学学报(社会科学版)》2010 年第 3 期。

　　另一方面,如果某一司法经验可资借鉴(如日本监督过失理论对我国的食品监管责任具有参考意义),也不能只是将域外经验抽离式地引入我国,这种概念移植往往会与我国原有理论体系产生冲突。我们应当将该域外经验进行本土化改造,使之能在我国原有的刑法理论体系中找到应有的位置,从而与该体系中的其他理论相互协调、相互配合,以顺利地实现政策目标。

结语

一、刑法教义学中体系思维的论证与适用

本书的主要内容分为两部分：(1)上篇：刑法教义学中体系思维的证成(第一章至第四章)；(2)下篇：刑法教义学中体系思维的适用(第五章至第七章)。为便于阅读者提出批评意见,按章节顺序作简要总结如下：

第一章　刑法教义学的核心：体系思维

本章重在回答：就刑法教义学而言,其核心是什么？为什么要发展体系思维？首先从中国语境下刑法教义学的内涵追问出发,回顾了法教义学的发展历程,以及刑法教义学的发展历程,表明刑法教义学的核心在于体系思维。"刑法教义学就是刑法解释学""刑法教义学区别于刑法解释学""刑法教义学就是德日刑法学"的观点均未抓住这一核心。

第二章　中国刑法中体系思维之实然与应然

本章重在回答：就我国刑法教义学而言,其发展阶段与发展方向是什么？为什么发展体系思维更具重要性或紧迫性？本章首先分析了中国刑法中体系思维的实践现状与理论现状,发现无论在司法实践中,还是在理论研究中,体系思维都是极其匮乏的,在这种情况下引入德日刑法学,只能是抽离式的概念移植或术语堆砌。因而,中国刑法教义学的应然选择就是建构体系思维,体系思维有助于将已引入的众多概念术语连结成一个"概念金字塔",由此才可能导向正确的概念使用。基于我国目前体系思维的现状,走向"潘德克顿法学"是合适的选择。在此阶段,应当警惕对功能主义刑法观的误解性提倡。

第三章　刑法教义学中体系思维的形式合理性

所谓体系思维的形式合理性,即体系思维工具所具有的逻辑自洽性。本章讨论了刑法教义学体系思维的工具——犯罪论体系——的构建方法,将之放在认识论系统中,全面考察体系构建素材/认识客体(存在论 VS 规范论)、体系构建之工具与方法/认识中介(方法一元论 VS 方法二元论)、

体系构建的目标设定/认识主体(刑罚可罚性 VS 犯罪成立)。在此基础上,对三阶层的形式合理性/逻辑自洽性进行考察,澄清了相关误解。接着,从三阶层与四要件的论战来考察四要件的形式合理性。四要件由于体系构建的目的设定根本不同于三阶层,二者作用的领域也不同,没有必要在同一层面进行论战。对于刑法适用而言,三阶层是一种合适的体系思维模式。

第四章　刑法教义学中体系思维的实质合理性

所谓体系思维的实质合理性,是指体系思维工具所具有的功能自足性。本章首先对体系思维及其对立面——论点思维——进行了对比性考察,进而先后从方法论层面及具体个案层面论证了体系思维的实质合理性。它能经由科学的方法构建出来,并能从方法论及个案层面回应政策需求,而不需要政策考量因素加以补充。

第五章　刑法学体系思维之立法论适用

在立法论领域,体系思维的适用表现为:无论立法删除还是立法增加,都应依据体系思维承担更重的辩论责任。一般情况下,立法规定作为刑法教义,应当获得尊重,而不能轻易修改。因政策考量而修改立法不但不能解决问题,反而会滋生更多的问题。一方面,不能因为政策考量而轻易删除立法规定,因许霆案而删除的"盗窃金融机构"并不具有合理性,原有立法可依据体系思维进行重新解读并获得合理的解决方案;另一方面,不能因政策考量而轻易增加立法规定,因醉驾案而增设危险驾驶罪并不具有合理性,原有立法体系可依据体系思维进行重新解读并获得合理的解决方案。对这两个典型案例进行重新解读,可以提供体系思维适用在立法论领域适用的范例。

第六章　刑法学体系思维之解释论适用

在解释论领域,体系思维的适用表现为:无论形式解释还是实质解释,均应依据体系思维展开。就形式解释而言,体系思维要求:(1)解释者"回溯"至该构成要件的立法背景;(2)解释的结论应放到具有层级关系的"概念金字塔"的体系中,获得协调一致的认识;(3)由体系思维得出的解释结论,应当能够一以贯之地适用于所有个案情形,并消除相关争议及理论与实践的分歧。就实质解释而言,体系思维要求:(1)纵向上,对某一构成要件要素的解释,不能直接由法益保护的需要而得出结论,而应经由构成要件的中介,即遵循"由上至下"的"推导"路径:罪之法益—罪之构成—罪之要件;(2)横向上,对于某一构成要件要素的解释结论,应与该构成要件的其他要素相协调。

第七章　刑法学体系思维之司法论适用

在司法论领域,体系思维的适用表现为:无论"罪之有无"还是"刑之轻重",欲获得合乎政策需求的结果,就必须适用体系思维。体系思维要求从"金字塔顶端"的"最一般"的教义出发,由上至下地"推导"出个案处理结论。如果无法达致合理结果,只可能是刑法教义与个案结论之间的"通路"出现阻塞。由于司法论领域不涉及立法修改与我国的实定法的解释问题,因而往往产生借鉴域外理论的冲动。但在借鉴时,首先要区分该域外理论是基于政策考量还是体系思维而提出的(如英美对于防卫"紧迫性"的认定方案)。即使该理论是基于体系思维而提出的,也应注意将该理论进行本土化改造,使之适合于我国原有的刑法理论体系,而不能仅仅是概念移植,将域外经验抽离式地引入我国。

二、体系思维的提倡:走向"潘德克顿法学"

"潘德克顿法学"或"概念金字塔"是体系思维的典型,但对于"走向潘德克顿",我国不少学者会不假思索地反对,因为它往往与形式、教条相联系。但是,如前所述,所谓"概念金字塔"并不是只注重抽象的概念,忽视价值因素与政策考量。只不过,它要求这些价值因素与政策考量也通过概念的形式纳入一个完整的体系中,从而受到逻辑的制约,此不赘述。

应当强调的是,笔者之所以提倡"走向潘德克顿",是因为从策略上看,只有"片面的深刻",才能使我国刑事司法与刑法教义学从长期偏离体系思维、依靠政策考量的"路径依赖"与"路径锁定"中挣脱出来,实现"路径转换"。这种"片面的深刻",就是一种必不可少的"路径转换成本"。可以说,这是契合我国刑事司法现状的选择,也是提高我国司法公信力的重要(甚至是唯一)途径。

有学者区别了法治公信力与司法公信力,认为"依法治国"基本方略确立并实施十年以来,我国的法治化建设取得了令人瞩目的成就。但是,从社会公信力的角度来看,就会发现我们离法治国家之"理想"还有很大差距。法治公信力取决于两方面:一是社会公众是否相信法律本身是公平正义的;二是他们是否相信法律有足够的力量按它自己的逻辑发生作用。反思我国法治,第一个方面没有大的问题,第二个方面却不能很好地回应公众的信任和信赖。良好的法律并没有足够的力量按它自己的逻辑发生作用,"在那些愿意信任和信赖法治的社会公众面前,我们的法治还显得很苍白,在合法利益需要保护、被侵害的权利需要救济和违法责任需要追究的某些地方和某些时候,法律往往是不在场的。"①简而言之,我国的司法受众相信法律,但并不相信司法。

如果司法判决缺乏体系思维,不能展示法官是如何从立法规定得出具体的个案处理结果的,即使判决文书里写到"依法判决",公众仍是不知道法官在法律上的裁判逻辑(或称"显逻辑")。在很多情况下,公众(包括当事人、律师)宁愿相信法官有一套"潜逻辑",这套"潜逻辑"并不是公开制定的法律——因为法官没有展示其逻辑,公众也无法从具体的法律规定中推导出判决书写明的判决结果。这样如何让公众信任?通过这种方式,法官可以完全架空法律,炮制一个个毫无逻辑——因而也存在错误可能——的"依法判决"。为了弄明白法官的"潜逻辑",在司法实务界当中,"法官裁判思维"与"法官如是说"比大学教授的讲座更受欢迎,"裁判规则"比司法解释更受重视。甚至,律所高薪聘请离职法官的信息也常常见诸网络,愿意支付高薪的律所看重的究竟是离职法官基于体系思维的法律技能层面之"显逻辑"呢,还是基于某种身份或条件的"潜逻辑"? 我们不得而知。但无疑,这在一定程度上存在滋生司法腐败的可能。

而法官无逻辑地"依法判决",几乎是没有成本和错案风险的——因为,只有经法定程序才能将一个错案认定为错案,否则判决(即使实质上是错误的)就是正确的。法定程序的判断也无需展示其体系逻辑,任意性十分明显。对明知是错误的一审判决,二审如果不纠正,反而维持,从法律上看,几乎不存在任何风险。我国不少冤假错案的平反,都是在民意、舆论的压力下进行的,很少是通过单纯的上诉、申诉再审而获得纠正。

无奈之下,部分公众不得不转向信访,导致"信访不信法"的现象普遍存在。"信访"已成为因"信法"而屡屡受伤的群众的唯一救命稻草——虽然这根稻草很轻! 对于这种现象,最高人民法院常务副院长沈德咏曾说:"当前,部分群众对司法的不信任感正在逐步泛化成普遍社会心理,这是一种极其可怕的现象。"②这样的警示无疑是值得关注的,但讽刺的是,2022年,提出该警示的法官也因涉嫌严重违纪违法、严重损害司法权威和司法公信力而被查处。这表明,如果缺乏体系思维这一技术性标准,无论如何强化法官的守法意识、公正、良知,都只能是无济于事的缘木求鱼。国家司法文明协同创新中国发布的《中国司法文明指数报告 2019》显示,在司法

---

① 郑成良:《法治公信力与司法公信力》,《法学研究》2007 年第 4 期。
② 吴兢:《最高法副院长:不信任司法渐成普遍社会心理》,《人民日报》2009 年 8 月 19 日,第 6 版。

文明指数的十个一级指标中,"司法腐败遏制"得分最低。这也从一个侧面表明,若裁判说理缺乏体系思维,不能"以理服人",则民众对于司法的不信任、对于司法腐败的担忧就将始终存在。

在理论界,著名学者陈兴良教授提出"无冤是司法的最高境界"①,卢建平教授亦认为"法官应当追求笔下无冤",这是法官历史使命的"最高褒奖"②。"无冤"本是刑事司法的基本要求或最低底线,但在我国当前的法治环境下,竟然成了"最高境界"与"最高褒奖",这多少反映了学术界对于司法任性的无奈,以及对于司法公正的渴望。这种状况的改善,只能通过借助刑法教义学的体系思维来提高司法的安定性才有可能实现。

裁判文书中缺乏体系思维,还在一定程度上加剧了民众对法官的怀疑与冲突。湖北十堰法官被刺事件就是一个典型样本。③ 因败诉而刺伤法官的胡庆刚总认为是"法官收了黑钱"。记者采访时,面对央视的镜头,胡庆刚在回答作案动机时说:"因为我不服! 你说我败诉,你要说出个原因来。"这个悲剧应该引起反思。

虽然我国最高司法机关反复强调要加强裁判文书说理,以展示法官的体系思维过程,但如前所述,这一效果并不明显。体系思维的探寻与适用是需要专业训练的,是耗费精力的。如果不展示体系思维,依然可以获得有司法权力保证的"正确"判决,法官就会选择这条捷径。这使法官获得了独立于法律的自由裁判权,也造成了我国司法公信力低下的现状。

提倡体系思维,不应仅仅是一种口号,还应被赋予某种强制力。在这里,我们试举一例,这是一个发生于我国香港特别行政区的判例,基本案情是:④

被告罗某刊登了一则"海外短期快钱"的广告,警方怀疑涉及卖淫活动,因此指派两名女警(控方证人)展开调查。两名控方证人分别与罗某见面联系,罗某均表明是去日本等地卖淫,并帮助第二证人购买了去日本的机票。在乘机当天,第二证人向埋伏在附近的警员发出信号,将罗某抓获。卷宗表明,两名证人的证供约有 60 页。罗某的律师表明,罗某无论在电话里还是会面时

① 陈兴良:《无冤:司法的最高境界》,《中国法律评论》2014 年第 2 期。
② 卢国平:《法官当追求笔下无冤》,《人民法院报》,2014 年 12 月 6 日第 3 版。
③ 《湖北十堰法官被刺事件调查》,《新安晚报》2015 年 9 月 23 日。
④ 一审:香港特别行政区区域法院刑事案件 2008 年第 646 号;二审:香港特别行政区高等法院上诉法庭 2008 年第 387 号。

都从没有提及关于她们在日本必须向人提供性服务一事,他只不过是雇用两名证人到日本打黑工。

该案马法官在 2007 年 11 月 17 日裁定被告罗某"贩运他人离开香港"(注:此罪名相当于我国内地刑法中的"协助组织卖淫罪")罪名成立。马法官当时表示,他只是简单交代何以会作出定罪的裁决,稍后他会详细交代裁决理由,并在法庭上宣读。马法官于 2008 年 11 月 28 日在法庭上宣读判决理由及判刑理由。

结果却让人意想不到!

罗某的律师提出上诉称:"法庭不应该接纳 2008 年 11 月 28 日的判决理由书,而只应该根据 2008 年 11 月 17 日的判决理由来审理本上诉。由于马法官在该日并没有交代他接纳两名证人的证供的理由,因此本庭不能裁定马法官的裁决是否正确。"

上诉法庭指出:

> 马法官除了宣告定罪判决外,还宣告判决理由,虽然他指他会以"两三句"说出他的判决理由及只以"两三句交代定罪",并会在日后正式详细交代他的判决理由,但从任何一个角度来看,马法官当时所宣告的就是判决理由,他无非是想在日后作出一份详细的判决理由而已。基于上述原因,本庭只会根据 2008 年 11 月 17 日的判决理由来理审本上诉。明显地,有关的判决理由没有说明马法官为何接纳两名证人的证供。……本庭认为在欠缺一份具理据的判决理由的情况下,本庭是不可以就马法官接纳两名证人的证供是否正确这一事作出裁决。由于本庭认为案件确实出现具关键性的不当情况,故此本庭批准上诉及撤销定罪。

本案二审强调,法庭需要提供具理据(即能体现如何由立法规定得出具体结论的体系思维)的判决理由,因为:

(1) 司法人员的职责是要提供判决理由;

(2) 上诉法庭需要根据一份判决理由来审理上诉;

(3) 被定罪的被告需要依赖一份判决理由来就他是否上诉作出有基础及合适的决定;

(4) 法庭提供判决理由以反映公开及适当的刑事司法制度所涉及的公众利益。

应当注意的是,在本案中,马法官第一份"简单的口头判决理由"不能支持其定罪结论,因而其定罪被撤销,即使其事后正式作出的"详细的书面判决理由"可支持定罪。也就是说,如果一份判决的说理无法让人信服地接受其定罪结论,该判决应当被撤销,即使被告真的有罪!

这对于法官来说,并不是一个过高要求;相反,这是判决的最基本要求!正是因为体系思维的长期匮乏与民众对司法公开、公正的极度渴望,当我们看到一份稍微展开说理的判决书时,居然会"泪流满面"(民众对"于德水盗窃案"判决书的评价)!

对于追求司法公正、防止冤假错案来说,与其反复强调司法参与者品行操守(如廉洁自律、司法良心、禁止行贿受贿等),不如从技术措施上要求裁判说理必须体现体系思维——不仅要求裁判结论正确,而且要求从裁判说理中可以合乎逻辑地推导出裁判结论。试想:如果真的这么严格地要求法官受体系思维的拘束,并要求在裁判文书中通过说理披露这一思维,"不信任司法"还会是一种"普遍社会心理"吗?暗藏着"潜逻辑"的司法腐败或法外干预还有滋生空间吗?

这还可以实现实践与理论的良性互动,裁判者不再是"以权服人",而是"以理服人"。因此,裁判者就不得不认真思考案件中的法理问题,提高说理技能。学术研究的重心也不再是沉迷于深奥的德日概念,而是转向为裁判者提供展现体系思维的理论资源。

三、体系思维对政策考量的回应

强调体系思维,并非忽视政策考量,而是强调政策考量的结果应当从体系中"推导"出来,体系也必然能"推导"出合乎政策需求的个案处理方案,这在前文已多次论证了。在这里,笔者想以一个轻松的案例(或故事)作为讨论的结束。

我国民间流传着一个被奉为经典的判例:两德统一后,有一位看守柏林墙的前东德士兵被审判,他曾向翻墙的民众开枪。他在法庭上辩解道:"作为士兵,天职是服从,只能执行上级命令。"法官睿智地回答:"服从命令没错,但你有把枪口抬高一厘米的权利。"在这个世界上,法律之外还有良知——当法律和良知发生冲突之时,良知才应该是最高的行为准则,令我国民众感动的是,"把枪口抬高一厘米"闪耀着人性的光辉。

后经查实,这个判例的报道完全失实。笔者无意深入考究本案,但即使该案是真实的,作为一个法治国家的国民,也绝不应该感到激动,反而应感到恐慌:这个"把枪口抬高一厘米的权利"的法律依据是什么?若认为在这个案件中具有人性的良知,这个良知从何而来,由何保证在每个案件中都有这种良知?"法律之外的良知"的内容是什么? 这些问题的答案如果是不确定的,那么司法的结果也是不确定的,更准确地说,是恣意的。

在我国,这种"法律之外的良知"也往往可以表述为"司法为民的价值观""司法中的人文关怀""转变刑事司法理念"等。[①] 这无疑是正确的,然而,这种温情,更多只是一种情绪诉求的表达,虽然看上去很美,但是我们却不知如何才能获得,无法保证法的安定性和可预测性。

在上述这个假设案例的描述(真实案例并不如此,在此,我们仅仅借用这个故事来展示体系思维)中,我们更希望法官这样说:

被告的行为虽然是执行上级命令,但是上级命令明显违法,因而不能阻却被告执行命令的违法性;被告即使错误地认为自己必须执行这种杀人的命令,这种错误也是可以避免的,因此不能阻却责任;但被告长期生活在柏林墙建成后的社会政治环境中,可能多次观察到执行类似命令却不受处罚的现象,其违法意识由于外界原因而受到钝化,而且执行命令时也承受了一定的心理压力,一定程度上降低了期待可能性,因而减轻罪责(或责任),从而在量刑时予以从轻。这样的论调虽然是冷冰冰的,但是它有体系思维的制约,从而是可预测的。即使反对这样的裁判说理(如有观点认为这里不应考虑期待可能性问题),反对意见及其辩论也是在既定的体系框架下展开的,而不是诉诸于无法辩论又难以捉摸的"良心"与"温情"。而且,很显然的是,这样的体系思维的裁判说理,同样实现了合乎政策需求(即从轻处罚)的裁判结果。

四、体系思维对时代需求的回应

近二十年来,我国实现了面向刑法教义学的"知识转型",但同时也引发了"话语转型","苏俄话语"被"德日话语"取代,中国本土概念被放逐。但由于缺乏体系思维,"知识转型"一定程度上流于抽离式的概念移植或术语堆砌,概念误解、概念误用等比比皆是。很多名为"教义学"的结论,不是经由体系思维从系统的概念演绎中"推导"出来,而是经由论点思维从零散的利弊辩论中进行价值"选择"的结果,这使得"刑法教义学"流变为"社科刑法学"。

不可否认,刑法教义学的知识转型给我国传统刑法理论注入了无穷生

---

① 例如,沅江市人民检察院 2015 年 2 月 26 日《关于对陆勇妨害信用卡管理和销售假药案决定不起诉的释法说理书》。

机,但由于偏重德日概念,忽视体系思维,也造成了一系列不良影响:我国现有的刑法教义学,对内无法用于指导司法裁判,在实践中"失用";对外无法进行有效的学术对话,在国际上"失语"。基于此,加快构建中国特色哲学社会科学的话语体系,是具有时代性的重大论断与战略任务,这在刑法教义学领域尤其突出。然而,不得不承认,这一需求虽然早已被提出,但是至今仍然进展不大。

而体系思维可为"构建中国特色的刑法教义学话语体系"提供一个新的切入点。本书通过前述论证,表明"刑法教义学的本质不在于德日概念,而在于体系思维"。基于此,刑法教义学的话语体系无需是德日的,完全可以是具有中国特色的、为中国民众所熟悉的,只要这套话语体系遵循体系思维即可。这样一来,体系思维就为中国特色刑法教义学话语体系的构建清除了"德日依赖"或"德日崇拜"的障碍。

这对于我国刑法教义学的发展而言,是一种极为有益的"纠偏"。我国刑法教义学是在借鉴德日刑法学的基础上发展起来的,已取得很大成就,没有必要推倒重来,但有必要认真对待如下偏差:在移植德日刑法理论的过程中,德日概念盛行,甚至导致"德语崇拜",但对于德日话语,在现阶段,中国接受者的主要精力还是放在对生僻概念的理解上,无暇顾及概念的相互关系及体系思维,"知道西方学者说过什么,但无法理解西方学者何以如此言说"。虽然我国不少学者已认识到,刑法教义学要求体系思维,但是他们从未对这一观点进行严谨的思考和证成,以至于在实际应用时,尤其是遇到"情与法两难"的案件时,往往偏离体系思维,并借助刑法教义之外的利弊权衡,导致法治思维的稳定性让位于法律结论的合目的性。这与其说是"教义分析",不如说是"政策考量",从而使得"刑法教义学"也仅仅是一种术语标谤,是打着"教义法学"旗号的"社科法学",甚至是"对策研究"。这使得我国刑法教义学偏离了"知识转型"的初衷,在学术研究中是高高在上的概念炫耀,在司法实践中却毫无用处。只有将关注的重点由"德日概念"转向"体系思维",才能促进刑法教义学的进一步健康发展。

通过体系思维进行中国特色刑法教义学话语体系的构建,将促进我国裁判说理能力与司法公信力的提高。党的十八届三中全会和四中全会就已提出"增强法律文书说理性"与"加强法律文书释法说理"的改革要求,"两高"多次要求通过释法说理来提高司法公信力,但一直收效甚微。司法裁判往往只关注裁判结果的"合目的性"与"正义性",而不关注裁判过程如何说理,这导致我国民众普遍具有"法治公信力",但缺乏"司法公信力",相信法律而不相信法官,甚至"信访"不"信法"。原因在于,裁判说理是体系思维的语言表达,它需要理论供给,但现有的刑法教义学虽有很多德日化的"精英概念",却缺乏体系思维,无法对司法实践予以有效的理论供给,导致司法人员也"有理讲不出",无法将其论证推理的逻辑性展现出来,并且为防止逻辑漏洞,甚至拒绝说理。裁判文书越来越长,说理比重却越来越低,司法公正性、司法公信力均缺乏保障。通过体系思维,以中国司法人员与司法受众熟悉的日常语言进行中国特色刑法教义学话语体系的构建,可以有效地改善这个现状。

参考文献

一、中文文献

（一）著作类

1. 《最高人民法院公报（2004 年卷）》，人民法院出版社 2005 年版。
2. 薄振峰：《当代西方综合法学思潮》，法律出版社 2005 年版。
3. 陈朴生：《刑法专题研究》，台湾政治大学法律印书馆 1988 年版。
4. 陈兴良：《刑法的价值构造》（第 3 版），中国人民大学出版社 2017 年版。
5. 陈兴良：《刑法适用总论（上）》，法律出版社 1999 年版。
6. 陈忠林：《刑法散得集》，法律出版社 2003 年版。
7. 陈子平：《刑法总论》，中国人民大学出版社 2009 年版。
8. 储怀植：《读"因逃逸致人死亡"司法解释》，《人民法院报》2001 年 1 月 23 日第 3 版。
9. 邓子滨：《刑法学的〈法学研究〉之路》，载陈兴良主编：《刑事法评论》（第 22 卷），北京大学出版社 2008 年版。
10. 冯亚东：《理性主义与刑法模式》，中国政法大学出版社 1998 年版。
11. 高铭暄、马克昌：《刑法学》（第七版），北京大学出版社、高等教育出版社 2016 年版。
12. 高铭暄：《刑法学（修订本）》（第 2 版），法律出版社 1984 年版。
13. 高铭暄：《刑法专论（下编）》，高等教育出版社 2002 年版。
14. 高铭暄：《中国刑法学》，中国人民大学出版社 1989 年版。
15. 韩忠谟：《刑法原理》，中国政法大学出版社 2002 年版。
16. 何秉松：《刑法教科书》，中国法制出版社 1993 年版。
17. 何勤华：《德国法律发达史》，法律出版社 2000 年版。
18. 黄荣坚：《基础刑法学（上册）》，中国人民大学出版社 2009 年版。
19. 黄荣坚：《刑法问题与利益思考》，中国人民大学出版社第 2009 年版。
20. 柯耀程：《变动中的刑法思想》，中国政法大学出版社 2003 年版。
21. 柯耀程：《刑法竞合论》，中国人民大学出版社 2008 年版。
22. 黎宏：《单位刑事责任论》，清华大学出版社 2001 年版。
23. 黎宏：《刑法总论问题思考》，中国人民大学出版社 2007 年版。
24. 李海东：《刑法原理入门（犯罪论基础）》，法律出版社 1998 年版。
25. 李文健：《罪责概念之研究——非难的实质基础》，台北春风煦日论坛 1998 年版。
26. 林东茂：《刑法综览》（修订五版），中国人民大学出版社 2009 年版。
27. 林东茂：《一个知识论上的刑法学思考》（增订三版），中国人民大学出版社 2009 年版。

28. 林山田:《刑法通论(下册)》,元照出版有限公司 2008 年版。

29. 林钰雄:《新刑法总则》,元照出版有限公司 2014 年版。

30. 林钰雄:《刑法与刑诉之交错适用》,中国人民大学出版社 2009 年版。

31. 林准:《中国刑法教程》,人民法院出版社 1989 年版。

32. 刘明祥、张天虹主编:《故意与错误论研究》,北京大学出版社 2016 年版。

33. 刘宪权:《刑法学》,上海人民出版社 2005 年版。

34. 龙卫球:《民法总论》,中国法制出版社 2001 年版。

35. 马骏驹、余延满:《民法原论》(第三版),法律出版社 2007 年版。

36. 马克昌:《犯罪通论》,武汉大学出版社 2003 年版。

37. 马克昌:《近代西方刑法学说史》,中国人民公安大学出版社 2008 年版。

38. 马克昌:《外国刑法学总论(大陆法系)》,中国人民大学出版社 2009 年版。

39. 马克昌:《刑法理论探索》,法律出版社 1995 年版。

40. 欧阳康:《社会认识论》,云南人民出版社 2002 年版。

41. 潘星丞:《比较视域中的犯罪论体系:由差异至普适》,法律出版社 2016 年版。

42. 宋冰:《程序、正义与现代化》,中国政法大学出版社 1998 年版。

43. 王玉全:《对应原理与错误理论》,学林文化出版事业有限公司 2002 年版。

44. 吴从周:《概念法学、利益法学与价值法学:探索一部民法方法论的演变史》,中国法制出版社 2011 年版。

45. 许玉秀:《当代刑法思潮》,中国民主法制出版社 2005 年版。

46. 许玉秀:《主观与客观之间——主观理论与客观归责》,法律出版社 2008 年版。

47. 许泽天:《刑总要论》(第二版),元照出版公司 2009 年版。

48. 许章润:《萨维尼与历史法学派》,广西师范大学出版社 2004 年版。

49. 颜厥安:《法与实践理性》,中国政法大学出版社 2003 年版。

50. 杨仁寿:《法学方法论》,中国政法大学出版社 1999 年版。

51. 于志刚主编:《新型贿赂犯罪争议问题研究》,中国方正出版社 2011 年版。

52. 张俊浩:《民法学原理(下)》(修订第三版),中国政法大学出版社 2000 年版。

53. 张明楷:《法益初论》,中国政法大学出版社 2003 年版。

54. 张明楷:《犯罪成立体系与构成要件要素》,北京大学出版社 2010 年版。

55. 张明楷:《外国刑法纲要》,清华大学出版社 2007 年版。

56. 张明楷:《刑法的私塾》,北京大学出版社 2014 年版。

57. 张明楷:《刑法分则的解释原理》(第二版),法律出版社 2011 年版。

58. 张明楷:《刑法格言的展开》,法律出版社 1999 年版。

59. 张明楷:《刑法学》(第三版),法律出版社 2007 年版。

60. 张明楷:《刑法学》(第四版),法律出版社 2011 年版。

61. 张明楷:《刑法学》(第五版),法律出版社 2016 年版。

62. 张明楷:《诈骗罪与金融诈骗罪》,清华大学出版社 2006 年版。

63. 赵秉志:《外国刑法学原理(大陆法系)》,中国人民大学出版社 2000 年版。

64. 赵秉志:《刑法学》(第五版),高等教育出版社、北京大学出版社 2014 年版。

65. 赵秉志:《刑法总论》,中国人民大学出版社 2007 年版。

66. 郑玉波:《民法总则》,中国政法大学出版社 2003 年版。

67. 周光权:《犯罪论体系的改造》,中国法制出版社 2009 年版。

68. 周光权:《刑法各论》,中国人民大学出版社 2008 年版。

69. 周振想:《刑法学教程》(第三版),中国人民公安大学出版社 2005 年版。

70. 朱德生、冒从虎、雷永生：《西方认识论史纲》，江苏人民出版社 1983 年版。

71. [德]恩施特·贝林：《构成要件理论》，王安异译，中国人民大学出版社 2006 年版。

72. [德]弗里德里希·卡尔·冯·萨维尼：《论立法与法学的当代使命》，许章润译，中国法制出版社 2001 年版。

73. [德]格吕恩特·雅科布斯：《行为 责任 刑法——机能性描述》，冯军译，中国政法大学出版社 1997 年版。

74. [德]京特·雅科布斯：《规范 人格体 社会——法哲学前思》，冯军译，法律出版社 2001 年版。

75. [德]卡尔·拉伦兹：《法学方法论》，陈爱娥译，商务印书馆 2003 年版。

76. [德]克劳斯·罗克辛：《刑事政策与刑法体系》（第二版），蔡桂生译，中国人民大学出版社 2011 年版。

77. [德]魏德士：《法理学》，丁晓春、吴越译，法律出版社 2013 年版。

78. [德]吴登堡：《德国刑法学的现状》，蔡墩铭译，商务印书馆 1977 年版。

79. [德]英格博格·普珀：《法学思维小学堂》，蔡圣伟译，北京大学出版社 2011 年版。

80. [德]阿图尔·考夫曼、[德]温弗里德·哈斯默尔主编：《当代法哲学和法律理论导论》，郑永流译，法律出版社 2013 年版。

81. [德]安塞尔姆·里特尔·冯·费尔巴哈：《德国刑法教科书》（第 14 版），徐久生译，中国方正出版社 2010 年版。

82. [德]克劳斯·罗克辛：《刑事政策与刑法体系》（第二版），蔡桂生译，中国人民大学出版社 2011 年版。

83. [德]罗伯特·阿列克西：《法律论证理论》，舒国滢译，中国法制出版社 2002 年版。

84. [德]魏德士：《法理学》，丁晓春、吴越译，法律出版社 2013 年版。

85. [德]英格博格·普珀：《法学思维小学堂》，蔡圣伟译，北京大学出版社 2011 年版。

86. [俄]Н·Ф·库兹涅佐娃、[俄]И·M·德日科娃：《俄罗斯刑法教程（总论）》（上卷·犯罪论），黄道秀译，中国法制出版社 2002 年版

87. [法]孟德斯鸠：《论法的精神》（上），许明龙译，商务印书馆 1982 年版。

88. [法]米海伊尔·戴尔玛斯-马蒂：《刑事政策的主要体系》，卢建平译，法律出版社 2000 年版。

89. [古希腊]亚里士多德：《伦理学》，苗力田译，中国社会科学出版社 1990 年版。

90. [美]埃尔曼：《比较法律文化》，贺卫方、高鸿均译，生活·读书·新知三联出版社 1990 年版。

91. [美]博登海默：《法理学——法律哲学与法律方法》，邓正来译，中国政法大学出版社 2004 年版。

92. [日]木村龟二：《刑法学词典》，顾肖荣等译，上海翻译公司 1991 年版。

93. [日]小野清一郎：《犯罪构成要件理论》，王泰译，中国人民公安大学出版社 2004 年版。

94. [日]大谷实：《刑法各论》，黎宏译，法律出版社 2003 年版。

95. [日]大谷实：《刑法讲义各论》，黎宏译，中国人民大学出版社 2008 年版。

96. [日]大谷实：《刑法总论》，黎宏译，法律出版社 2003 年版。

97. [日]大谷实：《刑法总论》（第 2 版），黎宏译，中国人民大学出版社 2008 年版。

98. [日]大塚仁：《犯罪论的基本问题》，冯军译，中国政法大学出版社 1993 年版。

99. [日]大塚仁：《刑法概说（总论）》（第 3 版），冯军译，中国人民大学出版社 2003

年版。

100. ［日］大塚仁：《刑法概说（各论）》（第 3 版），冯军译，中国人民大学出版社 2003 年版。

101. ［日］大塚仁：《刑法中的新旧两派的理论》，日本评论新社 1957 年版。

102. ［日］木村龟二：《刑法学词典》，顾肖荣等译，上海翻译出版公司 1991 年版。

103. ［日］前田雅英：《刑法总论讲义》，曾文科译，北京大学出版社 2017 年版。

104. ［日］山口厚：《刑法各论》，王昭武译，中国人民大学出版社 2011 年版。

105. ［日］山口厚：《刑法总论》，付立庆译，中国人民大学出版社 2011 年版。

106. ［日］松宫孝明：《刑法总论讲义》，钱叶六译，中国人民大学出版社 2013 年版。

107. ［日］西田典之：《日本刑法总论》，刘明祥、王昭武译，中国人民大学出版社 2007 年版。

108. ［日］西原春夫：《刑法的根基与哲学》，顾肖荣等译，法律出版社 2004 年版。

109. ［苏］A. H. 特拉伊宁：《犯罪构成的一般学说》，王作富等译，中国人民大学出版社 1958 年版。

110. ［苏］苏联司法部全苏法学研究所：《苏联刑法总论（下册）》，彭仲文译，大东书局 1950 年版。

111. ［意］杜里奥·帕多瓦尼：《意大利刑法学原理（注评版）》，陈忠林译，中国人民大学出版社 2004 年版。

112. ［意］意诺·卡佩莱蒂：《比较法视野中的司法程序》，徐晰、王奕译，清华大学出版社 2005 年版。

113. ［意］贝卡里亚：《论犯罪与刑罚》，黄风译，中国大百科全书出版社 1997 年版。

114. ［意］杜里奥·帕多瓦尼：《意大利刑法学原理》，陈忠林译，法律出版社 1998 年版。

115. ［英］霍布斯：《利维坦》，黎思复、黎廷弼译，商务印书馆 1986 年版。

116. ［英］卡尔·波普尔：《猜想与反驳》，傅季重等译，上海译文出版社 2001 年版。

117. ［英］卡尔·波普尔：《科学发现的逻辑》，查汝强、邱仁宗译，科学出版社 1986 年版。

118. ［英］卡尔·波普尔：《历史决定论的贫困》，杜汝楫、邱仁宗译，华夏出版社 1987 年版。

（二）论文类

1. 白斌：《论法教义学：源流、特征及其功能》，《环球法律评论》2010 年第 3 期。

2. 柏浪涛：《打击错误与故意归责的实现》，《中外法学》2015 年第 4 期。

3. 柏浪涛：《实行犯的对象错误与教唆犯的归责问题》，《中国法学》2018 年第 2 期。

4. 蔡桂生：《新型支付方式下诈骗与盗窃的界限》，《法学》2018 年第 1 期。

5. 蔡圣伟：《重新检视因果历程偏离之难题》，《东吴法律学报》2009 年第 1 期。

6. 车浩：《盗窃罪中的被害人同意》，《法学研究》2012 年第 2 期。

7. 车浩：《行贿罪"谋取不正当利益"的法理内涵》，《法学研究》2017 年第 3 期。

8. 车浩：《理解当代中国刑法教义学》，《中外法学》2017 年第 6 期。

9. 车浩：《体系化与功能主义：当代阶层犯罪理论的两个实践优势》，《清华法学》2017 年第 5 期。

10. 车浩：《占有不是财产犯罪的法益》，《法律科学》2015 年第 3 期。

11. 车浩：《犯罪构成理论：从要素集合到位阶体系》，载陈兴良：《犯罪论体系研究》，清华大学出版社 2005 年版。

12. 陈洪兵：《盗窃罪与诈骗罪的关系》，《湖南大学学报（社会科学版）》2013 年第 6 期。

13. 陈林林：《方法论上之盲目飞行——利益法学方法之评析》，《浙江社会科学》2004 年第 5 期。

14. 陈瑞华：《法学研究方法的若干反思》，《中外法学》2015 年第 1 期。

15. 陈伟：《监督过失理论及其对过失主体的界定——以法释[2007]5 号为中心》，《中国刑事法杂志》2007 年第 5 期。

16. 陈兴良：《刑法教义学彰显对法条的尊崇》，《检察日报》2014 年 7 月 1 日第 3 版。

17. 陈兴良：《刑法学：向死而生》，《法律科学》2010 年第 1 期。

18. 陈兴良：《定罪的四个基本原则》，《检察日报》2009 年 11 月 5 日。

19. 陈兴良：《犯罪论体系的去苏俄化》，《政法论坛》2012 年第 4 期。

20. 陈兴良：《犯罪论体系的位阶性研究》，《法学研究》2010 年第 4 期。

21. 陈兴良：《四要件：没有构成要件的犯罪构成》，《法学家》2010 年第 1 期。

22. 陈兴良：《为他人谋取利益的性质与认定——以两高贪污贿赂司法解释为中心》，《法学评论》2016 年第 4 期。

23. 陈兴良：《刑法的人性基础》，《法学研究》1994 年第 4 期。

24. 陈兴良：《刑法教义学方法论》，《法学研究》2005 年第 2 期。

25. 陈兴良：《刑法阶层理论：三阶层与四要件的对比性考察》，《清华法学》2017 年第 5 期。

26. 陈兴良：《刑法学：向死而生》，《法律科学》2010 年第 1 期。

27. 陈兴良：《刑法知识的去苏俄化》，《政法论坛》2006 年第 5 期。

28. 陈兴良：《虚拟财产的刑法属性及其保护路径》，《中国法学》2017 年第 2 期。

29. 陈兴良：《许霆案的法理分析》，《人民法院报》2008 年 4 月 1 日。

30. 陈兴良：《正当防卫如何才能避免沦为僵尸条款——以于欢故意伤害案一审判决为例的刑法教义学分析》，《法学家》2017 年第 5 期。

31. 陈兴良：《注释刑法学经由刑法哲学抵达教义刑法学》，《中外法学》2019 年第 3 期。

32. 陈兴良：《作为犯罪构成要件的罪量要素》，《环球法律评论》2003 年第 3 期。

33. 陈璇：《家庭暴力反抗案件中防御性紧急避险的适用》，《政治与法律》2015 年第 9 期。

34. 陈志龙：《开放性构成要件理论——探讨构成要件与违法性之关系》，《台大法学论丛》1991 年（第 21 卷）第 1 期。

35. 储怀植、杨书文：《复合罪过形式探析》，《法学研究》1999 年第 1 期。

36. 冯殿美、曹延生：《论监督过失罪在我国的设立》，《山东大学学报》2009 年第 6 期。

37. 冯军：《论刑法第 113 条之 1 的规范目的及其适用》，《中国法学》2011 年第 5 期。

38. 冯亚东：《对我国犯罪构成体系的完善性分析》，《现代法学》2009 年第 4 期。

39. 冯亚东：《犯罪认知体系视野之下的犯罪构成》，《法学研究》2008 年第 1 期。

40. 高铭暄：《论四要件犯罪构成理论的合理性暨对中国刑法学体系的坚持》，《中国法学》2009 年第 2 期；《对主张以三阶层犯罪成立体系取代我国通行犯罪构成理论者的回应》，《刑法论丛》2009 年第 3 卷；《关于中国刑法学犯罪构成理论的思考》，《法学》2010 年第 2 期。

41. 高艳东：《不纯正不作为犯的中国命运：从快播案说起》，《中外法学》2017 年第

1 期。

42. 高艳东:《量刑与定罪互动论:为了量刑公正可变换罪名》,《现代法学》2009 年第 5 期。

43. 韩忠谟:《犯罪论结构之形成与其发展》,《台大法学论丛》1986 年(第 16 卷)第 1 期。

44. 韩忠谟:《犯罪论之结构及其发展史——现代价值哲学及存在主义对刑法理论之影响》,《台大法学论丛》1982 年(第 11 卷)第 2 期。

45. 洪福增:《犯罪论之体系》,《刑事法杂志》1975 年(19 卷)第 5 期。

46. 黄河:《论"交通肇事后逃逸"的罪名化》,《政治与法律》2005 年第 4 期。

47. 黄荣坚:《论正当防卫》,《台大法学论丛》第 24 卷第 2 期。

48. 黄正元:《认识系统和系统认识》,《兰州学刊》2009 年第 4 期。

49. 金日秀:《关于犯罪论体系的方法论考察》,《刑法论丛》2012 年第 2 卷。

50. 柯岚:《法律方法中的形式主义与反形式主义》,《法律科学(西北政法学院学报)》2007 年第 2 期。

51. 劳东燕:《能动司法与功能主义的刑法解释论》,《法学家》2016 年第 6 期。

52. 劳东燕:《功能主义刑法解释论的方法与立场》,《政法论坛》2018 年第 2 期。

53. 劳东燕:《刑事政策与刑法体系关系之考察》,《比较法研究》2012 年第 2 期。

54. 劳东燕:《转型中的刑法教义学》,《法商研究》2017 年第 6 期。

55. 雷磊:《法教义学观念的源流》,《法学评论》2019 年第 2 期。

56. 雷磊:《什么是法教义学?——基于 19 世纪以后德国学说史的简要考察》,《法制与社会发展》2018 年第 4 期。

57. 黎宏:《"过失共同正犯"质疑》,《人民检察》2007 年第 14 期。

58. 黎宏:《贿赂犯罪的保护法益与事后受财行为的定性》,《中国法学》2017 年第 4 期。

59. 黎宏:《论盗窃财产性利益》,《清华法学》2013 年第 6 期。

60. 黎宏:《受贿犯罪保护法益与刑法第 388 条的解释》,《法学研究》2017 年第 1 期。

61. 黎宏:《我国犯罪构成体系不必重构》,《法学研究》2006 年第 1 期。

62. 黎宏:《也谈取款机上恶意取款行为的定性》,《检察日报》2008 年 1 月 18 日。

63. 李洁:《三大法系犯罪构成论体系性特征比较研究》,《刑事法评论》1998 年第 2 卷。

64. 李朝晖:《交通肇事后逃逸行为独立犯罪化刍议》,《郑州大学学报(哲社版)》2007 年第 4 期。

65. 李飞:《古希腊-罗马的辩证法对罗马法的体系化生成的影响——以 Divisio 和 Partitio 为中心》,《法律方法》2014 年第 1 期。

66. 李辉:《罪刑法定原则与我国的能动司法》,载《甘肃政法管理干部学院学报》2010 年第 1 期。

67. 李蕤宏:《监督过失理论研究》,《刑事法评论》2008 年第 2 期。

68. 梁根林:《受贿罪法网的漏洞及其补救——兼论刑法的适用解释》,《中国法学》2001 年第 6 期。

69. 梁根林:《刑法第 133 条之一第 2 款的法教义学分析》,《法学》2015 年第 3 期。

70. 梁根林:《罪刑法定视域中的刑法适用解释》,《中国法学》2004 年第 3 期。

71. 林亚刚、邹佳铭:《行为四分法之初探——兼反思我国犯罪构成模式》,《当代法学》2009 年第 3 期。

72. 刘东根:《刑事责任与民事责任的转换——兼对法释[2000]33 号相关规定的评述》,《中国刑事法杂志》,2004 年第 6 期。

73. 刘卉、刘金林：《不同犯罪论体系会不会影响司法统一》，《检察日报》2009 年 12 月 11 日。

74. 刘明祥：《论具体的打击错误》，《中外法学》2014 年第 2 期。

75. 刘明祥：《窃取网络虚拟财产行为定性探究》，《法学》2016 年第 1 期。

76. 刘明祥：《用拾得的信用卡在 ATM 机上取款行为之定性》，《清华法学》2007 年第 4 期。

77. 刘明祥：《再论用信用卡在 ATM 机上恶意取款的行为性质——与张明楷教授商榷》，《清华法学》2009 年第 1 期。

78. 刘明祥：《在 ATM 机上恶意取款的定性分析》，《检察日报》2008 年 1 月 8 日。

79. 刘宪权、李舒俊：《网络移动支付环境下信用卡诈骗罪定性研究》，《现代法学》2017 年第 6 期。

80. 刘宪权：《论新型支付方式下网络侵财犯罪的定性》，《法学评论》2017 年第 5 期。

81. 刘艳红：《中国刑法教义学化过程中的五大误区》，《环球法律评论》2018 年第 3 期。

82. 刘远：《危险驾驶的刑事责任问题探究》，《法学论坛》2009 年第 6 期。

83. 苗有水：《通过解释刑法收紧惩治受贿犯罪的法网》，《人民法院报》2016 年 9 月 7 日第 6 版。

84. 南连伟：《风险刑法理论的批判与反思》，《法学研究》2012 年第 4 期

85. 欧锦雄：《复杂疑难案件下犯罪构成理论的优劣对决——犯罪构成四要件说与德日犯罪三阶层论的对决》，《中国刑事法杂志》2011 年第 3 期。

86. 欧阳本祺：《具体的打击错误：从故意认定到故意归责》，《法学研究》2015 年第 5 期。

87. 潘星丞，陈芹：《"罪—刑"关系之分析范式：犯罪评价架构——以嫖宿幼女与奸淫幼女之争为切入点》，《华南师范大学学报（社会科学版）》2013 年第 1 期。

88. 潘星丞、陈芹：《'罪—刑'关系之分析范式：犯罪评价架构》，《华南师范大学学报》2013 年第 1 期。

89. 潘星丞：《"为他人谋取利益"的实证分析与理论重构》，《山东大学学报（哲学社会科学版）》2019 年第 4 期。

90. 潘星丞：《澳门刑法典之犯罪评价体系》，《中国刑事法杂志》2012 年第 4 期。

91. 潘星丞：《构成要件理论的误解与澄清》，《政法论坛》2015 年第 3 期。

92. 潘星丞：《构成要件理论的误解与澄清——兼与何秉松、陈兴良等教授商榷》，《政法论坛》2015 年第 3 期。

93. 潘星丞：《交通肇事故意论——以波普尔"试错法"为分析范式》，《东方法学》2010 年第 4 期。

94. 潘星丞：《借鉴监督过失理论　加强食品安全监管者责任》，《中国社会科学报》2012 年 6 月 11 日。

95. 潘星丞：《竞合论视角下盗窃罪与诈骗罪的界分》，《政治与法律》2019 年第 7 期。

96. 潘星丞：《论食品安全监管的刑事责任——监督过失理论的借鉴及"本土化"运用》，《华南师范大学学报（社会科学版）》2010 年第 3 期。

97. 潘星丞：《刑法反腐对策之调整：由完善立法到能动司法》，《学术研究》2014 年第 8 期。

98. 潘星丞：《正当防卫中的"紧迫性"判断——激活我国正当防卫制度适用的教义学思考》，《法商研究》2019 年第 1 期。

99. 裴显鼎、苗有水、刘为波等：《〈关于办理贪污贿赂刑事案件适用法律若干问题的解

释〉的理解与适用》,《人民司法(应用)》2016 年第 19 期。

100. 齐文远:《中国刑法学该转向教义主义还是实践主义》,《法学研究》2011 年第 6 期。

101. 秦新承:《认定诈骗罪无需"处分意识"——以利用新型支付方式实施的诈骗案为例》,《法学》2012 年第 03 期。

102. 石坚强,王彦波:《将他人支付宝账户内资金私自转出构成诈骗罪》,《人民司法(案例)》2016 年第 11 期。

103. 舒国滢:《〈学说汇纂〉的再发现与近代法学教育的滥觞》,《中国法律评论》2014 年第 2 期。

104. 舒国滢:《德国十八九世纪之交的法学历史主义转向——以哥廷根法学派为考察的重点》,《中国政法大学学报》2015 年第 1 期。

105. 舒国滢:《格奥尔格·弗里德里希·普赫塔的法学建构:理论与方法》,《比较法研究》2016 年第 2 期。

106. 舒国滢:《罗马法学成长中的方法论因素》,《比较法研究》2013 年第 1 期。

107. 舒国滢:《欧洲人文主义法学的方法论与知识谱系》,《清华法学》2014 年第 1 期。

108. 舒国滢:《战后德国评价法学的理论面貌》,《比较法研究》2018 年第 4 期。

109. 苏力:《法条主义、民意与难办案件》,《中外法学》2009 年第 1 期。

110. 孙国详:《"礼金"入罪的理据与认定》,《法学评论》2016 年第 5 期。

111. 孙国祥:《"职后酬谢型受财"行为受贿性质的理论证成》,《人民检察》2015 年第 1 期。

112. 孙宪忠:《中国民法继受潘德克顿法学:引进、衰落和复兴》,《中国社会科学》2008 年第 2 期。

113. 孙运梁:《阶层式犯罪论体系的位阶关系及其实践优势》,《华东政法大学学报》2018 年第 6 期。

114. 孙运梁:《客观归责论在我国的本土化:立场选择与规则适用》,《法学》2019 年第 5 期。

115. 孙军工:《关于审理交通肇事刑事案件具体应用法律若干问题的解释的理解与适用》,最高人民法院刑事审判第一、二、三、四、五庭编:《刑事审判参考》,法律出版社 2001 年版。

116. 王德玲:《法律现实主义思想再检视》,《政法论丛》2019 年第 2 期。

117. 王钢:《盗窃与诈骗的区分——围绕最高人民法院第 27 号指导案例的展开》,《政治与法律》2015 年第 4 期。

118. 王庆峰《高速路撞人不救　逃逸司机被批捕》,《检察日报》2013 年 3 月 28 日第 2 版。

119. 王莹:《诈骗罪重构:交易信息操纵理论之提倡》,《中国法学》2019 年第 3 期。

120. 王作富:《贪污受贿"利用职务便利"有何不同》,《检察日报》2003 年 5 月 8 日。

121. 吴波:《秘密转移第三方支付平台资金行为的定性——以支付宝为例》,《华东政法大学学报》2017 年第 3 期。

122. 吴情树:《京特·雅科布斯的刑法思想介评》,载《刑法论丛》2010 年第 1 卷。

123. 武宏志:《论霍姆斯的"逻辑"和"经验"》,《政法论丛》2016 年第 6 期。

124. 夏甄陶:《论认识系统》,《中国社会科学》1987 年第 2 期。

125. 谢望原、何龙:《"醉酒型"危险驾驶罪若干问题研究》,《法商研究》2013 年第 4 期。

126. 徐凌波:《虚拟财产犯罪的教义学展开》,《法学家》2017 年第 4 期。

127. 徐凌波：《置换二维码行为与财产犯罪的成立》，《国家检察官学院学报》2018 年第 2 期。

128. 薛瑞麟：《对话〈刑法知识去苏俄化〉的作者》，《政法论坛》2008 年第 11 期。

129. 严存生、郭军明：《自然法？规则法？活的法——西方法观念变迁的三个里程碑》，《法律科学》1997 年第 5 期。

130. 杨忠民：《刑事责任与民事责任不可转换》，《法学研究》2002 年第 4 期。

131. 姚万勤、陈鹤：《盗窃财产性利益之否定——兼与黎宏教授商榷》，《法学》2015 年第 1 期。

132. 叶良芳：《"为他人谋取利益"的一种实用主义诠释》，《浙江社会科学》2016 年第 8 期。

133. 张超：《先天理性的法概念抑或刑法功能主义》，《北大法律评论》2008 年第 1 期。

134. 张明楷：《"客观的超过要素"概念之提倡》，《法学研究》1999 年第 3 期。

135. 张明楷：《非法使用信用卡在 ATM 机取款的行为构成盗窃罪——再与刘明祥教授商榷》，《清华法学》2009 年第 1 期。

136. 张明楷：《共同过失与共同犯罪》，《吉林大学社会科学学报》2003 年第 2 期。

137. 张明楷：《阶层论的司法运用》，《清华法学》2017 年第 5 期。

138. 张明楷：《论盗窃财产性利益》，《中外法学》2016 年第 6 期。

139. 张明楷：《论具体的方法错误》，《中外法学》2008 年第 2 期。

140. 张明楷：《论三角诈骗》，《法学研究》2004 年第 2 期。

141. 张明楷：《三角诈骗的类型》，《法学评论》2017 年第 1 期。

142. 张明楷：《受贿罪的保护法益》，《法学研究》2018 年第 1 期。

143. 张明楷：《危险驾驶的刑事责任》，《吉林大学社会科学学报》2009 年第 6 期。

144. 张明楷：《危险驾驶罪的基本问题》，《政法论坛》2012 年第 6 期。

145. 张明楷：《危险驾驶罪及其与相关犯罪的关系》，《人民法院报》2011 年 5 月 11 日。

146. 张明楷：《许霆案减轻处罚的思考》，《法律适用》2008 年第 9 期。

147. 张明楷：《也论刑法教义学的立场》，《中外法学》2014 年第 2 期。

148. 张明楷：《也论用拾得的信用卡在 ATM 机上取款的行为性质——与刘明祥教授商榷》，《清华法学》2008 年第 1 期。

149. 张明楷：《以违法与责任为支柱构建犯罪论体系》，《现代法学》2009 年第 6 期。

150. 张明楷：《再论具体的方法错误》，《中外法学》2018 年第 4 期

151. 赵秉志、肖中华：《我国与大陆法系犯罪构成理论的宏观比较》，《浙江社会科学》1999 年第 2 期。

152. 赵秉志：《许霆案尘埃落定之后的法理思考》，《法制日报》2008 年 6 月 1 日周末版。

153. 赵运锋：《转移他人支付宝钱款行为定性分析——兼论盗窃罪与诈骗罪的竞合关系》，《华东政法大学学报》2017 年第 3 期。

154. 郑成良：《法治公信力与司法公信力》，《法学研究》2007 年第 4 期。

155. 周芳芳：《论刑事判决说理的"私人订制"——从一份"伟大"的判决书说起》，《东方法学》2016 年第 3 期。

156. 周光权：《犯罪构成理论：关系混淆及其克服》，《政法论坛》2003 年第 6 期。

157. 周光权：《阶层犯罪论及其实践展开》，《清华法学》2017 年第 5 期。

158. 周光权：《论持续侵害与正当防卫的关系》，《法学》2017 年第 4 期。

159. 周光权：《论内在的客观处罚条件》，《法学研究》2010 年第 6 期。

160. 周光权：《正当防卫的司法异化与纠偏思路》，《法学评论》2017年第5期。

161. 邹兵建：《跨越李斯特鸿沟：一场误会》，《环球法律评论》2014年第2期。

162. 邹兵建：《论贪污罪中的"利用职务上的便利"》，《政治与法律》2016年第11期。

163. ［苏］A. A. 皮昂特科夫斯基：《社会主义法制的巩固与犯罪构成学说的基本问题》，载中国人民大学刑法教研室编译：《苏维埃刑法论文选译》（第1辑），中国人民大学出版社1955年版。

164. ［德］卡尔·拉伦茨：《论作为科学的法学的不可或缺性——1966年4月20日在柏林法学会的演讲》，赵阳译，《比较法研究》2005年第3期。

165. ［德］沃斯·金德豪伊泽尔：《适应与自主之间的德国刑法教义学——用教义学来控制刑事政策的边界?》，蔡桂生译，《国家检察官学院学报》2010年第5期。

166. ［德］乌尔斯·金德霍伊泽尔：《安全刑法——风险社会的刑法危险》，刘国良编译，《马克思主义与现实》2005年第3期。

167. ［德］克劳斯·罗克辛：《德国犯罪原理的发展与现代趋势》，王世洲译，梁根林主编：《刑法学之体系思维》，北京大学出版社2007年版。

168. ［德］雅科布斯：《罪责原则》，许玉秀译，《刑事法杂志》1996年第2期。

169. ［德］沃尔福冈·弗里希：《法教义学对刑法发展的意义》，赵书鸿译，《比较法研究》2012年第1期。

170. ［德］乌尔弗里德·诺伊曼：《法律教义学在德国法文化中的意义》，郑永流译，郑永流主编：《法哲学与法社会学论丛（五）》，中国政法大学出版社2002年版。

171. ［德］伯恩特·吕特斯：《法官法影响下的法教义学和法政策学》，季红明译，李昊、明辉主编：《北航法律评论》（2015年第1辑），法律出版社2016年版。

172. ［日］曾根威彦：《交通事犯与不作为犯》，黄河译，《当代法学》2007年第6期。

173. ［日］西原春夫：《构成要件的概念与构成要件的理论》，陈家林译，《法律科学》2007年第5期。

174. ［日］北川佳世子：《交通事故和过失论》，黎宏译，高铭暄、赵秉志：《过失犯罪的基础理论》，法律出版社2002年版。

175. ［美］斯科特·布鲁尔：《从霍姆斯的道路通往逻辑形式的法理学》，［美］斯蒂文·J. 伯顿：《法律的道路及其影响：小奥利弗·温德尔·霍姆斯的遗产》，张芝梅、陈绪刚译，北京大学出版社2005年版。

二、西文文献

（一）著作类

1. David Ormerod，Smith and Hogan's Criminal Law（13th），Oxford University Press，2011.

2. Gabriel Hallevy，A Modern Treatise on the Principle of Legality in Criminal Law，Springer-Verlag Berlin Heidelberg，2010.

3. George Fletcher，A Crime of Self-Defense，University of Chicago Press，1990.

4. George Fletcher，Basic Concepts of Criminal Law，Oxford University Press，1998.

5. Hillenkamp，40 Problemeaus dem Strafrecht：BesondererTeil，12. Aufl.，München，2013.

6. Jakobs，Strafrecht Allgemeiner Teil：Die Grundlagen und die Zurechnungslehre，Walter de Gruyter，1983.

7. Jescheck/Weigend，Lehrbuch des Strafrechts Allgemeiner Teil，5. Aufl.，Dunc-

ker&. Humblot，1996.

8. Kindhäuser，Strafrecht Allgemeiner Teil，7. Aufl. ，Nomos，2015.

9. Kindhäuser，Strafrecht Besonderer Teil II，9. Aufl. ，Nomos，2016.

10. Krey/Hellmann/Heinrich，Strafrecht Besonderer Teil 2，17. Aufl. ，Kohlhammer，2015.

11. Liszt/Schmidt，Lehrbuch des deutschen Strafrechts，26 Aufl. Gruyter，1932.

12. Markus D. Dubber &. Tatjana H? rnle，Criminal law：A Comparative Approach，Oxford University Press，2014.

13. Puppe，Kleine Schule des juristischen Denkens，3. Aufl. ，Vandenhoeck &. Ruprecht，2014.

14. R. A. Duff，Answering for Crime：Responsibility and Liability in the Criminal Law，Hart Pub. ，2007.

15. Reinhard，Das Strafgesetzbuch für das Deutsche Reich，18. Aufl. ，Tübingen 1931.

16. Roxin，Strafrecht Allgemeiner Teil，Band I，3. Aufl. ，C. H. Beck，1997.

17. Roxin，Strafrecht Allgemeiner Teil，Band II ，C. H. Beck，2003.

18. Welzel，Abhandlungen zum Strafrecht und zur Rechtsphilosophie，De Gruyter，1975.

19. Wessels/Beulke/Satzger，Strafrecht Allgemeiner Teil，46. Aufl. ，C. F. Müller，2016.

（二）论文类

20. Amelung/Eymann，Die Einwilligung des Verletzten im Strafrecht，JuS 2001,937.

21. Jescheck，Grundfragen der Dogmatic und Kriminalpolitik im Spiegel der ZStW，ZStW 93(1981).

22. Roxin，Pflichtwidrigkeit und Erfolg bei fahrlässigen Delikten，ZStW，74(1962).

23. Schünemann，Einführung in das Strafrechtliche Systemdenken，in：Schünemann（Hrsg. ），Grundfragen des modemen Strafrechtsystems，Walter de Gruyter，1984.

24. Schünemann，Kritische Anmerkungen zur geistigen Situation der deutschen Strafrechtswissenschaft，GA 1995.

25. Welzel，Kausalitaet und Handlung，ZStW 51(1931).

26. George Fletcher，Self-Defense and Relations of Domination，57 University of Pittsburgh Law Review，553(1996).

27. George Fletcher，The Place of Victims in the Theory of Retribution，3 Buff. Crim. L. Rev. 51.

28. Jane Campbell Moriarty，Imminence，and Anticipatory Self-Defense，30 New York University Review of Law &. Social Change，1(2005).

29. Joshua Dressier，Battered Women and Sleeping Abusers：Some Reflections，3 Ohio State Journal of Criminal Law，457(2006).

30. Nicola Lacey，Philosophy，History and Criminal Law Theory，1 Buff. Crim. L. Rev. 295(1998).

31. Shana Wallace，Beyond Imminence：Evolving International Law and Battered Women's Right to Self-Defense，71 The University of Chicago Law Review，1771(2004).

32. Whitley R. P. Kaufman，Self-defense，Imminence，and The Battered Woman，10 New Criminal Law Review，342(2007).

33. Wolfgang Naucke，An Insider's Perspective on the Significance of the German

Criminal Law Theory's General System for Analyzing Criminal Acts，305 BYU L. Rev. 305(1984).

三、判例资料

1. 2016 吴波良案（甘肃省甘南藏族自治州中级人民法院(2016)甘 30 刑终 16）。

2. 2017 王闯案（广东省东莞市中级人民法院(2017)粤 19 刑终 600 号）。

3. 2017 占彦陈案（江西省南昌市青山湖区人民法院(2017)赣 0111 刑初 277 号）。

4. 2018 刘康睿案（上海市第二中级人民法院(2018)沪 02 刑终 98 号）。

5. 安徽省庐江县人民法院(2016)皖 0124 刑初 251 号刑事判决书。

6. 福建省高级人民法院(2015)闽刑终字第 14 号刑事判决书。

7. 福建省高级人民法院(2016)闽刑终 348 号刑事判决书。

8. 福建省龙岩市中级人民法院(2016)闽 08 刑终 354 号刑事判决书。

9. 福建省莆田市中级人民法院(2015)莆刑终字第 627 号刑事判决书。

10. 福建省上杭县人民法院(2015)杭刑初字第 432 号刑事判决书。

11. 甘肃省高级人民法院(2016)甘刑终 64 号刑事裁定书。

12. 广东省佛山市中级人民法院(2007)佛刑一初字第 1 号刑事附带民事判决书。

13. 广东省高级人民法院(2015)粤高法刑四终字第 188 号刑事裁定书。

14. 广东省高级人民法院(2015)粤高法刑四终字第 372 号刑事裁定书。

15. 广东省高级人民法院(2015)粤高法刑一终字第 428 号刑事裁定书。

16. 广东省高级人民法院(2016)粤刑终 1377 号刑事裁定书。

17. 广东省高级人民法院刑事裁定书(2008)粤高法刑一终字第 170 号.

18. 广东省广州市中级人民法院刑事判决书(2007)穗中法刑二初字第 196 号。

19. 广东省广州市中级人民法院刑事判决书(2008)穗中法刑二重字第 2 号。

20. 广东省汕头市潮阳区人民法院(2017)粤 0513 刑初 820 号刑事判决书。

21. 广东省中山市中级人民法院(2014)中中法刑一初字第 69 号刑事判决书。

22. 广东省珠海市香洲区人民法院(2017)粤 0402 刑初 1379 号刑事判决书。

23. 何文杰故意伤害案,广东省高级人民法院(2016)粤刑终 948 号刑事判决书。

24. 江苏省无锡市中级人民法院(2008)锡刑二终字第 20 号。

25. 江西省景德镇市中级人民法院(2016)赣 02 刑终 95 号刑事裁定书。

26. 李颖涛故意伤害案,广东省高级人民法院(2016)粤刑终 829 号刑事判决书。

27. 刘某受贿案（四川省喜德县人民法院(2016)川 3234 刑初 23 号刑事判决书）。

28. 刘香波过失致人死亡案,北京市海淀区人民法院(2018)京 0108 刑初 1789 号刑事判决书。

29. 任某故意伤害案,浙江省德清县人民法院(2012)湖德刑初字第 92 号。

30. 山东省高级人民法院(2017)鲁刑终 151 号刑事附带民事判决书。

31. 山东省聊城市中级人民法院(2016)鲁 15 刑初 33 号刑事附带民事判决书。

32. 山东省滕州市人民法院(2017)鲁 0481 刑初 307 号刑事判决书。

33. 四川省成都市中级人民法院(2009)成刑初字第 158 号刑事判决书。

34. 四川省青川县人民法院(2015)青川刑初字第 90 号刑事判决书。

35. 四川省资阳市雁江区人民法院(2015)雁江刑初字第 318 号刑事判决书。

36. 徐和文故意伤害案,湖北省襄阳市中级人民法院(2018)鄂 06 刑终 75 号。

37. 许霆盗窃案,(2008)穗中法刑二重字第 2 号刑事判决书。

38. 香港特别行政区区域法院刑事案件 2008 年第 646 号刑事判决。

39. 香港特别行政区高等法院上诉法庭 2008 年第 387 号刑事判决。

40. 浙江省宁波市海曙区人民法院(2015)甬海刑初字第 392 号刑事判决书。

41. 浙江省宁波市中级人民法院(2015)浙甬刑二终字第 497 号刑事判决书。

42. 于德水盗窃案,惠州市惠阳区人民法院(2014)惠阳法刑二初字第 83 号刑事判决

43. 浙江省高级人民法院(2011)浙刑三终字第 132 号。

44. 浙江省高级人民法院(2015)浙刑一终字第 133 号刑事裁定书。

45. 浙江省衢州市开化县人民法院(2015)衢开刑初字第 225 号刑事判决书。

46. 中华人民共和国最高人民法院刑事裁定书(2008)刑核字第 18 号。

图书在版编目(CIP)数据

刑法教义学中体系思维的证成及其适用/潘星丞著.
—上海:上海三联书店,2023.9
ISBN 978 - 7 - 5426 - 7905 - 5

Ⅰ.①刑… Ⅱ.①潘… Ⅲ.①刑法-研究-中国
Ⅳ.①D924.04

中国版本图书馆 CIP 数据核字(2022)第 194738 号

刑法教义学中体系思维的证成及其适用

著　　者 / 潘星丞

责任编辑 / 宋寅悦
装帧设计 / 一本好书
监　制 / 姚　军
责任校对 / 王凌霄

出版发行 / 上海三联书店
　　　　　(200030)中国上海市漕溪北路 331 号 A 座 6 楼
邮　　箱 / sdxsanlian@sina.com
邮购电话 / 021 - 22895540
印　　刷 / 上海颛辉印刷厂有限公司

版　　次 / 2023 年 9 月第 1 版
印　　次 / 2023 年 9 月第 1 次印刷
开　　本 / 710mm×1000mm　1/16
字　　数 / 380 千字
印　　张 / 22.5
书　　号 / ISBN 978 - 7 - 5426 - 7905 - 5/D·554
定　　价 / 85.00 元

敬启读者,如发现本书有印装质量问题,请与印刷厂联系 021 - 56152633